国际组织与国际公共政策系列教材

国际关系与国际法
（第二版）

International Relations and International Law
(2nd edition)

梁云祥 ◎ 著

北京大学出版社
PEKING UNIVERSITY PRESS

图书在版编目(CIP)数据

国际关系与国际法 / 梁云祥著. —2 版. —北京：北京大学出版社, 2025.8
国际组织与国际公共政策系列教材
ISBN 978-7-301-34931-1

I. ①国⋯ II. ①梁⋯ III. ①国际关系—教材②国际法—教材 IV. ①D81②D99

中国国家版本馆 CIP 数据核字(2024)第 061005 号

书　　　名	国际关系与国际法(第二版)
	GUOJI GUANXI YU GUOJIFA(DI-ER BAN)
著作责任者	梁云祥　著
责 任 编 辑	贺怡敏　梁　路
标 准 书 号	ISBN 978-7-301-34931-1
出 版 发 行	北京大学出版社
地　　　址	北京市海淀区成府路 205 号　100871
网　　　址	http://www.pup.cn
新 浪 微 博	@北京大学出版社　　@未名社科—北大图书
微信公众号	北京大学出版社　北大出版社社科图书
电 子 邮 箱	编辑部 ss@pup.cn　　总编室 zpup@pup.cn
电　　　话	邮购部 010-62752015　　发行部 010-62750672
	编辑部 010-62753121
印 刷 者	北京鑫海金澳胶印有限公司
经 销 者	新华书店
	730 毫米×980 毫米　16 开本　24 印张　439 千字
	2012 年 3 月第 1 版
	2025 年 8 月第 2 版　2025 年 8 月第 1 次印刷
定　　　价	69.00 元

未经许可，不得以任何方式复制或抄袭本书之部分或全部内容。
版权所有，侵权必究
举报电话: 010-62752024　电子邮箱: fd@pup.cn
图书如有印装质量问题，请与出版部联系，电话: 010-62756370

丛书总序

北京大学国际关系学院自20世纪90年代初即开始对国际组织开展研究并在国际政治专业下招收国际组织方向的硕士生和博士生,成绩斐然,但建立和发展国际组织与国际公共政策学科和专业则是最近十余年的事,其间经历了一段漫长而曲折的过程。

2009年,在时任北京大学常务副校长林建华主持下,相关单位开始论证在北大设立国际组织人才培养项目的问题。当时的考虑是,随着中国国家实力与国际地位的快速上升,国际组织已经对中国提出了向其输送更多高素质人才的迫切需求。北大的综合学科优势决定了北大可以而且应该在这个方面作出自己独特的贡献。经过反复讨论,最终形成的方案是,由各院系推荐有志在国际组织工作的优秀毕业生,以免试的方式进入国际关系学院进行为期两年的硕士阶段学习。这样,他们将兼具不同的学科基础与国际关系的专业知识,能够适应不同类别的国际组织对高素质人才的需要。

接受任务后,国际关系学院经多次慎重讨论,于2010年7月提出了"'国际公共政策专业'硕士研究生培养方案"并上报学校。但是,不久后,林建华教授赴重庆大学任校长,因为这个项目牵涉学校多个部门,所以在他离开之后,项目推动中出现了各种原先没有考虑到的困难。尽管如此,北大和国关学院认为使命所在,一直在可能的条件下,寻找适当的形式推进国际组织公务员培养计划。在学校支持下,我们曾经尝试申请在研究生教育专业目录中增设国际公共政策专业硕士。未果,又在学校相关领导和部门的支持与配合下,经过专家论证和学校学位委员会审议,最终成功地在公共管理专业硕士(MPA)之下设立国际公共政策(MIPP)方向,并在国际关系学院设立硕士学位点。2015年,我们顺利招收了第一届专业硕士。

国际公共政策专业的设立，使北大国关学院国际组织人才的学位教育获得了合法性。但在教学工作中我们发现，由于我们把 MIPP 设为公共管理专业下属的一个方向，因此学生入学考试时需要参加管理学的全国联考。至于国际关系的相关知识背景，只能在复试中去查。也就是说，这个考试方式限制了我们招收到具有合适专业知识背景的考生进入该项目学习。

问题的发现促使学院继续寻找新的路径。我们利用北大自主设立二级学科的权限，争取在政治学一级学科下设立国际组织与国际公共政策二级学科。此时林建华教授已经回到北大任校长。我们的申请得到林建华校长和时任党委书记郝平教授的大力支持。在他们的推动下，2017 年学校批准国际关系学院于 2018 年在国际政治本科专业下设立国际组织与国际公共政策方向（IO&IPP），采取二次招生方式，通过转院和转专业的方式在二年级时面向全校招收学生。2018 年招收了第一届本科生。学校同时批准国际关系学院自主设立政治学二级学科——国际组织与国际公共政策学术硕士专业，并于 2019 年招收第一届硕士研究生。

为统筹国际组织与国际公共政策专业的建设，国关学院从其他专业抽调教师，在 2018 年设立国际组织与国际公共政策系，并且基于学院共识，把这个新的专业确定为学院未来一个重要的发展方向。在此过程中，我们参考国外相关院校的成功经验，对新专业的课程设置、学科布局、师资队伍建设进行了全面深入的探索，并与国内外相关院校开展密切的交流与合作，使学院的国际组织人才培养工作与国际全面接轨。

经过这些年坚持不懈的努力，目前北大国际关系学院国际组织与国际公共政策系已经形成包括本、硕、博在内完整的学生培养体系，汇聚了一支包括院内外、校内外高端人才在内的强大的师资队伍，也形成了明确的学科发展布局，在国际组织与国际公共政策理论、国际法，以及各相关国际公共政策领域，比如国际冲突与危机管理、国际发展政策、环境与气候治理、能源安全、公共卫生、人口与移民等方面，开展了全面深入的研究。科研先行，是学生在校学习期间能够得到一个相对完整的知识体系的前提。在此基础上，学院又着力推进教材建设，并把这项工程作为教学规范化和国际化的一个重要方面。每一本教材都考虑到编撰者的特长，他们或者是相关领域资深的研究者，或者是具有丰富阅历的国际组织高级公务员。这样做的目的是突出教材特色，深入浅出，使其能够成为国内同类教材的标杆。

虽然近年来国际局势发生了一些重大变化，但国际公共社会的发展仍然是一个不可逆转的根本趋势,而国际公共社会的治理不足和国际公共政策的相对缺乏则是制约这一发展的关键因素。因此,国际组织人才的培养,以及国际组织与国际公共政策相关研究的推进,是历史赋予我们的一项重大使命。中国的发展日益深刻地影响着国际格局的变化,我们有义不容辞的责任在这个过程中为国际公共社会的发展提供中国力量、中国智慧与中国方案。希望北大国际关系学院能够为此奉献自己的绵薄之力。

衷心祝贺北京大学"国际组织与国际公共政策系列教材"的出版,感谢各位作者的辛苦努力!最后要感谢新奥集团对国关学院国际组织与国际公共政策项目以及本系列教材出版的鼎力相助!

北京大学国际关系学院院长
唐士其
2021 年 7 月 5 日

第二版前言

《国际关系与国际法》第一版于2012年出版，主要用于北京大学国际关系学院国际关系与国际政治及外交学等专业学生的"国际关系与国际法""国际组织与国际法"等课程的学习及参考。同时，本书也为我校国际法专业的学生有所借鉴与使用，而且据我所知，本书对于以国际法为专业的学生而言更具有新意，因为与过去那种纯粹以法学理论和历史为主、注重法理的国际法书籍相比，本书讲授的重点与角度有所不同，即基本上立足于国际关系来看待与运用国际法，增加了国际法在国际关系中的实际运用及具体事例。此外，本书也被其他学校的有关专业课程作为教材或参考书目使用。也就是说，本书的写作初衷即试图将国际关系与国际法更紧密地结合在一起的目标基本上实现了。

正如本书第一版前言中所说的那样，编写本书的主要目的在于，追求国际关系的法律化和国际法的应用化，即希望国际关系能够更多地遵循国际法来调整运作，也希望国际法能够更多地从书斋中走出来运用到实际的国际关系中去。这十几年来国际关系风云变幻，笔者越来越感到国际关系与国际法的结合十分必要。随着国家实力与国际影响力的增强，中国在国际关系中所发挥的作用进一步增大，对国际法的需求也越来越迫切。要做一个和平崛起的大国和一个负责任的大国，不能仅仅相信和依靠经济或军事等所体现出的硬实力，还需要具备运用国际法处理国际关系的软实力，即制定和运用国际规则的能力。因此，就需要培养更多具有国际法知识和懂得运用国际法去处理国际关系的人才。

随着国家间交往的进一步密切和全球性公共问题的增多，国际关系更趋复杂，国家之间的摩擦与矛盾也会相应增加，因此在国际关系中就需要制定更多和更新的国际规则，以避免和减少冲突，维护和平稳定的国际环境。总之，处理国际关系必须更多地依靠法律而非武力,国际法也必须更多地运用于国际关系的实践中才能更趋完善。

在本书修订过程中,考虑到近十年来国际关系的一些变化以及有关国际法的发展,笔者对第一版的内容做了一些修改和删减,同时又补充增加了三章新的内容,即第十三章"国际组织在国际关系中的作用与国际组织法"、第十四章"世界经济的发展与国际经济法"和第十五章"全球环境问题的出现与国际环境法"。

此次修订再版得到了北京大学国际关系学院张海滨教授的大力支持,以及北京大学国际关系学院国际组织与国际公共政策新奥项目的出版资助,在此深表谢意。我的学生王秀丽和于佳钰在资料方面提供了帮助,在此同样深表谢意。在编辑出版过程中,北京大学出版社的编辑提出了许多建议,向他们表示诚挚的感谢。

梁云祥

2024年2月于北京燕园

目 录

导 论　国际关系与国际法的基本问题　　1
　　第一节　国际关系与国际法的概念　　1
　　第二节　国际关系与国际法的产生和发展　　7
　　第三节　国际法的渊源及其在国际关系中的运用　　15
　　第四节　国际法的效力根据与国际关系的基本理论　　20
　　第五节　国际法与国内法的区别与联系　　26

第一章　国际关系的演变与国际法基本原则　　31
　　第一节　国际关系的演变及基本规则的确立　　31
　　第二节　国际法基本原则与强制法　　34
　　第三节　国际法基本原则的主要内容　　38

第二章　国际关系的行为体与国际法的主体　　49
　　第一节　国际关系的行为体　　49
　　第二节　国际法的主体　　57
　　第三节　国家的构成与类型　　64

第三章　国家的实力地位与国家的基本权利　　68
　　第一节　国家实力及其在国际关系中的作用　　68

第二节　国家基本权利的概念和不同认识　　　　　72
第三节　国家基本权利的主要内容　　　　　　　　75

第四章　国家在国际关系中的过错与国家责任　　　　87
第一节　国家在国际关系中的过错及其纠正规则　　87
第二节　国家责任的概念与构成要件　　　　　　　89
第三节　国家责任的认定与援引　　　　　　　　　96
第四节　国家责任的承担与解除　　　　　　　　　99

第五章　新国家或新政府的出现以及国际法上的承认与继承　　111
第一节　新国家或新政府的出现及其对国际社会的影响　　111
第二节　既存国家对新国家和新政府的承认　　　　114
第三节　新国家和新政府的继承问题　　　　　　　121

第六章　国家对个人的管辖与国际法上的居民　　　　130
第一节　国籍及其作用　　　　　　　　　　　　　131
第二节　外国人的法律地位　　　　　　　　　　　138
第三节　庇护与引渡　　　　　　　　　　　　　　145

第七章　国际社会的人权问题与国际人权法　　　　　151
第一节　人权的概念及其历史发展　　　　　　　　151
第二节　国际关系中的人权　　　　　　　　　　　164
第三节　国际法上的人权　　　　　　　　　　　　175

第八章　国家的管辖空间与国际法上的领土　　　　　189
第一节　领土及其对于国家的意义　　　　　　　　189
第二节　领土的构成　　　　　　　　　　　　　　193
第三节　领土的取得与丧失　　　　　　　　　　　195
第四节　边界与边境制度　　　　　　　　　　　　201

第九章　海洋在国际关系中的地位与国际海洋法　　207
　　第一节　海洋在国际关系中的地位与作用　　207
　　第二节　国际海洋法的出现及其主要规则　　217

第十章　人类航空航天技术的进步与国际空间法　　237
　　第一节　人类航空航天技术的发展　　237
　　第二节　国际航空法　　243
　　第三节　国际外层空间法　　252

第十一章　外交与领事关系及相关国际法律制度　　260
　　第一节　外交与领事关系概论　　260
　　第二节　现代外交制度　　268
　　第三节　现代领事制度　　278

第十二章　国际交往与条约　　283
　　第一节　国际交往及其规则　　283
　　第二节　条约以及条约关系　　289

第十三章　国际组织在国际关系中的作用与国际组织法　　304
　　第一节　国际组织的产生和发展　　304
　　第二节　国际关系中的国际组织及其作用　　307
　　第三节　国际组织法　　310

第十四章　世界经济的发展与国际经济法　　318
　　第一节　世界经济的形成与发展变化　　318
　　第二节　世界经济与国际关系　　322
　　第三节　国际经济法　　324

第十五章　全球环境问题的出现与国际环境法　　334
　　第一节　全球环境问题的出现　　334

第二节　国际关系中的环境问题　　337
　　第三节　国际环境法　　339

第十六章　战争与和平问题以及和平解决国际争端　　347
　　第一节　国际关系中的战争与和平问题　　347
　　第二节　国际争端及其解决方式　　353
　　第三节　和平解决国际争端的政治方式　　357
　　第四节　和平解决国际争端的法律方式　　361

参考文献　　369

导　论
国际关系与国际法的基本问题

第一节　国际关系与国际法的概念

国际关系的概念

国际关系是社会科学中常用的一个概念。然而,究竟什么是国际关系,却可能会有各种不同的定义和不同的理解。简单而言,国际关系就是国家之间的关系。因此,从这个意义上来说,应该自国家产生以来就存在国际关系。例如,《国际关系辞典》中对国际关系所下的定义就是:"自国家诞生以来人类社会出现的一种社会现象。是国际行为主体之间关系的总称。包括政治关系、经济关系、民族关系、军事关系、文化关系、宗教关系、地域关系等。其中国际政治关系是最重要和最活跃的关系,与政治密切相关的经济关系是最基本的关系。"[①]在人类的古代社会,就已经有国家的存在,比如最早出现在西亚两河流域的苏美尔人国家和古巴比伦、非洲北部尼罗河流域的古埃及、南亚印度河流域的古印度、东亚黄河流域的古中国,以及后来欧洲的古希腊、古罗马等。在这些国家之间,或多或少地会发生一些联系。因此,从广泛的意义上而言,确实可以说从古代国家产生以来就有了国际关系。

此外,究竟国际关系是否仅仅指国家之间的关系,对此也有着不同的理解。尤其进入20世纪之后,在国际社会中发挥作用的行为体,除去国家之外,还出现了大量的国际组织。与此同时,通过民族独立运动涌现了大量的新独立国

---

① 郑建邦主编:《国际关系辞典》,中国广播电视出版社1992年版,第45—46页。

家,而且有时还存在一些正在走向民族独立的"准国家",即各种各样的民族解放组织。这些行为体确实也对国际关系产生了巨大影响,它们与国家之间也有着各种各样的联系。因此,国际关系似乎不仅仅是国家之间的关系。例如,《世界外交大辞典》中对国际关系的定义就要更广泛一些:"国际关系是国际关系各行为体之间相互交往、相互作用的一般形态。它不仅包括国家间、国家集团间的各种类型和形式的关系和联系,也包括国际组织、团体、跨国公司等国际关系行为体之间的关系和联系。它包括政治关系、经济关系、军事关系、文化关系、宗教关系等。其中,国际政治关系是最重要和最活跃的关系,与政治密切相关的经济关系是最基础的关系。"[1]

虽然国际关系包括各种行为体之间的各种关系,但是其中肯定有一种关系是相对而言较为重要的,或者说是居于主导地位的。一般来说,政治关系是所有国际关系中最为重要的关系。例如,国际关系现实主义理论的代表人物、美国芝加哥大学教授汉斯·摩根索(Hans J. Morgenthau)就认为,国际关系就是国际政治。法国著名的政治学家雷蒙·阿隆(Raymond Aron)也同样如此认为。[2]

那么,究竟应该如何定义国际关系呢?尽管有如此多的不同理解和不同定义,但国际关系并非不可把握。尤其是,当我们准备研究国际关系时,应该有一个相对固定和统一的定义。笔者认为,虽然从古代开始就已经出现了国家,而且也不排除这些国家之间存在某种关系,甚至有些国家之间的关系已经接近于或类似于近代国家之间的关系,如古埃及、古希腊和古罗马已经有了某些结盟和使节制度,中国春秋战国时期各诸侯国之间也存在着类似的使节和使团制度等,但那时的国家基本上局限在某一地区内,不但范围狭小,而且国与国之间的联系并非经常而固定,也没有固定的交往规则,因此当时的国家间关系还不能说是我们现在所理解的国际关系,或者最多可以称为古代国际关系。近代以后,随着主权国家的出现,国与国的交往不但范围扩大,而且这种交往成为一种经常而固定的联系,并且一些国与国进行交往的共同规则也被规定下来。因此,从严格的意义上来说,从这个时期开始才产生了真正意义上的国际关系,或者说近代意义上的国际关系。当然,近代意义上的国际关系也是在古代国际关系的基础之上发展而来的,但是二者之间有本质的不同。此外,随着国际关系

---

[1] 钱其琛主编:《世界外交大辞典》上,世界知识出版社2005年版,第747页。
[2] 转引自郑建邦主编:《国际关系辞典》,中国广播电视出版社1992年版,第46页。

的发展,确实在国家之外又出现了众多发挥着各种不同作用的行为体。因此,国际关系显然不应该仅仅是国家之间的关系。至于国际关系中究竟哪种关系最为重要,应该说汉斯·摩根索和雷蒙·阿隆的理解既是现实的,同时也是正确的。

综合以上的几种定义,考虑到各种不同因素,我们可以将国际关系定义为:国际关系主要是指近代以来以主权国家为主要角色在国际社会发挥作用的各种行为体之间,由于固定而长期的联系所形成和表现出的各种各样的关系,并集中表现为政治关系。

国际法的概念

什么是国际法?简单而言,国际法就是国家之间的法律。国际法这一概念最早出现在欧洲,其名称几经变化。最初,包括被称为"国际法之父"的雨果·格劳秀斯(Hugo Grotius)在内的一些学者在阐述国际法时借用了罗马法中的"jus gentium"①一词,但其实这个词并不能恰当表达国际法的含义。后来,又有人提出"law of nations"②一词,但仍然未能充分表达国际法的准确含义。1780年,英国哲学家和法学家杰里米·边沁(Jeremy Bentham)在其著作《道德与立法原理导论》中第一次使用"international law"③一词来表达国际法的概念,比较准确地体现了近代意义上国际法的实质,得到人们的普遍赞同,于是这个词逐渐被国际社会普遍认同和采用。

然而,正如同国际关系严格说来也并非仅仅是国家之间的关系一样,从更广泛的意义上来说,对于国际法也有各种不同的认识。例如,17世纪后半期德国自然学派法学家塞缪尔·冯·普芬道夫(Samuel von Pufendorf)认为:"国际法是自然法则形成的约束社会成员的法律原则。"④而18世纪初荷兰实在法学家科尔内留斯·范·宾刻舒克(Cornelius van Bynkershoek)却认为:"国际法是由国际习惯和条约表现出来的各国的共同意志。"⑤19世纪30年代美国国际法学家亨利·惠顿(Henry Wheaton)在《国际法原理》一书中指出:"国际法可以

---

① 一般被译为"万民法",与罗马法中的"市民法"相对,前者是用来调整罗马市民和外国人以及外国人相互之间关系的法律,后者是用来调整罗马市民之间关系的法律。
② 一般被译为"万国法"或"万国公法"。
③ 一般被译为"国际法"。汉语的"国际法"一词是从日语而来。
④ 转引自王铁崖:《国际法引论》,北京大学出版社1998年版,第18页。
⑤ 同上。

界说为包括那些存在于独立国家间的从社会本质推论而来的符合正义的理性的行为规则。"①20世纪初著名德裔英国国际法学家拉萨·奥本海(Lassa Oppenheim)在第一版《奥本海国际法》中指出:国际法"指文明国家之间认为在它们彼此交往上有法律拘束力的习惯和协定规则的总体"②。现代英国的国际法学家赫希·劳特派特(Hersch Lauterpacht)认为,国际法就是"国际社会的法律"③。苏联法学家格里戈里·童金(Grigory I. Tunkin)则认为:"现代一般国际法是通过国家间协议制定的、表现这些国家协调一致的意志的——调整这些国家间在斗争与合作过程中的保证两个制度国家和平共处,并在必要时由各国单独或集体实施的强制来加以保证的这样一些规范的总和。"④中国著名国际法学家周鲠生认为:"国际法是在国际交往过程中形成出来的,各国公认的,表现这些国家统治阶级的意志,在国际关系上对国家具有法律拘束力的行为规范,包括原则、规则和制度的总体。"⑤同样著名的中国国际法学家王铁崖则认为:"国际法主要是国家之间的法律……是主要调整国家之间关系的有法律拘束力的原则、规则和制度的总体。"⑥1992年出版的第九版《奥本海国际法》对国际法所做的新定义是:"国际法是对国家在它们彼此往来中有法律拘束力的规则的总体。"⑦

以上有关国际法的定义,尽管各自的文字表述有差别,但是其核心内容都是要表明国际法是具有一定法律拘束力的原则或规则,以及这些原则或规则来自何方和用于何处,即国际法是怎么产生、从哪里产生和以什么为规范对象的。当然,关于这些原则或规则究竟来自何方和用于何处,这些定义也并不一致。例如,普芬道夫和惠顿的定义是一种自然法学派的观点,主要强调国际法来自社会自然法则;宾刻舒克的定义则是典型的实在法学派的观点,认为国际法来自国际社会各个国家的共同意志;《奥本海国际法》第一版的定义也是一种实在法学派的观点,承认国际法来自国家,但是其中所谓"文明国家"的说法却有着明显的殖民主义痕迹;劳特派特的定义尽管极其简单,但是却有着理想主义的

---

① 转引自王铁崖:《国际法引论》,北京大学出版社1998年版,第18页。
② 转引自周鲠生:《国际法》上册,商务印书馆1976年版,第2—3页。
③ 转引自王铁崖主编:《国际法》,法律出版社1995年版,第1页。
④ 转引自王铁崖:《国际法引论》,北京大学出版社1998年版,第23页。
⑤ 周鲠生:《国际法》上册,商务印书馆1976年版,第3页。
⑥ 王铁崖主编:《国际法》,法律出版社1995年版,第1—2页。
⑦ 〔英〕詹宁斯、瓦茨修订:《奥本海国际法》第一卷第一分册,王铁崖等译,中国大百科全书出版社1995年版,第3页。

色彩,认为国际法就是国际社会本身存在的法律;童金的定义也是一种实在法学派的观点,但是其中特别强调了国际法用于调整两种社会制度国家的关系,有着第二次世界大战之后东西方冷战的痕迹;周鲠生的定义同样属于实在法学派的观点,但是其中强调国际法来自各国统治阶级的意志,有着阶级斗争的痕迹;王铁崖先生的定义和《奥本海国际法》第九版的定义则是标准的现代实在法学派的观点,即认为国际法来自国家,是主要用来调整国家之间关系的规则。

显而易见,以上这些学者对国际法的定义是从不同角度做出的,而且有些不可避免地受到了当时历史环境的影响,然而都是有意义的,至少反映了关于国际法概念的不同观点或者反映了不同时代国际法的变化。因此,综合以上学者对国际法的定义,尽可能考虑到各种不同因素,我们可以将国际法定义为:国际法是由主权国家通过条约、习惯或一般国际法原则共同认定并主要用来调整国家间相互关系、规定其权利与义务的具有拘束力的法律原则、规则和制度的总称。

通常可以从具体内容和拘束力范围两个角度,来对这些原则、规则和制度进行大致分类。从内容上来说,一般可以将国际法分为国际法基本理论和基本原则、关于国家及其他国际法主体的有关规则以及部门性或专业性规则三大部分。其中,基本理论和基本原则是为了说明和解释国际法作为一门独立学科所要具备的理论基础和构成国际法基础的一些普遍适用的原则,如对国际法渊源和国际法效力根据的解释以及国家主权等基本原则;关于国家等国际法主体的有关规则是用来说明国家等国际法主体的特征和权利义务以及处理相互关系的一些规则,如国家的构成和国家的责任以及国家驻外机构的构成及其外交特权与豁免等;部门性或专业性规则则是用来处理国家等国际法主体之间一些带有专业性的问题的规则,如有关海洋的规则和有关空间的规则等。从拘束力范围来说,一般又可以将国际法分为普遍国际法、一般国际法和特殊国际法三大部分。其中,普遍国际法是指那些对所有国家都具有拘束力的国际法规则,绝大部分国家参加的国际多边公约即可以归入此类;一般国际法是指那些对包括国际社会主要国家在内的大部分国家具有拘束力的国际法规则,大部分国家参加的一般性国际多边公约即可以归入此类;特殊国际法则是指那些只拘束少数国家的国际法规则,如大部分的双边条约或协定即可以归入此类。当然,在所谓普遍国际法与一般国际法之间其实并无明确的界限,因此有些学者认为做这样的分类并无实际意义。此外,还有些学者将国际法区分为国际公法和国际私法两部分,然而从严格意义上来说,国际公法就是国际法,国际私法一般并不属于国际法,而只是一个国家内部调整具有涉外因素民事关系的法律规范,主要用来解决不同国家对于私人关系的不同法律规定所引起的法律冲突。不过,随着民间交往的频繁,国家之间也可能围绕某些民事关系中出现的问题经谈判形成国际条约,那么这些条约无疑就成为国际法。

国际关系与国际法的关系

国际关系与国际法有着非常密切的关系,甚至可以说二者同时产生并相伴而行,"近代国际关系的发展深刻地影响着近代国际法的发展。因此,作为学科,国际法不仅是法学的一个部门,而且更重要的是国际关系学的一个部门"①。也就是说,国际法是伴随着国际关系而出现的,或者说国际法产生于国际关系,并且随着国际关系的发展而发展。正是由于国家之间逐渐形成了固定而长期的联系,所以才出现了用来调整国家之间关系的规则,而且随着国际关系的变化,国际法也不断地适应这一变化,在不同的国际关系条件下会产生不同内容的国际法,如在18世纪、19世纪的殖民主义时代,就存在着划分势力范围和治外法权等国际法规则,而在第二次世界大战之后的国际关系中,这样的国际法规则基本上已经绝迹,反而随着民族独立运动的兴起,民族自决成为重要的国际法基本原则。当然,国际法并非国际关系的全部,而仅仅是政治、军事、外交、经济、文化、法律等各种国际关系中的一部分,即国际法律关系。

国际法对国际关系而言也并不是完全被动的,而是具有巨大的反作用力,甚至在一定程度上制约着国际关系的发展。总的来说,国际法对国际关系的发展具有正面意义,它可以对维护国际和平、稳定国际关系、促进国际合作、增加国际信任、增进国际社会共同利益发挥巨大的作用。也就是说,制定国际法规则的目的首先就在于避免国家之间的武力冲突,将国家之间的矛盾和争端尽可能地纳入法律的轨道,和平解决国际争端,因此国际法的存在可以使国际关系趋于稳定和具有秩序,有利于维护国际社会的和平与安全;其次,作为国际社会成员的国家需要彼此交往与合作,但是在无政府状态下的国际社会,国家往往彼此缺乏信任,而国际法可以为国家之间的交往预先制定必要的规则,增加彼此的预期和信任,从而促进国际合作,尤其随着国家间相互依存程度的加深,以

---

① 王铁崖:《国际法当今的动向》,载邓正来编:《王铁崖文选》,中国政法大学出版社1993年版,第1页。

及全球性问题的增多,国家之间的交往与合作就更加需要和依靠国际法,无论政治交往或军事结盟,还是经济合作或文化交流,或者共同处理所面临的全球性问题,都需要通过签订条约或协定的方式来规定合作过程中各自的权利和义务。

总之,国际关系与国际法在很大程度上是相互促进的,近代国际关系的产生就是以主权国家为基本行为体而形成的国家间关系的出现,其中对主权的认定和承认以及国家交往规则的制定就是国际法的主要内容和基础,因此可以说没有近代国际关系就没有国际法。也可以反过来说,正是国家主权平等和条约必须遵守以及国家交往规则等这些国际法规则的确立,才开启了近代意义的国际关系。

当然,同时也必须认识到,国际法说到底仍然只是国际关系的一部分而非全部,从根本上来说国际法仍然受制于国际关系,而且即使国际法对国际关系可以发挥众多的积极作用,也不可能解决国际关系中存在的所有问题。国际关系的实际运行与发展,不仅需要法律,还需要实力或权力,同时也需要道义。甚至在大部分的情形下,国际关系更多是依靠实力或权力而不是法律。因此从根本上来说,实力政治或权力政治仍然是国际关系的最终决定因素,当然同时也是国际法的最终决定因素。或者换句话说,是政治创设法律,国际政治创设国际法,而不是相反。

第二节 国际关系与国际法的产生和发展

如前所述,如果从广义上而言,自从国家产生就有了国际关系,但是也正像我们前面所说的那样,真正意义上的国际关系应该是指近代以来所形成的国家关系。同样,虽然国际法某些规则的原始形态也曾经出现在古代的国家关系中,如古埃及就曾经同相邻国家订立条约和派遣使团,古希腊城邦间以及古罗马同其他国家间也曾就派遣使节和战争规则签订过条约,但是这些规则往往是零散地存在于较小范围的几个国家之间,并未形成一整套固定且广泛运用于国际社会的行为规则。因此,从严格意义上来说,同样不能说古代就已经产生了国际法,或者至少应该说那时还没有近代意义上的国际法。当然,近代国际关系与国际法都是在古代国际关系及国家交往规则的基础上发展而来的,但是二者应该说有着本质的不同。近代意义上的国际关系与国际法,主要产生于16

世纪、17世纪的欧洲,这一时期中世纪的统一基督教世界瓦解,近代主权国家出现,当时一些学者的学说与欧洲国际关系的实践和欧洲传统的契约习惯构成了近代意义上国际关系与国际法的雏形。

格劳秀斯及其先驱者的学说

从14世纪初兴起于意大利的欧洲文艺复兴运动开始,整个欧洲就酝酿着一场巨大的变革。这场运动强调科学与人文,反对神权与迷信,到16世纪已经成为一场深刻的思想文化运动,并逐渐拉开了欧洲近代历史的序幕。16世纪、17世纪的欧洲宗教改革,导致新教与一些新教国家出现,进一步削弱了罗马天主教会的神权统治,强化了欧洲各国的世俗王权。而且,围绕着不同的教派和王权,一系列的冲突乃至战争产生。面对这种剧烈的社会变革,为了实现和平与安宁,欧洲众多学者提出了各种约束和规范国家行为的规则,并希望能够被当时的国家所接受和遵守。"在这方面,一些富有想象力与卓有见识的法学家做出了重要贡献,如西班牙人弗朗西斯科·德·维多利亚(Francisco de Vitoria)、弗朗西斯科·苏亚雷斯(Francisco Suarez)、意大利人阿尔贝利科·真提利(Alberico Gentili)——一位逃往英格兰并在牛津执教的基督教徒,最重要的是荷兰人雨果·格劳秀斯。他们开始为崛起中国家的整体利益,尤其他们本国的利益提供明确的法律理由。"[1]

据记载,格劳秀斯的祖先来自法国,在1402年移居荷兰。格劳秀斯于1583年4月出生在荷兰的德尔夫特。在少年时代,格劳秀斯就表现出了多方面非凡的才能,他8岁时就用拉丁文创作诗歌,12岁考入荷兰莱顿大学学习法律,15岁大学毕业,其用拉丁文撰写的哲学和法理学论文在答辩时获得好评,他作为博学多才的神童而名扬四方。1600年,格劳秀斯被允许从事律师业务时只有17岁。格劳秀斯还曾作为随从陪同荷兰省议会议长访问法国,法国国王亨利四世接见了他并对他大加赞赏,称他为荷兰的奇迹。在法国期间,格劳秀斯还获得了法国奥尔良大学的法学荣誉博士头衔。1609年,格劳秀斯被任命为荷兰政府的国史编纂官以及总检察长。在此期间,他出版了《海洋自由论》,提倡海洋航行自由以保障自己国家的海洋权利,反对葡萄牙人对海洋航行和海外商业贸易的垄断。1613年,格劳秀斯进入政界,担任了鹿特丹市的市长,但是在1619

---

[1] 〔意〕安东尼奥·卡塞斯:《国际法》,蔡从燕等译,法律出版社2009年版,第31页。

年由于卷入一桩荷兰上层的政治宗教冲突而被捕并被判处终身监禁。1621年，格劳秀斯成功逃出监狱并逃亡至法国，受到法国国王路易十三的接待与资助，于是他安心住了下来并开始写作其最为著名的著作《战争与和平法》。1625年3月，《战争与和平法》出版。1631年，法国首相黎塞留（Richelieu）邀请格劳秀斯进入法国政府部门工作，但被他拒绝。由于生活状况恶化，无奈之下他决定返回荷兰。但是，在格劳秀斯回到荷兰后，荷兰国会对他发出逮捕令，最终决定将他永远驱逐出国。于是格劳秀斯再一次被迫离开荷兰，去了德国的汉堡。1634年，格劳秀斯接受瑞典政府的任命成为瑞典驻法国的大使，但是这位卓越的法学家却并不是一位卓越的外交家，他不但没有完成其巩固法瑞两国联盟的使命，反而多次被法国政府要求瑞典政府将其召回。1645年，格劳秀斯自己也不堪其外交官的生活，辞去驻法国大使的职务回到了瑞典，但是其处境并没有得到大的改观。后来格劳秀斯又拒绝了出任瑞典国家法律顾问职务的邀请，决意要去德国。但是，就在其乘船赴德国途中，遇上了强烈的海上风暴，轮船被迫停泊在德国的罗斯托克。在那里，格劳秀斯患上了重病，并且在几天之后不幸离开了这个世界。

格劳秀斯生活的时代，正值欧洲社会大变动的时期，其后半生几乎经历了那场根本改变欧洲国际关系与政治版图的"三十年战争"的整个过程。格劳秀斯目睹了整个欧洲被这场规模巨大的战争所撕裂，深感国家需要一种指导它们处理彼此关系的规则。于是，格劳秀斯在吸纳和借鉴一些前人法律思想和学术成果的基础上，完成了其伟大著作《战争与和平法》。该书主要论述了战争的正义与非正义性质、战争的原因与合法性、国家财产及其赔偿、主权的本质和表现、条约的有效性和解释、国际法的主体、国家的中立等问题，为当时正处于分崩离析的中世纪的欧洲国家关系提供了一种理性的法律制度。尽管格劳秀斯在《战争与和平法》中所阐述的某些内容并非由其首创，但是他将众多过去各自独立的思想或学说汇集在一起并以一种学术的方式表达了出来，使得国际法成为一门独立的学科，并对国际关系产生了重大影响。正如美国前助理国务卿戴维·希尔（David J. Hill）在《战争与和平法》英文版导论中所说的那样："格劳秀斯的这部杰作是相当高级和宏伟的——它是一个超越了无理的冲动、野蛮的习性的极富智慧的巨大成功。它的出版标志着主权国家历史上的一个新纪元，从此人类摆脱了难以驾驭的混乱状态和丧失理智的冲突。它创造了一个明确的原理体系，这个体系照亮了国家及其国民争取和平、达成谅解一致的道路。"①

当然,在格劳秀斯的学说之前,就已经有一些学者对国家关系做出论述并提出了一些调整国家关系的规则,甚至其中有些论述和规则已经运用于国家关系的实践之中。例如,在11世纪末到16世纪末的约500年间,西班牙、法国、英国和荷兰等国为了实现各自的商业利益就在彼此之间形成了一些有关海事和商事的法典;从16世纪初至17世纪初,西班牙学派代表人物维多利亚、苏亚雷斯和巴尔塔萨·阿亚拉(Balthasar Ayala)等人,先后写作出版了《西班牙人对野蛮人战争的法律》《法律及神作为立法者》《论战争和军纪的法律和义务》等著作,就战争的正义性、国家主权、战争责任、战争法规等法律问题进行了论述;16世纪末,真提利写作出版了《使节论》和《战争法》两部巨著,就外交使节与战争的规则以及和平条约等问题做了论述,其去世后出版的《西班牙律师的辩护》一书,又提出和论述了海洋航行自由和海域主权等问题。除此之外,16世纪中期西班牙神学家巴斯克斯(Vásquez)也曾经设想通过"自然法"而非帝国或教会的统一权威来规范国家之间的权利和义务;德国法学家康拉德·布鲁努斯(Conrad Brunus)也写作出版了《外交官论》,就外交使节的权利和义务进行了论述。毫无疑问,以上这些学者作为比格劳秀斯更早的思想先驱者,既为近代国际关系与国际法的出现做出了贡献,也为格劳秀斯的学说和理论提供了丰富的内容和借鉴。但是,他们的论述只是涉及国家之间权利和义务关系的某个领域,而没有一个人能够像格劳秀斯那样对国际法做出相对比较完整和系统的论述。因此,格劳秀斯被誉为"国际法之父"。

经过格劳秀斯及其先驱者的著书立说,近代国际关系与国际法的思想及其规则开始出现并逐渐被当时的一些国家所接受,尤其在"三十年战争"之后,这些新的规则被欧洲国家所广泛接受,一个新的世界和新型的国际关系出现了。

三十年战争及其结果

就在格劳秀斯生活的年代,整个欧洲已经山雨欲来。宗教改革后的欧洲大陆,大致形成了新教国家和天主教国家之间的宗教对立,以及新教国家同过去一直作为精神世界统治力量的天主教会之间的对立;同时,法国、英国、荷兰及德意志诸邦国等一些新崛起的国家也在不断谋求自己的国家利益,同仍然统治

---

① 〔荷〕格劳秀斯:《战争与和平法》,A. C. 坎贝尔英译,何勤华等译,上海人民出版社2005年版,英文版导论第1页。

着欧洲中部的神圣罗马帝国皇帝处于对立状态。这种对立状态终于在1618年酿成了一场规模巨大并持续三十年之久的战争,史称"三十年战争"。

1618年,在神圣罗马帝国统治之下的波希米亚王国因为推举新的国王而引发新教与天主教两大教派之间的冲突,信奉天主教的神圣罗马帝国皇帝随即派兵镇压波希米亚的新教徒,试图剥夺其政治权利,激起了波希米亚人民的反抗,战争爆发。起初,战争主要局限在中欧德意志内部新教联盟与天主教联盟之间:神圣罗马皇帝、西班牙和德意志天主教国家为一方,教皇也站在这一边;另一方为波希米亚等德意志新教国家。但是,随着战争的推进,众多欧洲国家也先后卷入战争,而且参战国对国家利益的追求逐渐超过了对宗教信仰的追求,攻城略地与相互杀戮成为战争的主要目标。到1624年,天主教联盟击败了波希米亚等新教国家联盟,新教联盟处于劣势。但是,从1625年起,丹麦加入战争并站在新教联盟一边,英国与荷兰也对新教联盟给予支持,战争仍在继续。1629年,丹麦战败,新教国家联盟岌岌可危。1630年,瑞典加入战争并同样站在新教联盟一边,双方再次处于势均力敌的状态。1635年,作为天主教国家的法国也加入了战争,但是却站在了新教联盟一边。法国的参战迅速改变了双方的力量对比,新教联盟逐渐占据了战场的主动和优势。从1643年起,交战双方开始在德意志的威斯特伐利亚进行谈判,但是战争并没有因此而结束。直到1648年,由法国和瑞典支持的新教联盟获胜,迫使战败的神圣罗马帝国皇帝及天主教联盟在威斯特伐利亚和会上签订了《威斯特伐利亚和约》,战争终于结束。

威斯特伐利亚和会第一次以国际会议的形式解决了国家冲突引起的国际问题,并且签订了一个包含新型国家关系内容的和约。按照《威斯特伐利亚和约》的规定,法国、瑞典和德意志新教国家等战胜国获得大片领土,扩张和增强了自己的实力;神圣罗马帝国皇帝的权力受到限制,并承认德意志各邦国独立和拥有主权,帝国被分裂;荷兰和瑞士的独立和主权获得承认;新教与天主教获得同样的权利,罗马教皇的统一神权被打破;为便利各国交往,派遣和常驻外交使节的制度得以普及;条约必须被遵守,违反条约者将受到集体制裁;国家遇冲突时要通过和平方法加以解决;一国遇到侵略时有权武力反抗等。这些内容从实践上确立和运用了格劳秀斯及其先驱者所提倡的国家主权、国家领土与国家独立等原则,使主权国家的观念取代了中世纪由神圣罗马帝国所体现的"世界国家"的观念,摧毁了中世纪以来一直存在着的神权统治,打破了神圣罗马帝国与教皇凌驾于德意志诸侯国之上的局面,一系列拥有主权的新型国家出现,从根本上改变了欧洲的政治版图。由此,以主权国家为基本单位的近代国际关系开始出现,同时以调整主权国家关系为主要内容的国际法规则也开始确立。

国际关系与国际法的发展

近代国际关系与国际法的产生,改变了欧洲国际社会的权力结构与运行规则,即主权国家作为主要角色登上了历史舞台,而且为彼此之间的关系确立了一些规则。当然,这一变化并不意味着国家间关系更为稳定,也并不意味着所有国家都必然会按照确立的规则行事,大部分国家还是将自己的国家利益作为最主要的追求目标,国际法规则也基本上是为了增进国家利益而被制定和遵守。不过,国际关系毕竟确立了一定的规则,日益频繁和密切的国际交往也不可能在完全没有规则的状态下进行。因此,尽管国家对利益的追求仍然不可避免地会导致某些国家之间的利益冲突,但是国际法规则仍然是必要的,甚至越是在国际关系紧张的时候越需要国际法规则的约束。也就是说,随着国际关系的不断变化,国际法也在不断地被调整,或者现有规则被改变,或者新规则出现。

在1648年《威斯特伐利亚和约》所确立的国际关系框架之内,欧洲国家仍然在不断地发生冲突,例如围绕欧洲大陆的霸权或海上霸权以及对美洲殖民地的争夺等,有英国与荷兰之间的战争、法国与西班牙之间的战争、法国与奥地利之间的战争、俄国与瑞典之间的战争、奥地利与普鲁士之间的战争、法国与英国之间的战争等。经过这些战争,欧洲国家的实力地位此消彼长,角色不断转换,但是和约所确立的国家主权、国际会议或国际条约、使节制度等国际法规则基本上得到了遵守,即使进行战争的国家,最终也要通过国际条约的形式来重新确定彼此的关系。也就是说,尽管国际关系动荡不安,但维持这一国际关系的国际法规则并无大的变化。这种局面维持了一个多世纪。

1775年爆发的美国独立战争,极大地影响了欧洲的国际关系,使得以欧洲为中心的近代国际关系第一次扩展至欧洲之外的地区,美国作为一个新国家出现,要求欧洲国家在英国和美国之间做出选择,由此产生了一些新的国际法规则。首先,欧洲国家面临如何对待美国这个新国家的问题,于是出现了国际法上有关承认一个新国家的问题,法国与荷兰等国为了反对英国,迅速承认了美国,尤其法国同美国结成了同盟关系,共同反对和打击英国,在实践上也进一步强化了国际法中的结盟问题。其次,战争期间英国海军在大西洋上无节制地攻击,引起了欧洲国家的公愤,于是俄国联合荷兰、丹麦、瑞典、普鲁士、奥地利和葡萄牙等国,宣布武装中立,即中立国家有权以武力保护本国船只,并提出了海上封锁等概念,这些主张和措施对后来的国际海洋法产生了巨大影响。

1789年爆发的法国大革命,是对欧洲国际关系的又一次巨大冲击。法国革命后出现的新型政治体制触动了其他欧洲君主国家的利益,于是当时欧洲的主要国家英国、奥地利、俄国、普鲁士等国联合起来干涉法国革命,导致法国与其他欧洲国家处于对立状态。为了反对欧洲国家的干涉和维护自己的国家利益,法国新政府主张主权国家应该具有基本权利与义务,提出了不干涉内政、海洋航行自由以及在战争中贯彻人道主义等原则。这些原则中的不干涉内政原则在当时并未被干涉国家所接受,英国等国家仍然对法国进行了武装干涉,引发了法国同这些国家之间的多次战争,直至法国再次成为君主国家而回归欧洲传统秩序。但是,这些原则的提出还是对国际关系产生了影响,不干涉内政从根本上来说是符合国家主权这一国际法根本原则的,海洋航行自由也是当时众多国家所共同主张的规则,在战争中贯彻人道主义的原则第一次将战争中的战斗人员与平民进行了区别,并主张对战俘给予人道待遇,这些原则对后来国际法的基本原则和海洋法及战争法都产生了巨大影响。

1814年9月到1815年6月,维也纳会议召开,会议目标是重划拿破仑战败后的欧洲政治地图。战胜国英、俄、奥、普等大国与法国重新确立了所谓"正统主义"原则,恢复了法国大革命前的欧洲秩序。虽然这一战后安排从政治上来说目的在于压制欧洲革命,因而一般被称为"反动的维也纳体系",作为维也纳会议后在欧洲国际关系中发挥主要作用的以势力均衡为根据的所谓"欧洲协调"①,也仅仅是客观上承认了大国主义的原则,而并未颠覆国家主权的基础性原则,但是从国际关系与国际法的角度来看,这次会议也具有积极的意义,建立了国际河流自由航行制度、外交使节等级制度、担保瑞士的永久中立制度等新的国际法规则。在这一新的秩序之下,欧洲的国际关系相对稳定,而且维持了欧洲近百年的总体和平。

19世纪中期以后,随着欧洲殖民主义的全球性扩张,殖民国家之间争夺殖民地的矛盾日益尖锐,同时以欧洲为中心的近代国际关系与国际法也逐渐扩展至世界各地。在这种情形下,一些欧洲国家为保护日益重要的海上交通线,以

---

① 即由英国、俄国、奥地利、普鲁士以及后来加上的法国等几个欧洲大国对欧洲事务的协调与干涉,这一协调虽然对国家主权原则有所侵犯,但是从国际秩序的客观效果来看却保障了欧洲大约一个世纪的和平。

及为避免发生战争或使战争受到限制和有规则可循,于1856年4月在法国巴黎举行国际会议,并签署了《海上国际法原则宣言》,确立了一些海上航行与海战的规则;1864年8月,一些欧洲国家基于人道考虑又签订了《改善战地武装部队伤者境遇的公约》,对战争中的非人道做法做出了某些限制;在1899年与1907年的两次海牙国际和平会议上,和平解决国际争端的原则及一些有关陆战和海战的法规得以确立。与此同时,欧洲国家之间还确立了一些有价值的国际法规则,如永久中立制度、国际会议制度、国际仲裁制度等。不过,在欧美殖民国家与殖民地或半殖民地国家的关系中,也出现了一些为殖民主义扩张服务的国际法规则,如被保护国、租借地、势力范围、领事裁判权、领土割让、吞并和征服等制度。

一战的爆发使国际关系严重恶化,同时也使国际法遭到巨大破坏,但正因为如此,国际社会更感觉到建立良好国际关系和重建国际法的重要性,所以在战争结束之后国际关系与国际法又获得了新的发展。1918年1月,战争将要结束之际,美国总统托马斯·伍德罗·威尔逊提出了作为调整战后国际关系设想的"十四点方案",包括公开外交、公海航行自由、公平贸易、裁减军备、民族自决、建立国际联盟等内容。1920年1月10日《凡尔赛条约》正式生效的这一天,国际联盟宣告正式成立,并在其盟约中提出了国际合作的国际法原则。而且,根据《国际联盟盟约》,国际常设法院得以建立,开创了通过司法方式解决国际争端的先河。国际联盟内部成立了专门的机构,并开始有计划地进行国际法的编纂,从而改变了过去国际法规则基本上来自学者著作或国际会议的状况。1928年8月27日,一些国家签订了《巴黎非战公约》,宣布废弃将战争作为推行国家政策的工具;同年9月26日,国际联盟第八次大会通过了《和平解决国际争端总议定书》,重申了和平解决国际争端的国际法原则。1930年,在国际联盟的主持下举行了第一次国际法编纂会议,就国籍、领水和国家责任等问题形成了一些具体规则。此外,以国际关系为研究对象的国际关系学成为一门独立的学科也是在一战之后,这从一个侧面说明了国际社会对国际关系的重视。

二战的爆发再次使国际关系严重恶化,并使国际法遭到巨大破坏,但惨烈的战争也再次使国际社会感受到维护良好国际关系和重建国际法的重要性,因此战争之后的国际关系与国际法又一次获得了新的发展。1945年《联合国宪章》的通过与联合国的建立,使国际关系发生了巨大变化,国际合作、不干涉内政、和平解决国际争端、民族自决等原则被确立为国际法的基本原则,对国际人权的重视也成为联合国的主要工作之一。尽管战后不久世界即陷入了以美国与苏联为首的两大军事集团之间的对峙,但是即使分属于两大阵营的国家也在联合国的框架内保持着沟通与联系,基本上避免了双方大规模的热战。尤其是联合国主导成立了国际法委员会,开始大规模、有组织地编纂国际法,先后通过了《关于各国依联合国宪章建立友好关系及合作之国际法原则之宣言》《维也纳外交关系公约》《维也纳领事关系公约》《维也纳条约法公约》《联合国海洋法公约》等一系列重要的国际法规则。国家在交往中也主要通过依照国际法基本原则签订的各种多边或双边条约来调整关系。时至今日,国际法几乎涵盖了国际关系的各个方面,正在对国际关系发挥着越来越重要的影响和制约作用。或者也可以说,二战之后的国际关系被赋予了更多的法律意义,即正在形成一种相对比较稳定和可以有所预期的新型国际关系。

第三节　国际法的渊源及其在国际关系中的运用

国际法的渊源

国际法的渊源是指国际法律原则、规则和制度最初出现的地方以及形成法律的途径。或者换句话说,就是国际法的原则、规则和制度来自何方以及是如何成为法律的。

一般认为,国际法的渊源可以分为实质渊源和形式渊源。所谓实质渊源,就是有关国际法的具体规则存在的证据,或者规则实质内容的出处,也就是这些规则最初来自何方;所谓形式渊源,就是产生规则的法律程序和方法,或者规则产生有效性的方式,也就是这些规则是如何成为法律的。不过,有些学者并不同意这样的区分,他们认为这样的区分是来自对国内法的理解。国内法才有实质渊源和形式渊源的区别(国内法的实质渊源可能是立法,也可能是习惯或法理等,形式渊源则只可能是立法),而国际法只可能有实质渊源(有可能来自条约、习惯或某些法理等),因为国际法并没有固定的立法机关,甚至没有现成的成文法典,所以国际法不应该有所谓的形式渊源,也就没有实质渊源和形式渊源的区别。应该说,将国际法的渊源分为实质渊源和形式渊源并非没有意义,虽然国际法不像国内法那样有一个固定的立法机关,但是并不能认为国际法的制定是缺乏法律程序的,也不能认为没有成文的国际法规则,只不过国际法的制定是由多元主体而并非由某一拥有立法权的中心或机关来完成的,具体的规则也并不一定要由某个权威机构制定成册。其实,将国际法的渊源区分为实质渊源和形式渊源,更有助于理解国际法规则的起源和形成过程。实质渊源告诉我们某一规则最早出现在哪里,形式渊源告诉我们这一规则通过何种途径或方式成为国际法规则。

具体而言,明确国际法的渊源其实就是寻找和确认哪些规则能够成为国际法的规则。一般而言,国际条约和国际习惯被认为是主要的国际法渊源,不过《国际法院规约》第38条规定:"一、法院对于陈诉各项争端,应依国际法裁判之,裁判时应适用:(子)不论普通或特别国际协约,确立诉讼当事国明白承认之规条者。(丑)国际习惯,作为通例之证明而经接受为法律者。(寅)一般法律原则为文明各国所承认者。(卯)在第59条[①]规定之下,司法判例及各国权威最高之公法学家学说,作为确定法律原则之补助资料者。二、前项规定不妨碍法院经当事国同意本'公允及善良'原则裁判案件之权。"[②]也就是说,在进行国际裁判时,所依据的国际法规则就是国际条约、国际习惯、一般法律原则、司法判例或学者的著作及学说,甚至可以依据更为宽泛的所谓"公允及善良"原则进行裁判。其中,国际条约和国际习惯是最主要和最重要的国际法渊源,而一般法律原则、司法判例或学者的著作及学说乃至公允及善良原则都属于辅助性的国际法渊源。

国际条约 按照1969年《维也纳条约法公约》的定义,条约是"国家间所缔结而以国际法为准之国际书面协定,不论其载于一项单独文书或两项以上相互有关之文书内,亦不论其特定名称如何"[③]。国家与国家之间在符合国际法的前提下所缔结或签署的各种书面约定都可以归为条约。

按照"约定必须遵守"这一共识和国际社会的一般原则,条约应该得到遵守,即条约具有拘束力。然而,国际条约毕竟不同于国内的法律,因为国内的法律一般都出自立法机构,而国际条约并非由国际社会某个机构制定,往往是分散制定的。条约有多种类型,比如多边条约、双边条约等。那么,什么样的条约才是国际法呢?对此,有些学者提出了另外两个概念,即造法性条约和契约性条约。他们认为,条约可以分为两大类,即造法性条约和契约性条约。前者一

---

① 即"法院之裁判除对于当事国及本案外,无拘束力"。白桂梅、李红云编:《国际法参考资料》,北京大学出版社2002年版,第261页。
② 同上书,第259页。
③ 《维也纳条约法公约》第2条第1款。同上书,第217页。

般为多边条约或公约,其内容在于专门确立或者修改国际法的一些基本或重大原则、规则和制度,如《维也纳外交关系公约》《联合国海洋法公约》等;而后者则为双边或若干国家间的条约,其内容在于围绕某一具体事项规定缔约国之间的权利与义务,如两国或若干国家间的通商友好条约或互助合作条约等。在这里,造法性条约就类似于国内法中由立法机构制定的法律,因此这类条约又被称为"国际立法";契约性条约则类似于国内法中仅仅由自然人或法人签订的合同。按照这样的分类,只有造法性条约才是具有拘束力的国际法,而契约性条约则不应该被看作国际法,充其量也只能作为国际裁判时的辅助资料。

然而,国际法与国内法毕竟不能够完全类比,条约的签订本来就并非来自某个立法机构,国际社会中的任何国家都可以订立条约,即使是多边性国际公约,也并非毫无遗漏地包括所有国家,不可能像国内法那样涵盖一国主权范围内的所有自然人和法人,而只适用于参加或同意该公约的国家。而且,不论是多边条约还是双边条约,实际上很难分得清哪些条约是造法性的,哪些条约是契约性的,因为在现代国际社会,条约的数量大幅增加,其内容涉及方方面面,一项多边条约的内容也未必就是造法性的,而双边条约中也有可能会有一些造法性的内容,甚至在同一个条约中,既可能有所谓造法性的内容,也可能有所谓契约性的内容,二者的区分实际上已经变得十分模糊和困难。正如英国国际法学者伊恩·布朗利(Ian Brownlie)所说:"所谓造法性条约,是指那些为将来制定行为规则,并且形成普遍同意的立法政策的多边条约。契约性条约和造法性条约的不同似乎在于,一个是双边的政治交易,一个是大型国际会议所产生的'立法'。但是,这种区分实际上并不那么明显……更何况,这种区分还掩盖了缔结条约与国内立法之间的真实差异。"①

因此应该说,一切国际条约都是国际法的渊源,只不过不同条约管辖的范围不同,具体的国际裁判所适用的国际法规则需要根据当事国所参加或同意的国际条约来判断。

国际习惯 所谓国际习惯,即在国际关系中为大多数国家所共同遵守并不断重复出现的那些不成文的行为规则。国际习惯是国际法渊源中最古老和最原始的渊源,甚至很多国际条约就来自国际习惯。一个行为要成为国际习惯,必须具备下列两个条件:(1)该行为在国际社会大部分国家中多次出现并前后一致,例如国际海洋法中关于海洋航行自由的规则;(2)该行为经过了法律确信

---

① 〔英〕伊恩·布朗利:《国际公法原理》,曾令良等译,法律出版社 2007 年版,第 553 页。

或法律确认,即大部分国家都曾经以各种方式承认了该行为的合法性。

也就是说,在具体国际裁判中需要使用某一国际习惯的渊源时,为了证明这一国际习惯确实存在以及已经得到法律确信,就需要寻找证据。这一证据可以在各当事国的具体实践中寻找,比如国家发表的新闻报道、政府发言人的谈话、国家领导人在国际会议上的发言或者与其他国家共同发表的声明,以及国家本身的行为或者对其他国家行为的支持或默认等。例如,1898年美国与西班牙进行战争期间发生的"哈瓦那号"案和1969年联邦德国与丹麦、荷兰之间的"北海大陆架案"都涉及有关国际习惯的问题。

"哈瓦那号"案

美西战争期间,美国军舰在加勒比海上捕获了西班牙国民的一艘渔船"哈瓦那号",美国政府因此遭到西班牙的抗议并被告至美国最高法院。美国最高法院在大量文献中寻找到了关于战争中交战一方在沿海活动的渔船不受交战对方拿捕的国际习惯规则,并且证明美国政府在美国独立战争期间曾经接受过这一国际习惯规则,因此认为美国政府无权拿捕西班牙渔船,判决美国政府应该释放"哈瓦那号"渔船。

北海大陆架案

1966年,联邦德国与其邻国丹麦、荷兰之间围绕北海的大陆架划界问题产生争端,丹麦与荷兰认为应该按照1958年的《大陆架公约》所确定的"等距离中间线"原则划分彼此的大陆架界线,因为该原则已经成为一项国际习惯,但是联邦德国并不承认这一原则为国际习惯,而且认为按这一原则进行划分对联邦德国而言是极不公平的。1967年2月,联邦德国分别同丹麦、荷兰签订特别协定,同意将这一争端提交国际法院解决,并承诺将遵守国际法院的判决及按照判决的原则和规则进行划界。1969年2月,国际法院对此案做出判决,拒绝了丹麦与荷兰所提出的主张,即认为虽然"等距离中间线"原则为一项划界的简便方法,但是却并未成为国际习惯,因此应该按照公平、协议的原则进行划界。国际法院判决之后,三国按照新的原则进行了谈判,最终划定了各自在北海的大陆架界线。

一般法律原则 一般法律原则是一个意义比较难以理解的概念,虽然《国际法院规约》提出了这一概念,但是却并没有对此加以解释,因此关于究竟什么是一般法律原则,存在着不同的理解和争论,甚至有人怀疑是否存在一般法律原则这一国际法的渊源。

有的学者认为,一般法律原则其实就是国际法的一般原则或基本原则;有的学者认为其应该是一种"一般法律意识";还有一些学者认为其应该是不同法律体系所共有的原则。国际法的一般原则或基本原则已经寓于国际条约或国际习惯之中,因此一般法律原则显然并不同于国际法一般原则或基本原则;"一般法律意识"基本上类似于自然法学中的"法律良知"这一概念,这一概念过于抽象而难以理解;各不同法律体系所共有的原则比较容易找到,比如时效的原则、禁止反言的原则等,因此一般法律原则应该就是指不同法律体系所共有的一些原则。

不过,在国际关系实践中,很少有适用一般法律原则的机会,之所以做这样的规定,主要是为了在没有任何可资遵循的国际条约和国际习惯时提供一种解决办法。而且,这一概念的模糊性恰恰为其灵活和广泛的解释性留下了空间,其意义越广,找出某项一般法律原则来填补国际条约和国际习惯空白的可能性也就越大。尤其按照英美法系对法律的理解和运用,可以采用类推、归纳等方法寻找出一般法律原则。

司法判例或学者的著作及学说　司法判例或学者的著作及学说,其实在国际法出现早期就是国际法的主要渊源,但是随着国际社会专门机构对国际法有计划的编纂,其影响力相对下降,而且它毕竟不同于法律或者说还没有成为法律,因此一般不能直接适用。之所以也将其作为国际法的辅助渊源,同样是为了在没有可资遵循的国际条约和国际习惯时提供一种解决办法,当然主要是将其作为参考加以援引。

公允及善良原则　公允及善良原则并非一些具体的规则,而是一些更为宽泛抽象的原则,基本上与自然法学派所主张的道义原则相类似,同样是为了在找不到任何可资遵循的国际法规则时提供一种解决办法,即依据公平和善良的原则进行国际裁判。

国际法的渊源在国际关系中的运用

国际关系需要国际法,即国家之间的交往需要用国际法来进行规范和调整,尤其当国家之间发生争端时就更需要按照国际法来加以解决,或者将这些争端交给国际司法机关进行裁决。但是,国际法只是一个抽象的概念,真正运用国际法调整国家关系或进行国际裁判时首先需要寻找具体有效和适用的国际法规则,也就是寻找国际法的渊源,就如同使用国内法调整个人或法人之间关系或进行国内法律裁判时需要确定某项具体适用的法律条款一样。不过,国际法毕竟不同于国内法,即并无一个凌驾于主权国家之上的立法机构来制定国际法,所以,即使国家之间愿意通过国际法来调整彼此关系或在发生争端时愿意通过国际司法方式和平解决这一争端,以哪些具体规则为依据来调整彼此的关系或进行裁判也是一个问题。因此,国际法的渊源在国际关系中的运用或者说在国际关系中的现实意义,主要体现在可以明确国家交往的具体规则,尤其是当国家之间发生争端且当事国双方都愿意通过国际司法程序和国际司法机关解决这一争端时,国际司法机关用来寻找判定是非和适用此项争端的法律依据。在面对国际争端时,依据恰当的具体规则来进行裁判,是保证国家愿意接受国际裁判并承认其公正性的重要前提条件,国际法的渊源就是要确定这些具体的规则。正是因为有了国际法的各种渊源,才有了可进行国际司法审判的法律依据,也才能够使争端当事国有可能通过国际司法途径而不是军事或其他武力途径解决彼此的争端,而这种解决争端的方式对国际关系的稳定具有非常重要的意义。

第四节 国际法的效力根据与国际关系的基本理论

国际法效力根据的概念与国际法不同学派

所谓国际法的效力根据,是指国际法依据什么拘束国家,即国际法为什么能够约束国家,或者说国家为什么要遵守国际法。

围绕这一问题,有着各种不同的理论,不过归纳起来看,主要存在着相互对立的两大学派,即自然法学派(naturalism)和实在法学派(positivism)。自然法学派是产生于16世纪并流行于17—18世纪的一个法学流派,其早期的代表人物有西班牙的维多利亚和苏亚雷斯,后来还有德国人普芬道夫和沃尔夫以及瑞士的瓦特尔等人。按照自然法学派的基本理论,法律是人类社会的自然产物,即人类本性所形成的社会自然就会存在一些基本的规则,例如杀人偿命、欠债还钱、欺骗与偷盗是罪恶等,这些规则就是所谓的自然法。一切法律的基本原则即那些具有普遍和永恒效力而且可以依靠人类纯粹理性发现的正义原则都来源于自然法,而非来源于人类经过深思熟虑做出的决定。也就是说,法律是人类社会的一种自然存在,法律只可能被发现而不可能被创造,人类只不过是凭借理性发现了这些法律原则或规则而已。在国际法效力根据的问题上,自然法学派的理论认为,国际法的效力根据不在于国家的意志或国际谈判所取得的协议,而在于从国家本性推论而来的固有规则。国际法之所以对国家具有拘束力,是因为国际法同其他所有法律一样都是以自然法为依据的,自然法符合人类正义这一固有道德,所以就会被国家所遵守。因此,自然法就是国际法的唯一效力根据。

然而,到了18世纪,自然法学派的理论受到越来越多的批评,于是在对自然法学理论进行批判的基础上出现了一个新的法学流派——实在法学派,其代表人物在不同时代主要有荷兰人宾刻舒克与英国人边沁、奥斯汀和奥本海等。实在法学派的法学理论兴起之后,到19世纪就逐渐取代自然法学派的法学理论而长期占据法学理论的主导地位。按照实在法学派的基本理论,所有法律都是实在法,即由人们制定并以制裁或惩罚加以实施的强制性命令,而并非像自然法学派所认为的来源于所谓正义原则或抽象的人类理性。法律与正义并不是一回事,因为法律可以依照立法者的意志改变。在国际法效力根据的问题上,实在法学派的理论认为,因为国际法是国家制定的、以制裁或惩罚加以实施的强制性命令,所以国际法的效力根据在于作为立法者的国家的意志;由于国际社会存在众多国家,因此国际法的效力根据就在于国家的共同意志。也就是说,国际法之所以拘束国家或被国家所遵守,并不在于国际法符合正义原则,而是因为国家共同制定了这些规则,其中体现了国家的共同意志,这些规则并不是依据推理程序发现的,而是通过国家的同意和它们之间所签订的条约等国际文件所表现出来的。

格劳秀斯也曾经对国际法的效力根据做出解释,并形成了所谓格劳秀斯学派,但是其理论既有自然法学派的观点,也有实在法学派的观点,因此格劳秀斯学派又被称为折中学派。按照这一学派的理论,所有法律既来源于自然法,也来源于国家同意或认定,因此国际法的效力根据同样既在于自然法,也在于国家的同意或认定。也就是说,国际法应该包括自然法和制定法两部分:那些国际法的基础性原则来源于自然法,是人类以理性发现了这些原则,但是为了使抽象的自然法具体化,就必须有制定法,根据这些基础性原则所制定的具体规则就来源于或需要得到各国的同意或认定。因此,国际法的效力根据是双重的,即人类社会的正义理性和众多国家的同意认定都是国际法的效力根据。

在一战结束之后,国际社会又重新兴起了一股自然法学的思潮,当然这一思潮并不完全是过去自然法学理论的再现,而是以一些新的概念和新的面目出现的,包括社会连带学派(solidarism)和规范法学派(normativism)的理论,前者的代表人物有法国人莱昂·狄骥(Leon Duguit)和美国人罗斯科·庞德(Roscoe Pound),后者的代表人物是奥地利裔美国人汉斯·凯尔森(Hans Kelsen)。尽管这些法学流派的名称及其所使用的基本概念并不完全等同于过去的自然法学理论,甚至规范法学派并不承认自己属于自然法学派,但是这些流派的理论仍然以自然法为其基本依据,最终观点类似于自然法学的观点,因此它们一般被称为新自然法学派(neo-naturalism)。按照社会连带学派的理论,一切法律的根据都在于所谓社会连带关系,即人类形成社会这一事实本身,人们在社会交流和相互依存的过程中自然就会产生调节其关系的社会规则,国际法当然也不例外,国际法的效力根据就在于国际社会连带关系所产生的规则,即这一学派所称的"各民族的法律良知"。而按照规范法学派的理论,一切法律规则都属于同一法律体系,只不过不同的法律处于不同的等级,每一级法律的效力由上一级法律规范所决定,就像一个金字塔结构,比如国际法决定国内法中的宪法,宪法再决定国内法中的各部门法或分类法,国际法的效力根据在于位于国际法之上的一个"最高规范"或"原始规范",而这一规范就是人类的所谓"正义感"或"法律良知"等伦理规范,比如"约定必须遵守"等。

与新自然法学派的理论相对立,在二战之后国际社会又出现了被称为新实在法学派(neo-positivism)或者新现实法学派(neo-realism)的法学流派及其理论,这一学派的理论又包括"权力政治说"(theory of power politics)和"政策定向说"(policy oriental theory)两种学说。持有权力政治说观点的主要是战后美国和英国等一些西方国家的学者,他们认为国际法是由国际政治来支配的,而国际政治的核心就是权力政治,因此国际法的效力根据就在于各国权力的平衡,即所谓势力均衡,尤其是国际社会中大国间的权力均衡,否则国际法就难以存在。或者换句话说,权力就是国际法存在的基础,国际法必然反映拥有强权的大国的利益,国际法的效力也取决于大国权力。例如,英国学者格奥尔格·施瓦曾伯格(Georg Schwarzenberger)在谈到国际法的作用时就毫不掩饰地说,国际法就是权力法,是直接可以用来推行强权政治的一项工具。政策定向说的代表人物是美国耶鲁大学的两位学者迈尔斯·麦克杜格尔(Myres S. McDougal)和哈罗德·拉斯韦尔(Harold D. Lasswell),他们同样主张权力是国际政治和国际法的基础和核心,但是却认为权力主要体现在政策抉择的全过程,因此政策是法律的决定性因素，即法律不只是一些纯粹的规则，而且包括做出政策抉择的整个过程，也就是权威和控制的过程。国际法同样也是权威和控制的一个过程，权威是人们对于形成和分享规则的期望，而控制是使期望得以实现的实际权力。也就是说，国际法其实就是国家对外政策的一个体现，因此国际法的效力根据就在于国家的对外政策，尤其是大国的对外政策。

那么，国际法的效力根据究竟是什么呢？一方面，显然，自然法学派或新自然法学派的理论和观点太过于抽象和理想化，国际法并非人类对自然法的发现和应用，即并非一定合乎正义等人类固有道德，而主要是国家之间人为的产物，国家之所以遵守国际法，也并不完全是因为国家都遵从正义和讲究道德。另一方面，实在法学派或新实在法学派的理论和观点虽然将国际法视为由国家实际制定的实在法，但是将国家共同意志、权力或政策作为国际法的效力根据，似乎也值得商榷，因为一个无政府的国际社会其实很难形成一个共同意志，而将权力或政策作为国际法的效力根据，又过分强调大国和个别国家的作用，带有强权的意味，反而有违国际法关于国家主权独立平等的基本原则。因此，从实际情况来看，国际法的效力根据应该是国家意志之间的相互妥协。也就是说，国际法之所以对国家有约束力，或者说国家之所以遵守国际法，是因为国际法是各国按照自己的利益相互妥协达成的协议，而遵守协议也是国家实现自己利益的一种现实选择和需要。

国际法学派与国际关系基本理论之间的联系

自从近代国际法产生以来，自然法学派和实在法学派这两大学派在不同历史时期都曾占据主导地位，而且它们围绕国际法的一些基本问题也曾展开各种争论。然而，如果从国际关系的角度来看，这一争论实际上也与国际关系理论中的两大学派——理想主义和现实主义之间的争论类似。当然，国际关系的理论是在一战结束后国际关系学成为一门独立学科之后才开始出现的，从时间上来看要晚于作为法学理论学派的自然法学和实在法学的出现。不过，它们之间却有着某种内在的联系，尤其是同样在一战之后出现的新自然法学派和新实在法学派的理论观点就分别与理想主义和现实主义更为接近。

所谓理想主义，是指一战之后在国际关系领域出现的一种理论思潮，来源于对战争结束后的国际社会结构、国家关系和人类本性所进行的一些思考。这一思潮曾经占据当时国际关系理论的主导地位，其代表人物主要有当时的美国总统威尔逊、英国学者阿尔弗雷德·齐默恩（Alfred Zimmern）和美国学者约翰·默里（John Murray）等人。他们认为，国际关系中之所以存在战争或其他冲突，其原因主要在于国家权力的存在和对立以及人性对利益的过度追求，但是国家权力可以制约，人性也可以改造，具体做法就是通过建立国际组织和强化国际法来约束国家，加强国际合作，以及通过公众舆论和公共道德来监督国家及其政府，同时可以通过教育或改变环境改造人性，协调人们彼此之间的利益。

其实，我们不难发现，理想主义的基本哲学思想就植根于或类似于自然法学的理论，即认为人性是善良或向善的，在人类社会中自然存在着一些自我约束和自我规范的社会规则，并相信和崇尚人类社会的有序性和人的理性，相信通过建立国际组织和强化国际法以及进行良好的教育，国家之间就可以和平及有秩序地进行交往，人们之间的利益也可以相互协调而达成一致。

然而，20世纪30年代，随着法西斯势力的崛起和国际关系日益紧张，理想主义理论对国际关系的解释和指导显得越来越软弱无力，于是出现了批判理想主义的声音，并且在此基础上逐渐形成了现实主义理论。1939年9月，二战全面爆发，理想主义理论遭到毁灭性打击，此时英国历史学家和政治学家爱德华·卡尔（Edward H. Carr）的著作《20年危机（1919—1939）——国际关系研究导论》出版，标志着现实主义的形成。在该书中，卡尔提出了现实主义的基本原则：权力是政治活动的主要因素，一切政治活动都是权力活动；道德只能是相对的，最终道德也是权力的产物。此外，现实主义的主要代表人物还有美国学者莱因霍尔德·尼布尔（Reinhold Niebuhr）、阿诺德·沃尔弗斯（Arnold Wolfers）和汉斯·摩根索等人。

尤其是摩根索所著的《国家间政治：权力斗争与和平》被誉为现实主义的经典著作，其中提出了著名的现实主义六原则：（1）政治现实主义认为，像社会的一般现象一样，政治受到根植于人性的客观法则的支配。为了改善社会，我们首先必须理解社会赖以生存的法则。这些法则不依赖人们的偏好而起作用，人们若向它们挑战，就要冒失败的危险。（2）以权力界定的利益概念是帮助政治现实主义找到穿越国际政治领域道路的主要路标。这个概念把试图理解国际政治的推理与有待于理解的事实联系了起来。它使政治成为行动和知识的独立领域，从而将它与其他领域如经济学、伦理学、美学和宗教区分开来。（3）现实主义认为，权力所界定的利益这一关键概念是普遍适用的客观范畴，但是它并不赋予这个概念一个永久固定的含义。利益的观念确实是政治的实质，不受时间和空间的影响。(4) 政治现实主义明白政治行动的道德意义,它也清楚在道德要求和成功的政治行动的需要之间存在着不可避免的紧张状态,而且它不愿掩饰或抹杀这种紧张状态,以使赤裸裸的政治事实显得仿佛比实际情况在道德上更令人满意,使道德法则显得好像比事实上更缺乏约束力,从而既模糊了道德问题也模糊了政治问题。(5) 政治现实主义拒绝把特定国家的道德愿望等同于普适的道德法则。正如同它对真理和见解要加以区别一样,它也对真理和盲目崇拜加以区别。所有国家在诱惑下——没有几个国家能够长期抗拒那种诱惑——都以适用于全世界的道德目标来掩饰它们自己的特殊愿望和行动。(6) 政治现实主义和其他学派之间的差异是真实的、深刻的。无论政治现实主义理论受到多大的误会和曲解,它对政治问题所抱的独特态度和道德态度是毋庸置疑的。① 由此,现实主义理论成为二战之后占据国际关系主流地位的理论。

我们同样不难发现,现实主义的理论与实在法学理论非常相近,即不承认所谓的善良人性,认为道德并不能代替权力和利益,在国际关系中真正起作用的是国家权力和国家利益。也就是说,现实主义不承认所谓的人性善良,也不承认国家可以不追求权力和利益,因此认为需要寻找保持国家权力均衡的平衡点以及使用国家权力来约束人和国家为追求权力和利益而发生冲突的可能性。不过,现实主义并不否认国际法的作用,只是认为国际法的背后其实也是实力在起作用,即国际法是国际政治实力均衡的产物,是按照权力和利益人为制定的实际规则。如果没有实力或势力均衡,国际关系将难以维持,同时国际法也无法存在和发挥作用。

理想主义和现实主义其实反映了人类本性的两种需求——既想要获得权力和利益,同时又需要和平与秩序以及道德与公平。因此,理想主义和现实主义都有其存在的价值。如果没有理想主义所感召的理想与价值,似乎现实主义的行动将毫无意义;如果没有对现实国家利益的追求,理想主义的行动也不可能成功。理想主义的存在虽然短暂而富于乐观的理想色彩,但是却留下了很多积极有价值的思想和国际行为习惯,如国际组织、国际法、利益协调等。现实主义虽然立足现实,有其实用性,但是过于悲观和强调国家非协调的一面,并且将

---

① 〔美〕汉斯·摩根索:《国家间政治:权力斗争与和平(第七版)》,徐昕等译,北京大学出版社2006年版,第28—37页。

道德相对化,不利于国际关系的改善。因此,后来又发展出了新现实主义、新自由主义等不同的国际关系理论。不过,理想主义与现实主义理论已经构成国际关系的基本理论。也就是说,后来在国际关系理论中出现的新自由主义、新现实主义等不同理论,尽管所使用的核心概念与理想主义和现实主义的理论不尽相同,但是其基本理论框架仍然有着理想主义或现实主义的痕迹。

总之,理想主义与自然法学的观点有着密切的联系,而现实主义则同实在法学的观点有着密切的联系,即理想主义与自然法学都注重道德与理性,而现实主义与实在法学都注重权力与利益。

第五节 国际法与国内法的区别与联系

有关国际法与国内法相互关系的理论

围绕国际法的另外一个基本问题,是国际法与国内法的关系问题。如前所述,国际法是主要用来调整国家之间关系的原则或具体规则,而国内法则主要是用来调整一个国家内部自然人和法人以及政府之间关系的原则或具体规则。除此之外,国际法与国内法之间还有很多不同。首先,二者的法律渊源和效力根据不同。前者的法律渊源是国际条约、国际习惯等一般国际法原则,而后者的法律渊源是立法机构立法或司法机构判例;前者的效力根据是众多国家意志之间的协议,而后者的效力根据则是国内统治阶级的意志。其次,国际法与国内法的制定方式不同。前者是主体自己以分散方式制定的,而后者则是在主体之上由一个机构集中制定的。最后,国际法与国内法的强制实施方式不同。前者主要依靠国家的自觉、自助、互助和制裁等方式来实施,而后者则依靠警察、法庭、监狱等强制机关来强制实施。

正是因为有如此多的不同,尤其是二者在制定方式与实施方式上的不同,有些学者认为国际法并非严格意义上的法律而仅仅是一种国际道德。例如,英国学者奥斯汀就认为法律应该是由一个主权政治权威所制定和强制实施的命令,因此国际法并非法律而仅仅是一种实在道德。

但是应该说,国际法与国内法都是法律,因为国际法也具备了法律的一些基本特征,如也规定了权利与义务,也具有约束力(尽管与国内法的约束程度不同),并且绝大部分国家都对其予以承认,更有利于形成规则。当然,国际法缺乏强制实施机关的事实会使某些国家违反国际法,但是这一点也同国内法一样,个别行为体的违法行为并不能否认法律的存在及其作用。甚至国际法缺乏统一立法机关和由主体自己制定反而使其更易于被遵守,主体的不可迁移性和数量的有限性也使国家更易于遵守国际法。

而且,国际法与国内法也存在共同点,即二者都是由国家制定,因此二者之间也存在着某种联系。在国际法与国内法二者关系的问题上,主要存在着所谓一元论(monism)和二元论(dualism)两种理论,并且争论主要围绕国际法和国内法是否属于同一法律体系以及二者是否存在相互管辖关系而展开。

按照一元论的观点,国际法与国内法属于同一法律体系,二者之间并无根本性的区别。不过,一元论的理论必须回答国际法与国内法在同一法律体系内的关系问题,因此一元论又有所谓国际法优先说和国内法优先说两种观点。国际法优先说的代表人物主要是实在法学派和新自然法学派的一些学者。他们认为,一切法律都是用来调整人与人之间的关系的,国际法是比国内法范围更大、层次更高的法律,因此主张国际法高于国内法,国内法从属于国际法,即国际法处于优先地位。国内法优先说的代表人物主要有19世纪末期德国国际法学家格奥尔格·耶利内克(Georg Jellinek)等人。他们认为,一切法律都是国家意志的反映,国际法也只能从国家意志中获得其效力和权威,因此国际法的根源在于国内法,它只能从属于国内法。

按照二元论的理论,国际法与国内法属于不同的法律体系,二者之间相互独立,彼此并无隶属关系,即"国际公法和国内法不只是法律的不同部分或分支,而是不同的法律体系。它们是两个领域,虽然有密切关系,但绝不是彼此隶属的"①。二元论的代表人物主要有19世纪末期德国国际法学家海因里希·特里佩尔(Heinrich Triepel)和奥本海等人。他们认为,国内法来源于国家意志,而国际法来源于众多国家的共同意志,而且二者的调整对象、制定过程、强制方式都各不相同,因此二者是完全不同并各自独立的法律体系。

应该说,一元论的主张仅仅停留在理论的层次,在实践中难以真正运用,因为不论是国际法优先说还是国内法优先说都不可能得到国际社会和众多国家的承认和接受。国际法优先说建立在限制国家主权的基础之上,甚至有可能导致取消国家主权,因此并不符合国际关系的现实,主权国家也不会同意将国际法置于本国国内法之上;而国内法优先说则建立在国家主义的基础之上,容易

---

① 德国国际法学家特里佩尔语。转引自王铁崖:《国际法引论》,北京大学出版社1998年版,第183页。

导致国家至上主义，最终导致取消国际法，因此同样不符合国际关系的现实，绝大部分国家都不可能同意某些大国或强国的国内法成为凌驾于国际法之上的法律。二元论的主张则比较符合实际，国际法与国内法确实有很多不同，分别属于不同的法律体系，国际法不能当然地成为国内法的一部分，同样国内法也不会当然地成为国际法的一部分。不过，国际法与国内法也不是完全没有关系，由于二者的制定者都是国家，所以二者之间也存在着密切的联系，即国际法与国内法二者既相互独立但又彼此联系。

国际法与国内法相互关系的实践

国家在制定和参加国际法时，肯定会考虑国内法立场和国家利益的需要，不能让自己所制定和参加的国际法干预和破坏国内法。同样，国家在制定国内法时，也一般会考虑本国所参加的国际法，使国内法符合国际法，而不能违背自己所承担的国际法义务。总之，对国家而言，国际法和国内法都是必需的，二者相互补充，协调一致，应尽量避免相互干扰和排斥。例如，在国籍问题上，国际社会存在着有大部分国家参加的多边条约，其中规定每一个国家都有权自行制定其国籍法，实际上每个国家也会根据自己国家的实际情况与利益制定这一法律，但是在制定这一法律时必须要参照国际法的有关规则，尽量避免国家之间的国籍冲突，即国家既要遵守国际法中有关国籍问题的一般性规则，又要根据自己的利益制定国籍法，国际法既承认国籍问题的主权性，又要对其做出某些限制。[①]

此外，国际法与国内法相互关系的实践，还体现在国际法在国内的效力问题和国内法在国际裁判中发挥什么作用的问题上。

一般来说，国际法是主要用来调整国家之间关系的法律，并不能直接在国内发生效力，即不能直接用来拘束一个国家内部的个人或法人。但是，在特殊情况下，或者经过一定法律程序，国际法规则也可以在国内发生效力，即国内法院在进行审判时也可以适用国际法规则。大部分国家都会通过国内法律规定或一定程序将本国所承认和参加的国际法直接适用或转换为国内法的一部分。例如，《中华人民共和国民事诉讼法》（2023年修正）第271条规定："中华人民共和国缔结或者参加的国际条约同本法有不同规定的，适用该国际条约的规

[①] 关于国籍问题，请参阅本书第六章的有关内容。

定,但中华人民共和国声明保留的条款除外。"美国宪法第 6 条也规定:"在美国的权力下缔结的一切条约,与美国宪法和根据该宪法制定的法律一样,都是美国最高的法律;即使任何州的宪法或者法律与之相抵触,每一州的法官仍受其约束。"①除此之外,还有很多国家的国内法都有类似的规定,即国际法在大部分国家内部都可以直接适用。

当然,为了避免出现国际法干涉国内法以至损害国家利益的情形,国际法在国内的直接适用也会受到某些限制。例如,美国将对外签订的条约区分为所谓"自动执行"和"非自动执行"条约,只有前者才能不经过国内立法而自动生效;另外,还可以根据"后法优于前法"的原则通过国会的立法使已经成为美国法律一部分的条约失效。英国也规定当本国缔结或参加的国际法与国内法发生冲突时只能适用国内法,甚至不惜因违反国际法而承担国家责任。总之,关于国际法在国内的效力问题,大部分国家都承认国际法在国内的效力,以显示本国对国际社会所承担的义务,但又会做出各种限制性规定,以给本国在处理具体问题上留有余地。

同样,国内法也不能用于国际社会,即在国际裁判中只能适用国际法。但是,在国际裁判中也不能丝毫不考虑和研究当事国的有关国内法律,而是一般都要充分考虑与研究当事国的国内法,以便弄清争端的法律背景,并有可能从国内法中寻找到可以引用的证据或原则,如 1970 年 2 月国际法院在"巴塞罗那电力牵引公司案"中所做的那样。况且,按照《国际法院规约》第 38 条所规定的作为国际法渊源补助材料之一的司法判例,就既包括国际司法判例也包括国内司法判例。

巴塞罗那电力公司案

巴塞罗那电力牵引公司本来是 20 世纪初成立于加拿大的一家股份有限责任公司,后来在西班牙的巴塞罗那建立了附属公司,该公司的大部分股份却由比利时国民所拥有。1948 年,西班牙政府宣布巴塞罗那电力牵引公司破产并接收了该公司的资产,引起其中大部分比利时股东以及比利时政府的不满。1962年 6 月,比利时政府向国际法院提出诉讼请求,认为西班牙政府的行为违反了

---

① 转引自李富友:《刑法效力问题研究》,光明日报出版社 2012 年版,第 112 页。

国际法,并且要求西班牙向作为公司股东的比利时国民进行赔偿。1970年2月,国际法院做出判决,认为本案的实质问题在于确定比利时是否有权对加拿大法人中的本国股东实施外交保护,国际法在国家对待公司和股东的权利问题上尚未确立任何明确的规则,因此必须求助于国内法规则。根据各国国内法律制度普遍接受的规则,有限责任公司与其股东是两个不同的实体,具有不同的财产权利,当股东的利益因为针对公司实施的某一行为受到损害时,只有权利受到侵犯的公司才能提起诉讼,国际法的一般规则也只授权公司的国籍国提出赔偿请求,因此比利时无权代表本国股东向国际法院起诉。至此,比利时的诉讼请求被驳回。

思考题

1. 法律的本质是什么?国际法与国际道义及国际政治之间是什么样的关系?
2. 在实践中处理国际法与国内法之间的关系时,"国内法应该符合国际法"同"国际法优先"这两种主张的含义是否相同?

第一章
国际关系的演变与国际法基本原则

第一节 国际关系的演变及基本规则的确立

国际关系变动不居,近代国际关系产生以来一直处于演变之中。然而,国际关系的演变也伴随着一定规则的确立,即任何意义上的国际关系都需要一定的规则来维持和运行。近代国际关系的主要标志之一就是国际法规则的出现,即以主权国家为基本单位的国际社会的基本运行规则,或者说是国际关系的基本规则或基本准则。当然,由于国际关系处于不断的演变之中,这些基本规则也会发生变化。一般来说,这些基本规则是随着国际关系的演变和国家利益的需要而产生的,并且在国际关系的演变过程和国际关系的实践中不断充实。

1648年签订的《威斯特伐利亚和约》确认了国家主权和国家平等原则,标志着以主权国家为基础的欧洲国家体系的形成。和约尽力调和了各种错综复杂的利害关系,给欧洲大陆带来了相对和平。当然,这些基本规则实际上并没有也不可能完全制止国家利益的直接冲突,即对主权的侵犯,但是至少在观念上这些基本规则得到了承认和遵守,只不过维护主权基本上依靠的是实力,即随着实力的变化,国家主权的范围会相应扩大或缩小。尤其在近代殖民主义扩张的过程中,国家主权和国家平等原则仅仅体现在欧洲国家之间,殖民国家与殖民地和半殖民地国家之间的关系却并不在这些原则调整之列。因为在殖民国家看来,殖民地和半殖民地国家属于所谓"非文明"国家,而只有所谓"文明"国家之间才需要用这些原则来调整关系。

1789年爆发的法国大革命,虽然并未改变国际关系的基本规则,但是却对当时国际关系的基本结构,即大国力量分布及其关系,造成了一次巨大冲击。尤其为了应对欧洲君主国家的干涉,巩固法国革命的成果,法国新政府基于国家主权平等及领土主权等国际关系的基本规则,提出了"不干涉内政"的原则,即认为一国内部政治的变化是该国的内部事务,其他国家无权干涉。当然,法国新政府提出这一原则,在当时仅仅是为了维护自己的新生政权,而并非为国际关系增添什么新的原则,但是这一原则既符合国家主权平等及领土主权的原则,在客观上也符合绝大部分主权国家的利益,于是这一原则得到越来越多国家的认同。1814—1815年维也纳会议上确立的所谓"欧洲协调"其实是对国家主权的某种干涉,即由几个欧洲大国主导整个欧洲政治,但是不干涉内政的原则已经在观念上被大部分国家所接受,在欧洲1848年革命之后更是被所有国家接受,这一原则也像国家主权平等及领土主权一样成了国际关系的基本规则。

19世纪末至20世纪初,随着欧美资本主义国家在世界其他地区的殖民扩张和相互争夺,国际关系日益紧张,甚至出现了战争的威胁。面对这种形势,在俄国沙皇尼古拉二世的倡议下,国际社会先后于1899年和1907年在荷兰海牙召开两次国际和平会议,第一次会议有26个国家参加,第二次会议有44个国家参加,两次和平会议都签订了《和平解决国际争端公约》,第一次提出了和平解决国际争端的原则,并得到当时与会各国的承认。尽管这些会议和公约以及确立的原则实际上并没有能够制止随后不久一战的爆发,但是战争的残酷也促使世界各国更加意识到和平解决国际争端的重要性,因此战后国际社会第一次建立了一个政府间的国际组织——国际联盟,并且提出了和平解决国际争端的一些具体措施和步骤,以及成立了第一个国际常设法院,开创了以司法这一和平方法解决国际争端的先河。1928年,国际社会又签订了《巴黎非战公约》,第一次规定废弃将战争作为推行国家政策的工具,确立和平解决国际争端为一项普遍性义务。当然,一战之后的国际关系现实同样没有能够让这些公约与和平解决国际争端的原则发挥作用,不久之后又爆发了二战,二战也同样使国际社会更进一步意识到了和平解决国际争端的重要性。因此,在二战之后,在联合国的一系列文件以及众多的国家关系中都强调了和平解决国际争端的原则,这使得这一原则也成为国际关系的基本规则。

一战之前的近代国际关系中虽然已经有了国家为了战争而结盟的现象,但是缺乏国家间合作的现象,尤其在和平时期几乎没有国家之间的合作,国家之间进行交往也是为了争取与获得本国利益,即国家之间的关系基本上处于一种被称为"零和博弈"①的状态。一战的惨烈,促使人类进行深刻反思,尤其对国际关系开始进行系统研究,认为主权国家的存在及其对国家利益的追求以及国际社会的无政府状态是导致国家间战争的主要因素,因此,在仍然以主权国家为主要行为体的国际社会,只有加强国际合作才能够减缓或避免战争。正是在这样的认识之下,1920年国际联盟第一次将"增进国际合作并保证和平与安全"写进了联盟盟约。然而,那时的国际合作还仅仅是一种观念上而非实际上的合作。1929年爆发的世界性经济危机使得主要资本主义国家都采取自保和对其他国家构筑贸易壁垒的政策,这再次破坏了国家间的合作,甚至使国际关系发展至相互敌对,最后导致了二战的爆发。但是,战争的惨烈也进一步加强了国际社会通过国际合作制止战争的决心,因此,1945年6月通过的《联合国宪章》重申和强调了国际合作的原则,指出联合国的宗旨之一为"促成国际合作,以解决国家间属于经济、社会、文化及人类福利性质之国际问题,且不分种族、性别、语言或宗教,增进并激励对于全体人类之人权及基本自由之尊重"②。而且,联合国将促进国际合作作为一项所有国家参加、包括所有领域在内的固定而长期的国际关系协作方式。经过战后70多年国际关系的实践,国际合作也已经成为一项带有普遍性的国际关系基本规则,以国际合作为主要内容的国家之间的"非零和博弈"③的观念已经成为国际社会的主流观念。

同样是在一战之后,面对当时占据国际关系主导地位的世界殖民主义体系,经过"十月革命"夺得政权的俄国革命领袖列宁和当时的美国总统威尔逊先后提出了"民族自决"的口号。当然,列宁和威尔逊提出这一口号的目的并不相同。列宁是为了打破帝国主义对俄国的干涉和封锁,鼓励和联合殖民地和半殖民地的被压迫国家和民族共同反对帝国主义国家;而威尔逊则是为了反对和削弱英国、法国等殖民主义国家的传统势力,增强美国在国际政治中的道义形象和发言权。但是无论如何,民族自决的原则确实顺应了当时殖民地反对殖民统治和要求独立的愿望,于是逐渐得到广大殖民地的拥护和支持。一战之后,南欧和中东地区的一些民族就是按照民族自决的原则掀起了民族独立浪潮,建立

---

① 即国家之间的关系是一种利益对立的竞争关系,一个国家的得必然恰是另一个对立国家的失,反之亦然,因此国家之间竞争的结果是一种零和的结果。

② 《联合国宪章》第1条。白桂梅、李红云编:《国际法参考资料》,北京大学出版社2002年版,第1页。

③ 与"零和博弈"的状态正好相反,即国家之间虽然存在竞争关系,但是通过国际合作彼此都可以获得利益,而不是一方的得必然为另一方的失。

了新的国家。二战之后,广大亚非地区同样运用民族自决的原则掀起民族独立浪潮,在这种情势下,这一原则得到了联合国及整个国际社会的明确支持,也逐渐成为国际关系的基本规则之一。

由此可见,随着国际关系的不断演变,其基本规则也在不断地发生变化。总之,不同的国际关系实践塑造了不同的国际关系基本规则和基本准则,并且这些规则和准则还会随着国际关系的演变而继续发生变化和得到充实。

第二节 国际法基本原则与强制法

国际法基本原则及其体系化

上文所说的国际关系的基本规则和基本准则,其实就是国际法的基本原则。绝大部分国家都会按照一定的国际法基本原则来规范自己的行为并处理同其他国家的关系,所以国际关系才能够比较平稳和有秩序地运行。也就是说,国际法基本原则需要具备四个必要的条件:(1)被国际社会所公认,具体规定反复地体现在某些国际组织和各国的多边或双边条约或国际习惯中;(2)具有普遍约束力或普遍适用,即在现代国际社会被普遍接受并认为不得损抑或违反;(3)适用于国际法各个领域,即既超越国际法各个具体领域又可用于各个具体领域;(4)构成国际法的基础,即其他具体规则都须符合这些原则,在这些原则的基础之上,才有可能引申出国际法的具体规则。

然而,国际法中究竟有多少原则属于基本原则,其实是一个很难回答的问题。我们只能说哪些原则是或者不是国际法基本原则,而难以列举出所有国际法基本原则。例如,国家主权平等、不干涉内政、反对使用武力或武力威胁、和平解决国际争端、国际合作、民族自决、善意履行国际义务等原则是国际法基本原则,可以运用于国际法各个领域,而公海航行自由、政治犯不引渡、不承认主义、用尽当地救济等原则尽管也是国际法的规则或原则,却并不是国际法的基本原则,而只能说是规范某一领域的规则或原则。

如前所述,作为国际法基本原则的某些原则其实在国际关系和国际法的发展过程中就已经陆续出现。在二战之前,这些原则基本上只是作为一些单独的原则而存在,而且在国际关系中并没有被特别强调。而二战之后,在联合国的推动下以及在国际关系的实践中,国际法基本原则的概念进一步得到强调,其内容也更为充分,并且逐渐体系化,即国际法基本原则被放在一起解释和运用。

例如,1945年6月26日由50个国家签署的《联合国宪章》(波兰于1945年10月15日签署),就包含了国际法基本原则。其中,第2条规定了各会员国应该遵行的原则中的某些原则:各会员国主权平等、善意履行宪章义务、和平解决国际争端、不得使用威胁或武力侵害任何国家的领土完整或政治独立、不得干涉在本质上属于任何国家国内管辖的事务。这些原则中的大部分虽然并不是第一次出现,但是将这些分散的原则作为一个整体写入国际法文件中还是第一次。因此,《联合国宪章》不仅是对国际法基本原则的进一步法律确认,而且标志着国际法基本原则体系趋于完善。

其后,在联合国主持下,一系列国际法文件得以通过。1970年10月24日联大会议通过的《关于各国依联合国宪章建立友好关系及合作之国际法原则之宣言》,提出各国在国际关系上应避免使用威胁或武力、各国应以和平方法解决其国际争端、各国有义务不干涉任何国家国内管辖事务、各国有义务彼此合作、各民族享有平等权利与自决权、各国主权平等、各国应该诚意履行其依宪章所负义务[①]等7项原则。1974年12月12日联大会议通过的《各国经济权利和义务宪章》,提出"各国主权及领土完整和政治独立、所有国家主权平等、互不侵犯、互不干涉、公平互利、和平共处、各民族平等权利和自决、和平解决争端、反对使用武力、真诚履行国际义务、尊重人权和基本自由、不谋求霸权和势力范围、促进国际正义、通过国际合作谋求发展、海洋航行自由"[②]等15项原则。这些原则尽管各自表述不同,但都包含了一些最为重要的国际法基本原则,如国家主权平等、不干涉内政、反对使用武力或威胁、和平解决国际争端、国际合作、民族自决等基本原则。提出这些基本原则的联合国文件还特别指出:这些原则构成了国际法基本原则,而且"以上各原则在解释与实施上互相关联,每一原则应参酌其他各原则解释"[③],这强调了国际法各项基本原则之间的内在联系和一致性,防止在实际运用中以一项基本原则来否定或反对另一项基本原则。

此外,一些国家之间或国际会议所通过的外交文件也提出了国际法基本原

[①] 参见《关于各国依联合国宪章建立友好关系及合作之国际法原则之宣言》。王铁崖、田如萱编:《国际法资料选编》,法律出版社1982年版,第2—3页。
[②] 参见王铁崖主编:《国际法》,法律出版社1995年版,第56—57页。
[③] 《关于各国依联合国宪章建立友好关系及合作之国际法原则之宣言》。王铁崖、田如萱编:《国际法资料选编》,法律出版社1982年版,第9页。

则。其中,最为著名的有和平共处五项原则和亚非会议十项原则。和平共处五项原则最早由中国总理周恩来于1953年12月31日接见印度代表团时提出,其内容是:互相尊重领土主权、互不侵犯、互不干涉内政、平等互惠、和平共处。紧接着,这五项原则第一次见诸文字,被写进了1954年4月29日中国和印度签订的《关于中国西藏地方和印度之间的通商和交通协定》。同年6月,周恩来访问印度和缅甸时发表的中印和中缅联合声明重申了五项原则,并将"平等互惠"改为"平等互利"。1955年4月举行的万隆会议上,周恩来在发言中再次提出和平共处五项原则,并将其中的"互相尊重领土主权"改为"互相尊重主权和领土完整"。随后,中国相继在同新兴民族国家、西方不同社会制度国家以及苏联和东欧国家之间的交往中奉行和平共处五项原则,在同160多个国家的建交和其他双边文件中都重申这一原则,并且这一原则也已经被这些国家所接受。和平共处五项原则不但成为中国外交政策的基本原则,而且也成为国际关系中公认的国际法基本原则,它既与《联合国宪章》的精神高度一致,丰富和发展了现代国际法基本原则的内容,同时也体现了国际法权利与义务相统一的基本特征。五项原则作为一个整体被提出,同样为国际法基本原则的体系化做出了贡献。

1955年4月18—24日在印度尼西亚万隆召开的亚非会议,是亚非国家第一次在没有西方殖民国家参加下自行召开的重要国际会议,共有29个亚非国家与会,并就经济合作、促进世界和平与谴责殖民主义进行了讨论,会议最后通过了《关于促进世界和平与合作的宣言》,提出"尊重基本人权和联合国宪章、尊重一切国家的主权和领土完整、承认一切种族和国家平等、不干涉他国内政、尊重每一国家的单独或集体自卫权、反对大国的压力、反对通过侵略或使用武力侵犯国家领土完整或政治独立、和平解决国际争端、促进相互利益与合作、尊重正义与国际义务"[①]等10项原则,其中一些原则得到众多国家的拥护,成为国际法基本原则,这些原则也同样为国际法基本原则的体系化做出了贡献。

国际法基本原则仍然在发展之中。最重要和得到国际社会一致认可的国际法基本原则主要有:国家主权平等原则、不干涉内政原则、和平解决国际争端原则、国际合作原则和民族自决原则等。

---

① 王铁崖主编:《国际法》,法律出版社1995年版,第54页。

强制法及其与国际法基本原则的区别

在国际法上,与国际法基本原则相类似并有部分重叠的一类规则,是国际法中的强制法。强制法有时也被称为强行法或绝对法,它本来是国内法中的一个概念,但是1969年联合国国际法委员会在起草条约法公约时引入了这一概念,即《维也纳条约法公约》第53条规定:"条约在缔结时与一般国际法强制规律抵触者无效。就适用本公约而言,一般国际法强制规律指国家之国际社会全体接受并公认为不许损抑且仅有以后具有同等性质之一般国际法规律始得更改之规律。"①

简单地说,强制法就是必须绝对服从和执行的法律规范。依据条约法公约的规定,强制法的主要特征为:国际社会全体接受、公认为不得违反,以及除非有同等性质的强制法才能够更改。然而,究竟哪些规则属于强制法,却并没有定论。因此,有些国际法学者试图列举出一些强制法规则,如禁止侵略战争、禁止武力或武力威胁、禁止使用化学与生物武器、禁止种族歧视与灭绝、禁止实施奴隶制和贩卖奴隶、禁止海盗行为和空中劫持、禁止实施反人类罪、禁止国际恐怖主义、禁止实施酷刑、禁止实施有害于地球环境和宇宙空间的行为等。② 尽管这些规则仍然未能穷尽强制法所应该包含的范围,而且对某些规则究竟是否属于强制法还存在争论,但是通过这些被列举出的规则,强制法可以进一步被明确。

由此看来,虽然还难以对强制法做出一个非常严格的范围界定,但是其概念并不难理解。强制法与国际法基本原则之间有一定联系,甚至还有一定重叠。例如,反对和禁止侵略战争以及反对使用武力或武力威胁的规则,就既是强制法,也是国际法基本原则。在被国际社会全体接受并被公认为不许违反以及具有普遍约束力方面,强制法与国际法基本原则是相同的,二者都优先于其他国际法规则。也正是因为如此,有些学者将二者相提并论。不过,虽然国际法基本原则都具有强制性,但强制法却并非就是国际法基本原则。从内容与发挥的作用来看,强制法与国际法基本原则明显不同:前者大部分是一些具体领域和范围的规则,而后者则构成了整个国际法的基础。而且,强制法规则主要用于各国之间的条约、习惯国际法关系以及用来规范对国际重大犯罪的惩罚,

---

① 白桂梅、李红云编:《国际法参考资料》,北京大学出版社2002年版,第226页。
② 王铁崖主编:《国际法》,法律出版社1995年版,第48—49页。

而国际法基本原则则可以适用于国家的一切行为与国际法的各个领域;强制法规则主要是由国家实践和国际法院判例来发展,而国际法基本原则则已经被明确地写入众多的国际法文件。

第三节 国际法基本原则的主要内容

国家主权平等原则

国家主权平等原则是国际法最重要的基本原则,它构成了国际法的基础。近代国际法出现的最主要标志就是对国家主权的承认,每一个国家都拥有自我管理的最高权力,并且相互平等,彼此之间无管辖权。也就是说,主权是一个国家最基本和最重要的属性,是国家对内和对外的基本权力,即对内至高无上的管辖权和对外的独立自主权与自卫权。"凡行为不从属于其他人的法律控制,从而不致因其他人意志的行使而无效的权力,称为'主权'。"[①]

主权的观念产生于西方,最早可以追溯至古希腊,起初是用来表述主人与奴仆之间关系的概念,即奴隶主对奴隶所享有的权力,后来又用来指家长对子女的权力。总之,主权被认为是一种上对下的绝对和不需要论证其正当性的权力。[②] 在中世纪的欧洲,主权概念又逐渐被引申至财产权方面,即一个封建领主对自己土地上的人和物所拥有的权力。直到16世纪,随着欧洲一些中央集权国家的出现,主权概念才第一次被引入政治学领域,用来表述一个国家最高统治者即君主的权力。充实主权概念并赋予其政治学意义的是法国人让·博丹(Jean Bodin)。1576年,让·博丹发表了《国家六论》,提出了近代政治学意义上的主权概念及中央集权的国家主权学说,主张国家的君主应该具有至高无上的地位和权力。他认为,只要有国家便有主权,君主就是主权者,主权是主权者至高无上的权威,是一切法律的源泉和依据,除神法和自然法外,不受其他人为的法律和规则的约束,"既然在尘世中,除了上帝,再也没有谁比拥有主权的君主更有权威了,既然君主是上帝所确立的代理人以统治其他人的,那么我们必须对君主的地位有精确的认识,以使我们可以以绝对的服从去尊重和敬畏君主

[①] 〔荷〕格劳秀斯:《战争与和平法》,何勤华等译,上海人民出版社2005年版,第88页。
[②] 〔法〕让·博丹著、〔美〕朱利安·H.富兰克林编:《主权论》,李卫海、钱俊文译,北京大学出版社2009年版,"一个时代的建构者(代译序)",第1页。

的权威,在我们的灵魂深处和言谈举止中也特别敬重君主的盛誉"①。黎塞留在1614年以同样的观点写道:"国王是国家主权的公认的代表,是上帝赋予他这样的权力。"②他以实际行动实践了自己的政治观点,通过强大的王权追求国家利益,将法国建成欧洲当时最为强大的君主专制国家。

博丹所提出并受到黎塞留等人推崇的主权学说,其主要目的是反对神圣罗马帝国和罗马教廷的世界主权的思想,确立新型国家君主的权力,强调法国的自主地位,并且改变国内的封建割据状况,统一国内市场,建立中央集权国家,其重点并非调整国家之间的关系。因此,我们可以将这一主权学说称为"君主主权"。"主权"一词的英文表述"sovereignty"就同时具有"君主权"和"统治权"的意思,这也从一个侧面说明了主权概念最初产生时同君主之间的密切关系。

1625年,格劳秀斯在其著作《战争与和平法》中重述了博丹提出的主权学说,但与博丹等人不同的是,格劳秀斯将这一学说运用于国家关系,即将主权赋予国家而非君主,认为国家应该具有主权,或者说主权是国家拥有的权力,不受任何其他权力或权威的限制,也不受其他意志的支配,国家之间的关系不是依靠管辖而是依靠法律来调整。格劳秀斯提出的这一主权学说,虽然也讨论了这一权力的国内所属,但其重点在于以法律方式规定和调整当时处于战争状态的国家之间的关系。因此,我们可以将这一主权学说称为"国家主权"。其后,17世纪的英国思想家约翰·洛克(John Locke)和18世纪的法国启蒙思想家让-雅克·卢梭(Jean-Jacques Rousseau)又提出了"人民主权"的学说,即同样承认主权,但却认为"主权在民",强调国家主权属于人民而非君主,其目的主要在于改变国家内部不合理的政治体制,其着眼点在于国内政治而非国际关系。因此,真正对国际关系和国际法产生重大影响的是格劳秀斯的"国家主权"学说。

就在国家主权观念在欧洲逐步确立的同时,欧洲国家也开始向全世界进行殖民扩张。在这一扩张过程中,世界其他地区各种类型的古代国家关系结构纷纷瓦解,大部分国家和地区都先后沦为欧洲国家的殖民地,被迫进入欧洲近代国际关系的体系之内。但是,欧洲国家却并没有同时将国家主权原则赋予殖民地,这些殖民地因此失去了作为国家而存在的资格,仅仅成为欧洲殖民国家的掠夺对象、原料产地与商品输出市场。然而,就在殖民统治在全球建立的同时,

---

① 〔法〕让·博丹著、〔美〕朱利安·H.富兰克林编:《主权论》,李卫海、钱俊文译,北京大学出版社2009年版,第92页。
② 转引自袁明主编:《国际关系史》,北京大学出版社2005年版,第16页。

国家主权的观念也渐渐被殖民地国家所知晓和接受,尤其在经历了一战之后,中近东的一些国家脱离殖民统治获得独立,成为主权国家。二战之后,民族自决与国家主权观念更是被国际社会广泛接受,亚非地区的殖民地先后获得独立,成为主权国家,国际社会通过《联合国宪章》和其他国际法文件明确将国家主权平等原则确定为国际法基本原则,也因此真正形成了一个全球性的以主权国家为基本行为体的国际社会,主权成为国家须臾不可分割的固有属性。

然而,自从主权国家产生以来,围绕主权问题就有着各种各样的争论,国际政治的现实也常常破坏国家主权原则。且不说在一战之前西方殖民国家对东方国家就经常不谈国家主权原则,采取的主要是一种强权做法;即使西方国家之间也往往无视国家主权,随意干涉或侵略他国,两次世界大战的爆发即与此相关。一战之后,出于对战争之惨烈的反思,西方政治学界与法学界就出现了限制或否定国家主权的理论,认为正是国际社会主权国家的对立和冲突才导致了战争,因此应该限制国家主权。持这一观点的著名人物有当时的美国总统威尔逊,他主张通过建立国际组织和强化国际法来限制国家主权,维护世界和平。此外,还有希腊学者尼古拉斯·波利蒂斯(Nicolas Politis)和英国学者劳特派特等,他们认为国家主权与国际法之间存在矛盾,强调国家主权就会加剧国际社会的无政府状态,容易导致战争,因此主张削减国家主权。奥地利裔美国学者凯尔森甚至极力否认国家主权,主张建立一种国际法优先于国内法的"普遍法律秩序"。这些观点与主张虽然都没能改变国家主权这一现实,但对后来的国际关系产生了深远影响,关于国家主权的争论并没有结束。

尤其在冷战结束之后,随着全球化趋势的出现和全球问题的增多以及国家之间相互依存程度的加深,国际社会的一体化程度也相应提高,在这种情况下,国家主权问题再次成为国际关系的热点问题。对此,国际社会主要存在两种截然不同的观点与趋向,西方发达国家一般主张不应该再强调国家主权,甚至有人提出"主权过时论"的观点,认为随着冷战后国际社会全球化程度的提高和全球性问题的增多,国家主权已不合时宜,所以应该取消国家主权或至少要对此加以限制。美国和西欧国家不但分别通过北美自由贸易区的启动和欧洲联盟的进一步升级扩大增强了这一趋向,而且在政治和军事上也越来越主动地对其他国家进行干预,如1999年北约对南联盟的大规模军事干预、2001年美国对阿富汗的战争、2003年美国对伊拉克的战争、2011年北约对利比亚的军事干预等。而发展中国家则一般继续坚持强调国家主权,不但不认为主权过时,反而在面对西方国家的干预时更加强调国家主权。

西方国家之所以试图以全球化来限制或取消国家主权,是因为它们在全球化趋势中处于有利地位,希望通过削弱乃至取消国家主权来进一步影响和控制发展中国家,以谋取政治和经济上的利益;而发展中国家坚持和强调国家主权,是因为在全球化过程中自己还暂时处于劣势,是为了推进全球化进程又不至于成为发达国家牺牲品而做出的选择。也就是说,强者不强调国家主权,因为国家主权是阻碍它们控制别国的一道屏障,而弱者却需要用国家主权来保护自己。冷战以后,随着苏联的不复存在与东方集团的瓦解,以美国为首的西方国家挟其政治、经济优势,试图建成以西方价值观为基础的全球性国际体系,即以政治民主化和经济自由化为旗帜,向整个世界进行扩张。对于那些不同于西方国家的发展中国家,西方国家自然千方百计发挥各方面的影响甚至直接干涉,而这样做就必须越过国家主权这一原则。"主权过时论"就是为这一目的服务的。按照"主权过时论"观点,西方国家有权对其他国家的内部事务进行干涉,还有西方学者赤裸裸地提出了"新干涉主义"的概念,这一主义的原则就是:无论在世界的什么地方,只要一个国家及其政府不能满足人民的人道主义需求,国际社会就有权干涉,主权不再是维持国际秩序的工具,而只是对国际行为的一种限制,"主权不再属于各个国家,而是属于各国的人民;自决不再是民族自决,而是个人的自决"[①]。

应该说,"主权过时论"的出现,虽然与西方国家的推波助澜有一定关系,但是也确实与全球化有着极大关系。随着冷战后东西方对峙的结束,国际关系总体趋于缓和。经济的进一步发展与通信手段的不断更新,使整个世界愈益连成一体,即出现了全球化的新趋势。这一新趋势首先表现为经济的全球化,即随着世界经济规模的扩大,世界各国之间的商品、资金、服务、技术、信息等的流动也越来越频繁,世界各国逐渐形成了一种紧密依存的关系,任何国家想要离开其他国家获得经济发展已不可能,每个国家,不论其经济规模如何,都只能是整个世界经济的一个组成部分。其次,全球化趋势也表现在政治上,这里的政治既包括国际政治也包括国内政治。从国际政治来说,全球化是指国家关系日益紧密、各国相互影响,以至于一国的内政与外交的界限越来越模糊,一国的国内变化很可能引起其他国家和国际环境的变化;从国内政治来说,全球化则指全球性的民主化浪潮,不论何种社会制度的国家,都在迈入民主化的进程,只是对民主的认识可能有所不同。再次,全球化还指国际问题的全球化,即冷战后出

[①] 转引自袁胜育:《新干涉主义辩析》,《国外社会科学情况》1994年第2期。

现的很多问题都带有全球性,如环境、核武器扩散、毒品走私、恐怖活动、贫困等问题。全球化趋势使得每一个国家都与整个国际社会紧紧联系在一起,国家既是国际社会不可缺少的一部分,同时自己也深受国际社会的各种影响。经济全球化使得经济活动中的生产、投资、销售、消费等各个环节都越来越超越国界与国民意识;政治全球化既使一国国内问题国际化,一国国民与外界的联系更加密切,也使一些政府难以控制的跨国非政府组织大批出现;国际问题的全球化则更导致了国界的模糊,这些问题是整个国际社会面临的问题,而不仅仅是哪一个国家单独面临的问题。面对人员、物资、信息、观念跨越国界的流动与全球性问题的出现,任何单一国家的政府都显得无能为力。为了应付这种局面,国家经常需要借助国际组织,即让出部分主权,由国际组织来就某一问题或在某一领域行使职权。

在这里,国家主权似乎遇到了前所未有的难题与挑战,国际社会对此也提出了各种疑问,"主权过时论"就是其中最极端的主张。1995年2月,世界性的国际关系学会在美国的芝加哥举行大型国际研讨会,25个国家和6个国际组织的1200多名国际政治学者聚集一堂,专门讨论国家主权问题,其主题就是"超越主权"。虽然这次研讨会最后得出的结论是要承认多样化的主权论并存,即承认国际政治现实中不同国家对国家主权有不同的认识这一事实,但同时也认为有必要继续探讨国家主权这一问题。可见,国家主权原则确实面临挑战,需要被重新加以认识。

不过,全球化与国家主权也并不总是矛盾的。全球化确实使国家主权原则受到了冲击,但全球化只是使国家关系更趋紧密,而并非意味着一定削弱国家主权,更不意味着必然取消国家主权。在全球化趋势下,一些国家向国际组织出让一部分主权,其实这正是国家主权的一种体现,因为这种出让是国家自愿做出的选择,既为了国际社会的共同利益,同时最终也是为了本国利益。在全球化时代,国家主权的含义也应该做适当调整,只要是国家自愿而非被迫做出的选择,就不应该视为对国家主权的破坏。国家的对内主权虽然至高无上,但也并非意味着专制,民主化进程的加快与国家主权并没有根本冲突;国家的对外主权虽然强调独立自主,但也并非意味着封闭与隔绝,同国际社会的交流同样无损于国家主权。总之,国家主权并非绝对的概念,在一个非全球化的时代,人们可能仅仅站在国家本身的角度来考察国家主权,而在一个全球化的时代,则需要人们站在整个国际社会的角度来考察国家主权。

其实,国家主权并不妨碍全球化的发展,全球化也不应该对国家主权造成威胁。目前的国际社会仍然以主权国家为最主要的行为体,这一状况在可预见的未来还难以改变。只要有国家存在,国家主权就必然存在,我们无法使主权游离于国家之外来谈论国家。即使在全球化进程日益加快的今天,国家主权不但不应该被削弱甚至取消,反而应该被坚持与强调,因为国家主权恰恰是全球化得以最终实现的有力保证。全球化是随着国际社会在政治、经济、社会等各方面的进步而出现的一种趋势,在这一趋势下,国家在各方面将联系得更加密切,同时共同利益与相互摩擦也将相应增多,还会出现一些共同的问题。为了共同发展与解决面临的问题,国际社会比以往任何时候都更需要平等与秩序,而平等与秩序只有在承认国家主权的前提下才有可能实现,因为全球化并非霸权化,并不是要将整个世界统一于一种理念或置于一个国家的统治之下。全球化意味着国家之间平等、自愿地联合以共同应对人类面临的挑战,共同创造美好的未来。国际关系的历史已经证明,不尊重国家主权就不会有平等与秩序,没有平等与秩序就无法实现真正的全球化。削弱或取消国家主权并不能自然地导致全球化,而只会导致霸权主义与强权政治,自然谈不上平等,而在霸权主义和强权政治下即使建立起秩序,这一秩序也必然是不稳固的秩序,因此无法保证世界各国人民实现真正平等幸福的全球化。由此可见,全球化需要国家主权,不坚持国家主权反而会破坏全球化趋势。

总之,国家主权仍然是国际法的基础,国家主权平等原则仍然是国际关系中最重要的行为准则和国际法最重要的基本原则。当然,也不应该将国家主权平等原则绝对化,而是应该随着国际关系的实际变化而动态地对其加以理解。

不干涉内政原则

不干涉内政原则是国家主权平等原则的进一步引申。所谓不干涉内政,是指国家在相互关系中不得以任何借口或任何方式直接或间接地干预本质上属于任何国家国内管辖的事务,也不得以任何手段强迫他国接受自己的意志、社会制度和意识形态。

但是,如何界定内政却是一个比较棘手的问题,因为内政并不是一个有着明确范围的地理概念,而是一种事态的概念,即一国境内所发生的行为也可能构成对其他国家内政的干涉,或者一国境外的行为也可能是该国内政而不容许别国干涉。而且,随着国际形势的变化,内政的范围也在发生变化。例如,人权问题在二战之前主要是一个内政问题,但是在战后成为国际社会共同关注的问题。因此,在运用不干涉内政原则时,首先需要明确被干涉的事项是否属于内政。

如前所述,不干涉内政原则最早在18世纪的法国大革命中被提出,后来逐渐被国际社会所接受,二战之后明确成为国际法基本原则之一。除去《联合国宪章》明确规定了不干涉内政原则之外,联合国大会又在1965年12月通过《关于各国内政不容干涉及其独立与主权之保护宣言》,1970年10月通过《关于各国依联合国宪章建立友好关系及合作之国际法原则之宣言》,1981年12月通过《不容干涉和干预别国内政宣言》,多次强调了不干涉内政原则。根据这些国际法文件,不干涉内政原则主要包括:(1)任何国家或国家集团均无权以任何理由直接或间接干涉任何其他国家之内政或外交事务。因此,武装干涉及对国家人格或其政治、经济及文化要素之一切其他形式之干预或试图威胁,均系违反国际法。(2)任何国家均不得使用或鼓励使用经济、政治或任何他种措施强迫另一国家,以取得该国主权权利行使上之屈服,并自该国获取任何种类之利益。(3)任何国家均不得组织、协助、煽动、资助、鼓励或容许目的在于以暴力推翻另一国政权之颠覆、恐怖或武装活动,或干预另一国之内争。(4)使用武力剥夺各民族之民族特性构成侵犯其不可移让之权利及不干涉原则之行为。(5)每一国均有选择其政治、经济、社会及文化制度之不可移让之权利,不受他国任何形式之干涉。①

然而,在国际关系实践中,仍然存在着一国或数国(有时是通过国际组织)对某一国家的各种干涉,当然这些干涉往往是以"依据权利干涉"或"人道主义干涉"等理由进行,即应合法政府的邀请或依据条约规定进行,或者是对某个大规模侵犯人权的国家进行的干涉。尤其在冷战后,随着全球化趋势的加强和国家相互依存程度的加深,一个国家的内政和外交的界限变得越来越模糊,某些过去被认为是内政的事项往往会引起国际社会的关注,甚至引起某些国家的干涉,如北约1999年对南联盟和2011年对利比亚的军事干涉。因此,从这个意义上来说,不干涉内政原则也面临挑战。

对一个国家进行干涉,其主要目的就是给被干涉国造成压力以迫使其就范。一般而言,干涉的形式有武装干涉、外交干涉和经济干涉等。武装干涉即

---

① 《关于各国依联合国宪章建立友好关系及合作之国际法原则之宣言》。王铁崖、田如萱编:《国际法资料选编》,法律出版社1982年版,第5—6页。

指直接使用军事手段进行的干涉,如历史上19世纪初英俄普奥等国对法国的干涉、第一次世界大战后协约国对俄国的干涉。外交干涉是指通过封锁、制裁等外交上的压力迫使有关国家屈服,如2003年伊拉克战争前国际社会对伊拉克的制裁。经济干涉则是指通过财政和经济援助等形式控制受援国的经济命脉或掠夺其资源以使受援国在经济上依附自己,并影响和控制其内政外交,如1910年日本吞并朝鲜前对朝鲜的经济渗透与干涉。

无论哪种形式的干涉,关键在于其是否合法。一般来说,如果是按照平等基础上缔结的条约或应某合法政府邀请所进行的干涉,以及由联合国或某些地区性国际组织等国际权威机构依据国际法授权进行的干涉,就属于合法的干涉,否则即为违反不干涉内政原则的非法干涉。因此,不干涉内政的原则仍然没有过时,仍然是国际关系主要行为准则和国际法基本原则,强调这一原则仍然对维护国家主权平等和良好的国际秩序具有重要意义。

和平解决国际争端原则

和平解决国际争端是指各国应该在平等基础之上以自由选择与和平方法解决同其他国家之间的任何争端。如前所述,和平解决国际争端的原则最早出现在19世纪末至20世纪初,并在1899年和1907年的两次海牙国际和平会议上成为国际法的一项原则,后来在国际联盟的一些国际法文件和1928年的《巴黎非战公约》中再次得到确认。二战之后,这一原则更是被确定为国际法基本原则之一。这一原则主要是从国家交往方式角度强调的国际法基本原则。

按照国际法有关规定,为了维护国际社会的和平、安全与正义,每一个国家都应该以和平方法解决国际争端。《关于各国依联合国宪章建立友好关系及合作之国际法原则之宣言》规定:(1)各国应以谈判、调查、调停、和解、公断、司法解决、区域机关或办法之利用或其所选择之他种和平方法寻求国际争端之早日及公平之解决。于寻求此项解决时,各当事方应商定与争端情况及性质适合之和平方法。(2)争端各当事方遇未能以上开任一和平方法达成解决之情形时,有义务继续以其所商定之他种和平方法寻求争端之解决。(3)国际争端各当事国及其他国家应避免从事足使情势恶化致危及国际和平与安全之维持之任何行动,并应依照联合国之宗旨与原则而行动。(4)国际争端应根据国家主权平等之基础并按照自由选择方法之原则解决之。各国对其本国为当事一方之现有或未来争端所自由议定之解决程序,其采用或接受不得视为与主权平等不合。①

总之,国家间出现争端是不可避免的,但国际法要求用和平方法解决这些争端,并为此提供了各种可能方法,同时也为争端当事国自由选择其他和平解决争端的方法留下了足够空间,即只要符合国家主权平等原则并为争端当事国接受的和平解决方法,就都是可行的。

当然,和平解决国际争端基本原则的存在,也同样难以完全保证所有国际争端都能够以和平方法解决,实际上国际社会的很多争端并不是以和平方法解决的,有些争端甚至导致了国家间的冲突和战争。不过,强调和平解决国际争端这一国际法基本原则,同样具有重要意义,这一原则虽然不能完全消除国家间的冲突和战争,但至少在一定程度上可以抑制冲突和战争,对稳定国际关系可以发挥积极作用,国际关系的现实也已经证明了这一点。

国际合作原则

国际合作是指各国不论在政治、经济及社会制度上有何差异,都有义务在国际关系各个方面和领域彼此给予协助。从国际关系的历史来看,国家间合作由来已久,但是20世纪前的合作大多是一些临时性或小范围的合作,国际合作并未成为国际关系中的一种常态。一战之后,国际联盟首次将"增进国际合作并保证和平与安全"写进了联盟盟约,但当时的国际关系环境下,合作主要是一些大国为应付突发事件或为对付其他国家而进行的一些政治和军事合作,在经济、社会等领域合作甚少,甚至还相互对抗。二战之后,联合国将促进国际合作作为维护国际和平与促进各国社会发展的一项重要事业,并规定国际合作为国际法基本原则之一,使国际合作成为一项普遍国际义务,这为世界各国带来了巨大利益。这一原则同样也是从国家交往方式角度强调的国际法基本原则。

按照有关国际法的规定,国家间合作的主要内容有:(1)各国应与其他国家合作以维持国际和平与安全;(2)各国应合作促进对于一切人民人权及基本自由之普遍尊重与遵从,并消除一切形式之种族歧视和宗教上一切形式之不容异己;(3)各国应依照主权平等及不干涉原则处理其在经济、社会、文化、技术及贸易方面之国际关系;(4)联合国会员国均有义务依照宪章有关规定采取共同及

---

① 《关于各国依联合国宪章建立友好关系及合作之国际法原则之宣言》。王铁崖、田如萱编:《国际法资料选编》,法律出版社1982年版,第5页。

个别行动与联合国合作。①

国家合作可采取各种形式,例如有多边合作或双边合作,全球性合作或区域性合作,安全合作或经济合作及文化合作等。只要是在国家主权平等基础上进行的有利于当事国的合作,就是国际合作原则主张和允许的行为。

当然,在实际国际关系中,仍然存在着阻碍国际合作的各种障碍,如国家之间的相互竞争与不信任、政治或经济利益上的摩擦和矛盾、极端民族主义和极端宗教势力的存在、关闭国门拒绝开放的政策等。随着冷战结束后全球化趋势的加强,目前国际合作已经涵盖国际关系所有领域,并且成为国际关系的主要存在方式。绝大部分国家也都已经认识到,合作是国家和整个国际社会和平与发展所必需的,国家之间只有通过合作而非对抗,才能够维护世界和平与促进世界发展,每个国家才能够从中受益。

民族自决原则

民族的概念最早产生于近代欧洲,民族成为建立近代国家的基础。民族这一概念随着欧洲殖民主义对外扩张逐渐扩展到了全世界,并且对国际关系与国际法都产生了重大影响。简单而言,民族就是具有一定共同特征的人类群体,即生活在共同地域,具有共同语言、共同生活方式与习俗以及在此基础上形成的共同文化意识的人类共同体。

民族自决是指各个民族都有权按照自己的意愿来处理自己的各种事务,"根据联合国宪章所尊崇之各民族享有平等权利及自决权之原则,各民族一律有权自由决定其政治地位,不受外界之干涉,并追求其经济、社会及文化之发展,且每一国均有义务遵照宪章规定尊重此种权利"②。如前所述,民族自决原则最初出现在一战之后,曾经促进了当时国际社会的民族独立运动,造就了一批民族独立国家。二战之后,随着世界范围内民族独立运动的兴起,民族自决原则更是得到联合国的肯定和推崇,被确定为国际法基本原则,并成为战后反对殖民主义和建立民族独立国家的主要原则。

然而,民族并不完全等同于国家,民族自决也并不意味着世界上有多少个民族就应该建立多少个国家。据统计,世界上总共有2000多个民族,但是国际

---

① 《关于各国依联合国宪章建立友好关系及合作之国际法原则之宣言》。王铁崖、田如萱编:《国际法资料选编》,法律出版社1982年版,第6页。

② 《关于各国依联合国宪章建立友好关系及合作之国际法原则之宣言》,同上书,第7页。

社会只有190多个国家,也就是说世界上的大部分国家都是多民族国家。我们不难设想,如果世界上每一个民族都要求建立自己的独立国家,那么目前国际社会绝大部分国家的政治版图都会发生变化,国际关系也将发生剧烈动荡。因此,不应该机械地理解民族自决原则,而是应该对民族自决原则的适用划定一个范围。一般来说,民族自决主要是针对殖民地而言的,即对处于殖民统治下的民族应该赋予其自决的权利,包括建立独立国家和决定本民族其他事务的权利。但是,在其他情形下,这一原则就有可能被滥用,甚至会造成国家分裂和社会动荡,使现有的国家秩序和国际关系发生震荡。例如,冷战结束以后,主要在东欧地区出现了以民族自决为旗帜的新民族独立运动,先后导致苏联和南斯拉夫的解体。对于其中的某些"独立",国际社会并没有统一的标准,有些国家给予支持,而有些国家则表示反对,导致了国际关系的紧张。在冷战结束后的今天,民族问题再次成为国际关系中的一个重要问题,民族自决的原则也同样面临挑战,需要重新加以认识。不过,至少作为一种理念,民族自决原则仍然是重要的国际法基本原则之一。

思考题

1. 试述和平共处五项原则的内容及各项原则之间的关系,以及它在国际法上的意义。
2. 如何理解2003年美国入侵伊拉克和国际法上的不干涉内政原则?

第二章
国际关系的行为体与国际法的主体

第一节 国际关系的行为体

在分析与研究国际关系时,必然会遇到的一个概念就是"行为体"。探讨国际关系不仅要研究其整体变化,还必须要研究构成这一整体并在其中通过各种行为或不行为发挥作用的每一个体。甚至可以说,如果没有对行为体的研究,整个国际关系研究就会成为空中楼阁、无源之水。

自从近代国际关系产生以来,近代国家体系先是在欧洲形成,后来这一体系又扩展至全世界,使全球范围内的国家逐渐形成了一个紧密相连的整体,即国际社会。在这一整体内部,国家一直发挥着重要作用。随着国际社会的发展,国家之外又出现了一些发挥着类似于国家作用的有组织的机构,有些机构甚至发挥着国家也难以发挥的作用。这些有组织的机构与国家都属于国际关系的行为体。

国际关系行为体,主要指的就是在国际社会中能够独立参与国际事务并在其中发挥相应作用、具有自己特殊利益并以一定组织形式表现的实体。在这里,我们可以看出,国际关系的行为体的基本特征主要是能够"独立参与"和"发挥作用"并具有"特殊利益"和"组织形式"。或者说得再简单一点,国际关系行为体就是一些在国际社会中能够独立发挥一定作用的有组织的集合体。如果我们将整个国际社会比喻为一个"舞台",那么国际关系行为体就是在这个舞台上进行表演的各种各样的"角色"。在这些角色中,既有轰轰烈烈的主角,也有默默无闻的配角;既有光彩照人的正面角色,也有黯淡无光的反面角色。正是这诸多角色的交汇作用，才使国际社会这个大舞台上演了一幕幕经久不衰、波澜壮阔的历史悲喜剧。

国际关系是国际社会各种因素综合作用的一种抽象反映，即国际社会经济、文化、军事、法律等各种现象都会体现和反映在国际关系上，从而使得国际关系成为国际社会中最为重要的内容和最为活跃的部分。在综合性和纯粹政治性的行为体之外，还有多种多样的国际社会行为体，比如有经济的、文化的、军事的、法律的行为体等，但它们或多或少总要受到政治的影响，它们在自己的专门领域之外也或多或少地发挥着政治影响，这些行为体同那些综合性和政治性的行为体都属于国际关系行为体。不过，不同的国际关系行为体在国际社会中发挥的作用也各不相同。按照这些行为体的不同性质，我们一般将其分为两大类，即国家行为体与非国家行为体，或者也可以称为主权行为体与非主权行为体。国家行为体就是国家，它是国际关系最基本的行为体；非国家行为体则包括国际组织、跨国公司等。

国家 按照马克思主义的观点，国家是一个历史的范畴，是伴随着私有制和阶级的产生而出现的阶级矛盾不可调和的产物，"实际上，国家无非是一个阶级镇压另一个阶级的机器，而且在这一点上民主共和国并不亚于君主国。国家再好也不过是在争取阶级统治的斗争中获胜的无产阶级所继承下来的一个祸害；胜利了的无产阶级也将同公社一样，不得不立即尽量除去这个祸害的最坏方面，直到在新的自由的社会条件下成长起来的一代有能力把这全部国家废物抛掉"①。也就是说，国家必将随着阶级的消亡而最终走向消亡。然而，这一观点仅仅是从历史唯物主义的角度对国家阶级属性所做的精辟分析与论断。为了深入研究国家在国际关系中的作用，我们还应该在此基础上进一步从国际关系学的角度，对国家的一些特征如国家的构成、国家的性质等进行分析研究。

在国际关系意义上，国家必须包含四个基本要素，缺一不可，即固定的领土、定居的居民、有效的政府和完整的主权，这四要素同时也是国家区别于非国家行为体的主要标志。在这四要素中，领土是一个国家的物质载体，我们无法想象一个没有领土空间的国家。只要具备了领土，不论其大小，也不论其疆域是否确定无疑，就已具备了成为一个国家的可能。例如，具有1700多万平方公里领土的俄罗斯与仅有21平方公里陆地面积的瑙鲁都是国家。居民是一个国家的基本内容，同样我们也无法想象没有居民的国家。一国的居民不论其多

---

① 《马克思恩格斯选集》第3卷，人民出版社1995年版，第13页。

寡,也不论其种族或民族是单一或多样,都是构成国家的要素之一。例如,中国有14亿多人口,而瑙鲁只有1万人左右;美国和中国是多种族或多民族的国家,而日本、韩国和朝鲜却基本上是单一民族的国家。这些差异丝毫不影响它们都可以成为国家。政府是一个国家实行有效统治与团结的象征,没有有效的政府,国家就没有凝聚力,就很难长久存在,就有可能分裂而不再成为一个国家。主权是一个国家固有的最重要属性,指的是国家对内的最高管辖权和对外的完全独立权。没有主权意味着对内缺乏有效的政府,对外失去作为一个国家应有的地位,自然难以再被称为国家。历史上确实有些国家尽管有主权但不完整,例如一战之后的印度与埃及,虽然建立了自己的政府,但对内对外都没有完全的主权,大部分权力被控制在英国人手里。不过,这一现象是殖民时代的产物,在现代国际关系中国家需要有完整的主权。

国家除具有阶级属性之外,还具有民族性和国际性,即国家不仅是阶级统治的工具,也是民族的集合体和代表者,同时还是整个国际社会的组成部分。从国际关系的角度看,国家的民族性和国际性的重要程度甚至超过阶级性。诚然,国家是阶级统治的工具,不论在对内统治还是对外交往中都会千方百计地为统治阶级利益服务,其中最主要的即体现在维护或扩展统治阶级的意识形态上。但国家也是全民族的代表,不论是单一民族国家还是多民族国家,都不可能只考虑统治阶级的利益而忽视国家内部各民族的共同利益,否则国家将失去凝聚力而难以存在。此外,国家只有成为国际社会中的一员,与其他国家进行交往,才能够称得上是国际关系意义上的国家;否则,不但其本身无法对国际社会产生影响和发挥作用,与国际关系行为体这一概念不相符合,而且其生存与发展也必将受到限制,尤其在目前国家相互依存程度日益加深的情况下更是如此。

国家的形态最早可追溯至约5500年前西亚两河流域的苏美尔人建立的文明、约5000年前在非洲尼罗河中下游出现的古埃及和约4500年前南亚印度河流域的古印度,当然还有约3500年前东亚黄河流域的中国。① 在此后的漫长岁月里,不同地区经过不断的战争或开发,又出现或形成了新的国家形态。例如,公元前8世纪出现的古希腊城邦国家,在地中海地区存在了几百年;公元前4世纪以后兴起的罗马,在公元前146年征服了希腊,又成为这一地区的主宰,

---

① 参见〔美〕斯塔夫里阿诺斯:《全球通史——1500年以前的世界》,吴象婴、梁赤民译,上海社会科学院出版社1988年版,第114—115页。

其版图扩展至西欧、北非与西亚地区。然而,尽管这些国家曾经辉煌一时,也曾经在一定范围内建立起了各具特色的国际关系体系,但由于当时生产力水平低下,交通不便,信息闭塞,国家之间的联系往往很少或局限在有限的地理区域内。

近代民族国家产生于中世纪末期的欧洲,文艺复兴、宗教改革与新兴资产阶级的兴起为这一新型国家的出现创造了前提,资产阶级民族主义的出现为此确立了理论基础。正如恩格斯指出的那样:"日益明显日益自觉地建立民族国家(nationale Staaten)的趋向,是中世纪进步的最重要杠杆之一。"[①]在欧洲为扩张领土、重新划定疆界而争战不断中,民族国家观念开始出现,对中世纪神权至上的观念提出了挑战,它们不再崇拜神权,而是追求在民族基础上建立自己的国家,并进一步获得领土、资源、财富等更为现实的利益。17世纪40年代英国资产阶级革命后建立的国家通常被认为是第一个具有代表性的民族国家,其后不久在欧洲大陆出现了一大批类似的民族国家,并逐渐形成了以这些国家为中心的欧洲国际关系体系,它们自然也就成了国际关系的基本行为体。1775年开始的美国独立战争和1789年的法国大革命被认为是民族国家在国际关系中的进一步体现,随后在欧洲和美洲大陆又出现了众多民族国家,并且这些国家也加入了以欧洲为中心的国际关系体系,使民族国家这一国家形式超出欧洲变成了更大范围中的国际关系行为体形式。同时,欧美列强开始向欧美之外的地区进行殖民扩张,它们利用坚船利炮打开了东方古老国家封闭的大门,强迫这些国家成为西方资本奴役的对象,同时也打碎了这些国家原有的社会结构,迫使其进入资本主义世界的国际关系体系。一战之后,部分殖民地获得独立,加入了民族国家行列。二战之后,民族独立更是成为世界性潮流,过去被西方国家奴役的殖民地都先后获得独立,建立了自己的民族国家。当然,这里的民族国家指以某一主体民族为主建立的国家,其中既包括单一民族的国家,也包括多民族国家。目前,全世界已经有190多个民族国家,它们在国际社会发挥着最主要的作用,已经成为名副其实的国际关系主要行为体。

当今世界上的国家基本都建立在民族基础之上,而且这些国家日益联系紧密,共同构成了世界性的国际关系体系,即国际社会。国际关系的基本内容,就是调整这些国家的关系,使国际社会能够正常运转。每个国家既要在这一体系内生存发展、谋求自己的最大利益和最佳位置,同时又必须遵守这一体系的运

[①] 《马克思恩格斯全集》第28卷,人民出版社2018年版,第233页。

转规则，服务于整个国际社会的共同利益。目前190多个国家中有大国、小国、富国、穷国、强国、弱国，各国在政治制度、意识形态、社会发展模式、传统文化、生活方式等方面也不尽相同，但作为国际社会中的成员，其职能却基本相同。国家职能可以分为对内职能与对外职能。对内职能在于维护国家统一和民族团结，促进经济发展和社会安定；对外职能则在于维护国家独立和安全，促进与其他国家的各种交往。当然，世界上的国家并非都是如此做的，尤其在发挥对外职能时，有些国家可能会破坏其他国家的独立和安全，甚至破坏世界和平、阻碍人类的进步和社会发展，但并不能因此而否认或改变国家职能的基本内容。一方面，这样做的国家毕竟是少数，难以构成国际社会的主流，否则国际社会也将不复存在；另一方面，这些国家最终往往会受到惩罚，国际社会会迫使其遵守规则，发挥其积极的国家职能。当然，目前国际社会还无法完全制止和消除破坏国际规则的行为，这就如同国内法并不能完全制止和消除犯罪一样。不过，也正因为如此，国际社会的和平与稳定也才需要不断地去维护。

国际组织 有关国际组织的详细情形，请参阅本书第十三章"国际组织在国际关系中的作用与国际组织法"。

民族解放组织 民族是人们在历史上经过长期发展自然形成的具有自我特征并区别于其他人类群体的相对稳定的共同体，按照斯大林的经典定义，就是指"人们在历史上形成的一个有共同语言、共同地域、共同经济生活以及表现在共同文化上的共同心理素质的稳定的共同体"[①]。也就是说，最初的民族都是生活在某一共同地域的人在共同的经济文化生活过程中具有了某些共同特征并自觉意识到这一共同特征之后产生的。其中，共同的心理素质，或者称为民族认同感，是一个民族形成并能一直存在的最重要因素。这一认同感一经形成，就意味着民族的形成，其后同一民族成员间即使不再具有共同语言、共同地域及共同经济生活等前几个形成民族的基础性条件，民族也仍然会存在。

同国家一样，民族也由来已久，甚至要远远早于国家的产生，但是也如同国家一样，我们现在所称的民族一般是指近代意义的民族，即近代民族主义产生以后通过自觉意识建立起来的民族。近代意义的民族起源于近代欧洲，为近代欧洲国家的建立奠定了基础，同时也逐渐成为目前所有国家的主要基础。

如前所述，目前的国家基本都建立在民族基础之上，但民族并不等同于国家。不过，民族又确实与国家有着十分密切的关系。我们说国家是建立在民

---

① 《斯大林选集》上卷，人民出版社1979年版，第64页。

基础之上,但一般而言一个国家内部可能不止一个民族,实际上目前世界大部分国家都是多民族国家,如中国就由56个民族组成。此外,同一个民族也可能并不在同一国度之内,而是分属若干国家,如蒙古族主要分布于中国与蒙古国,爱尔兰人分布于英国与爱尔兰,西亚地区的库尔德人则分布于土耳其、伊拉克与伊朗等国。但无论如何,在现代国际社会,任何民族都必定会被限定在国家范围之内,民族这一人类集合体只有在国家的外壳下才能从事国际活动,才可能在国际社会发挥作用,除了那些正在走向独立,即准备建立自己国家的民族。

按照民族自决的原则,每个民族都有权利建立自己的国家,然而这却是国际关系中一个非常复杂的问题。从理论上而言,每个民族都有权决定自己的事务,但在实际上,不可能每个民族都建立自己的国家。这里既有历史传统的原因,也有民族发育程度的原因。也就是说,如果一个国家在历史上已经形成了多民族稳定共处的国家结构,那么要破坏它不但不现实,而且不合理;一个民族也未必一定要建立自己的国家,有些弱小的民族既无建立国家的意识和意愿,也无建立国家的能力和需要,反而与其他民族共处同一国度会更有利于其发展。此外,一个更为重要的原因是,国际社会需要一种秩序,不论是既有国家的解体还是新国家的出现,都会给国际社会带来震荡与变化,甚至还会改变国际秩序,因此如果世界上众多的民族都去建立自己的国家,那么国际社会将无秩序可言,民族矛盾、领土变动所引起的纷争将充斥世界,国际关系也将混乱不堪。

然而,还有一些民族在争取民族独立和努力建立自己的国家。从国际社会和国际关系角度而言,既要承认民族自决原则,又要维护现有国际秩序,因此就不得不对要求民族独立和建立自己国家的民族做出选择,即并不意味着所有要求独立的民族都必然建立自己的国家。所谓民族自决,早在20世纪初就由列宁和美国总统威尔逊先后提出,尽管他们各自提出这一原则的目的并不相同,但是这一原则逐渐得到了世界各国的认同。二战之后,这一原则更是深入人心,从20世纪50年代起,一大批殖民地依照这一原则先后获得民族独立,建立起了自己的国家,联合国在1970年10月已经将这一原则确定为国际法基本原则之一,宣称"根据联合国宪章所尊崇之各民族享有平等权利及自决权之原则,各民族一律有权自由决定其政治地位,不受外界之干涉,并追求其经济、社会及文化之发展,且每一国均有义务遵照宪章规定尊重此种权利"①。

不过,这里所说的民族自决主要是针对近代殖民主义和民族压迫而言,并非毫无限制地允许和提倡所有民族都去建立自己的国家。仍然受到殖民统治或民族压迫的民族当然有权按照民族自决的原则争取独立并建立自己的国家,但从目前国际关系的现实而言,全球性的殖民主义早已崩溃,殖民统治已基本不存在,民族压迫也不多见,因此民族自决原则适用的情况极少,与此相对应的却是冷战后出现了一种以民族自决为口号的国家分裂趋势。以东欧剧变和苏联解体为标志,这一趋势蔓延至整个世界,尤其是第三世界国家和地区,给国际社会带来了极大震荡。而且,面对这一趋势,有些国家为了自己的利益,采取推波助澜的做法,从而加剧了民族分裂与国家动荡。因此,应该考虑历史和现实,正确理解和运用民族自决原则,而不能毫无选择地将这一原则适用于所有要求独立的民族。从国际关系的实践来看,只要某一民族主张的民族自决符合国际法并得到国际社会大部分国家承认,即使这一民族还没有建立起国家,即处于争取独立的"准国家"地位,也仍然可以充当国际关系的行为体。

跨国公司 跨国公司也称多国公司或国际公司。20世纪70年代初联合国经济及社会理事会组成小组对这一跨国性经济组织进行全面考察后,于1974年做出决议,决定统一采用"跨国公司"名称。跨国公司是以一国为基地,通过对外直接投资在国外建立分支机构,从而形成跨国生产、经营、销售和服务活动网络,并以谋求高额利润为目的的国际性大型企业集团。一般而言,跨国公司规模较大、资本雄厚,以国际市场为角逐目标,由设在一国的母公司和设在其他国家或地区的子公司或分公司共同形成一体化的组织机构,彼此密切配合,相互协作,共担风险,分享盈利。

跨国公司产生于垄断资本主义高度发展的19世纪末期,当时资本主义国家的国内市场已成熟过度,获取利润的空间已渐显不足,于是垄断资本开始向海外输出过剩资本,在国外投资建厂,以攫取高额利润,从而形成了国际性的大型垄断企业。最早的跨国公司有美国的胜家缝纫机器公司、威斯豪汀电气公司、爱迪生电器公司和英国的帝国化学公司等。二战后,新的科技革命促进生产力迅猛发展,世界经济规模进一步扩大,资本积累急剧膨胀,对外直接投资进一步增长,跨国公司更是以前所未有的规模发展起来。20世纪90年代以后,随

---

① 《关于各国依联合国宪章建立友好关系及合作之国际法原则之宣言》。王铁崖、田如萱编:《国际法资料选编》,法律出版社1982年版,第7页。

着冷战结束和世界经济全球化趋势,很多国家的大型企业都走向国外,跨国公司在世界经济中所占比重也越来越大。

对于跨国公司,人们有着不同看法。称赞者认为它促进了资本的全球流动,将先进技术广泛传播至世界各地,为世界经济的发展和繁荣做出了贡献;而批评者则认为它横行霸道,利用自己的实力恣意剥削别国人民,破坏自然资源,甚至还干涉别国内政。

跨国公司虽然属于经济性实体,不拥有固定的领土和人口,也没有类似国家那样的主权,但其庞大的规模与超越国界的特殊性使其在国际社会发挥着巨大作用,对国际关系也有不容忽视的影响,有时在某些方面甚至可以发挥超过主权国家的作用。在当今国际社会,政治与经济的互动影响显而易见,二者几乎到了密不可分的程度,国际政治的任何变动都会影响世界经济的发展,世界经济的任何变化也会反映在国际政治中。在世界经济中已占有相当比重的跨国公司自然对国际关系的变化非常敏感与关注,尤其对本国同子公司所在国之间的关系更为关心。为了能够不断地获得高额利润和其他利益,跨国公司需要创造一种对己有利的政治环境,为此它们会千方百计地影响本国政府与子公司所在国政府的内外政策以及国家间关系。例如,美国一些跨国公司出于对自己经济利益的考虑,反对美国政府制裁古巴和伊朗等国,它们对政府施加压力,促使本国政府与这些国家改善关系;而法国的跨国公司道达尔公司则曾不顾美国制裁伊朗的规定,与伊朗签订了巨额的石油开采协议,既直接影响了法美关系,也间接影响了美伊关系和法伊关系。而且,跨国公司大部分是发达国家中的一些大型企业,有足够的实力施加这些影响,特别是发达国家位于第三世界国家中的一些大型跨国公司,其经济规模甚至超过所在国的经济规模,几乎可以控制所在国的经济命脉,左右所在国的国计民生,对所在国内外政策的影响可想而知。

当然,不论跨国公司如何发挥影响,都是通过间接方式实现的,因为它毕竟不是一个政治性实体,从原则上来说它必须遵守本国与所在国法律。不过在经济日益全球化和经济对国际关系的影响日益增强的今天,跨国公司凭借雄厚的经济实力对国际关系的影响力也将增大,甚至有人断言:国家背景模糊的跨国公司将在世界经济中起主导作用,而以民族国家为背景的政府的作用势必受到限制。这一说法虽然未必确切,但跨国公司在国际社会中的作用将进一步增强却是确定无疑的,其作为国际关系主要行为体的地位也必然进一步加强。

第二节 国际法的主体

如前所述,国际法是国际关系的一部分,因此国际法的主体与国际关系的行为体二者之间有着密切的关系,或者说二者之间有相当程度的重叠。比如主权国家就既是国际关系的主要行为体,同时也是国际法最主要的主体。但是,二者之间还是有一些不同。国际法主体比国际关系行为体在法律上有更为严格的要求和定义,需有法律的明确规定,因此一般而言国际法主体所涵盖的范围要小于国际关系行为体。也就是说,尽管有些行为体有可能在国际关系中发挥作用,但却不是国际法主体。

简单而言,国际法主体就是国际法调整的对象。按照现代国际法的理解,国际法主体是指独立参加国际关系并能够直接在国际法上享受权利和承担义务的国际法律关系的参加者。也就是说,作为国际法主体,需要具备两项基本能力:(1)独立参加国际关系的行为能力,如自主参加国际会议及进行国际谈判、缔结有效条约、接受和派遣外交使节等;(2)直接在国际法上享受权利和承担义务的能力,如享受国际法的管辖豁免、有权向国际法院提起诉讼和要求赔偿、承担国际法上的国家责任、履行国际条约和接受国际社会的裁决等。

当然,关于国际法主体的定义,也有各种不同表述,这些不同表述主要反映了不同历史时期或不同观点对国际法主体的不同认识。例如,奥地利学者阿尔弗雷德·菲德罗斯(Alfred Verdross)认为:"其行为直接受国际法秩序规定的那些人格者,就是国际法的主体。"[1]即国际法主体就是国际法能够直接调整的对象。不过,菲德罗斯又将国际法主体进一步细分为义务主体和权利主体、积极主体和消极主体、持久主体和临时主体、原始主体和嗣后主体、自治主体和非自治主体、一般主体和特殊主体等。[2] 英国学者迈克尔·阿库斯特(Michael Akehurst)认为:"当法学家们说一个实体是法律人格者,或它是法律的主体时,他们的意思是指它具有创设法律关系和享有法律上的权利和义务的资格。"[3]即国际法主体是能够创设国际法和受其约束的实体。日本学者田畑茂二郎同样认为:

---

[1] 〔奥〕阿·菲德罗斯等:《国际法》上册,李浩培译,商务印书馆1981年版,第230页。
[2] 同上书,第230—233页。
[3] 〔英〕M.阿库斯特:《现代国际法概论》,汪瑄等译,中国社会科学出版社1981年版,第80页。

"国际法主体,一般是指直接享受国际法上权利和承担国际法上义务的实体,即国际法的承受者,不过考虑到国际法并没有像国内法那样的公权力背景,因此国际法的承受者往往同时也是制订和执行国际法的主体。"[①]中国学者王铁崖认为:"国际法主体是指独立参加国际关系并直接在国际法上享受权利和承担义务,并具有独立进行国际求偿能力者。"[②]即增加了独立参加国际关系的内容以及特意指出国际法主体应该具有国际求偿能力。《奥本海国际法》则认为:"国际人格者在国际法上具有法律人格,是指它是国际法的主体,从而它本身享有国际法上所确定的权利、义务或权力,而且,一般地说,享有在国际上直接或通过另外一个国家(如在被保护国的情形)间接行为的能力。"[③]即在享有国际法上的权利和承担国际法上的义务之外,在行为能力上即使不具有完全独立和直接的能力者也有可能成为国际法主体。

那么,国际法主体的范围究竟应该包括哪些行为体呢?对此,仍然存在着各种不同的观点。在17世纪中期近代国际法刚产生的时候,占统治地位的法学理论是自然法学,按照这一理论的解释,所有法律都源于自然法,所有法律的主体都是人,因此国际法与国内法并无明显区别,国家与自然人也无差别地都是国际法主体。然而,到了19世纪,实在法学理论逐渐占据统治地位,这一理论认为,所有法律都是人们制定并通过一定强制手段实施的实在规则,国际法与国内法是两种不同的规则,其调整对象也不同,国际法是用来调整国家间关系的法律,只有国家才具有承受国际法权利和义务的能力,因此只有国家才是国际法主体,甚至说国家是国际法唯一的主体。一战之后,新自然法学理论出现,尤其是其中的社会连带学派,对国家作为国际法唯一主体的观点提出质疑,重新强调个人在包括国际法在内的所有法律中的主体地位,甚至其中有些极端观点否认国家是国际法主体而认为只有个人才是国际法主体。例如,法国学者乔治·塞勒(Georges Scelle)就认为,不论国家还是其他行为体,均不得为国际法的根本主体,而只是虚构主体,国际社会是法的主体(个人)的集合体,即首先是私人的集合体,私人在国际法上像在国内法上一样,原则上具有同样的法律能力。二战之后,随着民族独立运动的兴起和国际组织的大量涌现以及个人在国家政治中权利的增加,一些具有准国家性质的民族解放组织和处理跨国事务

---

① 田畑茂二郎(2008)『国際法』(第二版)(岩波書店)、137頁。
② 王铁崖主编:《国际法》,法律出版社1995年版,第64页。
③ 〔英〕詹宁斯、瓦茨修订:《奥本海国际法》第一卷第一分册,王铁崖等译,中国大百科全书出版社1995年版,第91页。

的国际组织也具有了独立处理国际关系的行为能力,在国际法上也具有了直接承受权利和义务的法律能力,有关个人权利义务的条款也越来越多地进入国际法领域。因此,人们一般认为国际法的主体正在趋向多元化,即国家、国际组织、民族解放组织以及个人都可以是国际法的主体。例如,意大利学者安东尼奥·卡塞斯(Antonio Cassese)就认为:"国家和叛乱者是国际共同体的'传统的'主体,一定意义上说,它们是国际共同体舞台的'剧中人'。20世纪,尤其是第二次世界大战后,其他的利益与行动单位已经获得了国际地位。它们是:国际组织、民族解放运动以及个人。这些相对'新兴'的主体的崛起是现代国际法的突出特征。"[1]当然,即使是持有如此观点的人,也大都承认国家仍然是国际法最主要的主体,其他主体则仅具有限权利和义务,或者承认其中某些主体的资格存在争议。例如,英国学者阿库斯特就认为:"在19世纪,国家是国际法上的唯一的法律人格者,国际法对待个人大致和国内法对待动物一样。在上一世纪中,情况发生了变化,国际组织、个人和公司已取得某种程度的国际法律人格,但当我们试图明确它们所取得的法律人格确切的范围,我们就进入了一个很有争议的法律领域。"[2]

综上所述,关于国际法主体观点主要有:国家和个人无差别都是国际法主体,只有国家是国际法主体,只有个人是国际法主体,以及国际法主体多元化。目前,应该说国际法主体多元化的观点占据主流地位,被大部分人接受。不过,关于多元化主体具体应该包括哪些行为体,仍然存在争论,尤其在个人究竟是不是国际法主体这个问题上,争论最为激烈。

近代国家的出现是近代国际关系和国际法产生的前提条件,而且国家在国际关系中始终处于最主要的地位和发挥着最重要的作用,在国际法上拥有完全的法律行为能力,既是制定国际法的主体也是承担国际法的主体,因此将国家排除在国际法主体之外显然是不正确的,同时也不符合实际,而且认为国家不是国际法主体的观点也从来没有占据过主流地位。因此,国家无疑是国际法主体,而且是最主要和最基本的主体,当然并不是唯一的主体。

二战后国际关系的现实,扩大了国际法主体的范围,即除国家之外,国际组织和民族解放组织也成为国际法主体。当然,这些主体的国际法主体资格并不能完全等同于国家的,它们只有在国际社会或国家赋予其权利的条件下或在一

---

[1] 〔意〕安东尼奥·卡塞斯:《国际法》,蔡从燕等译,法律出版社2009年版,第98页。
[2] 〔英〕M.阿库斯特:《现代国际法概论》,汪瑄等译,中国社会科学出版社1981年版,第80页。

些特定领域内才具有国际法主体资格。

关于国际组织的主体资格,《联合国宪章》第 43 条授权联合国可以同其会员国缔结某些种类的条约,即承认了国际组织具有缔约权。《联合国宪章》第 104 条及第 105 条第 1 款分别规定:"本组织于每一会员国之领土内,应享受于执行其职务及达成其宗旨所必需之法律行为能力。""本组织于每一会员国之领土内,应享受于达成其宗旨所必需之特权及豁免。"[①]即承认了国际组织的独立法律行为能力及外交特权与豁免权。1949 年 4 月的"贝纳多特案"[②]更是从实践上明了国际组织的国际法主体资格。国际法院在其咨询意见中明确指出,联合国组织原则上具有国际人格,会员国授予其职能和权利,只有在其拥有充分国际人格和具有在国际上的行为能力的基础上才能够理解。

当然,联合国是二战之后国际社会建立的政府间综合性和普遍性的国际组织,其功能和作用远远超过其他国际组织,但其他政府间国际组织也同样被赋予国际法主体的资格,因为这些国际组织同样在一定范围内具有独立参加国际关系的能力,并在一定范围内具有享受国际法权利和承担国际法义务的能力,只不过不同的国际组织具有不同的权利和义务。例如,联合国安理会可以采取军事行动,而世界卫生组织只能在世界卫生领域采取行动,世界贸易组织只能在世界贸易领域采取行动。而且,除去政府间国际组织外,甚至某些名义上并非政府间国际组织,但在某一领域发挥着巨大作用并常常能够独立同其他主权国家或政府间国际组织发生关系的非政府间国际组织,也有可能成为国际法有限主体,如国际奥委会和国际红十字会等。

至于民族解放组织,虽然它们还不是国家,但是基于战后所确立的民族自决原则,国际社会将这些组织视为正在走向独立和建立自己国家的民族的代表,它们在一定范围内可以独立参加国际关系以及享受国际法权利和承担义务,因此这些组织也是国际法主体,当然也是一种有限和特殊的主体。例如,1954 年法国统治的殖民地阿尔及利亚爆发民族独立战争,作为其代表的民族解

---

① 白桂梅、李红云编:《国际法参考资料》,北京大学出版社 2002 年版,第 15 页。
② 1948 年 5 月第一次中东战争之后,联合国派遣瑞典籍的联合国官员贝纳多特等人赴巴勒斯坦进行调解,但是其在巴勒斯坦工作期间却在耶路撒冷的以色列控制区内遭到以色列民间右翼人士的暗杀。事件发生后,联合国通过决议,请求国际法院就国际组织是否可以对一个国家的政府提出国际赔偿请求发表咨询意见。1949 年 4 月 11 日,国际法院发表咨询意见认为,联合国可以对因违反其对联合国所承担的国际义务而给联合国造成损害的会员国提起国际赔偿请求。据此,联合国要求以色列政府进行正式道歉、补偿以及抓捕和惩罚凶手。1950 年 6 月,以色列政府接受联合国的要求,向联合国表示道歉并给予了 54 624 美元的补偿。

放组织先后得到国际社会20多个国家的承认并向一些国家和国际组织派驻了代表;1964年巴勒斯坦解放组织成立,1974年被邀请以观察员身份参加联合国会议,1976年被接纳为阿拉伯国家联盟正式成员。

此外,有时与民族解放组织的国际法地位纠缠在一起的一个问题是,如何对待一国国内的叛乱和交战团体,即一国国内的反政府势力如果能够有组织地持续控制该国部分领土,那么就有可能获得部分有限的国际法主体资格,因为这样的行为有可能导致在组织控制下的领土脱离该国建立一个新国家,或者夺取全国政权建立新政府。而在导致这些结果的过程中,就需要赋予其一定的国际法主体资格,即让其能够以相对独立的身份进入国际社会,以便保证履行在其统治领土范围内对外国所承担的国际义务,该国政府也因此可不承担在叛乱和交战团体控制领土内造成的国际责任。当然,叛乱和交战团体的有限国际法主体资格也必须得到国际社会中一些国家的承认才能够成立。

关于个人究竟是不是国际法主体,不同的学者会有不同的看法,不同国家的国民也会有不同的权利和感受。二战之后,有关个人权利或义务内容的国际法越来越多,如有关人权的国际公约、有关惩罚国际私人犯罪的公约以及个人在某些国际法庭具有诉讼权利等规定,这些都使得个人越来越多地进入国际法领域,因此有些人就以此为根据认为,个人也是国际法主体。不过,不同意个人是国际法主体的观点则认为,个人是否具有主体资格并非取决于国际法中是否存在有关个人权利和义务的规则,而主要应该取决于个人是否享有直接进行国际诉讼的权利。正因为如此,英国国际法学者阿库斯特说:"当某些国家说个人是国际法的主体,而别的国家不同意时,双方都可以是正确的。如果前一类国家赋予个人国际权利,那么就这些国家来说,个人就是国际法主体;后一类国家为了实际的目的,可以通过不给予个人任何在国际法上有效权利的方法来防止个人取得国际人格。"①

主张个人是国际法主体的观点,其理由主要有:

(1)国家行为总是通过个人行为表现出来的,国家的权利和义务总是由个人来享受和承担的,所以国际法调整的国家行为或国家的权利义务实际上是以国家机关代表身份活动的个人的行为或个人的权利和义务。

---

① 〔英〕M.阿库斯特:《现代国际法概论》,汪瑄等译,中国社会科学出版社1981年版,第86—87页。

然而,这一看法其实类似于自然法的理论,即混淆了国家与个人的本质区别。虽然个人是构成国家的必要因素,国家是个体的集合,但国家并非个体的简单堆积,二者有着本质的不同。国家一旦形成,就会成为凌驾于个体成员之上且任何个人都无法比拟的最高权威力量,即使国家领导人也不能等同于国家,他们只是代表国家行事而已。国际法赋予的权利和义务是给国家而不是个人的,正如《奥本海国际法》所说的那样:"国家元首根据国际法所享有的地位是从他所属的国家所有的权利和义务得来的,而不是从他自己的国际权利得来的。"①

(2) 国际法有赋予个人权利与义务的规则。例如,世界人权法规定了赋予全体人类人权及基本自由的规则,《维也纳外交关系公约》规定了外交代表享有外交特权与豁免的规则,有关国际法规定了惩罚战争罪犯或其他国际私人犯罪的规则,某些国际法规定了个人在国际法庭拥有诉讼权的规则。

诚然,《世界人权宣言》等国际人权法确实规定了个人应该享有各种基本人权,但这并不意味着国际法直接赋予个人权利,而只是意味着缔约国确认个人享有这些基本权利并承担赋予和保障自己国民这些权利的国际义务。而且,从实践来看,个人也无法从国际法中直接获得这些基本权利,每个人都不可避免地会被束缚于某一主权国家内,这些基本权利只有国内法才能规定和赋予,因此不同国家的个人享受的权利往往是不同的。联合国负责人权事务的人权理事会,其主要职责也是促进成员国提高和改善自己国民的人权状况,而并非直接针对个人。

外交代表所享受的特权与豁免更是国际法公认的规则,但是就如同国家领导人也仅仅是代表国家行事一样,这些外交代表正是由于他们具有国家代表的身份,所以才享有这些权利,而一旦失去外交代表身份,其权利也随之丧失,因此这种权利也是外交代表通过本国间接获得并需要国家间的法律规则来维持的。1961年《维也纳外交关系公约》的序言中就明确指出:"确认此等特权与豁免之目的不在于给与个人以利益而在于确保代表国家之使馆能有效执行职务。"②"外交使节按照国际法所享有的特权,不是国际法给他们的权利,而是接

---

① 〔英〕詹宁斯、瓦茨修订:《奥本海国际法》第一卷第二分册,王铁崖等译,中国大百科全书出版社1998年版,第459页。

② 白桂梅、李红云编:《国际法参考资料》,北京大学出版社2002年版,第189页。

受国的国内法依照使节的本国所应有的国际权利而给他们的权利。"①

关于战争罪犯或其他国际私人犯罪的规则,虽然同样是针对个人的,但是战争本来就是一种国家行为,战争罪犯实际上是在承担一种国家责任,当然要根据个人在战争中的行为来确定这一承担者。即使是那些纯属私人行为的国际犯罪,如海盗行为、毒品走私、劫持飞行器等,国际法规则的重点并不在于直接要求这些罪犯承担义务,而重点在于,规定任何国家都有权对这些公认的、反人类的重大国际犯罪实施惩罚以及负有不得保护罪犯和干涉惩罚罪犯的义务,即使是罪犯的国籍国,也同样负有义务。也就是说,不论何种形式的私人犯罪,国际法规则是针对国家的规定而非针对个人的规定,个人在其中充其量是一个客体,即法律主体关系中所涉及的对象而非法律调整的对象。

虽然个人在国际法庭的诉讼权规则确实存在,但这些规则仅存在于某些时期或某些特定领域。例如,1908年中美洲五国曾签订条约成立中美洲法院,并规定法院有权审理缔约国国民以其他缔约国为被告提起的诉讼案件,但该法院1918年就宣告解散;1965年世界银行设立国际仲裁法庭以审理某一国家与其他国家国民之间投资方面的纠纷,但是也仅限于投资这一具有很强技术性的特定领域。此外,更具典型意义的是欧盟国家内部赋予个人在国际法庭的诉讼权的规则,1952年成立的欧洲法院规定其成员国及个人或法人都有资格成为该法院的当事者。但是,欧盟毕竟只是一个地区性组织,具有特殊性,承认个人在国际法庭具有诉讼权的规则仍然缺乏普遍性。而且,欧盟成员国之间的关系已经不同于传统意义的国际关系,欧盟也已经不是一般意义上的国际组织,而正在成为一个超国家的统一机构。欧盟对其成员国及其国民所行使的权力已经非常广泛,作为其法律依据的欧盟法几乎已经是一个国际法与联邦法的混合物。而从欧盟之外的世界范围来看,作为适用国际法最为权威的国际法院,《国际法院规约》第34条第1款明确规定:"在法院得为诉讼当事国者,限于国家。"②因此一般而言,当个人利益遭受他国损害时,个人无权在国际法庭对其他国家提起诉讼,而只能通过所属国向他国追究责任或向国际法庭提起诉讼来维护个人利益。也就是说,个人只有可能享受到某种利益,但却难以享受到国际

---

① 〔英〕詹宁斯、瓦茨修订:《奥本海国际法》第一卷第二分册,王铁崖等译,中国大百科全书出版社1998年版,第489页。

② 白桂梅、李红云编:《国际法参考资料》,北京大学出版社2002年版,第258页。

诉讼的权利。

由此可见,在主要意义上和广泛范围内,个人还不是国际法主体。在实践上,如果广泛承认个人是国际法主体,不但不符合国际社会的现实,而且将会模糊个人与国家本质上的不同,削弱国家主权,损坏国际法的基础。不过,从目前的发展趋势来看,有可能逐步在区域集团化基础之上在国际法内给个人以更多利益,比如人权、控诉权等,但在可预见的未来还不会在整个国际法范围内直接给个人以权利或使其承担义务。而如果真正实现了个人直接在国际法范围内享受权利或承担义务,那么国际法也将不成其为国际法了,而是会与国内法合流,共同成为世界法。

第三节 国家的构成与类型

尽管目前国际关系行为体和国际法主体都越来越多元化,但主权国家都在其中担当了最主要和最核心的角色。因此,有必要对国家再做进一步的分析。

如前所述,关于国家有各种不同的解释,比如国家是私有制的产物,是阶级矛盾不可调和的产物等。从国际法角度来看,国家仅指在国际关系中完全独立行事和直接承受法律权利与义务的实体。

国际法意义上的国家与作为国际关系行为体的国家完全一样,由居民、领土、政府及主权构成。其中,居民是国家的基本内容,而不论其多寡,也不论其种族或民族是单一或多样;领土是国家必要的物质载体,而不论其大小,也不论其疆界是否确定无疑;政府是国家的主权象征,而不论其性质和形式如何,也不论其是否存在于其领土之内;主权是国家最重要的属性,尤其对于那些不能有效控制国内局势和独立行使外交权的政府而言,更应该加以强调。

从国际法角度来看,国家可以有各种不同的类型。一般而言,可以从下列两个角度对国家进行分类:(1)国家内部组织结构形式;(2)对外行使主权程度。

按照国家内部组织结构形式划分,可以将国家分为单一制国家和复合制国家两种类型。所谓单一制国家,指只有一个立法机关和一部统一宪法的单一主权国家,例如中国、日本、英国、法国等国。所谓复合制国家,指由两个或两个以上具有不同程度主权的实体联合形成的国家,其最主要的形式就是联邦制,如美国、德国、加拿大、印度等国。

联邦制国家是由若干具有一定主权的实体根据统一法律形成的联合体,其主要特征是具有统一的联邦宪法、有凌驾于各实体之上的中央权力机关、各实体的公民具有共同国籍、各实体具有一定程度的立法和行政甚至对外交往权。一般而言,在联邦制国家,联邦政府执掌国防和外交等大权,而内政权则由各实体执掌,联邦政府与各实体之间并无行政隶属关系。

一个国家,不论是单一国还是复合国,都是国际法主体,且都只拥有一个国际法主体地位。

按照对外行使主权的程度来划分,则可以将国家分为独立国、附属国和中立国等几种类型。

所谓独立国,就是对外能够完全行使独立主权的国家,是完整意义上的国际法主体,目前绝大部分的国家都属于这一类型。

所谓附属国,是指那些由于封建统治残余关系和殖民主义统治残余关系或由于大国强国压力而无法对外行使完全主权的国家。附属国又分为附庸国和被保护国。前者是指那些由于历史原因而处于他国宗主权下的国家,这些国家一般附属于某个大国,内政相对独立,但大部分没有外交权,或者仅有部分有限的外交权,例如一战前在英国宗主权之下的埃及和1947年前处于英国宗主权之下的印度。后者是指那些依据协议将自己重要的对外事务交由一个强国处理而处于该强国保护下的国家,例如1905年至1910年期间处于日本保护下的朝鲜、1956年前处于法国保护下的突尼斯和摩洛哥、1971年前处于英国保护下的文莱等。至于这些附属国的国际法主体资格,则根据其具体独立程度的不同而不同,有些具有主体资格,有些则没有。不过,附属国现象已经成为历史,因为这种现象并不符合现代国际法主张的国家主权独立平等原则,除非是按照主权原则有些国家自愿而非被迫将自己的某些内外事务交给其他国家,由这些国家代为行使或接受其他国家的保护,例如目前处于法国和西班牙共同保护下的欧洲小国安道尔共和国。

中立国是指在国际关系中保持中立的国家,即平时不参加任何有可能在发生国际纷争时妨碍或破坏其中立地位的国家联盟或条约,战时则不加入任何一方作战或支持任何一方。中立国的国际法地位不同于一般国家,会受到某些限制,如对除自卫外的战争权的限制、对缔结军事同盟条约等有可能使自己陷入冲突的缔约权的限制,以及对有可能导致客观上支持其他国家而对第三国构成威胁的其他权利的限制。不过这些限制并非对国家主权的破坏,而是中立国基于其主权意愿必须承担的国际义务。因此,中立国具有完整的国际法主体资格。当然,中立国地位需要通过某个国家的自我选择及国际承认和国际保证才能够确立。中立国有永久中立国和协定中立国之分。前者是根据国际承认或国际条约在对外关系中自愿承担永久中立义务的国家,而后者则是国际承认或国际条约规定其承担中立义务的国家。从历史上来看,真正得到国际社会广泛承认的永久中立国只有瑞士一个国家。瑞士从17世纪中期成为独立国家起就开始奉行中立政策,这一政策只有在19世纪初期的拿破仑战争中曾遭到破坏。拿破仑战争后,1815年3月的维也纳会议和同年11月的巴黎会议上,瑞士的中立地位得到国际社会确认,并且在两次世界大战后都再次得到国际社会确认。2002年3月,瑞士经全民公决申请加入联合国并在同年联大会议上被接纳为正式会员国,但此举并没有破坏瑞士的永久中立国地位。因为,一方面联合国是代表整个国际社会的普遍性国际机构,在冷战后这一代表性更加广泛,另一方面瑞士在加入包括联合国在内的一些国际组织时都会附带一项一般性保留,即瑞士在参加这些国际组织的所有活动时,都不能超越其作为一个永久中立国的地位所能够承担的义务。除瑞士之外,在19世纪中期,比利时和卢森堡也曾被确认为永久中立国,但是一战破坏和结束了这两个国家的中立地位,而且它们在此之前的中立地位也是由列强强加的,因此人们将这两个国家的中立地位称为"协定中立"。二战之后,老挝和奥地利也先后宣布和被确认为永久中立国,但是20世纪70年代的印度支那战争破坏了老挝的中立地位,奥地利则由于加入欧洲联盟而使得很多人对其中立地位产生怀疑。

此外,国际社会还有一个非常特殊的国际法主体,即作为天主教最高教廷所在地的梵蒂冈。本来,当近代国际法在欧洲产生时,位于罗马的教廷也被看作同其他主权国家一样的主体,但在1870年意大利统一过程中,教廷被新建立的意大利世俗国家驱赶至梵蒂冈,罗马成为意大利的首都。尽管1871年意大利国会通过了一项被称为《保障法》的法律以规定和保障教廷以及教皇的地位,但该法律一直未被教廷和教皇所承认,其他国家仍然同教廷保持着派遣使节或签署协定的关系。直到1929年2月,教廷与意大利签订了《拉特兰条约》(Lateran Treaty),意大利承认教廷在国际社会中的独立地位和对梵蒂冈的主权,教廷则承认以罗马为首都的意大利国家。从此,教廷的国际法主体资格终于得以明确恢复。也就是说,梵蒂冈也如同一个国家,是国际法主体,因为梵蒂冈也具备作为国家所需要的四项基本要素:尽管梵蒂冈仅有0.44平方公里的面积,但这也是其领土;尽管公民数量极少,公民身份与居住权紧密相关,但教皇、外交官及部分工作人员可以算是其公民;教廷和教皇相当于政府和国家元首;教廷和教皇既有对梵蒂冈范围内的绝对主权,也有对外进行缔约、派遣使节、参加国际会议、与其他国家建立外交关系的独立主权。当然,梵蒂冈毕竟不同于一般国家,它具有强烈的宗教性质,其机构的名称和功能也不同,甚至在一定特定领域(如供水、邮政、交通)需要与意大利进行合作,因此只能说梵蒂冈是一个非常特殊的国际法主体。

思考题

1. 国际法意义上的国家与政治学意义上的国家有哪些不同?
2. 个人能否成为国际法的主体?为什么?

第三章
国家的实力地位与国家的基本权利

第一节 国家实力及其在国际关系中的作用

国际社会中的国家总是处在不断的变化之中。在不同历史时期,不仅国家数量不同,而且国家规模也有大有小、有强有弱,有些国家逐渐变得强大,而有些国家则逐渐衰落,会出现一些新国家,而有些国家则会走向消亡。也就是说,国家常常会处在一种相互竞争的状态,都在试图使自己变得相对强大。尽管从国际法角度来说每个国家主权平等,但现实中国家在国际社会中的地位和作用却是不同的,例如美国和科威特都是国家,但是其国际地位以及运用这种力量对国际社会发挥的作用与影响力显然不可相提并论。之所以会出现这种情形,就是由于国家实力不同。所谓国家实力,就是一个国家所具有的实际力量以及对他国或国际事务施加影响的能力,即国际关系中的权力。显而易见,拥有较大权力的国家对国际关系的影响力就大,在国际社会就会处于相对有利的地位,国际关系的发展变化在很大程度上也取决于国家实力的对比变化。

构成国家实力的三级资源

在国际社会,几乎每个国家都有追求权力的内在冲动,但实际的结果总是有些国家获得的权力较大,而有些国家则权力很小,或者丝毫没有权力。关于如何在国际政治中获得权力,即国际政治权力的来源究竟是什么,在不同的时代可能会有不同的回答。一般而言,最初的权力来源于暴力,随后在暴力之上财富又成了权力的主要来源,但目前知识似乎正在超越暴力和财富成为权力的主要来源。

按照二战前殖民主义、帝国主义时代的传统认识,一般将一国的人口、领土、地理环境、自然资源、军事能力等有形因素作为衡量国家实力的标准,因此那时国家间竞争主要表现为运用军事能力凭借战争手段实现对人口、领土和自然资源的占有,即谁占有较大的领土和较多的人口与自然资源,谁就具有较大实力。然而,二战后随着殖民主义和帝国主义逐渐退出历史舞台,在国际关系中试图通过军事手段占领别国领土和资源、统治别国国民已经变得越来越不可能,于是国家的实力显示更多地转向了谋求科技和经济能力的提高。当然,自然资源和军事能力仍然是国家实力的主要因素。

根据美国国际关系学者汉斯·摩根索的解释,国家实力资源应该包括九个要素:地理、自然资源、工业能力、军备状况、人口、民族性格、国民士气、外交质量、政府质量。法国政治学者雷蒙·阿隆将国家实力资源归结为三大基本要素:某一政治单位所占据的空间;资源,包括人力与物力资源;集体行动能力,包括军备状况及组织、社会结构及其质量等。德国物理学家威廉·福克斯(William Fox)则认为,国家实力资源由五个要素构成:国土、人口、钢产量及人均产量、能源产量及人均产量、国民生产总值及人均指数。1975年,美国乔治敦大学教授雷·克莱因(Ray S. Cline)在其著作《世界权力的评价》一书中,进一步提出了著名的实力计算公式:$P=(C+E+M)\times(S+W)$。其中,P 为权力;C 表示基本实体,包含人口和领土;E 表示经济能力;M 表示军事实力;S 表示战略意图;W 表示追求国家战略的意志。[①]

冷战结束之后,虽然国家间关系趋于缓和,但彼此的竞争似乎并未减弱,国家实力仍然是国际政治关注的焦点之一,国际社会对国家实力资源又提出了一些新的看法。日本一些人士提出,国家实力体现在三个方面:国际贡献能力,包括经济能力、金融能力、科技能力、财政能力和国际社会中的活动能力;生存能力,包括地理、人口、自然资源、经济能力、防卫能力、国民意识和结盟友好关系;强制能力,包括军事能力、战略装备及其技术、经济能力和外交能力。有些中国学者将国家实力资源区分为物质与精神两大部分,前者包括资源力、经济力、科技力、军事力和文教力,后者包括社会制度、政府效能、国民意志、民族凝聚力、外交战略决策水平等。美国哈佛大学政治学教授塞缪尔·亨廷顿则将国家实

[①] 参见俞正樑等:《全球化时代的国际关系(第二版)》,复旦大学出版社2009年版,第63页。

力资源归纳为十点:人口规模与教育水平、自然资源、经济发展水平、社会凝聚力、政治稳定状况、军事能力、意识形态的吸引力、外交联盟状况、技术发展水平和地缘政治。另一位美国学者约瑟夫·奈(Joseph S. Nye)更进一步详细论述了冷战后国家实力资源的变化及其构成。他认为,人口、领土、地理环境、自然资源、军事能力、经济能力、科技教育水平及国内的政治稳定性等都是构成国家实力的资源,而且在评估当今国家实力时科技教育水平和经济能力已成为比人口、领土、地理环境和自然资源更为重要的资源,但这些资源还都只是一种潜在实力,如何将这一潜在实力转化为以改变他人行为为目标的现实能力也是衡量实力的一个重要标准,只有具有这种转化能力,才能最终将潜在实力转变为真正实力。此外,约瑟夫·奈还进一步将一国的文化、思想意识形态、价值观念、社会制度等作为衡量一国实力的标准,而且是当今乃至未来国际社会更为重要的标准。他将这种实力称为"软实力",即不是靠武力、经济等命令式的实力运用去强迫一国接受自己意志的能力,而是靠文化和思想的吸引力或者是确立在某种程度上能够体现别国意志的政治导向能力。

根据以上各种观点,为了研究方便,我们可以将一国的实力资源归纳为三大类:人口、领土、地理环境、自然资源这些以自然物状态存在的资源可称为一级资源;科技、经济、军事能力这些由一级资源转化而来的技术性资源可称为二级资源;将二级资源加以运用以改变他国行为的意志以及一国的文化、民族凝聚力、思想意识形态、价值观念、社会制度和社会发展模式乃至生活方式及道义形象等这些抽象无形的资源可称为三级资源。显然,在科技、经济、军事水平大为提高和国际化的今天,一级资源在实力构成中的作用已相对下降,二级资源是当今显示一国实力最重要和最显著的标志。放眼未来,三级资源将会越来越成为显示一国实力不可缺少的因素,即国际社会的权力不仅取决于国家的科技、经济和军事能力,而且更多地将取决于国家的自我管理能力和社会发展模式及其价值观是否能够对其他国家形成吸引力和感召力。谁拥有较多的资源,尤其是拥有较多的二级、三级资源,谁就能在未来国际社会中获得较大权力,处于主导地位。

当然,对实力资源的划分仅仅是大致的分类,在一、二、三级资源之间其实并无截然的分界,一国的实力往往是这三者综合作用的结果。在主要追求一级资源的殖民主义和帝国主义时代,其实也存在着对二级资源的竞争,如在一战前后帝国主义争夺殖民地的战争背后仍有国家间经济的竞争,在军事方面的竞争更是贯穿整个国际关系过程。在二战后主要对二级资源的竞争中也同样存在对三级资源的竞争,如20世纪50年代美国副总统尼克松与苏联领导人尼基塔·赫鲁晓夫之间进行的"厨房辩论"[1],实际上就是两个敌对阵营在意识形态、社会制度和社会发展模式等方面的直接论战和竞争。在冷战结束后的今天,尽管一级资源在实力构成中的比例在逐步下降,二、三级资源已成为反映一国实力的主要标志,但一级资源也并非可有可无,它是二、三级资源无法替代的基础性资源,一个没有众多人口、广大领土、优越的地理环境和丰富自然资源的国家,也很难具备二、三级资源,或者即使拥有了二、三级资源,其实力也是有限的。只有在拥有一级资源的基础上,同时拥有二级资源,进而再拥有三级资源,才能真正称得上是具有实力的国家,也才能在国际政治事务中形成权力,真正成为一个强大的国家。

国家实力在国际关系中的决定性作用

在国际关系中,每个国家都会试图通过各种方式追求尽可能强大的国家实力,因为国际关系的实质或其最终决定性力量就是国家实力。具有较大实力的国家,才有可能获得较大的权力和利益,从而保证自己在国际社会的生存和发展,以至于按照自己的利益去建构国际关系的主要规则并掌管这些规则。在现实国际关系中,有些国家具有制定国际关系规则和掌管这些规则的权力,这些规则就构成了国际关系的基本模式或格局,而有些国家则只能听从某些具有实力的大国,不同的实力造成了不同国家在国际社会的不同地位以及在国际关系中的不同作用。从根本上来说,国际关系的基本模式或基本格局是由国家实力来决定的。例如,威斯特伐利亚体系所建立的近代国际关系基本模式就是"三十年战争"中两大国家集团运用实力相互竞争的结果,其后的"维也纳体系""凡尔赛—华盛顿体系"和"雅尔塔体系"[2]等国际关系的几次重大变化,也无一不是当时一些大国或国家集团之间实力竞争的结果。当然,国际关系的表现形

---

[1] 1959年7月在莫斯科举办的美国国家博览会开幕式上,与会的美国副总统尼克松与苏联领导人赫鲁晓夫之间展开了一场辩论,这场辩论因为在一套美式别墅的厨房展台前进行而得名"厨房辩论"。尼克松想要用所展示的各种现代自动化家用设备来证明美国制度的优越和美国国民的自由幸福,而赫鲁晓夫则反唇相讥,声称苏联的制度才是最能够给国民带来自由和幸福的制度。

[2] 这里所说的三大国际关系体系分别指19世纪初拿破仑战争之后、20世纪初第一次世界大战之后和20世纪中期第二次世界大战之后所形成的国际关系基本格局。

式多种多样,所谓实力的竞争也并不一定是以军事冲突的形式来表现的,国家或国家集团间的竞争既可能是军事冲突,也可能是经济摩擦,同时也有可能借助结盟或合作与友好等各种形式来进行,或者即使竞争激烈的国家或国家集团间也往往存在法律关系,但不论什么样的关系,背后其实仍然是实力关系在起作用,各种不同形式的关系不过是实力关系的不同体现而已。

冷战结束后,两极格局瓦解,新的国际格局正处在重组过程之中。对此,世界各国不论提出多少新的方案或设想,未来国际格局基本结构仍然取决于国家实力的变化。目前,虽然在国际关系中军事冲突已不再是最主要的形式,经济、科技合作日益加深,文化交流也日益频繁,但是国家间仍然存在竞争,而且追求以综合国力为主要标志的国家实力的提高已成为国际竞争的主要方式。从目前世界范围的国家状况来看,有可能在国家实力上形成竞争的国家大致有美国、中国、俄罗斯、日本、印度、巴西等国,此外还有作为国家集团的欧洲联盟及其他一些地区性国际组织或宗教团体。这些国家或国家集团在实力上的较量将决定未来国际关系的基本模式和基本格局。

第二节 国家基本权利的概念和不同认识

虽然国际关系的基本模式和基本格局最终主要由国家或国家集团的实力所决定,但这并非意味着相对具有实力的国家或国家集团可以完全不顾其他国家或国家集团的利益而为所欲为。国际社会之所以能够存在,就在于国际关系中存在着一些维护国家基本生存和发展并为绝大多数国家所接受和遵循的规则,即国际社会存在基本的法律秩序。当然,制定和掌管这些规则需要实力,但即使拥有较强实力的国家或国家集团也需要接受和遵循一些最基本的国际规则,否则国际社会将难以维系,这对那些相对具有实力的国家或国家集团而言也并非有利。也就是说,国际社会也存在并非完全以国家实力来界定的权利,即作为国际关系主要行为体的国家的一些最基本的权利,只要作为国家存在就不论其实力大小都应该拥有的权利。

国家基本权利的概念

"在国际法上,有着少数根本性的权利,人们称为基本权利……在一个有组织的国际社会内,才有可能有这样的基本权利。"①国家的基本权利是指按照国家主权原则,国家作为国际法主体在国际社会所享有的固有权利及与此相对应而对其他国家所承担的义务。所谓固有权利,就是并不需要根据国际条约或其他协定而取得的一些公认的、天经地义的权利,如独立、平等、自卫、国际交往等权利,只要作为国家就自然应该享有这些权利,而且只要具备国家资格这些权利就永远不可被剥夺。

众所周知,任何权利都是相对于义务而言的。在一个存在众多国家的国际社会,国家基本权利是每个国家都应该享有的,这同时也意味着所有国家都有义务尊重其他国家的这些基本权利。也就是说,权利与义务其实是一枚硬币的两面,二者相辅相成,相对存在,一国的权利对他国而言就意味着义务。正如英国国际法学者劳特派特所言:"基本权利这个概念本身,如果不被滥用以掩盖对法律的破坏或纯粹的政治主张,就意味着有尊重国际人格者的基本权利的相对义务,并且将这些义务特别明显地表现出来。"②因此,在此我们只是论述国家的基本权利,尊重其他国家的这些基本权利就意味着承担了本国应尽的基本义务。

此外,国家基本权利与国际法基本原则有相似之处,或者说二者之间有着密切关系。只不过,国际法基本原则是从国际法角度而言,即国际社会为每个国家提供了一些构成国际法基础的原则,并要求所有国家遵守这些原则,因为这些基本原则正是为了维护每个国家的基本权利;而国家基本权利则是从国家角度而言,即作为国家应该享有国际法基本原则所规定的一些基本权利并承担不得违反这些原则的义务。例如,国家主权平等原则是国际法最基本的原则,这是从国际法角度而言的,但同时也可以反过来说,国家应该享有主权独立和平等的基本权利。这二者其实是相同的:国际法基本原则如果真正得到普遍遵守,那么也就意味着所有国家的基本权利得到了保障;或者也可以反过来说,如果所有国家的基本权利都得到了保障,那么也就意味着国际法基本原则得到了普遍遵守。

对国家基本权利的不同认识

然而,关于国家是否存在基本权利以及这些权利从何而来等问题,并非没有争论。按照传统国际法,大约从18世纪开始一些学者就将国家权利分为基

---

① 〔奥〕阿·菲德罗斯等:《国际法》上册,李浩培译,商务印书馆1981年版,第273页。
② 转引自王铁崖主编:《国际法》,法律出版社1995年版,第101页。

本权利和派生权利两部分：基本权利就是作为国家应该享受的一些固有权利，这些权利对每个国家而言都是相同的；此外还有一些权利属于派生权利，即从基本权利推演而来或者根据条约、习惯国际法取得的权利，这些权利对不同国家而言则不尽相同。

一般而言，大部分观点都承认国家应该享有某些基本权利。早期的自然法学说认为，国家享有基本权利，而且这些权利来源于自然法，就如同个人的平等和自由一样，是一种天赋权利，即自然赋予的权利。19世纪占据了国际法理论统治地位的实在法学说虽然同样承认国家基本权利，但却认为这些权利并非来源于自然法，而是来源于国际法律秩序中的国家主体资格。也就是说，承认一个国家的主体资格包含着承认其在法律上具有一些基本权利，这些权利被称为"绝对的"和"永久的"权利，以区别于那些通过明示或暗示产生的所谓"相对的"和"偶然的"权利。例如，《奥本海国际法》就认为："它们是从国际社会成员资格本身产生出来的。这些不是国家之间的条约所产生的权利和义务，而是国家单纯作为国际人格者在习惯上享受和承担的权利和义务，是它们作为国际社会的成员而相互给予和接受的权利和义务。"[1]"一个国家在成为国际社会成员时就取得了国际人格。这表明国家拥有在国际法上享受权利和承担义务的能力、在国际上进行活动的能力、在国际法范围内取得人格者的资格以及作为国际法主体的地位……一般认为，国际社会的成员资格必然使国家享有所谓国家的基本权利，这些基本权利被认为是主权国家组成国际社会的当然结果。"[2]我国学者周鲠生也认为："国家的基本权利在本质上是和国家主权不可分的，基本权利就是从国家主权引申出来的权利。国家既然有主权就当然具有一定的基本权利，否认一国的基本权利就等于否认它的主权。"[3]也就是说，"各国仅仅作为国际人格者就享有基本权利，因为没有这些权利，各国的和平的社会生活将成为不可能"[4]。

一战之后出现的社会连带主义法学派虽然从其根本理论来说属于新自然法学派，但是该学派却不承认国家基本权利的存在，认为不应该给国家以更多的自由和权利，而是应该加强国家之间的社会联系，并强调国家对国际

---

[1] 转引自王铁崖主编：《国际法》，法律出版社1995年版，第101页。
[2] 〔英〕詹宁斯、瓦茨修订：《奥本海国际法》第一卷第一分册，王铁崖等译，中国大百科全书出版社1995年版，第270—271页。
[3] 转引自王铁崖主编：《国际法》，法律出版社1995年版，第102页。
[4] 〔奥〕阿·菲德罗斯等：《国际法》上册，李浩培译，商务印书馆1981年版，第274页。

社会应尽的义务。

从国际关系现实来看,以国家为主要行为体的国际社会能够存在和正常运转,也证明了国家基本权利的存在。最早提到国家基本权利的法律文件,应该是18世纪末法国大革命爆发后,法国1793年发布的《雅各宾宪法》,其中提出的"不干涉内政"原则,其实就意味着国家应该享有独立的基本权利而不受外国对其国内事务的干涉。尽管法国当时提出这一原则的目的主要是维护自己的国家利益,反对其他欧洲君主国家对法国革命的干涉,而且实际上也没能阻止这一干涉,但这一原则却为后来国际法中有关国家基本权利的内容做了必要的铺垫和准备,并且逐渐得到了国际社会绝大部分国家的赞成与遵守。

20世纪之后,国际社会已普遍认为国家应该享有一些基本权利,并试图具体列举出这些权利。1916年,美洲国际法学会在华盛顿举行会议并制定了一份《国家权利和义务宣言》,该宣言在1933年12月第七届美洲国家会议上获得通过,其中列举了生存权、独立权、平等权、自保权、交往权、管辖权、名誉权等国家基本权利。1948年4月,美洲国家组织在哥伦比亚首都波哥大召开的会议上通过的《美洲国家组织宪章》中,也专门辟出一章规定了国家的权利与义务,再次列举了上述的国家基本权利。

二战之后,国家对其权利的重视进一步推动了国际社会对国家基本权利的认识,联合国的建立使国际社会探讨国家基本权利的法律原则成为可能。1947年,联合国国际法委员会起草了《国家权利义务宣言草案》,这一草案于1949年12月6日在联大会议上获得通过,其中主要列举了独立权、平等权、自卫权和管辖权四项国家基本权利。此外,1945年旧金山会议签署的《联合国宪章》、1970年联大会议通过的《国际法原则宣言》和1974年联大会议通过的《各国经济权利和义务宪章》,也都承认和强调国家的基本权利与义务,如这些法律文件都一再强调国家主权平等等国际法基本原则,这些原则当然包含了承认国家基本权利的意思。

第三节 国家基本权利的主要内容

当然,对于国家基本权利究竟包含哪些具体权利,国际社会至今也没有一个统一标准,或者说我们很难无一遗漏地列举出国家的基本权利,但国家基本权利也并非完全无法把握。按照前述1949年12月6日联大会议通过的《国家权利义务宣言草案》,国家应该享有独立权、平等权、自卫权和管辖权四项基本权利,这些权利对于任何国家的生存与发展都是不可缺少的。尽管这些权利并没有包括所有的国家基本权利,但应该说已包括最主要的国家基本权利,在这些权利得以保证的前提下,其他权利都相应地容易加以实现。例如,独立是每个国家生存的根本,一个政权没有独立地位将很难称为一个完整的国家;平等是每个国家进行国际交往所必需的权利,否则将难以实现国家的基本利益;自卫是一个国家保卫自己安全的固有权利,否则其独立地位也难以保证;管辖是一个国家行使主权的象征,不可想象一个主权国家会丧失必要的管辖权。在这些必要权利之外,当然还有可能列举出诸如交往权和名誉权等国家基本权利,但是在一个正常的国际社会,绝大部分国家的交往权利都是基本可以得到保障的,而只要能够保证上述四项基本权利的实现,国家的名誉权基本也会得到保障。

独立权

《国家权利义务宣言草案》第1条就明确规定:"各国有独立权,因而有权自由行使一切合法权利,包括其政体之选择,不接受其他任何国家之命令。"[①]独立权是指一国按照自己的意志决定自己的政府并处理本国对内对外事务而不受他国侵略、控制和干涉的权利。这一权利是国家主权平等、反对侵略、反对干涉内政、民族自决等国际法基本原则的具体体现。

所谓独立权,首先具有政治意义,即一国在形式上有自己的政府,在实质上能够自主地决定自己的内外事务,对内可以决定自己的政治体制、有关法律和其他政治事项,对外则可以平等自主地参与国际事务、对外派遣外交使节和签订条约等,并且永远保持这一独立地位而不受任何外国的侵略、控制和干涉。然而在历史上,尤其在殖民主义时代,很多国家的独立权常常由于一些大国强国的侵略、控制和干涉而得不到保障或者不完整,只有在二战之后,随着民族独立运动兴起,殖民主义逐渐退出了历史舞台,国家在政治意义上的独立权才基本上得到保障。

随着20世纪60年代后非殖民化运动带来大批民族国家的出现,国家的独

---

① 白桂梅、李红云编:《国际法参考资料》,北京大学出版社2002年版,第17页。

立权又逐渐增加了经济意义,即一个国家不但要在政治上独立,在经济上也要独立,这样才能够保障这些新独立国家真正的独立。之所以出现要求经济上独立的声音,是因为新独立国家虽然在政治上摆脱了殖民统治,但是在经济上仍然受制于前宗主国或其他发达国家,对其形成严重的依赖关系。因此,从20世纪60年代开始,以"不结盟运动"和"七十七国集团"为代表的发展中国家组织强烈要求建立国际经济新秩序,维护自己的经济主权和自然资源。为此,联合国在1974年先后通过了《建立新的国际经济秩序宣言》《建立新的国际经济秩序行动纲领》和《各国经济权利和义务宪章》三个文件,规定发展中国家拥有自主选择其经济制度的权利,对其全部财富和自然资源及经济活动拥有充分永久的权利,对外国投资和国际跨国公司拥有按照法律进行管理直至收归国有等权利,并强调这是加强发展中国家经济独立进而建立一个公平合理的经济和国际社会秩序的有效途径。

尽管如此,发展中国家的经济独立还不能说完全实现。而要实现这一目标,除去国际社会制定新规则有意识向发展中国家倾斜之外,更重要的是发展中国家自己不能仅依靠国有化等手段和其他国家的照顾来实现经济独立,最根本的是要通过和世界各国的平等交往和自我创造来实现经济独立。

同时,不论政治独立还是经济独立,都不能将其绝对化。独立并非仅意味着享受权利,也并不意味着可以为所欲为,每个享受独立的国家都承担着尊重别国独立的义务;独立也并不意味着孤立自己和丝毫不考虑外国的影响,尤其在一个相互依存程度正在加深的国际社会更是如此,在实践中任何国家在决定内外事务时一般都会自觉或不自觉地或多或少考虑外国因素,而这并不会损毁其独立地位。

平等权

《国家权利义务宣言草案》第5条规定:"各国有与他国在法律上平等之权利。"[①]平等权指国家不论有何差异,在国际交往和国际法上都具有相同地位,即国家不论大小、强弱、贫富及意识形态和政治制度等有何差异,都一律平等。这一权利是国家主权平等这一国际法基本原则的直接体现。

也就是说,平等既体现在国际法方面,也体现在国际关系方面。前者称为法律上的平等,即指每个国家具有平等的法律地位,平等享有法律规定的权利

[①] 白桂梅、李红云编:《国际法参考资料》,北京大学出版社2002年版,第17页。

和承担相应的法律义务;后者称为功能上的平等,即指平等参与国际关系。

具体而言,国家的平等权要求国家能够平等参与国际关系与制定国际法,如在国际交往中地位平等,各国有相同的代表权与投票权等;在国际法上要体现内容的平等,如在有关国际法制定中不同国家的作准文本均有相同效力,其中无歧视性条款,参与国家具有相同权利与义务等;在适用国际法时也要做到平等,如在法律面前各国平等而不能存在差别对待。然而一般而言,法律的平等相对比较容易实现,或者说至少从形式上比较容易实现,即从国际法的内容和适用来看国家间可以做到平等,但国家间功能上的平等,即国际关系的平等,却受到某些限制。国家在参与国际关系过程中往往难以完全平等,甚至为了国际关系的现实稳定,一些很难说是平等的制度被特意设计出来,如联合国安理会常任理事国的否决权以及世界银行和国际货币基金组织按出资加权的投票权等。

自卫权

《国家权利义务宣言草案》第 12 条规定:"各国受武力攻击时,有行使单独或集体自卫之权利。"[①]自卫权是指国家为保卫自己的生存、独立和其他合法权益而有限度地使用武力抵抗外来侵略或武力攻击的权利。这一权利是国家主权平等、反对侵略和干涉等国际法基本原则的体现。

与自卫权相关或者说包含了自卫权的一个概念,是自保权。所谓自保权,指国家为了维护自己的生存、独立和其他权益可采用国际法所允许的一切措施自我保全的权利。这一权利曾被传统国际法所承认,且其中包括国家的战争权。可见,自保权存在着显而易见的缺陷,即是否需要行使该项权利完全由有关国家自我判定,而且缺乏对这一权利的有效限制,很有可能成为某些国家侵略干涉别国的借口。因此,自从 1928 年《巴黎非战公约》明确宣布废弃战争作为解决国际争端的手段之后,自保权中包含的国家战争权受到了限制,即《巴黎非战公约》不承认国家的战争权,只承认国家有限度的自卫,自保权也就主要是指自卫权。

尤其在二战后,《联合国宪章》明确使用了自卫权的概念,规定任何国家都有行使单独或集体自卫的自然权利,同时还对行使自卫权规定了严格的限制条件。在行使自卫权时,必须遵循必要性和相称性的原则,即必须是在受到武力

---

① 白桂梅、李红云编:《国际法参考资料》,北京大学出版社 2002 年版,第 17 页。

攻击的情况下才能行使这一权利,所谓受到武力威胁则不在此范围,而且是否受到武力攻击也并非完全由当事国自我判定,而主要由国际社会特别是联合国安理会来判定。当事国在行使自卫权的同时,应该将其采取的自卫措施向联合国安理会报告,并不得因为这些措施而影响安理会的决定,以及必须将自卫限制在合理需要范围内,即自卫权只限于设法消除遭受武力攻击状态而不能进行报复性或惩罚性武力行为。

其实,在国际关系实践中,早在1837年的"卡罗林号"案中,就已经有了对自卫权基本条件比较权威的说明,其中必须存在迫切而严重的自卫需要和自卫必须明显保持在一定限度之内这两个基本条件就类似于目前国际法所规定的自卫权的必要性和相称性。

"卡罗林号"案

19世纪30年代,加拿大试图脱离英国而独立并因此受到英国政府的镇压。作为加拿大邻国的美国有人同情加拿大并向加拿大人提供帮助。1837年,一艘向加拿大人提供帮助的美国公民所有的船只"卡罗林号"在美国境内停泊时,突然遭到英国武装人员的袭击并被焚毁于尼亚加拉大瀑布中。事发之后,美国政府向英国政府提出抗议,英国政府认为自己是在行使自卫权,美国国务卿韦伯斯特为此驳斥英国并提出行使自卫权的基本条件,即必须证明存在迫切而严重的自卫需要,无选择手段的机会,也无深思熟虑的时间,以及手段必须依其需要而加以限定,并明显保持在一定限度内。在美国的强大压力之下,英国被迫承认了其手段的非法性,并向美国做出了道歉。

管辖权

《国家权利义务宣言草案》第2条规定:"各国对其领土以及境内之一切人与物,除国际法公认豁免者外,有行使管辖之权。"[①]管辖权是指国家按照一定原则对相关人、财产、行为和事件行使管辖的权利。这一权利也是国家主权平等这一国际法基本原则的体现。

具体而言,各个国家实施管辖的做法可能不完全相同,因为管辖权很大程

---

① 白桂梅、李红云编:《国际法参考资料》,北京大学出版社2002年版,第17页。

度上涉及各个国家的国内法。根据国家实践和国际法有关规定,国家一般应该遵循以下原则实施管辖:

(1) 领土管辖,也称属地管辖或属地优越权,指一国对其领土范围内一切人、财产和发生的行为与事件有权行使管辖权,这一范围也包括在公海上悬挂本国国旗的船舶以及在公海上空悬挂本国国旗的飞行器等。这一管辖是基于领土主权原则最基本和最重要的管辖。不论本国人还是外国人都必须遵守所在国法律,外国的船舶和飞机进入某国领土范围后必须接受所在国的监督和必要的管辖。

然而,在实际实施管辖时,可能会出现各种不同情况而使管辖变得复杂,尤其在涉及不止一国领土范围时更是如此。例如,当一项犯罪发生在两个不同国家领土范围时,究竟应该由哪个国家行使管辖权,就会成为问题。对此,国际法进一步规定了三项原则,即主观领土管辖原则、客观领土管辖原则和犯罪效果管辖原则。主观领土管辖原则,是指对那些始于本国终于他国的犯罪有权行使管辖;客观领土管辖原则,是指对那些始于他国终于本国的犯罪有权行使管辖;犯罪效果管辖原则,是指对那些犯罪行为虽然并未发生在本国但其犯罪效果却及于本国的犯罪有权行使管辖。也就是说,犯罪的发生地国和终止地国以及由于该犯罪而受到损害的国家都有权要求行使管辖权。那么,围绕管辖权就有可能出现重叠或冲突,到底是哪一国将行使管辖权取决于罪犯位于什么地方。在这种情形下,当然就需要有关国家协商解决。唯一例外是在公海船舶中发生的犯罪。早期国际法中对公海船舶犯罪也遵循如同国家领土一样的管辖原则,例如1927年9月的"荷花号"案所显示的那样。但二战后的一系列国际法,例如1952年的《布鲁塞尔公约》、1958年的《公海公约》和1982年的《联合国海洋法公约》,对公海船舶犯罪都做出了不同于"荷花号"案判决的规定,即只有船旗国才具有管辖权。

"荷花号"案

1926年8月,法国邮船"荷花号"在地中海公海上与一艘土耳其船只相撞,导致土耳其船只沉没和8名土耳其人死亡。次日,当"荷花号"抵达土耳其伊斯坦布尔港时,土耳其当局对该事故进行了调查,认为事故是"荷花号"上值班人员失职所致,因此将该法国船员逮捕并以杀人罪对其提起诉讼,最终该法国船员被判处监禁80天和一笔罚款。对此,法国向土耳其提出抗议,认为事故发生在公海上,土耳其对此并无管辖权,只有作为船旗国的法国才具有管辖权。随后,法土两国将这一争端交由国际常设法院审理。1927年9月,国际常设法院做出判决,认为土耳其有权对法国船员行使管辖,对其提起诉讼以及判决并未违反国际法。

除此之外,领土管辖也会受到一定限制。例如,根据国家主权豁免原则,外国国家的行为和财产不受管辖;根据《维也纳外交关系公约》,外国的外交人员具有特权与豁免,也不受完全管辖。对于一般外国人,其管辖也具有相对性,不能像对本国国民那样行使管辖权,即一般仅限于外国人违法时,且无权强迫外国人尽国民义务。对于无害通过领海的外国船舶上的犯罪,一般国家也不行使管辖权,当然这并非对领土管辖的限制,而是因为任何国家都无意对与其完全无关的人和事物行使管辖权。

(2)国籍管辖,也称属人管辖或属人优越权,指一国对所有具有本国国籍的人有权行使管辖权,而不论其居住在国内或国外。

按照这一原则实际实施管辖时,同样也会出现各种不同情况从而使管辖较为复杂,因为一项犯罪有可能涉及两个或多个国籍的人。因此,国籍管辖的原则可以进一步细化为两个原则,即主动国籍管辖原则和被动国籍管辖原则。前者主张对被告或犯罪人为本国国民的案件行使管辖权,后者主张对与由于某项犯罪而受到伤害或损害的本国国民有关的案件行使管辖权。也就是说,犯罪人的国籍国与受到该犯罪伤害或损害的人的国籍国都有权要求行使管辖权。因此,国籍管辖原则同样有可能出现重叠或冲突,例如1988年12月"洛克比空难"发生后美国、英国与利比亚之间围绕引渡问题的纠纷,就体现了国籍管辖的冲突。在这种情形下,当然同样需要有关国家协商解决。

洛克比空难

1988年12月21日,美国泛美航空公司从联邦德国出发经停英国飞往美国的航班在飞经苏格兰小镇洛克比上空时,突然发生爆炸,机上270多人全部遇难,其中大部分是美国人和英国人。事发之后,美国和英国有关部门经过调查,认为该事故由人为所致,矛头直指利比亚情报部门的两名官员。1991年11月,美国和英国要求利比亚引渡这两名官员。但是,利比亚以对其国民具有管辖权为由拒绝将两名官员引渡给美国和英国。为此,美国和英国与利比亚之间展开了长期的争论和冲突,甚至引发了外交关系的紧张。直至1999年,美国、英国与利比亚达成协议,利比亚同意将两名官员引渡至荷兰并且由苏格兰法官根据苏格兰法律进行审理。最终,法庭判处利比亚两名官员其中一人有罪,另外一人被释放。

此外,国籍管辖还会受到其他限制,其中最主要的就是与领土管辖原则之间的冲突。比如,对居于外国的本国国民,就难以像在本国国内那样对其行使完全管辖权,而只能依靠或委托他国行使部分管辖权,甚至有时完全无法对其行使管辖权。

(3) 保护性管辖,即一国对外国人在该国领土之外所犯侵害该国国家和国民重大利益的罪行有权行使管辖权。这一管辖原则类似于前述的犯罪效果管辖原则,但这一原则只能运用在一些重大犯罪上,如阴谋颠覆政府、谋杀国家领导人、大规模间谍活动、大量伪造该国货币或大规模侵犯该国国民利益等严重威胁该国国家安全或国家尊严的犯罪。

不过,这一管辖原则的随意性较大,因为对所谓国家和国民重大利益的理解和解释可能会有不同,有些国家会夸大某些犯罪对本国及其国民利益的损害或威胁而要求行使管辖权。在这种情形下,就需要国际社会根据大部分国家公认的重大犯罪标准来认定。

此外,保护性管辖也会受到一些限制,其中主要就是领土管辖和国籍管辖原则的限制,即实际上难以对不在本国领土范围内的外国人行使管辖权。

(4) 普遍性管辖,即任何国家对某些严重危害国际和平与安全及反人类的重大犯罪有权行使管辖权,而不论罪犯的国籍与其身处何地,也不论该犯罪是否侵犯了本国利益,也就是说,这项原则不受领土管辖原则、国籍管辖原则和保护性管辖原则的限制。但这项原则只适用于一些国际社会公认的以及强制法禁止的重大国际犯罪,如战争罪、海盗罪、种族灭绝罪、贩卖毒品和人口罪、空中劫持罪等。

显而易见,国家在实际行使管辖权时,以上这些管辖原则间的部分重叠或相互限制及各国适用管辖原则不同可能会出现冲突,这就需要对每一具体事件进行具体分析,寻找其应该适用的管辖原则,更重要的是需要有关国家间协商解决。

国家主权豁免

国家具有管辖权,但国家间却不能有管辖权。也就是说,国家按照一定原则行使对人对物和对某种行为的管辖权,但却不能对其他国家行使管辖权,因为国家是有主权的实体,主权之间是独立、平等的,平等者之间无管辖权。从国际法上而言,这一规则就是国家主权豁免原则,即任何国家的国家财产和国家行为不受其他国家的管辖,包括其行政管辖和司法管辖。这一原则也是国家主权平等这一国际法基本原则的体现。

在运用国家主权豁免原则时,首先需要确定可以享受豁免的对象,即国家财产和国家行为。一般而言,国家财产比较容易判定,属于一个国家各级政府公共所有的财产即为国家财产,但哪些行为属于国家行为却并不是特别容易判定。所谓国家行为,主要指国家各级机关的行为、其他由该国法律授权行使政府权力要素的人或实体的行为,以及以国家各级政府代表身份行事的人员的行为。

然而,在国际关系实践中,国家主权豁免原则的特权也并非绝对不变,国家间有可能通过明示或默示方式放弃这一豁免,当然一般都是相互放弃,或有些国家规定某些国家行为不能享受豁免。例如,《奥本海国际法》就认为:"如果一个国家在外国领土内服从通常司法程序,特别是如果一个国家像法治国家所表现的趋势那样,将对它提出的求偿提交自己的法院管辖,国家的平等、独立或尊严是不因此受到任何明显的损害的。给予诉讼豁免,实际上等于对一个本来可能是法律上有效求偿,拒绝给予法律上的救济。"[①]美国最高法院在1949年的一项判决中甚至认为:"主权豁免原则是不符合现代道德的古代遗物,因此,在任何时候,如果可能,就应该加以限制。"[②]

可见,围绕国家主权豁免,存在着两种不同主张。一种主张认为所有国家行为和国家财产都应该享受完全绝对的豁免,即在任何情况下都不受其他国家管辖;另一种主张虽然也承认国家主权豁免,但并非对所有国家行为都给予豁免,而是将国家行为进行分类并有选择地给予豁免。前一种主张被称为绝对豁免原则,后一种主张则被称为相对豁免原则或有限豁免原则。

20世纪之前,关于国家主权豁免原则并无太大分歧,大部分国家都实际承认绝对豁免原则。例如,1812年的"交易号"案和1880年的"比利时国会号"案就表明美国和英国这些当时在国际社会已居于重要地位的国家也是主张绝对豁免原则的。但在进入20世纪后,国家政府从事的商业活动日益增多,随之而

---

① 〔英〕詹宁斯、瓦茨修订:《奥本海国际法》第一卷第一分册,王铁崖等译,中国大百科全书出版社1995年版,第277页。

② 同上书,第348页。

来涉及某些国家政府的商业纠纷也日益增多。如果国家政府享受主权豁免,私人的利益将难以保障,于是一些西方国家开始放弃绝对豁免原则而采取相对豁免原则。

"交易号"案

"交易号"原本是一艘由美国国民所有的船只,但该船在1810年被法国军队在公海上拿捕并随后被改装成法国政府所有的船只。1812年,该船在一次航行中因天气原因经美国政府同意进入美国港口暂避。在此期间,曾为"交易号"所有者的美国国民遂向美国地区法院提起诉讼,要求法国归还该船。但是,该船并未派人出庭应诉,只是由美国地方检察官代表其出庭陈述意见,认为该船虽然确实是从原告手中非法没收取得,但目前的所有权已属法国政府,因此美国法院对该船并无管辖权,应驳回原告请求并释放该船。美国地区法院采纳了检察官的意见,驳回了原告请求。但这一判决随后被美国联邦巡回法院推翻,于是美国地方检察官又将此案上诉至美国联邦最高法院。不久,美国联邦最高法院又推翻了联邦巡回法院的判决,确认了地区法院的判决,并且在其判词中认为,与美国处于和平状态的外国政府船只在美国政府允许其入港的情况下不受美国法院管辖。

"比利时国会号"案

"比利时国会号"是一艘比利时政府所有的邮船,该船在1879年航行英国时在英国港口与一艘英国船只相撞,其后英国船只的船主将其起诉至英国海事法院,认为其从事贸易活动,并要求赔偿,法院将其扣押。但是,英国检察总长却请求英国上诉法院重新审理此案。1880年,英国上诉法院对此案做出裁决,认为对其他国家行使司法管辖权同主权者的尊严是不相容的,各主权者的绝对独立性和相互尊重独立及尊严的国际礼让,使各国对于在本国领土上的其他主权者避免行使属地管辖权,国家船舶即使从事了部分贸易活动,也不妨碍其享受司法管辖豁免。

1952年,美国国务院向美国司法部发出"泰特公函"[①],开始将相对豁免原则作为美国的实际政策,并在1976年制定《外国主权豁免法》,第一次通过国内

---

① 即当时美国国务院的法律顾问泰特写给美国司法部的信,主张美国放弃绝对豁免原则而采取相对豁免原则,对外国的国家商业行为可以行使管辖权。

立法将这一原则正式确立为法律。1976年,英国在"菲律宾海军上将号"案中一改先前判例的绝对豁免立场;1978年,英国制定了《国家豁免法》,正式采用相对豁免原则。随后,一些欧洲国家和日本以及加拿大、澳大利亚、新西兰、新加坡、南非、印度、巴基斯坦、埃及等英美法系国家也先后通过国内立法采取了相对豁免原则。此外,西欧国家间在1972年就签订了第一个多边国际公约《欧洲国家豁免公约》,明确放弃绝对豁免原则而采取相对豁免原则。

一般而言,采取相对豁免原则的国家将国家行为按其性质分为两类,即主权行为和非主权行为。前者也可以称为公法行为、统治权行为或行政性行为,后者也可以称为私法行为、管理权行为或商业性行为。所谓主权行为,是指那些只能由国家从事的政治、军事或外交行为,如国家的国有化政策、军队的调动演习和国家对外政策等行为;非主权行为是指那些国家和私人或团体均可从事的行为,如订立商业合同、从事贸易活动、财产所有权争端等行为。主权行为仍可以享受管辖豁免,但非主权行为则不能享受管辖豁免。或者更简单而言,就是国家作为主权者具有管辖豁免权,但主权者一旦进入市场进行商业交易,就等同于私人。

虽然一些发展中国家仍然主张绝对豁免原则,但国际社会似乎已越来越倾向于主张相对豁免原则。例如,联合国国际法委员会1991年起草通过《国家及其财产的管辖豁免条款草案》,也采取了相对豁免原则,其中列举商业交易、雇佣合同、人身伤害和财产损害、财产所有权及占有和使用、知识产权和工业产权、参加公司或其他集体机构、从事商业的船舶、仲裁协定的效力等事项为不得援引国家豁免的诉讼事项。虽然这一草案在当时没有获得联大会议通过,但在这一草案基础上,2004年12月2日第59届联大会议通过了《联合国国家及其财产管辖豁免公约》并向所有国家开放签字,相对豁免原则得到越来越多国家的接受和承认。在如此大趋势下,一些过去主张绝对豁免原则的国家也正在逐步改变立场,开始承认相对豁免原则。例如,作为发展中国家的中国过去长期坚持绝对豁免原则,这一立场充分体现在了1979年的"湖广铁路债券案"中,但在21世纪初中国政府同样积极参与了关于《联合国国家及其财产管辖豁免公约》的谈判,并在2005年9月14日正式签署加入了该公约。

湖广铁路债券案

湖广铁路债券是1911年中国清政府以修建湖广铁路为名通过美、英、法、德四国的银行和资本家向这些国家发行的债券,共计600万英镑。按照借款合同规定,清政府须向这些债券的债权人支付利息,本金返还期则为 40 年,即 1951 年到期全部返还。但是,该债券发行后不久,即爆发了辛亥革命,清政府随即倒台。此后,中国国民政府继续履行合同,直至 1938 年才停止支付该债券的利息。中华人民共和国成立后,与美、英、法、德这些西方国家均处于敌对状态,甚至同其中大部分国家都没有外交关系,因此 1951 年该债券到期也并未支付本金。1979 年 11 月,美国公民杰克逊等 9 人突然向美国阿拉巴马州地区法院提起诉讼,控告中华人民共和国政府,代表所有该债券所有人要求偿还债券持有人本息共计 1 亿美元及其诉讼费用。美国阿拉巴马州地区法院受理了这一诉讼,并向中国外交部发出通知,要求中国政府在收到通知 20 天内提出答辩,否则将进行缺席判决。中国外交部拒绝接受该通知并将其退回。1982 年 9 月 1 日,美国阿拉巴马州地区法院对此案做出缺席判决,要求中国政府向原告赔偿 4100 多万美元及外加利息和诉讼费用,并称如果中国置之不理,将强制执行判决,即扣押中国在美资产。在这种情况下,1982 年 11 月 9 日中国驻美使馆对此做出答复,声明中国作为一个主权国家应该享有司法豁免权,因此不接受任何人在外国法院提出的诉讼,同时也不接受任何外国法院的判决,如美国法院强行执行判决,扣押中国在美资产,中国政府将保留采取相应反措施的权利。1983 年 2 月,中国外交部也向美国国务院递交备忘录,再次主张国家主权豁免原则,坚决反对将美国国内法强加于中国政府这种有损中国主权和国家尊严的做法。1983 年 8 月,中国政府接受美国政府建议,聘请律师在法庭抗辩其管辖权并要求撤销判决和驳回原告起诉。与此同时,美国国务院和司法部也向法庭递交了《美国利益声明书》,陈述中美关系对美国的利益,支持中国政府要求。1984 年 1 月,阿拉巴马州地区法院对该案重新审理,10 月做出判决,以美国的《外国主权豁免法》不溯及既往因而法院对此无管辖权为由驳回原告起诉。对此,原告不服,又向美国联邦巡回上诉法院以至最高法院上诉,1987 年 3 月美国最高法院驳回原告要求复审的请求,此案历经 7 年多时间终于宣告结束。

思考题

1. 如何定义一个国家的综合实力及其软实力?
2. 国家主权豁免原则中的绝对豁免原则和相对豁免原则各有哪些合理性?

第四章
国家在国际关系中的过错与国家责任

第一节 国家在国际关系中的过错及其纠正规则

进入近代以来,主权国家就作为国际社会的基本行为体参与国际关系,或者说在近代国际关系中发挥主要作用的行为体就是主权国家。然而,正是因为存在众多主权国家,所以在国际社会中缺乏一个实际的权力中心,甚至国际社会也不承认存在观念上的权力中心,即国际社会处于一种"无政府状态"。在这样的状态下,每个国家为了生存和发展,都会毫无例外地追求和维护自己的国家利益,其中一些大国和强国为了自己的国家利益还会不断地追求在国际社会获得更大的权力。因此,在这一过程中,国家间就有可能发生各种各样的利益冲突,一些大国和强国甚至有可能围绕国际社会中的权力展开激烈的争斗。

不过,国际社会的"无政府状态"并不意味着国际社会毫无规则可言,国家主权的概念也并不意味着国家可以为所欲为。处于国际社会的各个国家除去为了利益和权力有所冲突和争斗之外,也需要相对稳定的秩序。因此,长期以来国际社会逐渐形成了一些调整国家关系的规则,例如国际法基本原则以及一些具有普遍意义的习惯国际法与多边公约,这些规则对每个主权国家都具有拘束作用,此外在个别国家间还形成了一些只用来调整彼此关系的规则。正是这些规则的存在,才使得处于"无政府状态"下的国际社会能够运转,基本的国际关系才能够维持。

尽管如此,国际规则对于国家而言往往只是一种获取国家利益和权力的手段而并非追求的最终目标,国家在追求国家利益和权力的过程中并不会完全受国际规则的约束,尤其在国际规则与国家追求的重大利益目标存在矛盾的情形下就更是如此。因此,在实际国际关系中,有些国家可能会有意或无意地违反国际规则,而违反国际规则的行为一般都会给国际社会和其他国家造成利益损害,因此也会导致某些国家间关系的紧张。

所谓有意违反国际规则,是指国家明知某些行为违反国际规则却"故意"从事这样的行为。例如,20世纪30年代德国、日本和意大利这些法西斯国家肆意侵略其他国家的行为,其实就是故意违反和挑战当时的国际规则,尤其是挑战一战后建立起来的凡尔赛—华盛顿秩序。而无意违反国际规则是指国家在非故意的"疏忽"情形下违反了国际规则。例如,1948年9月"贝纳多特案"中的以色列政府由于疏忽和失职未能尽到自己的国际义务,即未能保护好联合国官员的安全,这一事件虽然并非以色列政府所愿和所为,但也属于违反国际规则。然而,不论是由于"故意"还是"疏忽"而违反国际规则,都属于国家的过错。在核、外空等特殊活动中,即使国家行为并没有违反现有国际规则,但只要该行为的实际结果对国际社会或其他国家造成利益损害,那么也可能需要承担绝对责任。

对于国家在国际关系中所犯过错,国际社会同样规定了纠正过错以及惩罚犯有过错国家的规则,这就是有关国家责任的规则。相对于那些规定国家权利与义务的规则,即告诫国家应该遵守的国际规则,联合国国际法委员会关于国家责任的特别报告员罗伯托·阿戈(Roberto Ago)在20世纪60年代将有关国家责任的规则称为"二级规则"或"次级规则",而把前者称为"一级规则"或"初级规则"。也就是说,那些为国家设定权利与义务并督促国家遵守的国际规则属于"初级规则",而一旦国家违反了这些"初级规则",从而构成国际关系中的过错,对该过错加以纠正或对犯有过错的国家进行惩罚的国际规则,就属于"次级规则"。总之,"国家责任制度是由于违法行为而受到利益损害的国家通过使用对抗措施的手段进行救济以便改正违法状态从而使相互关系恢复至初级规则内的制度"①。当然,这里还涉及由谁以及如何实施这些规则的问题,这些问题正是我们后面将要叙述的。

国际社会确立有关国家责任的国际规则,其目的在于改变某些国家违反国际法而造成的国际社会或其他国家利益受损的事实状态,恢复和维持国家相互间符合国际法的状态,并通过适当惩罚责任国来规范国家行为,一定程度上制

---

① 山本草二(1994)『国際法』(新版)(有斐閣)、627頁。

止和减少国家的不法行为,以及对利益受损国家进行适当补偿以显示国际社会的公正,最终维持国际社会正常稳定的良好秩序。

第二节 国家责任的概念与构成要件

国家责任的概念及其演变

国家责任,也可以称作国际责任,或者说其实被称作国际责任更符合实际情况,因为随着国际法主体概念超越主权国家,国家责任标题下的内容其实也包括国际组织等国际法主体的责任,甚至其中也涉及某些个人,尽管个人在世界范围内和一般意义上还不能称为国际法主体。但是,由于过去只强调国家的国际法主体地位,国际组织在国际关系中发挥的作用有限,而且因为过错引起国际责任的主体也基本上是国家,所以国际责任大都是在"国家责任"的标题下来讨论的。即使是现在,国家也仍然是引起国际责任的主要行为体和主要原因,所以国际责任常常还是在用国家责任的概念来讨论和解释。

所谓国家责任,指国家因违反国际法规则及所承担的国际义务或其行为对别国造成损害而引起的国际法律责任。也就是说,"国家基于自主判断的一定行为或不行为以及由此产生的后果如果违反了国际法,就要承担国际法上的责任"[1],"一国的每一国际不法行为引起该国的国际责任"[2],"这种责任是国家作为国际人格者的地位所附加的。国家的主权不能提供否认这种责任的依据。不遵守一项国际义务即构成国家的国际不法行为,引起该国的国际责任,由此对该国……和对其他国家……产生某些法律后果"[3]。例如,一个国家不顾国际法基本原则约束肆意侵犯别国或干涉别国内政,或不履行自己参加条约的义务,或侵犯外国侨民的生命和财产,或某些行为给别国带来实际损害等,都需要承担国家责任。

传统意义上的国家责任概念,主要是基于国家实践和国际判例积累形成的

---

[1] 山本草二(1994)『国际法』(新版)(有斐阁)、625页。
[2] 《国家对国际不法行为的责任条款草案》第1条。白桂梅、李红云编:《国际法参考资料》,北京大学出版社2002年版,第55页。
[3] 〔英〕詹宁斯、瓦茨修订:《奥本海国际法》第一卷第一分册,王铁崖等译,中国大百科全书出版社1995年版,第401页。

国际习惯,其主要作用在于当某些国家在本国范围内对外国人造成伤害时由受伤害者的国籍国行使外交保护权追究加害国的法律责任并求得一定补偿。当然,有关国家责任的一些条款也曾散见于某些条约,其内容也不完全限于对外国人造成伤害时的法律责任,如1907年第二次海牙国际和平会议签订的《陆战法规和惯例公约》就曾规定,违反陆战规则的交战团体应承担赔偿责任。不过,通过条约形式明确规定国家责任的情形并不多见,国家责任的概念基本上只是运用于对外国人造成伤害后需要承担的责任方面。

一战之后,国家责任问题开始引起国际社会进一步关注,真正成为国际立法的一项主要题目。例如,欧洲民间学术团体国际法学会在1927年通过了一项关于国家责任的规则决议,1930年国际联盟主持召开的海牙国际法编纂会议将国家责任问题作为论题之一进行了专门讨论,但由于参会国家在外国人应该享受所谓"国民待遇"还是"最低国际标准"方面存在分歧[1],会议没有在国家责任立法方面取得结果。二战之后,随着有关国家责任的国际实践增多,1947年成立的联合国国际法委员会将国家责任问题列入选定进行法典编纂的初步清单,先后对国家责任的起源及国家责任的后果、国家责任的实施等规则进行了讨论和审议。1953年,联合国大会通过决议,要求国际法委员会尽快就国家责任的国际法规则开始编纂工作,其后不久国际法委员会就提出了《加西亚·阿马多尔草案》;1961年,哈佛大学国际法研究部也提出了《罗斯库尔条约草案》。[2] 国际法委员会的编纂工作和这些草案的提出使国家责任的概念进一步在国际法领域得到重视,同时也加快了国家责任规则法典化的过程。不过,国家责任的概念仍然主要限定在传统的保护外国人领域,尤其在法典化方面还没有能够反映战后国际关系的现实。

20世纪60年代后,国家责任的法律概念扩展至当国家在国际关系中违反或不履行国际法义务时进行事后救济的整个制度,即国家责任不再仅仅是损害外国人利益的不法行为产生的责任,而且也包括从事侵略战争、侵犯他国主权、破坏国际和平与安全、严重违反国际人道主义等国际罪行引起的责任,甚至还

---

[1] 西方国家在向海外进行扩张的过程中为了保护本国国民的商业和投资利益,提出了所谓"最低国际标准",即每一个国家给予外国人的待遇应该有一个客观的最低国际标准,如果达不到这一标准,该国就要对外国人因此受到的损害承担国家责任。但是大部分非西方国家不承认这一标准,只承认给予外国人与自己国民相同的"国民待遇"。

[2] 参见山本草二(1994)『国际法』(新版)(有斐閣)、625页。

包括虽未违反国际法但对国际社会和其他国家造成损害的责任。这是一个根本性变化,此后有关国家责任的国际法规则在法典化过程中扩大了对国家行为的拘束范围。1963年,联合国国际法委员会开始起草制订《国家责任条款草案》,并陆续提出包括各种意见的报告,其中最著名的有1969年提出的《阿戈第一次报告》和1979年提出的《利普哈根报告》。① 1979年7月,国际法委员会拟订完成了《国家责任条款草案》。1990年,国际法委员会通过了关于国家责任起源以及一部分关于国家责任后果的条款草案,后来又陆续通过了一些有关国家责任的条文草案。在这些国际法文件的基础上,2001年11月,国际法委员会又通过了共由四部分59条构成的《国家对国际不法行为的责任条款草案》。

上述这些有关国家责任的规则,虽然还仅仅是在联合国国际法委员会获得通过而并未经有关国家签署和批准,因而还没有成为具有严格法律拘束力的国际法规则,但这些规则是目前最完整的有关国家责任的国际法规则,这些规则与二战后有关国家责任的国际实践共同构成了完整有效的有关国家责任的国际法体系。

其实,有关国家责任的理论解释也可以反映出国家责任概念的发展变化。在这方面,主要存在两种理论,即"过失责任理论"和"结果责任理论",或者也可以称为"主观责任理论"和"客观责任理论"。早期对国家责任的理解主要适用过失责任理论,即主张国家责任是国家的过失引起的,或者主张国家只有在过失或故意的主观因素下从事的不法行为才需要承担国家责任。具体而言,这一理论强调必须是在满足下列全部条件的情况下国家才需要承担国家责任:(1)损害事实存在;(2)违反现行国际法;(3)主观上故意或有过失;(4)行为与后果之间存在因果关系。而按照结果责任理论的解释,即使不是由于过失和故意行为,甚至也不是从事了国际法禁止的行为,或者说并没有违反现行国际法,但只要国家的国际不法行为对国际社会或他国造成损害结果就应承担国家责任。例如,发生在20世纪30年代加拿大和美国之间的"特莱尔冶炼厂仲裁案"就是按照结果责任理论来裁定的,该案中虽然加拿大工厂的行为并非故意,但其不当使用领土行为的客观结果却给美国国民带来了损害,因此仲裁法庭判加拿大应承担国家责任,并认为"一个国家始终有义务防止其他国家受到在其管

---

① 参见山本草二(1994)『国际法(新版)』有斐閣、626页。

辖下个人的有害行为的侵害"①。二战后，由于原子能、宇宙与海洋开发等科技发展带来的一些不可预测的跨国性危险活动增多，在客观责任之外，绝对责任理论越来越成为解释部分特殊责任的主要理论根据，即不论是否从事了违反国际法的行为，只要给国际社会或其他国家造成实际损害，就应承担国家责任。而且，国际社会已经开始就国际法未加禁止的行为产生的损害性后果引起的国家责任进行研究，并将这一责任称为"国际保证责任"或"危险责任"。②

特莱尔冶炼厂仲裁案

20世纪20年代，位于加拿大和美国边境地区的一家加拿大冶炼工厂在正常生产过程中排出大量二氧化硫，二氧化硫随风飘到了美国境内，造成空气污染，给居住在边境地区的美国国民造成了巨大的利益损害，引起美国的严重不满，于是在1927年美国开始同加拿大政府进行交涉，但是直到1935年4月也未能达成一致意见，两国决定将这一问题提交仲裁以永久解决。美国和加拿大共同邀请一名比利时人以及两国各派出一人总共三人组成仲裁法庭开始审查这一问题。1938年4月，仲裁法庭做出裁决，认为加拿大企业对美国国民已经造成损害，应该赔偿78 000美元，同时加拿大政府对本国企业的行为也负有国家责任，即加拿大政府有义务防止其他国家受到在其管辖下的任何个人的有害行为的侵害，并且将来仍然要对该企业的行为负责。

从国际关系实践来看，结果责任理论比较合理和易于操作，因为结果具有客观性，易于判断，而构成国家过错的某项行为是否出于过失或故意的主观因素是很难确定的，除非责任国自己承认主观上犯有过错，否则强调这一主观因素反而有可能成为国家逃避责任的借口。而且根据客观结果是否给国际社会或其他国家造成损害来判定国家责任也有利于纠正责任国的过错行为和对受害者进行适当合理的赔偿。

国家责任的构成要件

基于以上对国家责任概念的理解，可以归纳构成国家责任的必要条件如

---

① 中国政法大学国际法教研室编：《国际公法案例评析》，中国政法大学出版社1995年版，第23页。
② 参见山本草二(1994)『国際法』（新版）（有斐閣）、626頁。

下:(1)国家及其行为;(2)违反了国际法或自己所承担的国际义务;(3)对国际社会或别国造成了实际利益的损害。

所谓国家及其行为,即承担国家责任的主体主要是国家及该责任可归因于国家行为。当然,严格地说能够承担责任的主体也包括政府间国际组织等国际法主体,但国家无疑是承担国家责任最主要和最重要的主体。此外,在具体情形下究竟哪些行为属于国家行为并不是非常明确和清晰,因为国家只是一个抽象实体,国家所有行为其实都是由具体的人从事的,所以哪些行为可归因于国家仍然需要具体分析。一般而言,国家机关从事的行为可归因于国家,这里的国家机关可作广义的理解:"1.任何国家机关,不论行使立法、行政、司法职能,还是任何其他职能,不论在国家组织中具有何种地位,也不论作为该国中央政府机关或一领土单位机关而具有何种特性,其行为应视为国际法所指的国家行为。2.机关包括依该国国内法具有此种地位的任何个人或实体。"①也就是说,一国的国家元首、政府首脑以及立法、行政和司法等国家机关的负责人或工作人员等具有国家代表身份的个人及其所在机构的行为属于国家行为。例如,以上述这些负责人或其所在机构名义发布的公告或制定的政策及采取的措施,都是国家行为,即使这些个人或机构的行为属于越权或违背上级指示做出的行为也不改变其国家行为的性质,因为这些个人和机构的权限主要是由其国内法规定的,他们是否超越权限或违背上级指示实际上很难判定。②

此外,一些并非国家机关及其负责人或工作人员的实体或个人,其行为也可能构成国家行为,即当他们由国内法律或国家机关授权行使某项权力时,其行为就属于国家行为,当然以这些实体或个人在特定情况下以及在被授予权力的范围内行事为限。③ 甚至,虽没有国内法律或国家机关的明确授权,但只要实际上是按照国家指示或在国家的指挥控制下行事的实体或个人,其行为也属于国家行为。④

甚至,在一国正式当局不存在或缺席情况下,某些实际行使政府权力要素的实体或个人的行为,也应视为国家行为,以及在一国发生叛乱情况下,后来成

---

① 《国家对国际不法行为的责任条款草案》第4条,白桂梅、李红云编:《国际法参考资料》,北京大学出版社2002年版,第55页。
② 参见《国家对国际不法行为的责任条款草案》第7条,同上。
③ 参见《国家对国际不法行为的责任条款草案》第5条,同上。
④ 参见《国家对国际不法行为的责任条款草案》第8条,同上书,第55—56页。

立了新政府或建立了新国家的叛乱团体的行为和前政府的行为也应视为该国的国家行为。①

在这里需要注意的是,国家行为中其实也包括国家的不行为,即国家没有尽到自己的义务,应该做的事情而没有去做,以至于给国际社会或其他国家造成了利益损害。例如,在国家机关失职或纵容情形下未经授权的其他实体或个人从事了违反国际法的行为,也有可能被归为国家行为,或至少国家要为此承担责任。

如果某个国家从事了以上这些可归因于国家的行为且违反了国际法或该国自己承担的国际义务,并且不存在解除不法性的情况,其行为就将使该国承担国家责任,而不论这些国际法或国际义务的起源和性质,即不论责任依据是国际法基本原则还是国际习惯或条约。当然,对于那些违反国际法或自己承担的国际义务的行为,也可以根据其严重程度加以区分,即一般的国际不法行为和国际犯罪行为,或者说因违反某些国际习惯或条约规定的义务而破坏了国家间互惠利益的行为和诸如对别国进行侵略、大规模侵犯人权、奴役、种族隔离、严重破坏地球环境等损害国际社会共同利益或基本价值的行为,这二者需要承担的国家责任自然也不相同,前者只需要承担一般的国家责任,后者则需要承担加重的国家责任。在这一点上,二者的区别大致类似于国内法中关于民事责任与刑事责任的区别。

然而,在很多情形下,国家有些行为并未违反国际法或自己承担的国际义务,但该行为的实际结果却损害了国际社会或其他国家的实际利益,那么也应该承担国家责任。这种情形下要承担的国家责任有一部分是由于法律相对于实际情形具有滞后性而对于某些损害性行为还没有制定出相应的国际法规则,另外还有一部分就是前面提到的国际保证责任或危险责任,即某一事项或行为虽并不为国际法所禁止,甚至还是国际社会鼓励的行为,但该行为却充满不确定性或危险性,有可能给国际社会和其他国家带来损害,因而需要从事该行为的国家为此提供国际保证,一旦给国际社会或其他国家造成实际利益损害,就必须承担国家责任,对国际社会或受害国给予必要赔偿。

可见,国家行为一旦被确定违反了国际法或自己承担的国际义务,或者对国际社会或其他国家造成了实际利益损害,就需要承担国家责任。根据国家引起国家责任的不同行为,可以将国家责任分为"直接责任"与"间接责任",或称

---

① 参见《国家对国际不法行为的责任条款草案》第9条、第10条。白桂梅、李红云编:《国际法参考资料》,北京大学出版社2002年版,第56页。

"原始责任"与"转承责任"。一般而言,如果某国的政府机关或其授权的其他实体或个人的行为或不行为违反国际法或该国承担的国际义务,或者对国际社会或其他国家造成损害,就需要承担直接的国家责任;如果未经授权的某国政府机关、个人或居住于该国领土的外国人行为对国际社会或其他国家造成了损害,则需要承担间接的国家责任。在这里,直接责任与间接责任二者的本质区别在于:前者涉及一个国家直接违反对其具有约束力的法律义务,因此是一个比较严重的问题;而后者则是国家的间接失误导致其未尽到某些法律义务,因此只要进行某些补救就可以消除这一责任。但是,如果有责任的国家在需要承担间接责任的情形下拒绝采取必要的救济行动,那么这一责任就会转变成直接责任。例如,1949年4月国际法院在"科孚海峡案"判决中认为阿尔巴尼亚应该承担的国家责任就是一种直接责任,即由于其严重的不作为违反了自己应该承担的国际义务;前述1948年9月发生的"贝纳多特案"中以色列政府应该承担的国家责任则是一种间接责任,因为以色列政府只是由于疏忽而没有尽到自己保护联合国官员安全的国际义务;国际法院在1979年11月"美伊人质案"判决中认为伊朗政府应该承担的国家责任,则可以看作包含了两种责任,即在事件发生前期伊朗政府应该承担间接的国家责任,到后期则转变成需要承担直接的国家责任,因为伊朗政府不但没有采取措施制止违法事态继续发展,反而自己也参与了对外国外交人员的扣押,直接违反了自己承担的国际义务。

科孚海峡案

1946年5月,英国的两艘军舰在通过位于阿尔巴尼亚南部近海的科孚海峡时,遭到阿尔巴尼亚的炮击。随后双方彼此照会,阿尔巴尼亚认为该海峡水域为阿领海,因此要求英国军舰必须事先得到许可才能进入,但英国却认为该海峡属于国际水道,按照惯例并不需要得到阿的同意即可进入。不久之后,英国又派出4艘军舰试探性进入科孚海峡,然而其中的2艘军舰碰到水雷并造成了伤亡。事发之后,英国在通知阿尔巴尼亚之后派出扫雷艇进行扫雷并发现了水雷,于是英国要求阿尔巴尼亚为此承担责任,并将此事提交到了联合国安理会。安理会在进行讨论之后,建议将此案提交国际法院进行审理。英国接受这一建议,向国际法院提出了对阿尔巴尼亚的诉讼。阿尔巴尼亚也同意国际法院的管辖,接受了英国提出的诉讼。1949年4月,国际法院对该案做出判决认为:阿尔巴尼亚对水雷爆炸事件负有国家责任,因为阿尔巴尼亚政府不可能不知道在其领海范围内有水雷,所以阿尔巴尼亚有义务为一般航行的利益通知通过此处的外国船舶,但其严重的不作为导致了该事件的发生,因此阿尔巴尼亚应该为英国损毁的军舰支付 843 947 英镑的补偿;不过英国未经阿尔巴尼亚同意就擅自进入其领海扫雷则侵犯了阿尔巴尼亚的主权,应该向阿尔巴尼亚道歉。但实际上,阿尔巴尼亚并未参加最后的诉讼活动,也未向英国交付国际法院判决的补偿,英国也未向阿尔巴尼亚表示道歉。

美伊人质案

1979 年伊朗发生伊斯兰革命后,伊朗和美国的关系急剧恶化。同年 11 月 4 日,一些伊朗学生突然占领了美国驻德黑兰大使馆并扣押了 66 名美国人作为人质,以此作为交换伊朗前国王巴列维的条件。事发之后,伊朗政府并没有采取干预和制止措施,甚至在后来从占领学生手中接收了美国人质并继续扣押。对此,美国采取了强硬措施,与其西方盟国共同对伊朗实施制裁,停止同伊朗的石油贸易、冻结伊朗在海外的资产以及驱逐伊朗在美国的外交官和留学生等,同时将该案提交国际法院。对于国际法院的审理,伊朗提出质疑,认为国际法院不应审理此案,因为这仅仅是过去美国对伊朗从事剥削、干涉和颠覆活动引起的一个次要问题。就在国际法院审理期间,美国组织别动队试图对被扣押人质实施武装营救,但没有成功。1980 年 5 月 24 日,国际法院做出判决认为,伊朗应该承担国家责任,因为虽然该案并非由伊朗政府的行为引起,但伊朗政府没有按照《维也纳外交关系公约》规定的义务对外国使馆进行必要保护,尤其在后来伊朗政府本身也参与了对人质的扣押,所以这一行为已成为国家行为,国际法院要求伊朗政府承担国家责任,释放人质。但是,伊朗不接受国际法院的判决,人质危机仍然难以缓解。就在国际法院判决一个多月后,巴列维在从美国赴埃及期间在埃及去世,伊朗才提出愿意释放人质。1981 年 1 月,在阿尔及利亚的调停下,美国和伊朗签署协议,美国同意解除对伊朗的制裁,伊朗则同意释放人质,这次危机宣告结束。

第三节 国家责任的认定与援引

国家责任的认定

由于国际社会众多主权国家的存在及这些国家围绕权力和利益的冲突和

对立,在国际关系的实践中如何以及由谁来判定某个国家的国家责任,有时并不是一件容易的事情,除非是在一些责任国非常明显和严重违反国际法或自己承担的国际义务的情形下。例如,存在利益冲突和矛盾的国家可能会对彼此的某些国家行为有不同认定,甚至会相互指责对方的行为违反了国际法或负有的国际义务而要求对方承担国家责任。在这种情形下,对国家责任的认定就是必要的。只有在认定国家责任的基础上,国际社会或受害国才能够援引国家责任向责任国提出赔偿要求或惩罚责任国。

尽管在国家责任的认定方面有可能存在国家之间相互矛盾的局面,但认定国家责任的标准并非某些国家的主观标准,而主要是一些已经被所有国家公认的客观标准,尤其是当某一国家的行为构成对国际社会公共利益和基本价值的损害或对其他国家明显的利益损害时,那么不论该国如何解释和辩解,也难逃其国家责任。也就是说,任何国家都不可能完全不顾国际社会的公共利益和基本价值或其他国家的利益而不认可或不承担国家责任。

在国际关系实践中,一国的国家行为是否已构成国家责任,一般来说并非由责任国而是由受损害的一方来认定。如果责任国违反一般国际法规则使国际社会的公共利益和基本价值受到损害,那么当然会由国际社会大部分国家或某个国际组织来认定责任国的国家责任。例如,1990年8月伊拉克对科威特的侵略和吞并,严重损害了国际社会的公共利益,引起了国际秩序的动荡,颠覆了国际社会中主权国家独立及反对侵略和使用武力等基本价值,因此遭到了大部分国家的严厉谴责。联合国安理会做出决议,对伊拉克实施经济和外交制裁并授权美国等国组成多国部队最终将伊拉克军队驱逐出科威特,严厉惩罚了伊拉克。如果责任国违反某一特定国际法规则而只是使某个或某些国家的利益受到损害,那么会由这些国家来认定责任国的国家责任。在这种情形下,受害国与责任国间可能会对此出现分歧,尤其责任国可能会千方百计为自己的行为进行合法性辩解。但是,不论受害国和责任国间在国家责任的认定上有多么大的分歧,最终都需要按照国际法有关规则和标准来进行认定,即"在把一国的行为定性为国际不法行为时须遵守国际法。这种定性不因国内法把同一行为定性为合法行为而受到影响"[①],以及"责任国不得以其国内法的规定作为不能按照

---

① 《国家对国际不法行为的责任条款草案》第3条。白桂梅、李红云编:《国际法参考资料》,北京大学出版社2002年版,第55页。

本部分的规定遵守其义务的理由"①。即使某些大国和强国凭借其实力否认自己应该承担的国家责任,受害国也可以凭借国际社会的舆论向责任国援引国家责任,或向某一权威性国际组织或国际法院提出请求,由该国际组织或国际法院来进行认定。

也就是说,虽然在很多情形下国家责任的认定只是两个或若干国家的事,但仍然会受到国际法规则和国际社会的制约,不但受害国可以向国际组织或国际法院请求认定自己援引国家责任的权利,国际社会的其他非当事国一般也会按照国际法规则去衡量当事国各自的行为是否符合国际法。如果一项国家责任涉及国际社会公共利益和基本价值,那么这项责任就更是受制于国际社会大部分国家的公共利益标准,一般由具有权威性的国际组织来认定。

国家责任的援引

国家责任的援引,是指利益受到国际不法行为损害的国家向实施不法行为的责任国提出求偿要求。在受害国或某一国际机构对责任国的国家责任进行认定的基础上,即可以援引国家责任,要求责任国履行其国家责任。按照国际法有关规则,由于责任国违反国际法或违背国际义务,利益受到损害的国家都有权对责任国援引国家责任。受害国首先应将其要求通知责任国,即将自己受到损害的情况通知责任国及要求责任国停止其违法行为并提出责任国应承担责任的赔偿形式。② 如果责任国同意受害国提出的要求,一般情况下两国会通过具体协议确定责任国履行责任的具体内容和方式。在责任国按照协议履行自己的赔偿义务后,其国家责任即告消失。

然而,面对受害国提出的停止不法行为及进行赔偿的要求,如果责任国不同意,那么双方则无法就此达成协议。在这种情形下,按照目前的国际法规则,受害国仍然只能通过同责任国的谈判、和解、仲裁等和平方式解决彼此的争端。

但是,如果受害国采取了以上各种和平救济方式,但责任国仍然加以拒绝或拒不理睬,致使受害国的这些和平救济方式都归于无效,甚至责任国不法行为造成的状态仍在持续,那么受害国就可以单独采取反措施以制止责任国继续违法和加害行为。当然,受害国采取的反措施也只能是和平的和有限度的,即

---

① 《国家对国际不法行为的责任条款草案》第32条。白桂梅、李红云编:《国际法参考资料》,北京大学出版社2002年版,第58页。
② 参见《国家对国际不法行为的责任条款草案》第30、42、43条。同上书,第58、60页。

采取反措施只是为了促使责任国履行其国际义务,采取反措施也不得影响受害国承担的诸如不使用武力或武力威胁、保护基本人权、遵守国际法强制规则、尊重外交和领事关系公约等国际义务,反措施必须与所遭受的损害相称,一旦责任国的不法行为停止或准备履行其与该不法行为有关的国际义务时反措施也必须停止。①

此外,受害国也可以诉诸国际组织或国际法院以寻求解决,即通过国际组织对责任国进行各种国际制裁或惩罚。不过需要注意的是,受害国在诉诸有权做出有拘束力的决定的国际组织或国际法院寻求解决时,不得同时采取反措施。②

当然,国家责任问题也与国家实力有关。一个弱小受害国对一个强大责任国即使援引了国家责任,该责任国也不一定去实际履行,因而该受害国难以得到任何实际赔偿。不过,受到国际社会普遍质疑或谴责的国家行为,即使是一个强大国家的行为,也很难完全逃避国家责任,这一国家责任即使得不到实际履行,其行为至少会遭到国际舆论谴责。例如,2003年3月美国对伊拉克的战争,至今已过去二十多年,但美国发动战争的理由却一直得不到证实,反而其随意出兵武力颠覆一个主权国家政府的行为遭到了国际舆论的普遍谴责,甚至有舆论认为美国应该承担国家责任。尽管由于美国的超强地位,实际上不可能真正去追究美国的国家责任,但这一违反国际法的行为却使美国至今在政治和法律上处于被动局面。

第四节 国家责任的承担与解除

国家责任的承担形式

国家责任一经认定,责任国就需承担自己的国家责任:"1.责任国有义务对国际不法行为所造成的损害提供充分赔偿;2.损害包括一国国际不法行为造成的任何损害,无论是物质损害还是精神损害。"③国家责任的承担形式,指责任国对国际社会或具体受害国进行赔偿或责任国受到惩罚的方式。在这里,赔偿是

---

① 参见《国家对国际不法行为的责任条款草案》第49—53条。白桂梅、李红云编:《国际法参考资料》,北京大学出版社2002年版,第61页。
② 参见《国家对国际不法行为的责任条款草案》第52条第3款。同上。
③ 《国家对国际不法行为的责任条款草案》第31条。同上书,第58页。

一个广义的概念,指责任国对国际社会或受害国承担责任的所有形式。根据国家所犯过错及其承担的国家责任大小的不同,国家责任的形式一般有以下6种:(1)停止不法行为并承诺不再重犯;(2)恢复原状;(3)补偿;(4)抵偿;(5)承担国际刑事责任;(6)限制主权。在国际关系实践中运用国家责任规则时,可以综合使用这些国家责任形式,既可以采用其中一种,也可以同时合并使用多种形式。例如,《国家对国际不法行为的责任条款草案》第2章第34条就规定:"对国际不法行为造成的损害充分赔偿,应按照本章的规定,单独或合并地采取恢复原状、补偿和抵偿的方式。"①

停止不法行为并承诺不再重犯　　大部分引起国家责任的问题是持续的国家不法行为所导致。因此,当国际社会或某些国家受到不法行为损害而要求从事不法行为的国家承担国家责任时,责任国首先需要做的就是停止不法行为,以便减少国际社会和其他国家受到损害的程度,同时为了表明纠正自己过错的诚意,还需要做出不再重犯的承诺。《国家对国际不法行为的责任条款草案》第30条就明确规定:"国际不法行为的责任国有义务:(a)在从事一项持续性的不法行为时,停止该行为;(b)在必要情况下,提供不重复该行为的适当承诺和保证。"②

恢复原状　　顾名思义,恢复原状即"一国际不法行为的责任国有义务恢复原状,即恢复到实施不法行为以前所存在的状况"③。也就是说,责任国应将由于自己不法《国家对国际不法行为的责任条款草案》第35条。行为而遭到损害的事物恢复到对其造成损害前的状态,如退出由侵略占领的领土、废除违反国际义务的国内法律、归还非法掠夺或没收的财产及历史文物和艺术珍品、恢复被非法移动的界标或被损毁的建筑物等。例如,1991年海湾战争后,伊拉克被迫退出在此之前通过侵略占领和吞并的科威特,科威特重新恢复成为一个拥有完整领土主权的国家;1947年盟国对意大利、匈牙利、保加利亚、罗马尼亚、芬兰的和约中规定了返还条款,规定这些国家应将战争中从其他国家掠夺或用不正当方法移走的一切财产、物资和文物归还原属国。

不过,恢复原状须按照可能与公平原则进行,即恢复原状在事实上可能,如原物存在或可能复制或修复,同时还要考虑责任国为承担恢复原状责任的负担

---

① 白桂梅、李红云编:《国际法参考资料》,北京大学出版社2002年版,第59页。
② 同上书,第58页。
③ 《国家对国际不法行为的责任条款草案》第35条。同上书,第59页。

与受害国的收益之间相平衡,而不应该有严重的不对称或不成比例。

此外,对于一些即使有可能恢复原状的情形,要真正做到恢复原状也并非容易,因为国际法规则仅仅是为有关国家提供了解决问题的原则或方法,国家责任的实际履行最终还需要有关国家间的具体协议,尤其是历史遗留问题,更难做到恢复原状。例如,中国在近代历次战争中有众多国家文物流失海外,其中相当一部分都是被当时的西方殖民者和侵略者非法掠夺的,这些文物至今仍然存放在西方国家的博物馆内或散落于民间。虽然目前殖民主义已经成为历史的遗迹而遭到唾弃,中国也早已不再是任人蹂躏宰割的对象,但要想让这些流失海外的国家文物恢复原状返回中国,仍然有相当难度。究其原因,主要是时间久远,中国与这些国家间也从未就有关文物归还问题达成过任何协议,尤其像英法国那样的主要殖民国家,在近代至今的国际关系中始终占据着主要国家地位,在两次世界大战中都是主要的战胜国,要同这些国家就文物返还问题达成协议就更加困难,何况有些文物还涉及同外国公民私人间的财产关系,因此这一问题较为复杂,一时难以解决。

补偿　在无法通过恢复原状承担国家责任的情形下,就需要通过补偿的形式来进行赔偿。所谓补偿,主要是指责任国对受害国的物质或精神损害给予的相应货币或实物赔偿:"1.一国际不法行为的责任国有义务补偿该行为造成的任何损害,如果这种损害没有以恢复原状的方式得到赔偿;2.这种补偿应该弥补在经济上可以评估的任何损害,包括可以确定的利润损失。"①

然而,在国际关系实践中,对一个国家由于某项国际不法行为遭受的损害,其实是很难进行确切评估的,即使可以做出评估,究竟应该进行多大程度的补偿,国际法也并无统一规则。不过,在补偿问题上存在两种主张,即惩罚性补偿和有限性补偿。前者主张责任国补偿数额应大于受害国实际损害数额,其目的在于严厉惩罚和削弱责任国;后者则主张责任国补偿数额应等于或低于受害国实际损害数额,或以不损害责任国正常经济发展为限,其目的不仅在于补偿受害国遭受的损害,同时也考虑责任国的承受能力和未来发展。例如,一战后作为战胜国的协约国对德国要求的赔款就是一种惩罚性补偿,尤其战后初期在法国主导下对德国的赔款要求,其目的就在于严厉惩罚和彻底削弱德国,因此制定了对德国而言非常苛刻的赔款数额,但这一赔款要求反而造成德国国内的民

---

① 《国家对国际不法行为的责任条款草案》第36条。白桂梅、李红云编:《国际法参考资料》,北京大学出版社2002年版,第59页。

族复仇主义,很大程度上成了二战爆发的原因之一。二战后盟国对德国和日本要求的赔偿则是一种有限性补偿,虽然联邦德国和日本也支付了战争赔偿,但这些赔偿基本上是在使其能够复兴的前提下对受害国进行有限的补偿,这些补偿实际上远远不足以补偿德、日两国在战争中给其他国家造成的巨大损害,这两个国家反而又从美国那里获得大量经济援助,其经济迅速恢复并重新成为世界性大国和国际社会的平等一员。目前,一般认为有限性补偿比较合理,既一定程度上惩罚了责任国,使受害国得到一定补偿,同时又考虑到了责任国的负担和利益,不至于造成责任国与受害国间新的仇恨。当然,对于某一具体的补偿问题,也有可能采取惩罚性补偿的赔偿形式。

抵偿 对于一些无法通过恢复原状或补偿进行赔偿的损害,则需要通过抵偿的形式来进行赔偿。例如,《国家对国际不法行为的责任条款草案》第37条第1款就规定"一国际不法行为的责任国有义务抵偿该行为造成的损失,如果这种损失不能以恢复原状或补偿的方式得到赔偿"[1]。所谓抵偿,是指责任国对给受害国造成的主要是道义或尊严上的损失予以精神的赔偿时采取的一种责任形式。这种责任形式一般适用于损害他国荣誉和尊严的行为,如伤害或侮辱一个国家的国家元首或其他高级官员、损害或侮辱一个国家的国旗或国徽、一国的军事人员或国家航空器未经他国同意进入其境内以及随意采取一些未经允许的行动等。

具体而言,"抵偿可采取承认不法行为、表示遗憾、正式道歉,或另一种合适的方式"[2]。不过,在实践中究竟应该采用哪种抵偿方式,国际法并没有统一规定,实际上既可以采用以上规则规定的其中一种,也可以同时采用多种抵偿方式,关键在于责任国与受害国间经谈判或协商其抵偿方式能够让受害国接受。至于这些抵偿方式的表达方式,也可以多种多样。例如,责任国可以通过发表口头或书面声明,通过口头转达或函电表示,或者通过派遣特使直接表示等方式向责任国表示歉意,也可以由责任国政府官员或军队向受害国国旗或国徽致敬或惩办有关肇事人员等。总之,责任国最终通过何种表达方式承认错误或表示歉意,同样取决于责任国与受害国双方谈判或协商的结果。

在国际关系历史上,曾发生过众多通过抵偿方式或抵偿方式与其他方式并

---

[1] 白桂梅、李红云编:《国际法参考资料》,北京大学出版社2002年版,第59页。
[2] 《国家对国际不法行为的责任条款草案》第37条第2款。同上。

用来解除国家责任的事例。例如,1929年3月发生的"孤独号"案,1960年5月发生的"艾希曼事件",1985年7月发生的"彩虹勇士号"事件,以及2001年4月发生的"中美撞机事件",都涉及责任国向受害国道歉的问题。

不过,在采取抵偿的国家责任形式时,不仅要考虑受害国的权利和利益,同时也应顾及责任国的权利和利益,即"抵偿不应与损失不成比例,而且不得采取羞辱责任国的方式"①。

"孤独号"案

1929年3月,一艘挂有英国国旗的酒类走私船只在距离美国海岸10海里的地方被美国海岸巡逻艇发现并受到追击,两天之后在美国海岸线200海里处被故意击沉。根据1924年美英之间签订的《英美专约》,在英国要求下成立了两国混合委员会对此案进行仲裁。1933年6月和1935年1月,委员会做出裁决,认为美国对嫌疑船只具有紧追权与登临权,且船只所有人实际为美国国民,因此美国对被击沉船只及其所载货物不需支付补偿,但是美国故意击沉嫌疑船只的做法则是不正当的,因此应向英国道歉并支付25 000美元以及向未参加走私的受损船员支付25 666.50美元。随后,美国向英国政府进行了道歉并支付了50 666.50美元的补偿。

艾希曼事件

阿道夫·艾希曼是原纳粹德国秘密警察盖世太保的犹太处处长,对二战期间大规模屠杀犹太人负有直接责任,但战后却长期潜逃在外,没有被抓捕归案。1960年5月,以色列情报机构摩萨德特工人员在阿根廷布宜诺斯艾利斯秘密抓获了艾希曼并将其押送回了以色列。此举引起阿根廷政府抗议,认为以色列未经阿根廷政府同意就擅自在其境内实施抓捕行为,严重侵犯了阿根廷主权,因此强烈要求以色列道歉。以色列随即向阿根廷表示了道歉,随后在1961年12月对艾希曼进行了起诉并最终将其判处了死刑。

"彩虹勇士号"事件

1985年7月10日深夜,新西兰奥克兰港停泊的一艘属于绿色和平组织的

---

① 《国家对国际不法行为的责任条款草案》第37条第3款。白桂梅、李红云编:《国际法参考资料》,北京大学出版社2002年版,第59页。

船只"彩虹勇士"号突然爆炸沉没,1名船员死亡。事发后,新西兰警方调查发现该事件为法国国外安全总局两名特工所为,其目的在于阻止绿色和平组织对法国南太平洋地区核试验基地的抗议活动。这一事件同时也使法国国内舆论一片哗然,法国总统下令展开调查。不久法国总理召开记者招待会,承认此事为法国国外安全总局所为,这导致该局局长辞职。法国政府为此向新西兰表示道歉,但新西兰却要求法国政府公开正式道歉并给予补偿。后来经联合国秘书长调停,双方达成协议,法国向新西兰正式道歉,给予700万美元的补偿并惩办了肇事人员。

中美撞机事件

2001年4月1日,美国一架EP-3军用电子侦察机在中国海南岛东南104公里处对中国进行军事侦察,中国两架歼-8战斗机升空对其进行监视,其中一架战斗机与美国侦察机发生空中碰撞,导致该战斗机坠毁大海,其飞行员跳伞后失踪,而受损后的美国侦察机在未得到中国方面允许的情况下擅自进入中国领空并降落在海南陵水军用机场。事件的发生引起中美关系的一度紧张。美国认为其侦察机是在国际空域例行飞行时发生意外事故,在向中国机场发出请求而未得到答复后被迫降落在中国机场,因此在对中国飞机坠毁和飞行员失踪表示遗憾的同时,要求中国方面无条件允许美国侦察机及其24名机组人员返回美国;但中国方面认为美国侦察机的飞行本身就对中国的国家安全造成威胁,而且两机相撞也是在美国侦察机操作有误情况下发生的,更为严重的是美国侦察机在未经中国有关方面允许的情况下就擅自进入中国领空并降落在中国机场,该行为严重侵犯了中国的国家主权,因此中国要求美国方面做出道歉和补偿。中美双方经过十天的交涉谈判,最终达成初步协议,4月11日由美国驻华大使普理赫向中国外交部长唐家璇递交了一份致歉信,中国则出于人道考虑同意释放美方全体机组人员。4月12日,美方24名机组人员乘坐美国民航飞机返回美国。7月3日,美国租用俄罗斯运输机将拆卸后的美国侦察机运回了美国。事后,中美两国仍就经济补偿问题进行交涉,但最终未能达成协议。

承担国际刑事责任 如果一个国家构成国家责任的行为已不仅是违反了对某一特定国家的特定义务,而是属于重大国际犯罪,那么就不仅要承担以上诸如恢复原状、补偿或抵偿等一般国家责任,同时还有可能要承担加重的国家责任,其中之一即国际刑事责任。这里所说的刑事责任,与国内法上的刑事责任并没有什么不同,同样也是指那些侵犯社会公共利益和基本价值的重大犯罪,因此一般需要通过监禁、拘役或死刑等方式对罪犯进行惩罚,只不过这里的刑事责任主要是针对国家以及代表国家行为的人而言的,作为罪犯的主体也主要是指国家以及代表国家行为的人,而国内法的刑事责任则是针对个人而言的。

然而,由于刑事责任的特殊性,国家作为一个抽象实体实际上不可能承担刑事责任,即不可能将一个国家监禁、拘役或判处死刑,在国际关系实践中国家的这些责任最终还是由个人来承担。那么,国家究竟是否应承担国际刑事责任?个人是否应为国家承担刑事责任?其所承担的刑事责任与国家责任又是一种什么关系?围绕这些问题,主要存在三种不同主张:(1)国家和个人在国际法上都不应承担刑事责任,因为国家是有主权的,而且实际上国家也无法承担刑事责任,所以即使规定了也没有意义,而个人则并非国际法主体,因此不应承受国际法的处罚,当然也包括不应承担刑事责任;(2)国家应承担国际刑事责任,而个人则不应承担这一责任,因为国家如果犯有严重国际罪行,当然就应该承担比一般责任更重的刑事责任,尽管这一责任实施起来有难度,但这样规定并非没有意义,而个人则是在执行或推行国家政策,其行为并非出于个人目的,所以即使国家犯有严重国际罪行需要承担国际刑事责任,也不应由个人来承担这一责任;(3)国家和个人都应承担国际刑事责任,因为国家重大国际犯罪必须受到惩罚,规定其承担刑事责任就是对国家责任的加重和对责任国的惩罚,但同时考虑到国家作为抽象实体在实际承担刑事责任上的难度,以及制定和推行国家政策的某些个人在导致国家犯有重大国际罪行过程中的责任,这一惩罚应该施加于在国家犯罪期间或实施犯罪活动时这一活动的决策者和实施者,即国家在名义上和负有责任的个人在实际上应该承担国际刑事责任。

其实,国际法上的国际刑事责任本来就涉及个人,比如对那些从事海盗、贩卖奴隶、毒品走私、劫机等国际强制法所禁止的国际罪行的个人,国际法规定每个国家都可追究其国际刑事责任。不过,这些国际犯罪纯属私人犯罪而与国家无关。有可能需要国家及其责任者承担国际刑事责任的,主要是指那些由国家行为引起的国际重大犯罪,如发动侵略战争、威胁世界和平、实施种族灭绝、大规模侵犯人权以及破坏全球环境等。

在国际关系实践中,对国家及其责任者追究国际刑事责任是从一战后才开始的。1919年6月28日签订的《凡尔赛条约》,规定要组织特别法庭对德国皇帝威廉二世及主要将领进行审判,由此产生了由于国家行为追究有关责任人国际刑事责任的概念。但是,由于威廉二世流亡至荷兰避难并受到庇护,无法对其进行审判,加之德国国内强烈反对,主要协约国最终放弃了建立国际特别法庭对德国战争罪犯进行审判的计划,而是将这一审判委托给了德国政府进行。后来德国政府虽然进行了所谓"莱比锡审判"[1],但并没有真正追究对发动战争负有责任的德国政府和军队领导人,仅象征性地起诉和审判了几名不重要的小人物就草草收场,从而使得对责任国及其责任人追究刑事责任的国际法规则并没有得到实际执行。

二战后,根据同盟国制定的《关于控诉和惩处欧洲轴心国主要战犯的决定》和《欧洲国际军事法庭宪章》以及《设置远东国际军事法庭的特别通告》和《远东国际军事法庭宪章》,同盟国分别于1945年10月—1946年9月和1946年9月—1948年11月在德国纽伦堡和日本东京设立了欧洲国际军事法庭和远东国际军事法庭,对德国和日本的50多名甲级战犯进行了审判。在审判过程中,虽然这些罪犯的辩护律师提出各种反对意见,如个人并非国际法主体和制裁对象、参与战争的个人只不过是在执行国家政策和命令以及这些人在参与战争时并不存在按照刑法原理所必需的犯罪意图等,试图证明个人不需承担国际刑事责任,但法庭驳回了这些理由,宣称:"有人主张,国际法只管主权国家的行为,而没有对个人规定任何惩罚;其次,如果涉及的行为是国家行为,做这种行为的人不负个人责任,而是受国家主权原则保护的。本法庭认为,这两种主张都应予拒绝……违反国际法的罪行是个人所做的,并不是抽象的实体所做的,因此只有处罚犯有这种罪行的个人,国际法的规定才能执行。"[2]最终有19人被处以绞刑,19人被判处终身监禁,其余被判处不同程度的有期徒刑或无罪释放。其后,联大会议在1949年通过决议,确认以上4份国际文件和审判实践所包括和运用的各项审判原则为国际法原则,实际上丰富了国际法有关国际刑事责任的内容。1954年,联大会议通过的《危害人类和平及安全治罪法草案》也确认了这些原则,进一步强化和丰富了有关国际刑事责任的内容。

此外,随着国际关系实践的发展和国际刑事责任观念被广泛接受,在联合

---

[1] 因当时的德国帝国法院在莱比锡而得名。根据协约国的委托,德国政府对部分犯有战争罪行的战犯进行了起诉和审判,但是最终只有6个人被认为有罪,且分别仅被判处6个月到4年不等的有期徒刑。因此,这次审判常常被世人称为"剧院式的演出"或"审判史上的一幕滑稽剧"。

[2] 转引自〔英〕詹宁斯、瓦茨修订:《奥本海国际法》第一卷第一分册,王铁崖等译,中国大百科全书出版社1995年版,第404—405页。

国安理会通过决议的前提下,国际社会又在1993年5月和1995年2月设立了前南斯拉夫问题国际刑事法庭和卢旺达问题国际刑事法庭,对这两个国家中负有战争罪和种族屠杀罪的个人实施刑事审判。2002年7月1日,在联合国安理会授权下,国际社会又成立了常设性国际刑事法院,其主要职能就是对犯有国际重大罪行的个人进行审判。这一切国际实践充分表明,在现有国际环境下,国家与个人都毫无例外有可能承担国际刑事责任。

限制主权 主权是一个国家最主要和最重要的属性和特征,在现代国际社会,没有主权的国家是不可想象的。然而,在一个联系日益紧密的国际社会中,国家主权也并不是绝对的,有时会受到各种限制。当然,有些限制是国家自愿选择的结果,如为了适应全球化与国家相互依存程度加深状况而自愿放弃某些国家权力,或将某些权力让渡给某个国际组织等。但是,这里所说的限制主权是一种被迫的限制,即责任国由于犯有重大国际罪行受到的一种处罚,在一定期限内对其主权进行全面或局部限制,使其在一定时期内没有或不能完全行使主权。

限制主权也属于加重的国家责任,这种国家责任的形式一般只适用于对他国进行武装侵略、破坏他国主权及政治独立和领土完整、破坏国际和平与安全、进行种族屠杀与灭绝、大规模侵犯人权、破坏全球环境等构成重大国际罪行的责任国,是国家责任形式中惩罚最为严厉的一种责任形式。

根据责任国所犯国际罪行大小,对其主权限制的范围也有所不同,一般可分为"全面限制"和"局部限制"两种情况。全面限制,即在一定时期内对责任国实行军事占领和行政控制或管理,完全剥夺责任国作为主权国家应该享有的国家权力与国际权利。例如,二战之后同盟国对德国和日本的军事占领与行政管理,就是对德国和日本主权的全面限制。尽管德国与日本的情况有所不同,德国是被美、英、苏、法四国分区军事占领并实行直接行政统治,连自己的政府都没有,而日本则是被以美军为首的盟军军事占领,盟军对日本实行间接行政统治,虽然日本形式上还存在政府但也完全听命于美国驻日盟军总司令并按照其指令实行管理,然而不论德国还是日本,都被完全剥夺了主权,对内对外都没有丝毫自主权力和国际权利。直到1949年5月德意志联邦共和国成立和1949年10月德意志民主共和国成立,以及1951年9月《旧金山和约》签订直至1952年4月生效,德国和日本才恢复了大部分国家主权,重新作为主权独立国家出现在国际社会,但在某些方面其主权仍然受到限制,如国际社会对德国和日本发展核武器的限制,以及外国长期在德国和日本驻军等。

局部限制,即在一定时期内对责任国主权实施某种程度的限制或控制。例如,1991年海湾战争后国际社会对伊拉克的主权限制,即联合国派出核查人员对伊拉克进行武器核查,不允许其拥有生物、化学和核武器等大规模杀伤性武器,美国、英国和法国等联军甚至还在伊拉克境内设定了库尔德人安全保护区和禁飞区,不允许伊拉克政府、军队和飞机进入。

国家责任的解除

国家责任的解除是指一国行为虽然具有不法性或对他国造成了某种程度的损害,但由于某种客观原因或条件而不须承担国家责任。根据国际关系实践以及《国家对国际不法行为的责任条款草案》的有关规定,在以下几种情况下,可以解除国家责任:(1)同意;(2)自卫及反措施;(3)不可抗力;(4)危难与危急情况。①

同意主要是指一国以有效方式表示同意另一国实施某项特定行为时,即解除该特定行为对受害国造成损害后应承担的国家责任,或一国的某项行为在对他国已造成损害后经受害国同意,也可解除该国应承担的国家责任。

不过,这一同意必须具有合法性、有效性、自愿性和明示性,即表示同意并不能违反国际法基本原则和国际强行法规则,表示同意的决定必须是国家正式权力机关在自愿和非压力非胁迫下做出的,以及必须公开明确地宣布同意。当然,在国际关系实践中,有时很难确定某项同意是否合法或自愿,或至少在不同国家间会有不同的理解和解释。例如,1968年8月的"捷克事件",当时苏联就是以捷克斯洛伐克政府"同意"的名义占领了捷克斯洛伐克全境,但实际上这一事件明显违反国际法基本原则和捷克斯洛伐克当时有效政府的真实意愿,因此招致捷克斯洛伐克民众以及国际社会的强烈谴责和反对,给苏联带来了很多麻烦,并且苏联在国际声誉上为此付出了极大代价。

自卫及反措施是指一国按照《联合国宪章》规定在遭受武装侵略时进行抵抗的行为和针对他国从事的国际不法行为及给本国造成的损害而采取的对抗或报复行为,不须承担或可以解除国家责任。当然,这一自卫及反措施行为有可能违反自己对对方承担的国际义务,但由于对方先以不法行为侵犯了自己,因此就可以解除该行为的国家责任。例如,二战后期同盟国家反攻德国并进入

---

① 参见《国家对国际不法行为的责任条款草案》第20—25条。白桂梅、李红云编:《国际法参考资料》,北京大学出版社2002年版,第57—58页。

德国境内,直至推翻德国政府并军事占领德国,就不能说同盟国家违反了不侵略德国的国际义务,因为这一行为是针对德国首先发动侵略战争的违反国际法规则的行为而言的,所以同盟国家的行为不但不需要承担国家责任,反而恰恰体现了国际正义与国际规则。

不过,在采取自卫及反措施行为时,要注意其必要性和相称性。首先判断是否没有其他选择而必须要采取自卫及反措施行为,其次要注意即使可以合法采取自卫及反措施行为也应该与所遭受的损害相称。当然,某一自卫及反措施行为是否必要和究竟应实施至何种程度,其实是很难确定的,这时一般就应由国际社会而非当事国自己来判定。

不可抗力是指一国由于某一不可抗拒的力量或该国无力控制、无法预料的外界突发事件而无法履行所承担的国际义务时,其行为或不行为不须承担或可以解除国家责任。例如,地震等自然灾害导致外国国家或个人的生命财产受到损害,或暴风雨或其他原因导致一国的国家航空器发生故障未经他国允许就进入其领空。

需要注意的是,如果导致不可抗力的情况是由援引这一情况的国家即加害国的行为造成,那么该国则不能援引不可抗力以解除国家责任。

危难与危急状态是指代表国家行事的机关或个人在极端危险情况下为维护其安全或挽救其生命不得已做出违反本国国际义务的行为,或一国在遭到严重危及国家生存和根本利益的某项迫切危险情况下为消除这一状态采取的必要行为,可以解除国家责任。然而,在国际关系实践中,对危难与危急状态的理解与判定往往会有各种差异,甚至危难与危急状态有可能被某些国家利用来为自己的某些不合法行为辩解。例如,20世纪30—40年代日本对中国东北的侵略及其后来对中国发动的全面战争以及对美、英等国发动的太平洋战争,就被日本认为是为了维护自己的所谓"生命线"和"利益线"以及受到有关国家的利益损害和外交挤压不得已采取的行动;1960年7月"刚果事件"中的比利时政府也曾强调危难与危急状态下采取的出兵措施是正当合法的,但实际上是不甘心失去自己在刚果的殖民利益,想要干涉刚果内政。

而且,如果危难与危急状态是由援引此种情况的国家的行为导致或有关行为可能造成类似的或更大的灾难,则不能适用危难与危急状态来解除国家责任。此外,对于违反国际强行法规则的国家行为,也不能以危难与危急状态为由来解除国家责任。

刚果事件

1960年7月,刚刚脱离比利时殖民统治独立不久的刚果国内发生兵变,驱逐依然遗留在刚果军队中的比利时军官,并将一部分比利时人扣为人质。事件发生后,比利时政府认为刚果处于无政府状态,本国国民遇到生命危险,于是出兵进行干涉,并支持刚果国内叛乱。而刚果政府则认为比利时只是借口危难与危急状态干涉刚果内政。后来,在刚果政府要求下,联合国部队进驻刚果,但主要受到美国控制,于是刚果政府又转而寻求苏联支持,以致形成美、苏、比等几大势力对峙的局面。美国利用刚果内部的分裂首先削弱了苏联支持的左翼势力,又通过外交与军事压力削弱了比利时支持的殖民势力,基本上控制了刚果局势。1964年1月刚果国内再次爆发危机,联合国部队被迫撤出刚果,比利时又乘机出兵刚果,但不久在美国支持下亲美的蒙博托发动军事政变,击败了比利时支持的国内势力,建立起了亲美政府。

思考题

1. 在国际法上个人为什么要承担国际刑事责任?
2. 如何看待中日战争赔偿问题中日本的国家责任?

第五章
新国家或新政府的出现以及国际法上的承认与继承

第一节 新国家或新政府的出现及其对国际社会的影响

国际社会的形成与新国家或新政府的出现

国际社会是由国家和其他行为体共同组成的一个超越国家的人类活动和交往的空间。因此,广义而言,自从国家出现并相互交往以来,国际社会就已经存在。不过一般而言,我们是从更严格的意义上来理解国际社会的,即根据17世纪中期威斯特伐利亚和会与和约确立的规则形成的与以往不同的一种国际体系,也就是由主权国家形成的近代国际社会。自从近代国际社会形成以来,这一社会仍然处于不停变动之中,尤其作为国际社会基本行为体的国家的数量总是处在不断变化之中。这种情形用中国一句带有哲理性的话来说,就是"分久必合,合久必分"。与此同时,国家间的关系越来越密切,国际社会整体性特征也因此更加明显。

最初国家的出现,是一种权力自然选择的过程,即某一社会群体在演化过程中逐渐形成一个权力中心并不断拓展其疆土的过程。实力造就国家,即最初的国家基本上都是在征战或占据无主土地的过程中生存和扩大的。而进入近代,即国际社会开始形成以后,所谓无主土地逐渐被占据殆尽,新国家已经不可能再通过占领无主土地来建立或获得发展,而往往是在改变现有国家的基础上产生新国家,即一般通过实力或协议改变既存国家现状。因此,新国家的出现往往会造成某些既存国家的消亡或使其领土缩小,同时必然伴随着领土主权的变化及有关地区居民国籍的变更等一系列状况。

近代以后新国家的出现,一般通过独立、合并、分离、分立和新建等五种方式来实现。独立,主要指殖民地摆脱宗主国殖民统治建立新国家,如近代以来荷兰摆脱西班牙统治、美国摆脱英国统治、众多拉美国家摆脱西班牙统治、巴西摆脱葡萄牙统治、一战后中东和巴尔干地区国家摆脱奥斯曼土耳其帝国以及奥匈帝国统治、二战后广大亚非国家摆脱英法美日等国统治等。合并是指两个或两个以上国家共同组成一个新国家,如1867年奥地利和匈牙利共同组成奥匈帝国、1871年德意志邦联共同组成德意志帝国、1964年非洲的坦葛尼喀和桑给巴尔共同组成坦桑尼亚、1990年两个德国重新统一等。分离是指某个国家的一部分脱离该国形成一个新国家,如1971年孟加拉国脱离巴基斯坦成为一个新国家等。分立是指一个国家分裂为若干新国家,如1991年苏联分裂为15个国家、20世纪90年代后南斯拉夫逐渐分裂为若干国家等。新建是指在上述方式之外完全新建的国家,如1847年美国为生活在美国的非裔美国人回归故里新建的利比里亚共和国、1948年在巴勒斯坦地区建立的以色列等。

新政府的出现则不同于新国家的出现,即不会改变国际社会既有国家的数量,只是某一国家内部政权的更迭变化。不过,这里所指的一国内部政权更迭变化并非指全部意义的领导人或执政党更迭变化。一般而言,按照法律程序完成的政权更迭变化是一种正常的政府更迭变化,并不属于这里所说的新政府的出现。这里所说的新政府的出现是指通过非法律程序实现的政府更迭变化,即通过革命这种暴力方式推翻旧政府建立起的新政府,如1917年的十月革命推翻资产阶级临时政府建立的苏维埃政府,以及1949年中国共产党领导人民推翻国民党反动政府建立的中华人民共和国政府,或通过政变这种暴力或非暴力的非法律方式改变旧政府建立起来的新政府,如1991年拉美国家海地推翻总统的军人政变,以及1999年巴基斯坦推翻总理和政府的军人政变等。

新国家的出现必定伴随着新政府的出现,但新政府的出现却并不意味着新国家的出现。也就是说,新国家的出现已包含了新政府的出现,但新政府的出现并不包含新国家的出现。然而,不论是新国家的出现还是新政府的出现,都并不仅仅是该新国家或新政府自身的事,而是对国际社会既存国家会或多或少带来影响。一个新国家的出现,即意味着一个新的成员进入国际社会并参与国际事务,同时还会伴随着某个既存国家的改变,因此当然会对国际社会的其他成员有所影响。一个新政府的出现虽然只是一个国家的内部事务,一般并不会对其他国家带来直接影响,但其出现往往意味着该国基本内外政策的改变,因此同样会对国际社会的其他成员有所影响。也就是说,在一个相互交往的国际社会,不论是新国家还是新政府,都会给国际社会及既存国家带来一定影响。

新国家或新政府出现带来的政治与法律后果

新国家或新政府的出现,对其自身以及国际社会和既存国家而言,会带来一些不同的政治和法律后果。

从政治后果看,新国家或新政府的出现,不仅意味着国际社会国家数量的增减或一国内部变化,同时也必然会给其他国家乃至整个国际关系带来影响。尤其是规模较大的新国家或数量众多新国家的出现,必然会伴随既存国家版图的重大改变,一些重要国家新政府的出现,也会对整个国际关系造成重大影响甚至改变国际关系基本格局与国际社会基本规则。例如,18世纪70年代美国作为一个新国家的出现,直接挑战了当时最大的殖民帝国英国,极大改变了当时国际关系的基本格局;1917年11月俄国新政府的出现和1949年10月中国新政府的出现,同样改变了国际关系的基本格局,使一战后出现了一个完全不同于资本主义国家的社会主义国家,以及二战后形成了一个与整个资本主义世界对抗的社会主义阵营;二战后亚非新国家的大量涌现不但直接导致殖民主义的彻底崩溃,而且极大削弱了资本主义在世界的影响力,在两大阵营之外又形成了第三世界,并且在很大程度上改变了国际社会的一些基本规则。

正因为如此,国际社会与既存国家都会认真对待任何新国家或新政府的出现,尤其是那些有可能改变国际关系基本格局或基本规则的新国家或新政府的出现。当然,刚出现的新国家或新政府也同样会重视国际社会与其他既存国家同自己的关系。不过,既存国家与新国家或新政府间的政治关系,并不一定会立刻建立或保证能够正常发展,而往往会根据彼此不同的政治利益来加以确定。

从法律后果看,当国际社会有新国家或新政府出现时,就需要国际社会与既存国家对新国家或新政府的出现做出反应,即需要通过一定法律表达方式对新国家或新政府表明态度及与其形成某种法律关系。也就是说,既存国家需要表明是否愿意接受新国家或新政府作为国际社会的一员并与之发展外交关系,以及新国家或新政府应该享受哪些权利和承担哪些义务。于是,就出现了承认和继承的问题,即既存国家是否承认新国家或新政府也可以同样作为国际社会一员参与国际关系,以及新国家或新政府应如何对待和处理其所管辖领土之前的国家或前政府在国际社会享有的权利和承担的义务。当然,在承认和继承问题上,新国家或新政府也并非完全被动,这些新国家或新政府同样也会通过一定法律表达方式表明对既存国家的态度以及自主确定如何应对所管辖领土之前的国家或旧政府享有的权利与承担的义务。

第二节　既存国家对新国家和新政府的承认

承认的概念及其性质

"承认是给予一个特定团体以特定的资格。例如,承认一个社会为一个主权国家,或者承认一个管理当局为这个国家的政府。"①也就是说,国家和政府的承认主要指既存国家以一定方式对新国家或新政府的出现予以接受和确认,并表明愿意与其发展某种关系的一种政治和法律行为。

本来,"给予承认是国际上的行为,影响各国相互权利和义务,以及它们的一般的地位或法律行为能力"②,但是,"在国际法上,承认是最困难的问题之一,它是一个容易引起混乱的政治、国际法和国内法的混合物。法律和政治的因素无法严格分开;各国在给予或拒绝承认的时候,受影响较多的是政治的考虑而不是法律的考虑,但是国家的行为肯定具有法律的后果"③。

也就是说,虽然承认是一个国际法问题,但却带有非常浓厚的政治色彩,在这一问题上甚至法律和政治因素常常无法分开,因为各国在运用给予或拒绝承认这一法律武器时,往往是出于政治考虑而非法律考虑,即承认与否往往反映了一个国家对新国家或新政府的政治态度。

国际社会对新国家的承认,可追溯到1648年"三十年战争"结束后神圣罗马帝国对瑞士的承认和1648年西班牙对荷兰的承认,以及1668年西班牙对葡萄牙的承认,但这些承认基本都是在战争结束后失败一方被迫接受的承认,而并非自愿按照一定规则给予的承认。也就是说,在近代最初的国家关系中,承认并没有成为一项制度性规则,一般只要能不受干扰地实行自我统治,就可以

---

① 〔英〕詹宁斯、瓦茨修订:《奥本海国际法》第一卷第一分册,王铁崖等译,中国大百科全书出版社1995年版,第95页。

② 同上书,第96页。

③ 〔英〕M.阿库斯特:《现代国际法概论》,汪瑄等译,中国社会出版社1981年版,第67页。

被承认为一个主权国家。然而,后来随着国家交往的频繁和国际社会的扩大,承认开始成为进入国际社会的条件和规则之一。其中,欧洲国家在其殖民扩张过程将这一规则带到了全世界,即只有所谓基督教世界的文明国家才有资格通过被承认进入国际社会。

对新国家的承认最初成为国际法的重要问题,是在18世纪70年代美国独立战争后欧洲国家对美国的承认,当时已经成为欧洲大国的法国首先对美国给予承认,在一定程度上保证了美国的外交空间。对新政府的承认最初成为国际法的重要问题,则是1789法国大革命爆发后其他国家对法国新政府的承认,在众多欧洲君主国家不承认法国新政府并对法国革命进行干涉的情况下,美国对法国新政府表示了承认。19世纪初,受美国独立影响,一些拉美国家先后获得独立,同样引起对这些新国家的承认问题。进入20世纪后,一些古老帝国如奥斯曼帝国和奥匈帝国解体后出现的大批独立国家,以及第一个社会主义国家苏联的出现,再次引起对新国家和新政府的承认问题。二战后,中华人民共和国的建立和大规模民族独立运动导致大批新国家出现,也都引起了对新国家和新政府的承认问题。

一般而言,承认具有以下三个主要特征:(1)承认仅仅是一种单方面行为,即并非条约或协定规定的权利或义务,因此具有一定的任意性,承认与否是承认国自己决定的事情,除非受到国际法明确规定的其他限制,如对违反国际法基本原则建立的傀儡国家或政府以及依靠武力取得的领土不予承认等;(2)承认是对新国家或新政府出现这一既成事实的接受和确认,同时又表明与被承认者进行交往的愿望;(3)承认会引起一定法律效果,如缔结条约、承认其法律行政权力、给予其国家主权豁免及外交领事特权与豁免等。

关于承认究竟对新国家或新政府具有何种作用,或者说承认具有何种性质,主要存在两种不同的学说,即"构成说"和"宣告说"。构成说,即认为承认是构成新国家或新政府的要素之一,新国家或新政府只有得到其他国家的承认才能成为国际法主体或取得国际法合法地位。这一学说主要盛行于19世纪及其之前,即为当时的殖民主义服务,西方国家不承认殖民地国家为国际法意义上的国家,这些国家就不能以独立平等的地位存在于国际社会。宣告说则认为,承认仅仅是对新国家或新政府已存在这一既成事实的确认和宣示,被承认者的国际法主体资格取决于其成为国家或有效政府的事实而非其他国家承认与否。

不过,构成说与宣告说的不同观点主要是理论的争论,国家实践则提供了各种不同情形。例如,尽管美国作为一个新国家的出现最初没有被英国等欧洲国家承认,但美国在国际社会的独立主权地位并没有因此受影响;尽管中华人民共和国政府作为一个新政府的出现在很长一段时间内并没有得到美国等西方国家的承认,但新中国作为一个独立主权国家存在也并没有受到太大影响。从这些事例来看,承认只是宣告性而非构成性的。但是,20 世纪 30 年代初日本扶植的"满洲国"当时以一个新国家的面目出现,却遭到国际社会抵制,仅有日本和几个国家承认,1965 年 11 月南非扶植的"罗得西亚"也作为一个新国家出现,同样遭到国际社会抵制,仅有南非自己宣布承认。对于这些所谓新国家来说,承认就具有构成的性质,因为没有其他国家的承认使其难以进入国际社会,自然也就谈不上国际法主体资格。当然,即使对于那些比较重要的新国家或新政府而言,虽然被承认并不一定是构成性的,但却可以加强这些国家或政府的国际地位。

可见,对大部分国家而言,尤其对那些在国际关系中有着较大作用的大国而言,其作为新国家或新政府出现,本身就足以影响国际关系,对其承认与否并不会影响这些新国家或新政府作为一个国际法主体的地位,但对那些非常弱小或处于边缘地位的所谓新国家或新政府而言,承认就显得非常重要,甚至确实可以成为构成一个国家或政府的要素之一。

其实,如果再进一步深入分析,就会发现构成说与宣告说二者其实并不矛盾,因为承认本来就是由两部分行为组成,即确认一个新国家或新政府的出现以及表明愿意与其交往,其中确认就是宣告性的,而交往则是构成性的,当然这两部分行为往往是同时进行的一个整体,只不过构成说与宣告说各自强调政治上和法律上的两个不同方面。何况,承认一般都是通过双边关系来实现的,是一种主要影响双边关系的单方面行为,它既没有构成也没有宣告被承认国家成为整个国际社会的成员,而仅意味着在承认与被承认国家间的有限范围内被承认国家具有国际法主体资格。也就是说,"承认虽然是宣告一个现存事实,但是在它的性质上却是构成性的,至少就被承认的社会与承认的国家之间的关系而言是这样。它标志着那个被承认的社会有效享受国际权利和义务的开始"[①]。

[①] 〔英〕詹宁斯、瓦茨修订:《奥本海国际法》第一卷第一分册,王铁崖等译,中国大百科全书出版社 1995 年版,第 98 页。

承认的方式与效果

当一个新国家或新政府出现时,既存国家可通过一定方式表达承认该新国家或新政府的意愿。一般而言,可通过明示或默示的方式予以承认。所谓明示,即直接明确通知被承认新国家或新政府,或直接与其签署有关承认对方的协议,也就是说既可以通过外交声明、照会、函电等单方面表示的方式进行承认,也可以通过缔结条约或签署联合公报等相互表示承认的方式进行承认。所谓默示,即虽然没有明确对一个新国家或新政府表示承认,但却通过某种行为间接对其表示承认,如同新国家或新政府缔结条约、建立外交关系、建立领事关系,或者向新国家或新政府派遣特使表示祝贺等。当然,必须具体问题具体分析。

但是,一个新国家或新政府参加一个国际会议或国际组织或一项国际多边条约,却并不意味着其他参加国对该新国家或新政府默示承认,除非该国投票同意某个实体的联合国会员国资格。例如,以色列同阿拉伯国家都是联合国成员国,常常会在一起出席国际会议或参加同一项国际多边条约,但至今以色列和部分阿拉伯国家彼此间仍互不承认;1954年日内瓦会议期间,中国和美国同为主要与会国,但美国仍然不承认中华人民共和国政府。

按照承认产生的不同法律效果,可以有法律上的承认和事实上的承认,或者说承认一个法律上的国家或政府和承认一个事实上的国家或政府。法律上的承认是一种完全、正式和永久性的承认,表明承认者对被承认者权力的完全和正式确认以及与其发生某种联系。法律上的承认可以导致承认者与被承认者间形成下列法律关系:(1)双方关系正常化以及可建立外交与领事关系;(2)双方可缔结各种类型的条约;(3)承认被承认者的法律效力和行政司法管辖权;(4)承认被承认者在本国法院的诉讼和享有司法财产豁免权。

相对于法律上的承认,事实上的承认则是一种不完全、非正式和有限的临时性承认,仅表明承认者对被承认者现有权力的暂时确认以及与其发生某种联系。事实上的承认可导致承认者与被承认者间形成下列法律关系:(1)双方可建立经贸和领事关系;(2)双方可缔结某些特定的协定;(3)承认被承认者的法律效力和行政司法管辖权;(4)一般承认被承认者在本国法院的诉讼和享有司法财产豁免权以及外交人员的特权与豁免权等。

一般而言,事实上的承认是对一个事实上已经能够有效控制大部分领土和已基本确立起自己的统治并有可能将这一统治持续下去的新国家或新政府的承认,而法律上的承认是对一个完全有效控制大部分领土和确立起自己的统治并能够稳定持续这一统治的新国家或新政府的承认。当然,既存国家在选择给予何种承认时,除去考虑新国家或新政府是否确实能够稳定长久存在下去外,其实还有政治上的考虑。例如,对1917年11月夺取政权并在此之后逐步确立其统治的苏维埃俄国新政府,英国在1921年仅给予事实上的承认,直到1924年才给予苏联政府法律上的承认;1949年中华人民共和国成立后,美国长期不予承认,1972年中美关系正常化后美国只是给予了事实上的承认,直到1979年美国才给予中华人民共和国政府法律上的承认。

然而,不论法律上的承认还是事实上的承认,都具有追溯效果,即承认新国家或新政府做出的行为从其成立之时起就具有法律效力。

有效统治原则

传统上,在对新国家或新政府进行承认时应根据"有效统治原则"决定是否给予承认,即主要应根据新国家或新政府是否能够在全国绝大部分范围内建立起确实有效的统治来决定,而不必考虑其政权起源和法律依据,即不必考虑新国家或新政府是如何建立的以及是否合乎国内法律程序。也就是说,"虽然承认是在各国的自由决定的范围之内的,但是,它不是一个专断意志或政治让步的问题,而是按照法律原则给予或拒绝给予的"①。

确实有效的统治,一般是指:(1)新国家或新政府已经掌握国家权力并建立起了行使权力的国家统治机关;(2)新国家或新政府对全国绝大部分领土和居民能够进行有效的控制和管理;(3)反对新国家或新政府的政治势力已失去大规模活动的主要社会基础;(4)国内政治局势已经趋于稳定。

然而,有效统治原则仅是国际法一项普通原则而非强制性原则,承认主要是一个国家主权范围内的单方面行为,各国在实践中并非都严格按照这一原则进行承认,而往往是按照自己的政治利益决定是否承认,即主要反映了承认国自身的价值和政治取向。因此,面对同一个新国家或新政府,有些国家可能会拒绝给予承认,有些国家则可能急于给予承认。例如,1917年11月建立的苏维埃俄国新政府,尽管在20世纪20年代初就已经对全国进行了有效统治,但美国等西方国家直到20世纪30年代才对苏联给予承认;面对1949年10月成立的中华人民共和国及其政府,尽管其在成立时就已经对中国绝大部分领土和居

---

① 〔英〕詹宁斯、瓦茨修订:《奥本海国际法》第一卷第一分册,王铁崖等译,中国大百科全书出版社1995年版,第97页。

民进行了有效统治,但美国等西方国家却在长达20多年时间里拒绝给予承认;1903年11月,巴拿马宣布脱离哥伦比亚独立仅10天之后,美国就给予承认并派军舰予以保护;1948年5月,以色列建国当天就获得美国承认,而当时以色列还在同阿拉伯国家进行战争;1971年12月,孟加拉国宣布脱离巴基斯坦独立,印度立即给予承认,而当时孟加拉国与巴基斯坦间的战事还未结束;2008年2月,科索沃宣布脱离塞尔维亚独立,美国等一些西方国家立即给予承认,而俄罗斯和塞尔维亚等国至今仍然拒绝承认;2008年8月,格鲁吉亚的阿布哈兹和南奥塞梯宣布独立,俄罗斯立即给予承认,但是至今大部分国家仍然没有对其给予承认。

此外,还需要注意的是,有效统治原则常常和遵守国际义务联系在一起,能对其领土和居民进行有效统治并能遵守国际义务的新国家或新政府更容易获得承认。有效统治是获得承认的最终决定性因素,一个新国家或新政府只要能够真正长期对本国领土和居民实行有效统治,那么即使政治上不喜欢该新国家或新政府的国家最终也必然要与其打交道而不得不予以承认。

不承认主义

相对于承认的规则,国际法也有有关不承认的规则,即对某个新国家或新政府明确表示不予承认。也就是说,对一个新国家或新政府是否给予承认是一个国家主权范围内自由决定的事项,而不承认却在一定程度上是国家承担的一项义务。

有关不承认的主张,最早可追溯至19世纪初拿破仑战争后在维也纳会议上由俄国、普鲁士和奥地利三国神圣同盟提出的所谓"君主正统主义",即不承认通过革命方式推翻封建正统王朝产生的新政府。当然,这一主张主要是为了避免再次发生类似法国革命那样的政权改变,维护欧洲国家的君主统治秩序。1907年,中美洲国家厄瓜多尔的外交部长卡洛斯·托巴(Carlos Tobar)提出"托巴主义",1913年美国总统威尔逊提出"威尔逊主义",都主张所谓"立宪正统主义",即不承认违反本国宪法取得政权的新政府。同样,这一主张也是为了反对以革命方式改变政府,维护资本主义的特定秩序。1930年,墨西哥外交部长赫纳罗·埃斯特拉达(Genaro Estrada)又提出"埃斯特拉达主义",即为了不损害被承认国家或政府的尊严而避免从是否承认的角度来处理问题,而只是从是否继续交换使节的角度来处理问题。不过,这一主张实际难以回避承认问题,只不过是一种默示的承认或不承认。

明确提出"不承认主义"并将其实际运用于国际关系的,是20世纪30年代美国的国务卿亨利·史汀生(Henry Stimson),因而这一原则也被称为"史汀生主义"。1931年9月,中国爆发"九一八事变",日本在其后几个月通过武力占领了整个中国东北地区。1932年1月7日,史汀生代表美国政府照会中日两国政府,认为"美国政府不能认许任何事实上的情势的合法性,也不拟承认中日政府或其代理人间所缔结的有损于美国或其在华国民的条约权利——包括关于中华民国的主权、独立或领土及行政完整,或关于通称为门户开放政策的对华国际政策在内——的任何条约或协定;也不拟承认用违反1928年8月27日中日美均为缔约国的巴黎公约之条款与义务的方法而获致的任何局势、条约或协定"①。然而,日本仍不顾中美等国反对,1932年3月1日在中国东北扶植建立起了"满洲国"。对此,国际联盟大会在1932年3月9日通过决议,认为会员国都负有不承认凡以违反《国际联盟盟约》和《巴黎非战公约》的方法造成的形势和条约或协定的责任,明确反对日本扶植建立"满洲国"并要求会员国不予承认。在当时形势下,除去日本及很少一些国家外,大部分国家都按照国际联盟的决议不承认"满洲国"。

二战后,不承认原则进一步成为国际法的一项原则及所有国家的一项义务,即对违反国际法建立的新国家或新政府或其状态不予承认。例如,1970年10月联大会议通过的《关于各国依联合国宪章建立友好关系及合作之国际法原则之宣言》就明确规定:"国家领土不得作为违背宪章规定使用武力所造成之军事占领之对象。国家领土不得成为他国以使用威胁或武力而取得之对象。使用威胁或武力取得之领土不得承认为合法。"②2001年11月联合国国际法委员会通过的《国家对国际不法行为的责任条款草案》也规定,任何国家不得承认严重违背依国际强行法承担的义务所造成的情势为合法。而且,在国际关系实践中,不承认原则也已经被大部分国家接受。例如,1965年11月位于南部非洲的英国殖民地罗得西亚宣布独立,但联合国安理会在第二天即通过决议,要求所有会员国不承认这个非法的种族主义政权,从而使其几乎丧失了所有外交空间,直至1980年才由于其改变了内部政权结构且在经过选举后以津巴布韦的国名独立而受到国际社会的承认;1976年10月,南非建立了一个"特兰斯凯独

---

① 转引自方连庆、王炳元、刘金质主编:《国际关系史(现代卷)》,北京大学出版社2001年版,第169页。

② 《关于各国依联合国宪章建立友好关系及合作之国际法原则之宣言》。白桂梅、李红云编:《国际法参考资料》,北京大学出版社2002年版,第20页。

立国家",但联大会议认为这一所谓独立国家只不过是南非种族主义政权实行种族隔离政策的产物,因此要求各国对其不予任何形式的承认,使其同样无法进入国际社会,直至1994年5月纳尔逊·曼德拉作为南非第一任黑人总统就职后,这一所谓独立国家才作为南非的一部分自动消失;1990年8月,伊拉克出兵入侵科威特,并很快将其占领和宣布吞并,但联合国安理会迅速做出决议,宣布伊拉克通过武力造成的形势无效并要求会员国对此不予承认,随后安理会又授权多国部队在1991年将伊拉克军队赶出了科威特。

作为一项原则,目前国际法的不承认主义主要是对违反《联合国宪章》和其他国际法原则造成的结果不予承认,尤其对侵略造成的结果不予承认,即对侵略造成的领土变更或政府更迭不予承认。此外,美国等西方国家还常常不承认以非宪法程序上台的政府和大规模侵犯人权的国家或政府。当然,这个问题涉及意识形态和实际政治利益问题,因此在不同国家间还存在着争议。

第三节 新国家和新政府的继承问题

继承的概念及其对象

新国家或新政府的继承是指领土变更或政府变更引起的国家或政府的权利与义务由一个承受者向另一个承受者的转移。也就是说,新国家的继承是领土变更引起一个国家的权利与义务向另一个国家的转移,新政府的继承是政府变更引起旧政府的权利与义务向新政府的转移。

领土变更有不同的情况,如领土全部转移或部分转移,因此国家继承也有"全部继承"和"部分继承"的区别。一般而言,引起领土变更的情形有下列五种:(1)独立,即殖民地或附属国摆脱殖民统治建立新国家,这种方式是近代国际关系引起领土变更及产生新国家的主要方式;(2)合并,即两个或两个以上国家构成一个新国家,或者一个国家将其他国家归并于自己版图范围,前者使原有国际法主体不复存在,后者则只有被合并国家的国际法主体消失;(3)分离,即一个国家的一部分脱离该国建立新国家;(4)分立或解体,即一个国家分解为若干新国家;(5)转让,即一个国家将其领土的一部分通过割让、赠与、买卖或交换等方式移交给另一个国家。根据这些引起领土变更的不同情形,国家继承会出现不同法律后果,其继承方式和继承权利与义务的多寡也会不同。

政府变更引起的继承与领土变更引起的继承有所不同,即这一继承是在领土关系不改变的同一国际法主体继续存在的情况下进行的继承。一般而言,引起政府变更的情形有下列两种:(1)社会革命,即通过大规模暴力方式推翻旧政府后建立新政府;(2)政变,即通过局部暴力或非暴力但非法律方式推翻旧政府后建立新政府。不过,政变不一定必然引起政府继承问题,而只有出现与前政府完全不同社会政治制度和改变国家主要领导人的政变才会发生政府继承问题。不论哪种情形引起的政府继承,其法律后果都基本相同。

那么,国家继承和政府继承主要应继承些什么,或者哪些具体内容应成为国家继承和政府继承的对象呢?目前,国际法还没有普遍适用于各种不同情况的有关国家或政府继承的具体规则。不过,根据联合国国际法委员会起草并在联合国主持下分别在1978年8月23日和1983年4月8日通过的《关于国家在条约方面的继承的维也纳公约》和《关于国家对国家财产、档案和债务的继承的维也纳公约》的分类规定,可以将新国家或新政府的继承分为条约继承和条约以外事项继承,即新国家或新政府对权利与义务这一无形物的继承和对财产与债务等有形物的继承。

新国家的条约继承

对新国家而言,条约继承问题指被继承国过去参加的条约是否对新国家继续有效的问题。由于条约性质不同,以及新国家出现的途径或方式不同,很难对条约是否需要继承一概而论。也就是说,根据条约的不同和新国家产生方式的不同,有些条约应继承或能继承,而有些条约则不需继承或不能继承。

从条约性质上看,在国家继承问题上一般可把条约分为两种类型,即"人身条约"和"非人身条约"。所谓人身条约,是指那些与签订条约的国家的国际法主体资格相关联的条约,如参加国际组织的条约、同盟条约、友好条约、引渡条约等需要以国家主体存在为前提的一些政治性条约。所谓非人身条约,是指那些基本内容仅涉及被转移领土本身的条约,如边界条约、有关国际河流或水利灌溉的条约、有关跨国道路交通的条约等一些地理性条约。

一般而言,人身条约不需继承,或者说随着国家主体的消失而无法继承。就如《奥本海国际法》所言:"纯政治性条约所产生的已消灭的国家的权利和义务,是不发生继承的。例如,同盟条约、仲裁条约、中立条约或任何其他政治性的条约,都随着缔结该条约的国家的消灭而不再存在了。这些条约是以缔约国的继续存在为前提的,而且,在一个意义上,它们可以被认为是属于国家的属人性质的;它们对继承国的继续适用,就会根本改变条约施行所依据的前提。"① 而非人身条约应继承,因为这些条约包含的内容并非一定以国家主体存在为前提,基本上只是附着在被转移领土上的一些内容。

然而,以上这些原则只是在国家条约继承问题上的一般性原则,在承认这些原则的基础上,不同领土变更情形引起的国家条约继承也有所不同:

(1)独立。由于二战后民族独立国家大量涌现及其对国际法的参与制定,新独立国家在条约继承问题上获得一些特殊权利,即新独立国家适用特殊规则,这一规则尽可能向新独立国家的利益倾斜,而新独立国家一般不受原宗主国条约的约束,可以比较自由地选择是否继承条约。例如,《关于国家在条约方面的继承的维也纳公约》第16条就规定:"新独立国家对于任何条约,不仅仅因为在国家继承日期该条约对国家继承所涉领土有效的事实,就有义务维持该条约的效力或者成为该条约的当事国。"②

当然,为了维持边界的稳定和其他附着在领土上的权利与义务,公约同样也作为一般原则规定,国家继承不应影响条约规定的边界和其他与被继承领土有关的各种权利与义务。而且在国际关系实践中,大部分新独立国家也并没有完全不顾前宗主国签订的条约,而是基本上都采用了遵从相互性原则的"尼雷尔主义"③的方式处理条约继承问题。

(2)合并。在合并情形下,作为一般原则,在国家继承日期对其中任何国家有效的条约,继续对继承国有效,尤其是其中有一国其主体地位仍存在的合并,并不影响其任何条约的继承。当然,在合并过程中失去主体地位的国家的人身条约即无法继承,非人身条约则一般只适用于该条约在国家继承日期对其有效的那部分领土。

(3)分离和分立。在分离和分立情形下,同样作为一般原则,在国家继承日期对被继承领土有效的条约,继续对继承国有效,不过这里的一般原则和国家实践并不总是相符的。当然,通过分离产生的新国家并不需要继承被继承国

---

① 〔英〕詹宁斯、瓦茨修订:《奥本海国际法》第一卷第一分册,王铁崖等译,中国大百科全书出版社1995年版,第138—139页。
② 白桂梅、李红云编:《国际法参考资料》,北京大学出版社2002年版,第28页。
③ 20世纪60年代初坦桑尼亚独立后,其总统尼雷尔就条约继承提出的一项原则,即在一般两年的延续期内按照相互性原则承认其适用,在此期间与有关条约当事国就条约的继续与否进行协商,除非双方同意,否则这一期限结束后条约即自动失效。后来,很多新独立国家都采纳了这一条约继承的原则,《关于国家在条约方面的继承的维也纳公约》实际上也间接地承认了这一原则。

的人身条约,但同新国家领土有关的非人身条约仍有效;由于分立而出现的新国家则有可能继承被继承国的某些人身条约,非人身条约继续有效,但仍然仅对与其领土有关的继承国有效,如中国和苏联签订的边界条约在苏联解体后仍然有效,但仅对中国与俄罗斯、哈萨克斯坦、吉尔吉斯斯坦、塔吉克斯坦等国有效,对并不与中国接壤的乌克兰、白俄罗斯和格鲁吉亚等国则不产生效力。

(4)转让。在转让情形下,对于所涉领土,一般被继承国的条约自国家继承日起失效,而继承国的条约同时生效,但非人身条约仍应继承,尤其是附着于转让领土之上的义务仍有效,如1925年3月希腊与英国间的"马弗罗马提斯特许权案"所显示的那样。

马弗罗马提斯特许权案

马弗罗马提斯是一名希腊国民,1914年1月他与当时处于奥斯曼土耳其帝国统治下的巴勒斯坦地区耶路撒冷市政当局签订合同,获得了该市公共水电系统的开发和建设工程特许权,但在此之后不久即发生了奥匈帝国皇位继承人被暗杀的"萨拉热窝事件"。7月28日一战爆发,10月29日奥斯曼帝国也被卷入这场战争,致使该项工程合同无法实际履行。战争结束后,奥斯曼帝国战败,巴勒斯坦地区被国际联盟委任给英国进行统治。根据1920年8月战胜国同土耳其签订的《色佛尔条约》,作为战胜国的协约国国民继续享有他们战前在巴勒斯坦取得的权利。于是,马弗罗马提斯于1921年4月向巴勒斯坦当局询问是否可以实施特许合同,但却遭到拒绝,因为英国已将同样的特许权授予其他人。1923年7月,土耳其同协约国签订了新的《洛桑条约》,其中规定土耳其放弃条约规定疆界以外领土上的所有权利,将其转交有关国家,但1914年10月29日之前与非土耳其国民签订的特许合同继续有效。1924年5月,希腊政府就此事实施外交保护,向国际常设法院控告英国政府并要求赔偿。1925年3月,国际常设法院做出判决,认为马弗罗马提斯的特许合同仍有效,英国违反了其委任统治国际义务,但由于并未造成任何实际损失,因此不能要求赔偿。

新国家条约以外事项的继承

新国家条约以外事项的继承,主要是指新国家对被继承国的财产、档案和债务的继承。

按照国际法有关规定,"1.一国将其一部分领土移交给另一国时,被继承国的国家财产转属继承国的问题应按照它们之间的协议解决。2.如无协议:(a)位于国家继承所涉领土内的被继承国的国家不动产应转属继承国;(b)与被继承国对国家继承所涉领土的活动有关的被继承国国家动产应转属继承国"①。也就是说,国家财产继承首先需要按照继承国和被继承国双方或有关各方的协议进行,如没有协议则一般按照两项原则进行,即"随领土转移原则"和"所涉领土实际生存原则",前者指附着在被转移领土上的国家不动产应随着领土的转移由被继承国转属继承国,后者指与被转移领土活动有关的国家动产也应由被继承国转属继承国。

档案是一种特殊的国家财产,一般不能分割,但却可以复制和再生,因此无法像一般财产那样按照公平原则加以分配。按照国际法有关规定,国家档案继承也应按照继承国与被继承国双方或有关各方的协议加以确定,如没有协议则按照与被转移领土是否有关确定是否继承,及各方均可要求获得有关档案的复制本。②

债务继承主要指对国家债务的继承,所谓国家债务"指一个被继承国按照国际法而对另一国、某一国际组织或任何其他国际法主体所负的任何财政义务"③。也就是说,只有以国家名义向外国或其他国际法主体借贷并用于国家的债务以及由国家承担但用于某一地方的所谓"地方化债务"才属于国家继承范围,而国家对外国法人和私人所负的债务以及国内地方当局或法人对其他国家所负的债务则不属于国家继承范围。此外,国际法还有"恶债不予继承"的规则,即违反国际法基本原则或损害继承国或被转移领土居民利益的债务不予继承,如用于征服、镇压或侵略战争的债务。按照国际法有关规定,国家债务继承同样应按照继承国和被继承国双方或有关各方的协议确定,如没有协议则一般按照公平分配的原则并考虑财产、权利及其他利益转移状况确定。④

不过,在以上各项原则基础上,对于领土变更的不同情形,对财产、档案和债务的国家继承也有所差别:

(1)独立。在财产继承方面,国际法有关规则也同样向新独立国家倾斜,即新独立国家享有一些特殊权利。有关国际法规定,虽然被继承国和新独立国

---

① 参见《关于国家对国家财产、档案和债务的继承的维也纳公约》第14条,第40页。
② 参见《关于国家对国家财产、档案和债务的继承的维也纳公约》第27条。同上书,第42页。
③ 《关于国家对国家财产、档案和债务的继承的维也纳公约》第33条。同上书,第44页。
④ 参见《关于国家对国家财产、档案和债务的继承的维也纳公约》第37条。同上。

家之间也可通过缔结协定解决国家财产继承问题,但这样的协定不应违反各国人民对其财富和自然资源享有永久主权的原则,并具体规定,位于国家继承所涉领土内的国家不动产和属于该领土但位于该领土外的国家不动产应转属新独立国家,与所涉领土活动有关的国家动产和其他属于所涉领土的国家动产应转属新独立国家,此外,位于国家继承所涉领土外的被继承国的国家不动产和其他被继承国的国家动产,即使原来并不属于国家继承所涉领土,但只要该领土曾为其创造做出贡献,即应按该领土所做贡献比例转属新独立国家。①

在档案继承方面,根据有关国际法规定,原属国家继承所涉领土档案和被继承国国家档案中,对所涉领土进行正常行政管理所需档案应转属新独立国家,其他与国家继承所涉领土有关档案应转属新独立国家或原属国家为其提供复制本,被继承国应从自己的档案中为新独立国家提供其国家领土所有权及其疆界的证据以及应努力帮助新独立国家找回在其领土附属期间散失的档案。②

在债务继承方面,根据有关国际法规定,被继承国的任何国家债务均不应转属新独立国家,除非某项债务与转属新独立国家的财产、权利和利益有关而双方另有协议,但协议也不应该违反各国人民对其财富和自然资源享有永久主权的原则,以及协议的执行不应危及新独立国家经济上的基本均衡。③

(2)合并。合并情形下的国家财产、档案和债务继承都较为简单,即"两个或两个以上国家合并而组成一个继承国时,被继承国的国家财产应转属继承国","两个或两个以上国家合并而组成一个继承国时,被继承国的国家档案应转属继承国","两个或两个以上国家合并而组成一个继承国时,被继承国的国家债务应转属继承国"。④

(3)分离和分立。在分离情形下,国家财产继承基本按照"随领土转移原则"和"所涉领土实际生存原则"进行,此外被继承国的其他国家财产也应按照公平比例转属继承国。在分立情形下,国家财产继承同样基本按照"随领土转移原则"和"所涉领土实际生存原则"进行,此外被继承国的其他国家财产和位

---

① 参见《关于国家对国家财产、档案和债务的继承的维也纳公约》第15条。白桂梅、李红云编:《国际法参考资料》,北京大学出版社2002年版,第40—41页。
② 参见《关于国家对国家财产、档案和债务的继承的维也纳公约》第28条。同上书,第42—43页。
③ 参见《关于国家对国家财产、档案和债务的继承的维也纳公约》第38条。同上书,第44—45页。
④ 《关于国家对国家财产、档案和债务的继承的维也纳公约》第16、29、39条。同上书,第41、43、45页。

于被继承国领土外的不动产也应按照公平比例转属继承国。①

在档案继承方面,对国家继承所涉领土进行正常行政管理所需的档案和与其直接有关的档案应转属继承国。在分离情形下,被继承国应从自己的档案中为继承国提供其领土所有权及其疆界的证据以及双方应为对方提供与对方领土有关档案的复制本;在分立情形下,其他档案则应该在考虑各种有关情况的基础上公平地转属各继承国,而且每一继承国都应从自己档案中为其他继承国提供其领土所有权及其疆界的证据以及应该彼此提供与其他继承国领土利益有关档案的复制本。②

在债务继承方面,主要按照公平分配原则并考虑与国家债务有关的财产、权利和利益转移状况将债务转属各继承国。③

(4) 转让。在转让情形下,被继承国与继承国间一般都会有相应的协议,在财产继承上一般也是按照"随领土转移原则"和"所涉领土实际生存原则"进行,档案的继承按照与被转移领土是否有关来确定是否继承,以及被继承国有义务向继承国提供有关档案的复制本,债务的继承则根据公平分配原则并考虑财产、权利和利益的转移情况来确定。

新政府的条约继承

关于新政府对旧政府签订的条约应该如何继承,如果仅从一般法理而言,新政府应全部继承旧政府对外国具有的权利和义务,只是除去旧政府在内战垮台前夕所做出的行为,但由于新政府都是在推翻旧政府基础上建立的,这一行为本身就是对旧政府的否定,因此新政府对旧政府签订的条约也未必会完全接受,往往是根据自己的政治需要决定是否继承。所以,实际上现代国际法仍无法解决新政府的条约继承问题,以至于联合国国际法委员会也决定暂时不考虑这个问题。因此,在新政府条约继承方面,目前还缺少普遍适用的国际法规则,而只是存在一些国家实践,而且主要是一些大国的国家实践。

1917年11月7日俄国苏维埃新政府建立后,随即发表了一项《和平法令》,

---

① 参见《关于国家对国家财产、档案和债务的继承的维也纳公约》第17、18条。白桂梅、李红云编:《国际法参考资料》,北京大学出版社2002年版,第41页。

② 参见《关于国家对国家财产、档案和债务的继承的维也纳公约》第30条、第31条。同上书,第43—44页。

③ 参见《关于国家对国家财产、档案和债务的继承的维也纳公约》第40条、第41条。同上书,第45页。

宣布立即无条件废除沙皇政府和资产阶级临时政府与外国缔结的一些不平等条约,但同时也表明愿意继承有关睦邻关系和在平等基础上缔结的一些条约。当然,哪些条约属于不平等条约,哪些条约属于平等条约,则完全由苏维埃政府单方面按照自己的政治需要和利益来决定。

同样,中国新政府对旧政府签订的条约也采取了与俄国新政府大致相同的政策,即既不承认一切旧条约继续有效,也不认为一切旧条约当然失效,而是根据条约的内容和性质,逐一审查,区别对待。例如,在中华人民共和国成立前夕,于1949年9月29日通过的《中国人民政治协商会议共同纲领》第55条就规定:"对于国民党政府与外国政府所订立的各项条约和协定,中华人民共和国中央人民政府应加以审查,按其内容,分别予以承认,或废除,或修改,或重订。"

俄国新政府和中国新政府对旧政府条约的有选择继承,废除了一些不平等条约,消除了过去帝国主义强加给俄国和中国的一些不平等条款以及帝国主义国家所享受的一些特权。但俄国新政府和中国新政府拒绝履行旧政府的某些条约义务也使其迟迟难以得到西方国家的承认,难以完全进入国际社会,如苏联直至1934年才加入国际联盟,中华人民共和国则是在1971年才恢复联合国合法席位。

新政府条约以外事项的继承

关于新政府对旧政府的财产、档案和债务的继承问题,国际法上同样没有普遍适用的规则。不过一般而言,如果旧政府已完全被消灭而不再存在,那么新政府至少对国内的财产和档案的继承不会存在问题,有可能遇到的主要是旧政府在国外的财产和旧政府欠外国的债务如何继承的问题。如果旧政府残余势力仍存在,那么新政府在财产和档案继承方面也同样会遇到问题,因为旧政府绝不会将自己控制的财产和档案交给新政府。

在财产和债务继承问题上,俄国新政府和中国新政府同样为国际法提供了重要的国家实践。在财产继承方面,俄国和中国新政府都主张对属于旧政府的所有国家财产,无论动产还是不动产,无论在国内还是在国外,无论财产所在地国是否承认了新政府,一律归新政府所有。不过,在旧政府残余势力还存在的情况下,或者由于政治意识形态的原因,这些主张并不一定能够完全实现,如涉及中国新政府财产继承问题的1952年的"两航公司案"。

两航公司案

1949年9月,中华人民共和国成立前夕,国民党政府下令将属于中国国家的中国航空公司和中央航空公司共计83架飞机及其财产迁往香港。11月9日,中央航空公司职员在香港宣布起义并控制了两航公司及其财产,率12架飞机飞回大陆。11月12日,周恩来代表中华人民共和国政府宣布两航公司财产为中华人民共和国所有,但12月12日台湾国民党当局将这些飞机以150万美元的价格卖给了由美国人陈纳德经营的美国民用航空公司,该公司为请求这批飞机的所有权诉讼至香港法院。1950年1月6日,英国承认中华人民共和国政府,但5月10日英国政府对香港最高法院发出一道枢密院令,指令香港法院实施管辖,并认为即使该案涉及外国,主权国家也有权处理。香港法院判决这批飞机及其航空公司财产为中华人民共和国政府财产,但原告不服,又上诉至英国枢密院司法委员会,英国枢密院司法委员会推翻了香港法院的判决,并于1952年7月28日做出终审判决,将中央航空公司的40架飞机及其他财产所有权判给了美国民用航空公司,其理由是国民党政府在出卖飞机时仍然被英国视为代表中国的合法政府。据此,香港当局出动警察控制了两航空公司的飞机及其财产。对此,中国政府向英国提出严重抗议,并作为反制征用了部分在华英国公司的财产。1952年10月8日,香港高等法院再次做出判决,将中国航空公司的31架飞机及其他财产同样判给了美国民用航空公司。对此,中国政府又一次提出抗议,并在11月20日征用了大部分英国在华公司的财产。

在债务继承方面,俄国新政府采取了一律不承认的政策,即通过法令宣布无条件和无例外废除沙皇政府和资产阶级临时政府承担的一切外债;中国新政府则采取区别对待的政策,恶债不予继承,合法债务则通过与债权国进行协商公平合理地加以解决。

思考题

1. 什么是有效统治原则?
2. 美国在对待新中国的问题上采取何种政府承认的立场?从国际法的角度该如何看待这一立场?

第六章
国家对个人的管辖与国际法上的居民

如前所述，居民是构成国家的基本要素之一，任何国家都需要居民，否则就难以构成。这里的所谓居民，其实就是指居住在某一领土范围内一个一个的人组成的人群。在现代社会，除无国籍人之外，每个人都已被纳入某一主权国家的管辖之下，有时甚至可能处于若干主权国家的管辖之下。于是，主权国家与这些个人之间就形成了一定的法律关系。然而，每个人与国家之间的关系并非完全相同，大部分国家的居民都可以被区分为本国人与外国人，不论各国的法律有多么不同，这二者的法律地位都不可能相同，即国家在对待本国人与外国人及对其进行管辖时依据的原则或规则是不一样的。因此，国家对每个居住在本国领土范围内的居民进行管辖时，首先要对这些人进行区分，区分本国人与外国人的唯一根据就是国籍，再根据不同国籍确定每个人不同的法律地位及待遇，即明确其应该享有何种权利与承担何种义务。此外，当某个外国人由于受到本国政府追诉或迫害寻求另一个国家的保护时，或者某个国家想要对造成本国利益损害但居住在外国的个人进行惩罚而需要该外国给予司法协助时，也会涉及国家对这些个人的管辖。

可见，国家对作为居民的个人具有管辖权，即不论是对本国人还是外国人都具有管辖权。尽管如何对待与管辖具有不同国籍的居民主要是由各国国内法规定的，但这些规定必须符合国际法基本原则和一般规则，尤其给外国人的待遇和对其的管辖，就不仅是一个国家国内法的问题，而且必然会受到外国人国籍国和国际法有关规则的制约，在对外国人进行保护或追诉以及为某个人向外国寻求司法协助时，就更是由于涉及多个国家的管辖而必须遵守国际法有关规则。因此，从这个意义而言，国家对个人的管辖也具有了国际法意义，或者说由个人组成的居民也可以说是国际法上的居民。这里所说的国家对个人的管辖,主要就是指对国际法意义上的居民的管辖。

第一节 国籍及其作用

国籍的概念与作用

国籍是指个人对某个国家的归属,即表明个人同某个国家之间固定的法律联系。或者说,"个人的国籍就是他作为某一国家的国民的资格"[1]。

国籍对国家和个人而言都非常重要。首先,国籍是国家确定某人为其国民的依据。正是依据国籍,国家才划定了自己国民的范围,才有可能要求具有本国国籍的个人对国家表示效忠和承担义务,而国家则对其实施保护。其次,国籍是国家确定个人法律地位的重要依据。正是依据国籍,区别出了本国人与外国人,才能够规定本国人与外国人不同的法律地位,如本国国民具有选举与被选举权以及为国家服兵役的义务,而外国人则没有这些权利和义务。最后,国籍还是国家行使管辖权的重要依据。国家管辖权中的领土管辖、保护性管辖和国籍管辖都与国籍有关。例如,领土管辖也需要区别本国人与外国人,本国人与外国人适用的法律不同,管辖程度也不同,保护性管辖的对象必须是外国人,国籍管辖则更是直接按照国籍来行使管辖。对于个人而言,同样也需要依据国籍来确定自己效忠和承担义务的对象以及享受外交保护。由于受到本国政府迫害逃往国外寻求保护的个人,或被他国追诉,被他国要求对其进行审判的个人,在享受这一保护或被追诉时也必然会涉及国籍问题。

国籍问题涉及国家主权与国家利益,是一个国家国内管辖事务,但同时也不能因此而损害其他国家在国籍问题上同样的权利。按照国际法有关规定,国籍问题原则上属于国内管辖事务,即每个国家都可通过其国内法律来规定哪些人是自己的国民。也就是说:"每一国家依照其本国法律断定谁是它的国民。此项法律如符合于国际公约、国际惯例以及一般承认关于国籍的法律原则,其

---

[1] 〔英〕詹宁斯、瓦茨修订:《奥本海国际法》第一卷第二分册,王铁崖等译,中国大百科全书出版社1998年版,第294页。

他国家应予承认。"①

然而,由于各国以各自国内法的形式制定其国籍法,而制定这一法律所依据的历史文化传统、人口数量、国家利益等因素各有不同,这就有可能造成各国国籍法的不同,甚至有可能造成一些国家在国籍问题上的冲突,如有可能造成某个人的双重或多重国籍,也有可能造成某个人没有国籍。因此,在国籍问题上,同样需要国际法规则来发挥作用。当然,国际法有关国籍的规则并非规定具体国家的国民归属,而主要是用来解决各国不同国籍法造成的冲突以及对一国依照国籍行使外交保护时的效力进行确认。例如,1923 年 2 月国际常设法院就"突尼斯和摩洛哥国籍法令案"提出的咨询意见中,就强调了国籍法的主权性及受国际法规则约束的相对有限性,既强调了国籍问题在原则上属于一国国内管辖事务,同时强调国家在属于一国国内管辖事务方面也要受国际法规则的限制,国家在国籍问题上的主权并不能侵犯和破坏他国在同一问题上的主权;1955 年 4 月国际法院对"诺特波姆案"的判决则同样在承认国籍问题属于国内管辖事务的同时,重点强调了国籍的真实有效性,即个人与国家之间实际有效的联系,行使外交保护权所依据的国籍应该反映个人与国籍国的实际有效联系。

突尼斯和摩洛哥国籍法令案

1921 年 11 月 8 日,法国在其保护国突尼斯和摩洛哥颁布国籍法令,该法令规定:生于该地的人如其父母中至少有一人是生于该地的外国人,则其本人为法国国民。然而,这一规定却引起了英国的抗议,因为按照当时英国的国籍法,英国男子在国外所生子女即为英国国民。也就是说,法国新颁布的国籍法令有可能使生于突尼斯或摩洛哥的英国男子在该地所生的子女成为法国国民。于是,英国将双方的这一争端提交至国际联盟行政院,法国则认为引起这一争端的问题纯属国内管辖事务,国联行政院对于这一争端无权干预。在这种情形下,国联行政院请求国际常设法院按照有关国际法规则就这一争端发表咨询意见。1923 年 2 月 7 日,国际常设法院就此事发表咨询意见认为,虽然国籍问题原则上属于国内管辖事务,但也应该受到国际法规则的限制,即一国的自由裁

---

① 《关于国籍法冲突的若干问题的公约》第 1 条。白桂梅、李红云编:《国际法参考资料》,北京大学出版社 2002 年版,第 63 页。

量权不应影响他国的合法权利,因此法国无权对侨居突尼斯或摩洛哥的英国人强加法国国籍。根据这一咨询意见,此后法国与英国间缔结双边协定,决定居住在突尼斯或摩洛哥两地的英国国民可以自由选择其国籍。

诺特波姆案

诺特波姆是一名德国人,但从20世纪初年轻时候就定居在中美洲的危地马拉并在此进行自己的商业活动。由于工作关系或为了探望亲属,他常常去往德国和列支敦士登等国。1939年10月,诺特波姆离开危地马拉赴德国,后又转赴列支敦士登探望自己的兄长。在此期间,诺特波姆申请加入了列支敦士登国籍。1940年年初,诺特波姆持列支敦士登护照并获得危地马拉的签证后重返危地马拉,继续从事商业活动,并申请在本地的外国人登记册上将自己的德国国籍改为列支敦士登国籍。1941年12月7日珍珠港事件爆发后,危地马拉在12月11日紧随美国向德国宣战,两国处于敌对与战争状态。1943年11月,危地马拉当局以他是敌国侨民为由逮捕了诺特波姆,将其交给美国军事当局扣押,并查封了其财产,1944年12月又撤销了把他登记为列支敦士登公民的行政决定。战争结束后,诺特波姆在1946年获释,于是他向危地马拉驻美国领事馆申请返回危地马拉以及恢复其列支敦士登国籍,但遭到拒绝。于是,诺特波姆只能暂时定居在列支敦士登。1949年5月,危地马拉通过立法决定,对任何具有敌国国籍的私人或公司的财产一律没收,据此诺特波姆被查封的财产全部被没收。1951年12月,列支敦士登政府对诺特波姆实行外交保护,向国际法院提起诉讼,要求危地马拉政府归还诺特波姆的财产并赔偿其损失。1955年4月,国际法院做出判决,驳回原告请求,支持被告抗辩,认为国籍属国内管辖事务,但国籍是个人与国家具有法律联系的基础和象征,也是国家行使外交保护的唯一依据,国籍应该基于个人与国家实际有效的联系,即惯常居住地和利益中心地、家庭、公共关系联系、对特定国家的感情依恋等,而诺特波姆与列支敦士登并无这种实际有效联系,其获得列支敦士登国籍只是为了以中立国国民身份取代敌侨身份,因此列支敦士登不能以行使外交保护权的理由来反对危地马拉的法令。

为了解决以上各国国籍法间的冲突,从20世纪30年代起国际社会就陆续制订了若干有关国籍问题的国际性公约,这些法律文件主要有:1930年4月由国际联盟推动在海牙签订的《关于国籍法冲突的若干问题的公约》《关于某种无国籍情况的议定书》和《关于双重国籍某种情况下兵役义务的议定书》,二战后由联合国国际法委员会推动在 1954 年 9 月通过的《关于无国籍人地位的公约》、1957 年 1 月通过的《已婚妇女国籍公约》以及 1961 年 8 月通过的《减少无国籍状态公约》等。然而,具体的国籍法仍主要由各国自行制定,其内容一般都涉及国籍的取得与丧失以及避免国籍冲突的方法等。

国籍的取得与丧失

国籍的取得,即指一个人通过某种方式取得某一个国家的国民资格。一般而言,这一取得主要通过两种方式来实现,即出生和加入。国籍的丧失则是指一个人由于主观或客观原因失去其所具有的某个国家的国民资格。

出生取得国籍 出生是一个人取得国籍的主要方式,即绝大部分人的国籍都是通过出生自然获得的,因此通过这一方式取得的国籍也被称为原始国籍。然而,在一个人出生后确定其国籍时,每个国家所依据的原则并不相同。从国家实践来看,一般依据的原则主要有三种,即血统主义原则、出生地主义原则和二者混合原则。

所谓血统主义原则,即以父母的国籍来确定一个人的国籍,子女出生时无论生于何地都自动取得父母的国籍。再进一步细分的话,血统主义原则又可分为单系血统主义和双系血统主义。单系血统其实往往就是指父系,即子女的国籍依据父亲的国籍而定。在一些历史悠久的国家,往往重视男子,即采取父系血统主义。目前,世界上仍有个别国家采用这一原则。不过随着世界妇女地位提高,即使采用血统主义的国家也多为双系血统主义,即子女的国籍既可依据父亲也可依据母亲的国籍而定。

所谓出生地主义原则,即不论父母具有哪个国家国籍,子女在出生时即自动取得出生地所属国国籍。在历史上,美洲国家因地广人稀,需要大量移民,多采用出生地主义原则。但是,这样的原则有可能会对本国领土上的外国人所生子女或生活在外国的本国人所生子女的国籍造成混乱,出现双重国籍或无国籍现象,因此目前已经几乎没有国家采用这一原则。

在实践中,目前绝大部分国家采用血统主义原则和出生地主义原则相结合的混合原则。有的国家采用以血统主义为主兼采出生地主义原则,有的国家采用以出生地主义为主兼采血统主义原则。例如,中国等国家就是采用以血统主义为主兼采出生地主义的混合原则。《中华人民共和国国籍法》第 4 条、第 5 条和第 6 条分别规定:"父母双方或一方为中国公民,本人出生在中国,具有中国国籍。父母双方或一方为中国公民,本人出生在外国,具有中国国籍;但父母双方或一方为中国公民并定居在外国,本人出生时即具有外国国籍的,不具有中国国籍。父母无国籍或国籍不明,定居在中国,本人出生在中国,具有中国国籍。"① 而美国等国家则是采用以出生地主义为主兼采血统主义的混合原则,美国有关法律规定:"凡出生或归化于合众国并受其管辖之人,皆为合众国及其所居之州的公民。""出生在美国境外及其在外领地的人,其双亲中一人是外国人,而另一人是美国公民,在出生时即为美国国民和公民。"②

加入取得国籍 加入是指某人从某国的国民转变为另一国家的国民,即改变国籍。这一转变也被称为入籍或归化。由于通过加入取得的国籍是在原始国籍之后得到的新国籍,因此这样的国籍也被称为继有国籍。

通过加入取得国籍一般有两种情形,即主动加入与被动加入,或主观加入与客观加入。前者指欲取得新国籍者自愿申请加入某国的国籍,后者指某些人由于法律规定或领土变更等客观原因被动地改变国籍。对于主动或主观申请加入某国国籍的申请者,接受国并无必须接受的义务,而是一般会规定加入必需的一些基本条件,如会有年龄、连续居住时间、文化程度、财产状况、固定职业与住所、行为表现等条件限制,甚至有些国家还会有政治和宗教信仰方面的限制。不过,这些限制不能违反国际法的平等原则,如不能采取歧视性原则,特别禁止某国或某一种族的人申请加入。

被动或客观加入的情形一般是婚姻或收养以及领土变更引起的。例如,有些国家的国籍法规定外国妇女与本国男子结婚即自动取得本国国籍,或因丈夫国籍改变妻子的国籍也相应改变等。不过,1957年1月通过的《已婚妇女国籍公约》第1条和第2条规定:"缔约国同意其本国人与外国人结婚者,不因婚姻关系之成立或消灭,或婚姻关系存续中夫之国籍变更,而当然影响妻之国籍。""缔约国同意其本国人自愿取得他国国籍或脱离其本国国籍时,不妨碍其妻保留该缔约国国籍。"③ 目前,为了显示男女平等和尊重妇女,大部分国家都采取婚姻不影响国籍原则,如结婚妇女想要取得丈夫的国籍,或丈夫想要取得妻子的国籍,一般要按照自愿申请加入的程序,履行必要法律手续后改变国籍。

---

① 白桂梅、李红云编:《国际法参考资料》,北京大学出版社2002年版,第391页。
② 转引自王铁崖主编:《国际法》,法律出版社1995年版,第170页。
③ 王铁崖、田如萱编:《国际法资料选编》,法律出版社1982年版,第142页。

关于收养加入，虽然各国法律不尽相同，但被收养者一般都可以自然获得养父母国籍，或需要履行必要的法律手续。领土变更对国籍的影响，则一般需要根据当事国间的协议和个人自愿，或随领土变更，或仍保留原有国籍成为侨民。

此外，关于加入取得国籍的效力问题，即这样的国籍是否及于配偶和子女以及同那些通过出生取得的国籍在法律地位和政治权利方面是否存在差别，每个国家的法律也不尽相同。一般而言，这样的国籍都只限于个人而不及于他人，即并不影响其配偶和子女的国籍。在法律地位和政治权利方面同那些具有原始国籍的国民相比，一般不会有明显差别和歧视，但在某些特殊权利方面有时会有一些差别，例如美国宪法第 2 条规定：通过加入取得美国国籍的国民永远不能当选为美国总统。

丧失国籍　国籍的丧失同国籍的加入恰好相反，指一个人由于主观或客观原因失去其具有的某一国家的国民资格。主观原因，即自愿申请退籍或自愿选择他国国籍（若该国不承认双重国籍）；客观原因，则是由于婚姻、收养、领土变更以及被剥夺等非自愿原因失去国籍。当然，自愿申请退籍也需要遵守本国有关法律，经国籍国同意并履行有关法律手续后才能退籍，客观上被迫丧失国籍也并不意味着个人丝毫没有选择权利，由于婚姻、收养和领土变更被迫改变国籍时往往也要考虑个人意愿。除非由于被剥夺丧失国籍，被剥夺国籍的个人没有丝毫选择权利，完全是被迫的。一般而言，只有对某些犯有危害国家罪、叛国罪或其他重大政治罪行的个人才有可能剥夺其国籍。例如，1917 年俄国革命后，当时的政府对一些旧政权官员或白俄（即俄国革命时离开俄国的俄裔居民）剥夺了其国籍。但是，从国际法角度而言，通过剥夺使一些人丧失国籍的做法并不受到肯定，因为 1948 年 12 月联大会议通过的《世界人权宣言》第 15 条规定："（一）人人有权享有国籍。（二）任何人的国籍不得任意剥夺，亦不得否认其改变国籍的权利。"[1]目前，已很少有国家采用剥夺的方式使自己的国民丧失本国国籍。

关于丧失国籍的效力问题，首先涉及的仍然是影响范围，即是否及于配偶和子女。在这个问题上，同加入一样，一般只涉及丧失国籍者本人。其次，因剥夺丧失国籍，还会涉及其他国家是否承认这一剥夺的法律效力的问题。从国际

---

[1]　白桂梅、李红云编：《国际法参考资料》，北京大学出版社 2002 年版，第 91 页。

关系实践来看,虽国际法对此并不给予肯定,但一般国家对其他国家剥夺本国国民国籍的效力是给予承认的。

国籍的冲突

如前所述,由于各国国籍立法依据原则不尽相同,所以就不可避免会出现国籍的冲突。如果两个国家或多个国家的国籍法出现重叠,导致某些人可同时是这两个或多个国家的国民,即某些人具有双重或多重国籍,那么这样的冲突被称为积极的冲突。如果某些国家的国籍法之间出现空白,导致某些人不能成为任何国家的国民,即这些人无法取得任何国籍,那么这样的冲突被称为消极的冲突。从国际法角度而言,无论是积极冲突造成的双重或多重国籍现象,还是消极冲突造成的无国籍现象,都属于不正常情形,因此应设法避免出现或出现后要加以补救。

在双重或多重国籍情形下,一个人同时与两个或多个国家间存在固定的法律联系,既享受作为两国或多国国民拥有的权利,但同时也需要承担两国或多国国民应该承担的义务。这些人可能受到两个或多个国家的外交保护,但同时也会被要求对两个或多个国家履行效忠义务。这种情形有时会引起有关国家间的矛盾和冲突。例如,1812年英国曾拦截美国船只要求已加入美国国籍的英国国民服兵役,因为英国当时的国籍法并不承认英国国民加入外国国籍,但此举引起美国不满,甚至成为后来英美两国爆发战争的原因之一;1915年一战期间,一些已加入美国国籍的法国人在法国被扣留并被要求服兵役,甚至一些身居美国并已加入美国国籍的法国人也被通知回国服兵役,此举也曾引起美国抗议。尤其当这两个或多个国家间处于敌对或战争状态时,那些拥有双重或多重国籍的人会处于非常尴尬和困难的境地,因为这些国家可能都会要求这些人服兵役或尽其他义务,而这些人对其中某个国家尽的任何义务都会被其他有关国家视为叛国或至少这些人被视为敌国国民。

在无国籍情形下,那些不具有任何国家国籍的人将无法享受任何国家赋予的权利。例如,他们无法享有任何特定国家的国民应该享有的选举与被选举权等政治权利,当其利益受到侵害时也难以寻求任何国家的保护。

因此,有关国际法规则和一些国家的国籍法都对有关国籍的冲突做了相应规定,尽量消除国籍的冲突。不过,从国际关系实践来看,通过国际社会和各个国家共同努力,由消极冲突造成的无国籍现象确实在减少,因为国际法为了消除无国籍现象形成了若干公约及其规则,大部分国家的国籍法也尽量避免出现某些人无国籍的现象;但与此同时由积极冲突造成的双重或多重国籍现象却并未减少,反而随着全球化趋势的加强,越来越多国家承认双重或多重国籍,有越来越多的人拥有双重或多重国籍。

第二节　外国人的法律地位

所谓外国人,指在一国境内而不具有该国国籍的人,一般包括具有其他国家国籍或无国籍的人。根据国家主权原则,任何国家都有权对本国境内的一切人和事物行使管辖权,即外国人也必须接受所在国管辖。因此,一个国家应如何对待外国人,或外国人在本国境内应具有何种法律地位,就成为每一个国家必须面对的问题,尤其在目前各国国民频繁来往的情形下,这一问题就显得更为重要。一般而言,每个国家都会以国内法形式规定有关外国人法律地位的规则,但就如同其他涉及外国的国内法一样,这些规则必须符合国际法基本原则和一般规则。目前,并不存在有关外国人法律地位的国际公约,但在国际关系实践中逐渐形成了一些与之相关的习惯国际法规则,各国制定的有关外国人法律地位的国内法规则一般也会遵守这些习惯国际法规则,从而形成各国大致相同的法律规则。在这些规则中,一般会包括有关外国人出入境的规定和有关外国人居留及其待遇的规定以及与外国人的待遇相关联的有关外交保护的规定等。

外国人的出入境规定

外国人的出入境,即外国人离开或进入某个国家国境和领土范围的行为。按照国际法一般规则,决定外国人如何出入一个国家的国境完全是该国内政,即一个国家有权自行决定是否允许外国人离开或进入本国国境。一般而言,各个国家都会允许外国人出于合法目的并在履行必要手续后离开或进入本国国境。

按照现行国际习惯与各个国家的实践,外国人在进入一个国家前,应该以自己的合法有效证件向该国提前提出申请并获得批准,即该国在申请者合法有效证件上签发入境签证。有些国家出于相互信任和友好或别的原因,也可以通过协议相互免去签证,即这些国家的国民不需要提前提出申请即可进入对方国家国境,当然在入境时也需要办理一些必要手续。至于外国人离开一个国家的国境,一般并不需要提前提出申请,只要是正常合法,该国就没有理由拒绝,而且在实践中也几乎没有国家会拒绝一个合法入境并想要合法出境的外国人离开国境,在其出境时同样也需办理一些必要手续。

然而,为了保护国家安全和其他利益,国家也可以禁止某些外国人出入境或强迫某些外国人出境,如禁止可能对国家安全造成威胁的人、传染病和精神病患者、刑事犯罪分子以及从事不正当职业者入境,或禁止身负司法案件或债务、捐税义务者出境,或强迫驱逐某些危害国家安全的外国人出境等。不过,这些强制性限制行为须符合国际法的平等和非歧视原则,不能以某一特定国家、特定民族、特定种族或特定肤色的外国人为对象禁止其出入境或强迫驱逐其出境。

外国人的居留及其待遇规定

当外国人合法进入某个国家后,即处于在该国居留的状态,并根据其向该国申请和被批准的时间规定做短期、长期或永久居留。在居留期间,外国人的权利与义务由居留国法律规定。这些法律规定一般会涉及保障外国人人身权、财产权、著作权、发明权、劳动权、受教育权、继承权、婚姻家庭权、诉讼权等合法权利的内容,不过外国人一般并不能享受选举与被选举或担任公职等政治性权利。与此同时,外国人在居留期间须遵守居留国的法律和法令,接受居留国管辖,缴纳合法必要的捐税等,但并不需要为居留国承担服兵役等政治性义务。

究竟应给予外国人何种待遇,每个国家的法律规定可能会有所不同。某些国家间已通过条约或协定规定相互给予对方国民某种待遇,一些国际多边公约和习惯国际法中也体现了一些有关外国人待遇的国际法规则。这些规则通常给予外国人的待遇主要有:(1)国民待遇;(2)最低限度国际标准待遇;(3)最惠国待遇;(4)差别待遇。

国民待遇 国民待遇标准最早由拉丁美洲国家提出,指国家在一定范围内给予外国人与本国国民相同待遇,即二者在一定范围内享受同样权利和承担同样义务。目前,大部分国家都相互按照国民待遇标准对待对方国民。不过,外国人毕竟不同于本国人,即使不包括政治性权利和政治性义务在内,实际上也很难做到广泛意义上的国民待遇。比如,在人身、财产、继承、诉讼等一般性权利方面,基本上每个国家都能给外国人以国民待遇,或在这些方面也容易做到外国人与本国国民待遇相同,但在公用事业、金融业务、土地及自然资源开发、律师及医生等职业这些经济或社会权利方面,很多国家仍对外国人有某些限制。

最低限度国际标准待遇　最低限度国际标准待遇最先由西方国家提出和主张,即不论某一国家本国国民待遇如何都应设定一个最低限度国际标准待遇对待外国人。早期,西方国家提出这一标准的目的,主要在于保护居住在海外的本国国民利益,但这一标准缺乏对居留国实际情况的尊重,甚至西方国家据此获得了一些特权,如殖民主义时代的领事裁判权等。所以,一些国家以国民待遇标准反对这一标准。例如,1933年一些美洲国家签订的《关于国家权利和义务的蒙得维的亚公约》就规定:"国家的管辖权在领土范围内适用于所有居民。本国人和外国人受到该国法律和国家当局的平等保护,外国人不得主张本国人所享有的权利以外的其他的或更广的权利。"①

不过也必须承认,最低限度国际标准待遇在国际法领域仍然存在②,而且在非殖民化和全球化时代,这一待遇标准客观上也有利于促进世界人权状况的发展,对促使国家改善本国的人权状况也可以起到一定的积极作用。

最惠国待遇　这里的最惠国待遇是指一国给予另一国国民的待遇不低于目前和将来给予任何第三国国民的待遇。历史上,西方国家曾利用坚船利炮强迫一些国家接受片面的最惠国待遇条款,即保证本国国民在海外能享受到最好的外国人待遇。目前的最惠国待遇,一般都会通过双边或多边条约或协定的形式相互给予,而且一般不会高于国民待遇。不过,最惠国待遇有时会附带一些条件或限制,如一般不适用邻国、关税同盟、自由贸易区、经济共同体等范围内的优惠条件。

差别待遇　差别待遇是指国家给予外国人不同于本国国民的待遇。这一不同既有可能是高于国民待遇,也有可能是低于国民待遇,如给予外国人投资免税或治外法权等高于国民的待遇,或外国人被禁止参与某些经济和社会活动,从而被给予低于国民的待遇。不过,只要不存在明显的诸如根据民族、种族、性别、国别等理由施加的歧视,差别待遇就不能说违反国际法,而应被视为国民待遇的一种例外。例如,1932年2月国际常设法院在"关于在但泽的波兰国民问题"咨询意见中,即承认了本地居民和外来居民合理的差别待遇。

---

① 转引自白桂梅:《国际法》,北京大学出版社2015年版,第271页。
② 参见〔英〕詹宁斯、瓦茨修订:《奥本海国际法》第一卷第二分册,王铁崖等译,中国大百科全书出版社1998年版,第330页。

关于在但泽的波兰国民问题

但泽原为德国领土的一部分,其居民绝大部分是德国人,但一战后根据《凡尔赛条约》有关条款规定,其被作为自由市交给国际联盟管理,其对外事务则交由波兰政府处理。为保证居住在但泽的波兰人的权益,在国际联盟保证下一系列有关保护波兰少数国民的规定得以制定。1930年9月,波兰驻但泽的外交代表要求国际联盟驻但泽的高级专员就波兰国民在但泽遭受不公正待遇问题做出决定,以保证他们与但泽的居民享有同等待遇。国际联盟行政院对是否应该对此做出决定以及如何解释有关规定中关于禁止歧视波兰国民的条款问题,请求国际常设法院发表咨询意见。1932年2月4日,国际常设法院就此发表咨询意见认为,波兰须能够证明但泽市违反了其承担的国际义务,国际联盟才能对此做出决定,而且不能同意波兰主张的所有波兰国民都应该享有与但泽市民同样的待遇,即但泽市居民与非居民间的差别待遇是合理的。

外交保护 所谓外交保护,指一国通过外交或国际司法途径对遭受外国侵害并遭受损失的本国国民的合法权利进行保护。过去,国家实施外交保护的事项仅限于发生在侵害地国的行为,但目前这一范围已经有所扩大,其他国家不论在何处侵犯了本国国民利益,本国都可以实施外交保护。例如,2004年5月联合国国际法委员会通过的《关于外交保护的条款草案》第1条就规定:"外交保护是指一国对于另一国国际不法行为给属于本国国民的自然人或法人造成损害,通过外交行动或其他和平解决手段援引另一国的责任,以期使该国责任得到履行。"[①]不过,外交保护完全是一个国家的主权权利,其受益者虽是该国国民,但这并不意味着个人有权要求本国政府给予外交保护,即国家可以自由决定是否为本国国民行使这一权利。

至于实施外交保护的具体方式,一般包括抗议、要求赔偿、向国际法院起诉等。也就是说,当国家遇到需要对本国国民实施外交保护的情形时,国家可根据实际情况决定采取哪种方式进行保护。

此外,按照国际法有关规则,一个国家实行外交保护必须具备两个条件:(1)被保护人必须具有保护国国籍;(2)在所在国已经"用尽当地救济"。其中,第一个条件不言而喻,因为外交保护是对本国国民的保护,确定某人是否为本

[①] 转引自白桂梅:《国际法》,北京大学出版社2015年版,第275页。

国国民的唯一依据就是国籍。当然,这一国籍必须是持续有效的国籍。第二个条件的所谓用尽当地救济,主要是指受侵害者在侵害国内已经用尽了当地的法律救助,否则受侵害者的国籍国不能主张行使外交保护。例如,1959年3月国际法院在瑞士同美国间的"国际工商业投资公司案"中拒绝了瑞士提出的诉讼请求,就是认为该案并未用尽当地救济。

国际工商业投资公司案

1942年二战期间,在瑞士注册但由德国控制的在美公司国际工商业投资公司被美国政府没收。1945年2月战争即将结束时以及1946年5月战争结束后,美国、英国、法国三国同瑞士签订协定,规定瑞士将冻结德国在瑞士的财产,同时美国也承诺不冻结瑞士在美国的资产。1948年1月,瑞士认为国际工商业投资公司属于瑞士公司,因此要求美国政府解冻对该公司的扣押,但被美国拒绝。于是,该公司在美国地区法院提起诉讼,要求美国政府返还公司财产,被美国地区法院以程序性理由驳回。在这种情况下,瑞士于1957年10月向国际法院提出诉讼,要求美国进行赔偿,但美国在抗辩中提出此案在美国的诉讼中并未用尽当地救济,与此同时美国最高法院也同意复审此案。1959年3月,国际法院做出判决,支持美国提出的抗辩理由之一,即该项诉讼并未用尽当地救济,因此不接受瑞士的诉讼请求。后来,美国与瑞士达成协议,卖掉由美国扣押的公司股份,美国与瑞士双方平分其收益。

外交保护这一国际法规则虽可以在一定程度上维护本国国民的合法权利,但也有可能成为一些国家干涉别国的借口。历史上,一些西方国家就曾经利用外交保护主张本国人在其他国家享受某些特权,并以此来干涉别国内政。因此,19世纪末阿根廷法学家卡尔沃曾对外交保护提出异议,反对外国人享有比本国国民更多的权利,而且要求外国人在签订有关投资或其他类似契约时,必须承诺只接受所在国国内法管辖,不得请求本国政府的外交保护。[1] 卡尔沃的这一主张在反对外国藐视本国法律以及避免外国干涉方面具有积极意义,但也存在着明显不足,因为外交保护早已是国际法惯例规则,不承认它并不意味着

---

[1] 卡尔沃的这一主张一般被称为"卡尔沃主义"或"卡尔沃条款",对第三世界国家有比较大的影响,而且也在一定程度上得到了国际社会的接受。

它不存在,而且外交保护并不总是成为干涉别国的工具,在大部分情形下它发挥的作用是积极的,有利于促进各国对别国国民的尊重和促使国家更好地维护本国国民的合法权利。更何况,外交保护是属于国家的一种权利,任何个人无权放弃本不属于自己的权利。

难民的法律地位

难民同样也是外国人,即在一国境内不具有该国国籍或无国籍的人,但难民又不同于一般外国人,而是一些特殊的外国人,因为他们离开自己国家进入其他国家的过程不同于一般情况下外国人正常的出入境或正常居留,因此这些人的法律地位较之一般外国人就更为特殊。

难民问题引起国际社会关注以及成为国际法规范的内容,是一战后的事情,因为在这场大规模战争之后,出现了很多滞留国外难以返回家园的人。1921年6月,国际联盟设立难民事务高级专员一职,由挪威人弗里乔夫·南森(Fridtjof Nansen)担任,负责保护和救援这些滞留国外一时难以返回家园的人。为得到世界各国对难民问题的关注和对难民事务的支持,在国际联盟及其难民事务高级专员主持下,一些有关难民问题的条约或协定得以制定,如1933年《关于难民国际地位的公约》,各缔约国承诺为有关难民承担一些确定义务。二战后,国际社会继续关注难民问题,1950年1月,联合国成立了难民事务署,1951年7月联合国有关会议通过《关于难民地位的公约》,1967年1月联合国又通过了作为对1951年公约的修改和补充的《关于难民地位的议定书》。

那么,难民究竟是些什么样的外国人呢? 根据《关于难民地位的公约》以及《关于难民地位的议定书》的定义,难民是指"因有正当理由畏惧由于种族、宗教、国籍、属于某一社会团体或具有某种政治见解的原因留在其本国之外,并且由于此项畏惧而不能或不愿受该国保护的人;或者不具有国籍并由于上述事情留在他以前经常居住国家以外而现在不能或者由于上述畏惧不愿返回该国的人"[①]。也就是说,难民是一些由于种族、宗教、国籍、政治见解等原因受到迫害并存在恐惧而不得不居留在国外或离开自己家园,不能或不愿返回自己国家的人。不过,这只是狭义的难民定义,或这种意义的难民也被称作"公约难民",即

[①] 《关于难民地位的公约》第1条第1款。王铁崖、田如萱编:《国际法资料选编》,法律出版社1982年版,第246页。

完全符合公约规定定义的难民。二战后，难民概念的范围有所扩大，战争、饥荒、自然灾害或环境污染等原因造成的被迫离开家园在国外寻求避难的各种各样的人也被称为难民，即所谓难民已不仅是由于某人的某种身份特征或政治见解受到迫害的政治性难民，也包括战争、饥荒、自然灾害、环境污染等原因造成的战争难民、经济难民、灾害难民、环境难民等。因此，完整准确的难民概念应该是：由于政治、战争、自然灾害等原因被迫流落他乡，处于本国或经常居住地之外且得不到国籍所属国保护或不希望接受这一保护的人。

在实际情形下，某些人基于以上一些原因在其他国家申请避难时，是否能够被认定为难民，则还需要所在国以及负责难民保护与援助的国际机构进行认定。一般而言，符合公约规定或由国际习惯承认的原因造成的避难者，都应被认定为难民。但是，有些人被规定不能被认定为难民，如《关于难民地位的公约》第1条第6款就规定："本公约规定不适用于存在着重大理由足以认为有下列情事的任何人：（甲）该人犯了国际文件中已作出规定的破坏和平罪、战争罪或危害人类罪；（乙）该人在以难民身份进入避难国以前，曾在避难国以外犯过严重的非政治性罪行；（丙）该人曾有违反联合国宗旨和原则的行为并经认为有罪。"①

一个人提出申请并经所在国及负责难民保护与援助的国际机构认定为难民后，即可按照所在国法律享受应有权利及承担义务。具体的权利与义务由所在国法律规定，不过一般都应获得除政治权利与政治义务之外的国民待遇，或不低于一般外国人所受待遇。例如，难民在所在国应享有不受歧视、宗教自由、婚姻、财产、知识产权、结社、诉讼、就业、公共福利救济、公共教育、行动自由、资产转移等一般性权利，当然也必须承担义务，遵守所在国法律和规章以及为维持公共秩序采取的措施。② 不过实际上，对于那些大规模的难民来说，他们在所在国往往处于边缘地位，有些权利很难真正享受到。例如，二战后若干次中东战争造成的大量巴勒斯坦难民，至今仍散落和滞留在中东各国境内，其处境仍是国际社会难以解决的一个问题。

国家并无主动接收难民的义务，或者说国家有权通过不给予难民地位来拒

---

① 王铁崖、田如萱编：《国际法资料选编》，法律出版社1982年版，第248页。其中第2目中的"严重的非政治性罪行"，书中原文为"严重政治罪行"，有误。
② 参见《关于难民地位的公约》第2—30条。同上书，第248—256页。

绝其入境和居留及可以将已经入境的难民驱逐出境。但是,国家也不能随意采取这些行动,而必须受到一定限制。这些限制性的规则主要有:对那些未经许可进入或居留本国领土但立即主动向有关当局说明正当理由的难民,该国不得因其非法入境而对其加以惩罚,如不予接纳,也应该给其以获得另一国入境许可所需的合理时间和一切必要便利;对于那些合法在其领土内的难民,除非基于国家安全或公共秩序的理由且根据法定程序做出的判决,不得将其驱逐出境,即使在必须如此做的情形下,也应该给其获得第三国入境许可所必需的合理时间;任何国家不得以任何方式将难民驱逐或送回至其生命或自由因他的种族、宗教、国籍、参加某一社会团体或具有某种政治见解而受威胁的领土边界,即所谓"不推回原则"。①

对于任何国家和整个国际社会来说,难民的出现和存在毕竟不是一件好事,所以国际社会在千方百计减少难民的出现和存在,即除去设法消除造成难民出现的各种原因以及救助难民外,对已出现的难民也通过一定方式使其结束难民地位。一般而言,结束难民地位主要有自愿遣返、长期居留或入籍及第三国安置三种方式。自愿遣返即难民本人在遭受迫害的恐惧消失后或导致其成为难民的状态消失后自愿返回本国或自己过去的居住地;长期居留或入籍即难民经所在国批准成为永久性居民或加入其国籍;第三国安置即难民经第三国同意接收后进入该国长期居留或加入其国籍。

第三节 庇护与引渡

庇护指一国对遭受追诉或迫害的外国人准其入境居留、给予其保护并拒绝将其交给其他国家的行为。引渡则指一国应外国请求将其境内被该外国指控为罪犯的人移交给请求国进行审理或处罚的一种国际司法协助行为。也就是说,庇护与引渡基本上是一对相对性概念,庇护即意味着不引渡,引渡即意味着不庇护。

庇护 庇护早期实践可追溯到 18 世纪末法国大革命时期,1793 年的法国

---

① 参见《关于难民地位的公约》第 31—33 条。王铁崖、田如萱编:《国际法资料选编》,法律出版社 1982 年版,第 256 页。

宪法规定:给予为争取自由从本国流亡到法国的外国人以庇护。法国的这一做法在当时主要是为了宣扬自己的革命思想以及保护欧洲国家反对君主专制和支持法国革命的一些革命者,但其实不论什么制度的国家都有一些自己希望保护的外国人,因此后来这一主张和做法逐步被推广至很多国家并得到大部分国家的承认,逐渐成为国际法的一项规则。例如,1928年美洲国家签订了《哈瓦那庇护公约》,1933年又签订了《蒙得维的亚政治庇护公约》。二战后,1948年12月联大会议通过的《世界人权宣言》也承认了庇护权,1967年12月联大会议又通过了《领域庇护宣言》。

按照国际法有关规则,"人人有权在其他国家寻求和享受庇护以避免迫害"[①]。但庇护并非个人的权利,而是国家主权范围内的事务,即是否给予外国人庇护一般由国内法加以规定,以及是否给予某人以庇护完全取决于实施庇护的国家而非被庇护者个人。不过,国家在行使庇护权时也必须遵守国际法有关规定,尤其受到国际法基本原则和国际强行法约束。根据《领域庇护宣言》及其他国际法中有关庇护问题的规定,各国行使庇护权时应遵守下列原则:(1)一国行使主权对符合世界人权宣言规定的人给予庇护时其他各国应予尊重;(2)凡犯有诸如危害和平罪、战争罪或危害人类罪等公认的重大国际罪行的人不得享受庇护的权利;(3)庇护之给予有无理由,应由给予庇护的国家自行决定。[②] 当然,在实际实施庇护时,因为各国对人权的政治标准有所不同,所以各国在判断寻求庇护的人是否符合世界人权宣言的规定方面有时会存在一些差别,在自行决定是否给予庇护和按照国际法是否应给予庇护之间有时也会存在一些差别。

受庇护者主要是由于政治原因受到追诉的人,因此庇护有时也被称为政治避难。当然,庇护对象有时也包括其他因从事科学或创作活动、宗教活动遭受迫害与受到追诉的人。

庇护只能在本国领土内进行,因此庇护也常被称作"领土庇护",但在国际关系实践中也有某些国家在其驻外使领馆或处于别国境内的军舰或商船内给

---

① 《世界人权宣言》第14条第1款。白桂梅、李红云编:《国际法参考资料》,北京大学出版社2002年版,第91页。

② 参见《领域庇护宣言》第1条。王铁崖、田如萱编:《国际法资料选编》,法律出版社1982年版,第265—266页。

寻求避难的人以保护的事例,即在外国领土上保护外国人。这样的保护一般被称为"域外庇护"或"外交庇护",但这种所谓庇护其实并非国际法承认的庇护。例如,1950年11月国际法院对秘鲁与哥伦比亚间的"庇护权案"做出的判决,就不承认所谓域外庇护。不过,国际关系实践仍很难避免类似的事情发生,并且国际法对此似乎显得有些无能为力,最终仍然需要有关国家通过外交谈判加以解决。例如,1956年10月"匈牙利事件"后被匈牙利新政府通缉的匈牙利大主教明岑蒂进入美国驻匈牙利大使馆寻求庇护,虽然匈牙利政府并不承认这一庇护而一直通缉明岑蒂,但无法将其抓捕归案,直至20世纪70年代初东西方关系缓和后,双方经过外交谈判才解决了这一问题,匈牙利政府解除对明岑蒂的通缉,美国大使馆也结束了对明岑蒂的所谓庇护。

庇护权案

1948年10月3日,秘鲁发生未遂政变,次日秘鲁政府即对政变领导人——美洲人民革命同盟领导人托雷进行通缉。三个月后的1949年1月,托雷进入哥伦比亚驻秘鲁大使馆寻求庇护,次日哥伦比亚驻秘鲁大使即通知秘鲁政府,已给予托雷以庇护,并要求秘鲁政府给予托雷离开秘鲁所需要的通行证。此举当然被秘鲁政府拒绝,于是秘鲁与哥伦比亚两国政府就此进行外交谈判。几个月后,两国外交谈判仍难以取得一致,于是两国同意将此事交由国际法院解决,并由哥伦比亚向国际法院提出诉讼。1950年11月,国际法院做出判决,认为国际法不能承认有损领土主权的外交庇护,因为它与领土庇护不同,特别是避难者置身于罪行发生地领土范围内,外交庇护有损领土国主权,构成对纯属该国管辖事项的干涉。但是,国际法院判决后,围绕如何实施判决两国再生争端,秘鲁要求哥伦比亚使馆交出托雷,但哥伦比亚使馆仍然让托雷居住在使馆内,于是两国再次将此事交由国际法院审判。1951年6月,国际法院再次做出判决,认为哥伦比亚必须结束对托雷的所谓庇护,但同时又认为哥伦比亚并无将托雷送交秘鲁当局的义务。后来,两国又经过长期外交谈判,终于在1954年4月达成协议,秘鲁政府同意托雷离开秘鲁。

此外需要注意的是,国际法虽承认国家的庇护权,但同时也要求庇护国不使本国领土被利用作为政治活动甚至危害别国安全的基地,即国家有义务对受到庇护的外国人的政治活动加以必要限制。例如,《领域庇护宣言》第 4 条就规定:"给予庇护之国家不得准许享受庇护之人从事违反联合国宗旨与原则之活动。"①

引渡 相对于庇护制度而言,引渡制度具有更为久远的历史。据说在公元前 13 世纪古埃及法老拉美西斯二世(Ramesses Ⅱ)与位于小亚细亚半岛的赫梯帝国的国王哈图希里三世(Hattusili Ⅲ)签订的和平条约中,就有有关相互引渡政治难民与逃犯的条款。在近代国际关系中,引渡制度起源于 18 世纪欧洲一些君主间的政治交易,即这些君主间相互承诺将对方国家中因为反对君主制度或信奉不同宗教逃到本国范围内的所谓罪犯交还给对方审判。从 18 世纪末开始,一些欧美国家通过签订双边条约或国内立法的形式逐渐确立了引渡制度,以遣送那些被指控为罪犯而逃离本国的人。例如,1794 年美国和英国签订的《美英友好、贸易和航海条约》,亦称《杰伊条约》中就有有关引渡的条款,这一条约也因此被认为是最早体现近代引渡制度的一项条约;1833 年,比利时颁布了世界上第一部引渡法《引渡法大纲》;1870 年,英国也颁布了《引渡法》,这一部法律成为后来其他国家在国内立法中引入引渡制度的范本。19 世纪末以后,世界一些地区的国家间又通过多边条约形式建立起了相互引渡制度。例如,美洲国家在 1899 年和 1902 年曾缔结有关引渡的条约,并最终在 1981 年缔结了有效的《美洲引渡公约》;1957 年,一些欧洲国家间也缔结了《欧洲引渡公约》。1990 年 12 月,联大会议又通过了《引渡示范条约》。

引渡同庇护一样,也属于一国主权范围内事务,即国家并无引渡的义务,除非通过条约承担了这样的义务。不过,国家在行使引渡权利时也需要遵循一些被各国普遍接受的原则。根据《引渡示范条约》及国际关系实践,引渡遵循的主要原则有:

(1) 政治犯不引渡原则,即只要被请求国认定某人是由于政治原因受到追诉,即可拒绝将其引渡。当然,各国对政治可能会有不同理解,因此对政治犯的认定也会不同,不过某一罪犯是否属于政治犯一般由被请求国来认定,同时为了防止滥用这一原则,国际法也趋向列举一些不属于政治性犯罪的罪行,如反人类罪、劫机罪等。

(2) 人道原则,即如果被请求国有充分理由确信,提出引渡请求是因为被要求引渡者的种族、宗教、国籍、性别、身份等,或被要求引渡者在请求国内曾受

---

① 王铁崖、田如萱编:《国际法资料选编》,法律出版社 1982 年版,第 266 页。

到或将会受到酷刑或其他残忍、不人道或有辱人格待遇或处罚,则可以拒绝将其引渡。

（3）本国公民不引渡原则,即基于维护国家的属人优越权,大部分国家都不允许向外国引渡本国国民,即使对于犯有罪行的本国国民,也可以主张对其审判而拒绝将其引渡给他国。当然,如果国家愿意放弃这一原则,也并不违反国际法。例如,美国和英国等少数国家并不拒绝引渡本国国民。

（4）双重犯罪原则,或也称相同原则,即被要求引渡者的行为必须是请求国和被请求国双方法律都认定为犯罪并可起诉的行为,该被要求引渡者才可以被引渡。由于各国法律并不完全相同,所以完全有可能对一国而言是犯罪的行为对另一国而言却不属于犯罪。不过,在具有引渡条约的国家间,一般条约会具体规定哪些犯罪为可引渡的犯罪行为,在没有这种规定的情况下则一般会按照被请求国的国内法规定来决定是否引渡。

（5）罪行特定原则,即请求国将某人引渡回国后只能就作为引渡理由的罪行对其进行审判和处罚,而不得对引渡理由之外的其他行为进行审判和处罚,也不得将被引渡回国者再引渡给第三国,除非得到被请求国同意。

（6）请求优先原则,即多个国家都要求引渡某一特定罪犯时,被请求国应将其引渡给哪个国家的顺序原则。例如,1998年10月的"皮诺切特案",就有多个欧洲国家要求引渡皮诺切特到本国受审。从根本上来说,被请求国有权决定将罪犯引渡给哪个国家,不过一般应按照犯罪行为地国、受害国和罪犯所属国的顺序原则决定引渡。也就是说,属地管辖应该最为优先,因为犯罪行为发生在该国,该国具有第一管辖权,其次应该是保护性管辖,因为该国利益受到了损害,也具有管辖的充足理由,最后才是属人管辖,只是因为罪犯是本国国民,所以才要求管辖。如果被要求引渡者犯有多项罪行,则一般罪行最严重的犯罪地国具有优先权,或在仍难以确定时也可按照请求先后顺序来决定。

皮诺切特案

1998年10月16日,智利前总统皮诺切特在英国治病期间突然遭到英国警方逮捕,其理由是西班牙一名法官要求英国逮捕皮诺切特并将其引渡到西班牙受审,因为皮诺切特在其执政期间犯有种族屠杀、虐待与谋杀等罪行。其后,法国、瑞士等一些欧洲国家的司法当局或受害者家属也要求英国将皮诺切特引渡到本国受审。对此,智利政府则认为皮诺切特享有外交豁免权,呼吁英国以人道理由释放皮诺切特。10月28日,英国高等法院裁定皮诺切特享有外交豁免权;但11月25日英国上诉法院推翻高等法院裁决,判定皮诺切特有罪,并将其暂时羁押在英国以等候被引渡。但是,2000年3月,英国宣布皮诺切特因病免于被起诉,并允许其离开英国返回智利。

思考题

1. 国家行使外交保护的基本条件是什么?
2. 如何认识政治犯不引渡的原则?

第七章
国际社会的人权问题与国际人权法

第一节 人权的概念及其历史发展

人权的概念及其基本内容

人权,即人的权利,也就是说"人人生而自由,在尊严和权利上一律平等"①。具体而言,"所谓人权,是指在一定的社会历史条件下每个人按其本质和尊严享有或应该享有的基本权利"②。即在某一特定的社会历史条件下每个人都应享有的基本和不可剥夺的权利,其中最主要的权利有生命权、财产权、自由权、平等权、尊严权及发展权等。简单而言,人权其实包含两方面内容,即人与权利。人,既是自然的人,同时也是社会的人,即人既具有自然属性也具有社会属性。权利则是依附于人的社会属性存在的、人依法应享受的利益。也就是说,权利只具有社会属性,因为权利永远不可能超越一定的社会结构存在,没有社会也就无所谓权利,每个人只有在与其他人共同构成的社会中才有可能谈得上享有权利。

人权概念与制度产生于近代欧洲资产阶级革命过程中出现的"自然权利"学说。1537年,被视为近代人权理论最早奠基人的弗尔默鲁斯(Volmerus)首先提出了人权的概念,并且将这一概念同法治联系在了一起。③ 1625年,格劳秀

---

① 联合国《世界人权宣言》第1条。白桂梅、李红云编:《国际法参考资料》,北京大学出版社2002年版,第90页。
② 中国人权研究会编:《中国人权年鉴》,当代世界出版社2000年版,第3页。
③ 朱锋:《人权与国际关系》,北京大学出版社2000年版,第10页。

斯在《战争与和平法》中,专门就人的权利问题进行了论述,认为人作为人拥有自然的权利,这种权利是人作为理性动物必需的,国家就是建立在这一人类理性必需的权利之上的产物,因此国家必须尊重个人的这一权利。随后,托马斯·霍布斯、洛克、卢梭和约翰·斯图尔特·密尔等人对近代人权概念的形成与完善发挥了极为重要的作用。霍布斯提出自然状态和国家起源学说,认为国家就是生活在自然状态下的人们为保障自己的自然权利通过订立"契约"形成的,因此国家需要保障个人的基本权利。洛克同样从自然权利的学说出发,提出了"天赋人权说",即不需要通过特意规定,每个人就拥有某些自然权利;并且将这些权利具体规定为生命权、自由权和财产权,即认为生命是人得以存在的最高价值,自由是保护生命必需的手段,财产是人们劳动所得及维持生命所需之物,人们建立国家的目的之一就是保障这些自然权利。卢梭更是进一步以自然权利学说将人权与政治实践相结合,不但主张人生来就拥有不可让予的基本权利,而且认为当这些权利受到威胁或得不到保证时人们还有为捍卫和争取这些权利进行革命的权利,即推翻暴政的权利。密尔则主要从自由的角度论述了人的自然权利,认为自由就是社会权力的合法使用,其目的就是保护个人的自然权利免遭社会侵犯。总之,按照自然权利学说,只要作为人,就自然拥有某些永远不可剥夺和不可侵犯的基本权利,即固有权利,具体而言就是为了生存和尊严必须享有的生命权、自由权、财产权等权利,也就是人权。

19世纪中期后,马克思同样对人权理论做出了巨大贡献。马克思在自然权利学说人权观基础上,深刻揭示了"天赋人权"的历史局限性及其抽象性和虚伪性。他认为,人权是权利的最一般形式,但人的所有权利都不可能超越一定的社会经济结构而存在,因此并不存在任何社会都会自然赋予人的抽象意义上的所谓人权。资本主义的生产方式造成了社会分裂和阶级矛盾,对于并不掌握生产资料的无产阶级而言,他们并没有真正意义上的人权,所谓生命权、自由权或财产权等权利,对无产阶级而言,不过是在资本的反复运行中能够"自由"出卖自己劳动力的权利和为了维持再生产而至少拥有最低标准生存资料的权利,因此必须改变资本主义生产方式,消灭私有制和阶级,在此基础上才能真正实现"人的解放",即真正的人权。正是在马克思主义指导下兴起的国际工人运动,推动了资本主义社会的自我改良,促使人权向着更广泛的观念转变,即人权不仅表现为注重政治和公民权利的生命权、自由权和财产权等权利,还应包括广泛的经济和社会权利,如工作权、劳动条件权、同工同酬权、社会保障权、受教育权、健康权等。

二战后,鉴于战时法西斯国家对人权的大规模破坏和殖民主义残余势力实行的种族歧视、种族隔离政策,以及殖民体系瓦解和大批新独立国家出现,国际社会在联合国主持下开始更加关注并进一步深入认识人权问题。从20世纪50年代起,禁止实行种族灭绝、种族歧视和种族隔离政策,以及民族自决权、国家独立权、天然资源主权、发展权等内容,也被包括在人权概念和范围内,即人权概念进一步扩大,出现了集体人权的概念。在20世纪70年代之后,进一步出现了环境权、人类共同继承财产权等新的内容。

1977年,联合国教科文组织法律顾问、法学家卡雷尔·瓦萨克(Karel Vasak)正是根据人权在不同阶段的发展提出了三代人权的概念,这一概念之后被广泛采用。第一代人权是17—18世纪产生的人权观念,它与资产阶级革命相适应,主要包括个人的公民权利和政治权利,强调国家应尽量避免对个人行使这些权利的行为进行干预,目的在于保护一国公民的自由免遭国家专制的侵犯。第二代人权主要指19世纪末20世纪初社会主义运动在反对资本主义剥削和压迫过程中提出的经济、社会和文化权利,包括工作权、劳动条件权、同工同酬权、社会保障权、受教育权、健康权等,其特征是要求国家采取干预措施来实现这些权利,以保障全体社会成员的平等和真正的自由,但前提条件是需要进行政治和经济结构的合理性安排。第三代人权即二战后出现的集体人权,主要指民族自决、国家独立与发展以及对自然资源的永久主权、享受国际和平与安全、拥有良好环境和充足食物、接受人道主义援助等权利,其特征是需要整个国际社会的协调与合作。

尽管人权在不同时期有着不同内容,但从总体而言,人权具有一些共同特点,即人权具有起始性、普遍性、平等性、社会性和道义性。起始性即最基本权利,即人之作为人都应当然享有的一些权利,在此基础上才有可能派生出其他权利;普遍性即没有任何差别,不论何种国别、性别、种族、民族、年龄、职业的人都应享有的权利;平等性即每个人都应享有同样的权利,不因其他方面的差别有所不同;社会性即这项权利与社会紧紧相连,权利的真正实现仍有赖于一定的社会结构,离开社会即无所谓权利;道义性即人权这一观念的哲学基础是人类的道德意识,也就是追求公平与正义的人类理想。

世界人权的历史发展

人权概念发展概述 如前所述,人权是近代欧洲资产阶级革命过程中提出的概念,其目的在于反抗当时在欧洲占统治地位的封建王权和天主教会。不过,如再往前追溯,其实在此之前就已有了一些人权思想的萌芽。1215年英国颁布的《自由大宪章》中就有限制王权、确立个人自由的思想。15世纪的意大利文艺复兴运动体现的人文精神,以及16世纪的宗教改革运动对教会权力的蔑视和对个人的重视,都为近代人权概念的出现和形成奠定了重要的思想和社会基础。

16世纪中期,人权理论开始出现,并经过上述一些思想家的阐述和宣扬,逐渐成为新兴资产阶级反对封建王权和天主教会的有力武器,并且直接指导了后来的资产阶级革命。17世纪末期,英国在资产阶级革命后虽然又恢复了王权,但是这时的王权已受到很大限制,1689年10月英国国会通过了全称为《国民权利与自由和王位继承宣言》的《权利法案》,其内容主要就是限制国王权力,保证国会的立法、财政、司法及征兵等权力,以及保障国民的财产、请愿及选举等权利。此后,美国独立和法国大革命更是进一步发展了人权的思想和实践,在国家的政治和法律文件中对人权做出了更加明确具体的规定,甚至使人权成了两国立国的根本,同时也使人权概念逐步在近代资本主义国家的政治和法律制度中得到确认。

1776年6月,弗吉尼亚殖民地议会通过一项权利宣言,声称所有人都生来自由独立并享有拥有财产和追求幸福与安全的天赋权利,以及所有权力均来自和属于人民。不久后的1776年7月4日,包括弗吉尼亚州在内的北美13个英属殖民地联合发表《独立宣言》,向世界宣告美国独立。这一宣言后来被马克思称为"第一个人权宣言"[1],其中宣称:"人人生而平等,造物者赋予他们若干不可剥夺的权利,其中包括生命权、自由权和追求幸福的权利。为了保障这些权利,人类才在他们之间建立政府,而政府之正当权力,是经被治理者的同意而产生的。当任何形式的政府对这些目标具破坏作用时,人民便有权力改变或废除它,以建立一个新的政府。"[2] 1787年,美国制定通过了世界上第一部成文宪法,但其中并没有特别写入和明确国民的基本权利,当然这并非由于宪法制定者们

---

[1] 《马克思恩格斯全集》第16卷,人民出版社1964年版,第20页。
[2] 〔美〕托马斯·潘恩:《常识(插图珍藏版)》,简宁译,新世界出版社2016年版,第159页。

不关心人权,而是因为他们认为既然宪法并没有被特别授权管理诸如出版或集会自由之类的事务,当然也就不需要特别说明国民存在这些权利,但在批准宪法过程中,各州都普遍希望在宪法中明文规定各州以至国民的基本权利。于是,1791年12月,美国国会以宪法修正案的形式通过《权利法案》,其中明确规定:保障公民宗教信仰、言论、出版、集会、请愿的自由;公民有权组织民兵以及具有持有和携带武器的权利;未经主人同意,军队不得随意驻扎民居;公民人身、住宅、财产不受无理搜查和扣押;被告须公开审判并可接受律师辩护和陪审团的审判;对诉讼当事人不得要求超额罚款和进行残忍的惩罚;宪法规定的权利不能用来侵犯他人的固有权利;各州及其人民保留宪法赋予联邦之外的权利。

1789年8月,在法国大革命中发表的《人权和公民权宣言》也明确规定了人权的内容。该宣言宣称:人生而自由平等;政治的目的在于保护人的自由、财产、安全和反抗压迫的权利;主权在民;权利的行使不得侵犯他人的同样权利;未经法律禁止的行为不受妨碍;在法律面前人人平等;任何人不受非法控告、逮捕或拘留;对罪犯依法进行处罚;对无证据者做无罪推定;任何人可自由发表意见和传达思想;公民有言论、著述和出版自由;武装力量只能为公众利益服务;实施平等和公开赋税;任何人的财产不得受到无理剥夺;等等。

19世纪后半期,随着马克思主义的发展和国际工人运动的兴起,人权开始跨越国界,成为国际无产阶级追求的目标。1889年,第二国际在法国巴黎举行代表大会,通过了关于国际劳工立法的决议,提出了八小时工作制、保护童工和女工的利益等国际劳工立法的一些原则,对后来的《国际劳工组织章程》产生了巨大影响。1906年,在瑞士伯尔尼举行的第二次世界劳工会议通过了《禁止在工业企业中雇佣妇女上夜班国际公约》等文件,并向各国开放签字,成为最早的国际劳工保护公约。此外,在各国社会主义和工人运动的压力之下,各国资产阶级政府也开始逐步满足劳动者一些经济、社会和文化方面的权利要求,如一战后德国魏玛共和国于1919年制定的《魏玛宪法》第一次规定了保护公民工作权利的条款。这些国际性公约或国内法律使人权的概念得以扩展,经济与社会方面的权利也成为基本人权的重要组成部分,为世界人权增添了新的内容。

然而,直到二战前,人权问题还基本上被局限在国内范围,在国际社会则缺乏一般性和普遍性。也就是说,国际社会整体上还缺乏对人权问题的足够重视和必要的国际保障体制,即没有形成国际人权保护法律体系。那时的世界性人权仅体现在个别领域,如国际联盟的委任统治制度、保护少数者、废止奴隶制度和禁止奴隶贸易、国际劳工组织的成立及国际劳工标准的制定、战争中的人道主义规则等制度与实践,都部分体现了世界人权在一定程度上的发展。

一战后,国际联盟主持建立了委任统治制度,主要战胜国对战败国的殖民地进行了重新分割和统治,即将过去德国的殖民地和奥斯曼帝国统治下的近东部分领土交由英国、法国、比利时、日本等战胜国进行统治。虽然这种更替统治的方式仍有着强烈的殖民主义色彩,但其中也体现了一些人权内容,如《国际联盟盟约》关于委任统治的制度规定,战败国的殖民地"应适用下列之原则,即此等人民之福利及发展成为文明之神圣任务,此项任务之履行应载入本盟约"①,而且"受委任国须将委任统治地之情形向行政院提出年度报告","设一常设委员会专任接受及审查各受委任国之年度报告并就关于执行委任统治之各项问题向行政院陈述意见"②。二战后,由联合国建立的国际托管制度取代了国际联盟的委任统治制度,将尚未独立的前委任统治地以及割自敌国的附属领土交由美国、英国、法国、比利时、澳大利亚、新西兰等国实施管理。这一新的制度尽管基本上仍是委任统治制度的延续,或者是战胜国对战败国的剥夺,但这一制度也进一步体现了人权的内容。《联合国宪章》规定,建立国际托管制度的基本目的包括"增进托管领土居民之政治、经济、社会及教育之进展,并以适合各领土及其人民之特殊情形及关系人民自由表示之愿望为原则,且按照各托管协定之条款,增进其趋向自治或独立之逐渐发展"和"不分种族、性别、语言或宗教,提倡全体人类之人权及基本自由之尊重,并激发世界人民互相维系之意识"。③ 经过战后几十年时间,目前绝大部分托管地已根据当地居民意愿先后独立或自治。

同样在一战后,欧洲和中东地区政治版图发生了重大变化,尤其是德意志帝国和沙皇俄国的崩溃以及奥匈帝国和奥斯曼帝国的解体,使一些国家重获独立,甚至还出现了一批新国家,如匈牙利、捷克斯洛伐克、南斯拉夫等国。然而,过去奥匈帝国和奥斯曼帝国统治的地区本来就是一个多民族聚居的地区,在这一地区政治版图发生重大变化的同时,一些民族被分隔在了不同国家里,成为某一国家中的少数民族。这些少数民族担心新的国家或新的秩序会威胁其政治利益和文化特性,希望通过国际保证保护其处于少数者地位的权益,同时战

---

① 《国际联盟盟约》第22条第1款。王铁崖、田如萱编:《国际法资料选编》,法律出版社1982年版,第814页。
② 《国际联盟盟约》第22条第7、9款。同上书,第815页。
③ 《联合国宪章》第76条。白桂梅、李红云编:《国际法参考资料》,北京大学出版社2002年版,第11—12页。

胜国也希望避免历史上民族冲突导致国际紧张局势和战争状态的重演,因此通过一系列条约或声明等国际文件规定了对少数者进行保护的内容。例如,1919年6月《凡尔赛条约》签订的同时,英、法等主要协约国和有关国家同波兰签订了关于保护少数者的条约,规定波兰承担对其境内的少数民族实行保护并不加歧视的义务,以及承担为保护少数者种族、宗教和语言的完整性而赋予其所必需的特别权利的义务。随后,英、法等主要协约国和有关国家基本上以同波兰的条约为范本,又先后同捷克斯洛伐克、南斯拉夫、罗马尼亚、希腊等国签订了内容类似的条约,在同奥地利、保加利亚、匈牙利、土耳其等战败国签订的和约的有关条款中也包含了类似内容。此外,阿尔巴尼亚、芬兰、立陶宛、拉脱维亚、爱沙尼亚等国在加入国际联盟时作为前提条件也发表了包含保护少数者内容的单方面声明。尽管这些条约、条款或声明的具体内容并不完全相同,但其中一些最基本的内容是大致相同的,这些相同的部分就包含了提倡和保护人权的内容。归纳起来,这些相同部分主要有:(1)对于居民,不分出身、国籍、种族或宗教,一律保护其生命、自由和宗教礼拜的自由;(2)对于某些居民,一般地保障其自动取得缔约国的国籍,或得到公正的便利以取得该国的国籍;(3)对于国民,保障其在法律前平等,在公民权利和政治权利方面的平等,以及使用任何语言文字的平等;(4)为宗教和教育的目的进行组织的自由;(5)在某一特定少数者占人口相当大的比例的地区中,国家应当以该少数者自己的语言给他们的儿童提供初等教育。[①] 而且,这些条约、条款或声明都不但规定了有关国家要给予被保护的少数者以国内法上的保障,同时还规定将这一保护置于国际联盟担保之下,即国际联盟有权接受有关申诉、进行审查以及将其提交国际常设法院进行审理和判决。二战后,联合国人权委员会在1947年建立了一个防止歧视及保护少数者小组委员会,对保护少数者问题给予了积极关注,不过由于战后整个世界性人权保护的发展,保护少数者问题基本上已被纳入世界性人权保护范围,因此有关保护少数者的专门性国际公约并不多见,有关内容大多出现在一些双边条约中,当然也存在于一些多边性国际协议或公约中,如1994年联合国防止歧视及保护少数者小组委员会通过的《最低人道主义标准宣言》以及1995年欧洲委员会通过的《保护各国少数民族框架公约》等。

---

① 〔英〕詹宁斯、瓦茨修订:《奥本海国际法》第一卷第二分册,王铁崖等译,中国大百科全书出版社1998年版,第349页。

从奴隶贸易到劳工保护　始于15世纪末期、几乎所有西方国家都先后卷入的世界性大规模奴隶贸易及在此基础上建立起来的奴隶制度,虽为近代欧美殖民国家的资本原始积累和世界经济发展做出了贡献,但这一历史现象也是人类历史上最为黑暗和残酷的反人道行为,同时也是对西方国家近代以来一直主张的人权概念及其思想的极大讽刺。在奴隶贸易和奴隶制度的早期,欧洲民间也存在一些反对声音,要求废除这一罪恶的贸易和制度,但这些声音很微弱,没能动摇其基础。随着美国独立战争后北美殖民地市场的丧失,以及受法国大革命中曾宣布禁止在法国殖民地进行奴隶贸易和无条件解放奴隶的影响,作为最大殖民帝国的英国首先开始着手禁止奴隶贸易。1807年,英国国会通过法律,宣布在其殖民地禁止进行奴隶贸易,随后英国又于1814年在同法国签署的《巴黎条约》中成功要求法国同意两国共同推动对奴隶贸易的废止。在1815年2月召开的维也纳会议上,英国又推动与会国家通过了关于禁止奴隶贸易的第一份多边国际文件《关于取缔贩卖黑奴的宣言》,使与会各国在原则上公开和严正地谴责了奴隶贸易。1833年,英国宣布在包括其殖民地在内的全境彻底废除奴隶制度。1841年,英、法、俄、普、奥五大欧洲国家在伦敦签署了《关于取缔非洲奴隶贸易的条约》,规定各缔约国军舰可以在海上搜查所有属于缔约国而被怀疑从事奴隶贸易的商船,如在这些船只上发现奴隶则使这些奴隶立即获得自由。19世纪中期,美国在资本主义发展过程中也被南部的奴隶制所困扰,终于在1861年爆发了南北战争。1863年1月,美国总统亚伯拉罕·林肯颁布《解放黑人奴隶宣言》,宣布给予南部叛乱各州的奴隶以自由。战争结束后,美国国会于1865年通过废除奴隶制的宪法修正案,于1866年和1868年分别再次通过了解放黑奴的宪法修正案。美国奴隶制度的废除,既体现了美国在立国之初就已确立的人权原则,同时也使世界奴隶贸易丧失了最大的市场,给国际社会消除奴隶贸易和废止奴隶制度带来积极的影响。1885年2月,英、美、法、俄、德、意、葡、比等15个国家参加的柏林会议通过了《柏林会议关于非洲的总议定书》,尽管这次会议是欧美列强瓜分非洲的一次分赃会议,但这一议定书中的有关条款也规定要消除奴隶制和禁止奴隶贸易。1890年,有19个国家在比利时首都布鲁塞尔召开专门讨论禁止奴隶贸易的会议,通过了后来被称为禁止非洲奴隶贸易"大宪章"的《关于贩卖非洲奴隶问题的总议定书》,全面详尽规定了为禁止奴隶贸易采取的措施及国际合作,规定各缔约国军舰有权在规定水域对贩卖奴隶的船只进行临检以至扣押,并为有效执行该议定书建立了国际办事处和国际情报署两个常设执行机构。

一战结束后，1919年9月签订的《圣日耳曼条约》规定，废除1890年签订的议定书，但同时缔约国承诺将努力完全禁止奴隶制度及海上和陆上的奴隶贸易。1926年9月，在国际联盟主持下，一些国家在日内瓦签署《禁奴公约》并将其开放供各国签字，规定缔约国将承诺禁止和防止奴隶贸易并逐步和尽快完全禁止一切形式的奴隶制度。

二战后，有关禁止和废除奴隶贸易和奴隶制度的内容，基本上被包括在了《世界人权宣言》和《国际人权公约》以及一些地区性人权公约中，这一问题已成为国际人权保护中最基本的内容之一。然而为了彻底消除这一违背基本人权的罪恶制度，1956年，在联合国经济及社会理事会的建议下，国际社会仍在1926年公约的基础上签订了新的公约，即《废止奴隶制、奴隶贩卖及类似奴隶制的制度与习俗补充公约》，继续强调消除奴隶制度，并将诸如贩卖妇女和儿童等行为也包括在被禁止和消除之列。

也是在一战结束后，面对世界各国日益兴起的工人运动，为解决战后问题举行的巴黎和会设立了一个专门研究国际劳工立法的委员会。1919年3月，该委员会向和会提出报告，建议创设国际劳工组织，这一建议被和会采纳。于是，在国际联盟成立的同时，国际劳工组织也宣告成立，《国际劳工组织章程》也同《国际联盟盟约》及其他和约一样构成了《凡尔赛条约》的一部分。《国际劳工组织章程》规定，创设该组织的主要目的是从正义和人道出发为人们提供"公平和人道的劳动条件"，如具体规定了限制工作时间、防止失业、维持合理工资标准、建立疾病工伤保护制度、设立养老金制度、禁止使用童工、保证男女同工同酬、承认自由结社权利、组织职业和专门教育等原则。在国际劳工组织主持下，国际社会通过一系列国际公约去体现和落实这些原则，促使各国政府给予劳工更多更广泛的权利。1944年，国际劳工组织在其发表的《费城宣言》中重申了以上这些原则，并确定了自己组织国际行动的基本社会目标，即实现"一切人，不分种族、信仰或性别，有权在自由和尊严、经济稳定和机会平等的条件下追求他们的物质福利和精神发展的环境"[①]。二战后，国际劳工组织作为国际联盟仅存的一个国际组织继续存在，并成为联合国专门机构，继续为改善各国劳工工作条件和基本人权发挥作用。1946年，国际劳工组织通过新的《国际劳工组织章程》，上述那些保障劳工基本权利的原则仍被写入其中。后来这些原则以不

---

① 转引自〔英〕詹宁斯、瓦茨修订：《奥本海国际法》第一卷第二分册，王铁崖等译，中国大百科全书出版社1998年版，第356页。

同表述方式体现在了《世界人权宣言》和《国际人权公约》中,国际劳工组织作为各国劳工的特定代表性组织,仍在为维护各国劳工基本权利而努力。在国际劳工组织的主持下,通过了近 200 个维护劳工利益的国际公约。①

战争与战俘保护　自国家产生以来,国家间的冲突与战争就从来没有停止过。在早期的冲突与战争中,冲突各方为了获胜总是会不择手段残酷屠杀对方的作战人员甚至平民,即使不杀死这些人员,也根本不会平等看待他们,更不会善待他们。随着人权观念的出现和发展,人权的概念和内容也开始体现在有关冲突和战争中的人道主义规则中。战争虽残酷,但一般认为战争是为了制服对方以达到某种军事和政治目的,而并非单纯为了杀戮生命。战争中也应遵守人道主义原则。冲突和战争中的人道主义原则,可以说是一些更为基本和原始的人权,即在冲突和战争这种特殊状态下,作为人的基本权利的人权已不是人们在正常的政治、经济和社会生活中追求的自我权利的实现和尊严,而是当人类某些个体遭受灾难无力自救时需要当事方或第三方为其提供的生命或尊严救助。一般而言,冲突和战争中的人道主义规则,主要包含三方面内容,即保护伤病员规则、战俘地位规则和禁止使用某些残酷战争手段的规则。

1859 年,瑞士人亨利·迪南(Henry Dunant)在目睹法国、萨丁尼亚同奥地利间进行的索尔费里诺战役后众多伤者由于未能得到及时治疗而死亡的惨状后,呼吁各国建立志愿救助组织以便在战争时期救助伤病员,并呼吁召开国际会议制定战争时期保护军队医院和医护人员的国际协定。1863 年 2 月,在迪南等人的推动下,瑞士日内瓦成立了一个五人委员会,继续积极推动以上两项活动,该委员会就是红十字国际委员会的前身。一些欧洲国家也先后成立了志愿救助组织,这些组织后来成为这些国家的红十字会。1864 年 8 月,瑞士联邦委员会邀请一些国家的代表在日内瓦召开国际会议讨论改善战时伤病员待遇问题。8 月 22 日,与会的瑞士、法国、比利时、荷兰、葡萄牙等 12 个国家代表签署了《改善战地武装部队伤者境遇的公约》,规定受伤军人应受到接待和照顾,而不论他们属于哪个国家,战时医院及其人员应被赋予中立地位,可享受中立待遇和利益等。1899 年 7 月,在第一次海牙国际和平会议上,与会各国代表签署了《关于 1864 年 8 月 22 日日内瓦公约的原则适用于海战的公约》(海牙第

---

① 《国际劳工组织八项核心公约,美国为何只批准两项》,中国新闻网,2009 年 6 月 24 日,http://www.chinanews.com.cn/gj/gj-bm/news/2009/06-24/1746594.shtml,访问时间:2023 年 4 月 10 日。

三公约)。1906年7月,35个国家的代表在日内瓦召开会议,签署了《改善战地武装部队伤者病者境遇的公约》,对伤病员的概念做了明确界定,赋予其更为明确的法律地位,并具体规定了接待和照顾伤病员的做法等。1949年8月,60多个国家的代表又一次聚会日内瓦,对有关公约进行扩充和修订,关于保护伤病员的内容和规则更为具体地体现在了《改善战地武装部队伤者病者境遇之日内瓦公约》(日内瓦第一公约)和《改善海上武装部队伤者病者及遇船难者境遇之日内瓦公约》(日内瓦第二公约)中,进一步确认了敌对双方伤病员在任何情况下应无区别地被予以人道待遇的原则,禁止对伤病员的生命和人身施加任何危害或暴行,特别是禁止谋杀、酷刑、供生物学实验或故意不给予医疗救助及照顾,医疗单位及其建筑物、器材和人员不受侵犯,但应有明显的白底红十字或红新月等规定的标志。

战争往往涉及战俘问题,但在18世纪前并没有有关战俘地位的规则,战俘一般都会被胜利者杀害或沦为奴隶。1785年,美国和普鲁士签订的通商友好条约第一次明确规定,对战俘应给予正当待遇,禁止使用镣铐囚禁俘虏并将其关押在罪犯监狱中等。在法国大革命爆发后的1792年5月,法国国民议会在其发布的法令中也规定,禁止虐待战俘和对其采取任何残酷行为。在1863年4月美国南北战争期间,林肯总统委托研究法学与政治哲学的学者弗朗西斯·利伯(Francis Lieber)起草了一份有关陆战法规的训令,其中规定基于人道主义精神必须要善待战俘,这份文件后来被称为"利伯法典",影响深远。在1899年第一次海牙国际和平会议上,与会国签订的《陆战法规和惯例公约》附件也涉及了有关战俘的内容,是第一个有关战俘问题的国际多边公约,其中规定战俘须得到人道待遇,在基本生活方面应同俘获他们的部队享受同等待遇,以及战俘享有进行宗教活动的自由等。1907年第二次海牙国际和平会议签订的新《陆战法规和惯例公约》附件重申了1899年公约附件中的内容。1929年,一些国家代表签订了《关于战俘待遇之日内瓦公约》,1949年8月该公约经扩充修订后仍以同样名称成为日内瓦第三公约,其中规定:战俘系处在敌国国家权力管辖之下,而非处在俘获他的个人或军事单位权力之下,因此拘留国应对战俘负责,并给予其人道待遇和保护,战俘除武器、马匹、军事装备和军事文件之外的自用物品,应仍旧归战俘保有,战俘的住宿、饮食及卫生医疗照顾等应得到保障,除适用刑事和纪律制裁外不得对战俘实施监禁,不得命令战俘从事危险性和屈辱性劳动,战事停止后应立即释放或遣返战俘,在任何情况下战俘均不得放弃公约赋予的部分或全部权利,在对某人是否具有战俘地位产生疑问的情况下,在主管法庭做出决定前,此人也应该享受本公约保护等。

战争虽难以完全避免,但在战争中使用具有严重杀伤力的武器或攻击平民却是违反人道原则的,因此国际社会从19世纪中期开始先后在这方面形成一些规则。例如,1868年12月英国、俄国、奥匈帝国等17个国家在俄国圣彼得堡签署了《关于在战争中放弃使用某些爆炸性弹丸的宣言》,即《圣彼得堡宣言》,规定战争应服从人道要求,尽可能减轻战争中的灾难,战争的唯一合法目标是削弱敌方战斗力而非加剧失去战斗力人员的痛苦,因此缔约国承诺放弃使用任何轻于400克的爆炸性和燃烧性弹丸;1899年第一次海牙国际和平会议上签订的《陆战法规和惯例公约》也规定禁止使用引起不必要痛苦的武器、投射物及其他物质,同时还签订了《禁止使用在人体内易于膨胀或变形的投射物的宣言》和《禁止使用专用于散布窒息性或有毒气体的投射物的宣言》,对通常人们所称的达姆弹类型的子弹和毒气加以严厉禁止;1907年第二次海牙国际和平会议上签订的《关于战时海军轰击公约》,禁止在海战中轰击未设防的城市和港口以及医院和平民村庄,同时也禁止为了设防而在港口海底布设触发式水雷;1949年8月签订的《关于战时保护平民之日内瓦公约》(日内瓦第四公约)规定处于冲突一方权力下的敌方平民应受到保护和被给予人道待遇,包括准予安全离境、保障未被遣返的平民的基本权利,禁止破坏不设防的城镇和乡村,禁止杀害、胁迫、虐待和驱逐和平居民,禁止集体惩罚和扣押人质以及实施酷刑,尊重和平居民的人身、家庭、荣誉、财产、宗教信仰和风俗习惯等。

20世纪20—30年代,德、日、意等国先后建立起法西斯政权并开始对内实行军事独裁统治和对外疯狂侵略扩张。在这一过程中,这些国家对占领地人民进行屠杀或镇压,尤其是纳粹德国有计划地大规模迫害和灭绝犹太人的行为,严重侵犯了基本人权,践踏了人类的基本良知,因而激起了世界范围绝大部分国家的义愤和反抗。针对法西斯国家的疯狂侵略扩张和严重侵犯基本人权的罪恶行为,美国总统富兰克林·罗斯福于1941年1月6日在美国国会发表的年度国情咨文中提出"四大自由","第一是在全世界任何地方发表言论和表达意见的自由。第二是在全世界任何地方,人人有以自己的方式来崇拜上帝的自由。第三是不虞匮乏的自由——这种自由,就世界范围来讲,就是一种经济上的融洽关系,它将保证全世界每一个国家的居民都过上健全的、和平时期的生活。第四是免除恐惧的自由——这种自由,就世界范围来讲,就是世界性的裁减军备,要以一种彻底的方法把它裁减到这样的程度:务使世界上没有一个国家有能力向全世界任何地区的任何邻国进行武力侵略",宣称要建立一个在四项基本人类自由基础上的世界。① 同年8月14日,罗斯福与英国首相温斯顿·丘吉尔在大西洋纽芬兰阿根夏湾的军舰上秘密会晤后发表《美国总统和英国首相的联合声明》,即著名的《大西洋宪章》,重申了"四大自由"的原则,宣称:"待纳粹暴政被最后毁灭后,两国希望可以重建和平,使各国俱能在其疆土以内安居乐业,并使全世界所有人类悉有自由生活,无所恐惧,亦不虞匮乏的保证。"② 1942年1月1日,美、英、苏、中等26个国家代表在美国首都华盛顿签署了《联合国家宣言》,表示赞同《大西洋宪章》所载的各项宗旨和原则,同时明确声明:"深信完全战胜它们的敌国对于保卫生命、自由、独立和宗教自由并对于保全其本国和其他各国的人权和正义非常重要,同时,它们现在正对力图征服世界的野蛮和残暴的力量从事共同的斗争。"③ 1943年12月1日,美、英、苏三大国首脑发表的《德黑兰宣言》也明确声明:"我们将力求所有大小国家的合作和积极参加,那些国家的人民,就和我们本国的人民一样,都是全心全意抱着消除暴政和奴役、迫害和压制的真忱……我们怀着信心瞻望着那么一天,那时全世界所有各国人民都可以过自由的生活,不受暴政的摧残,凭着他们多种多样的愿望和他们自己的良心而生活。"④ 1945年2月11日,三大国首脑在雅尔塔会议发表的公报中再次声明:"唯有我们三国之间以及一切爱好自由的各国之间继续增进的合作与了解,才能够实现人类最崇高的愿望——一种安全而且持久的和平,用大西洋宪章的话来说,就是:确保在所有一切土地上的所有一切人都可以在不受恐惧、不虞缺乏的自由中度过一生。"⑤

二战以严重侵犯他国主权和践踏人类基本人权的法西斯政权惨重失败彻底崩溃,以反对侵略和维护人权的联合国家取得最后的胜利而告终。虽然造成这一结果的原因有很多,如双方战略资源的不对称、联合国家的同仇敌忾与协同作战、法西斯国家间的勾心斗角和各自为战等,但不能否认的一点是,对人权的态度是导致战争结果的决定性因素之一。法西斯国家对人权的大规模践踏必然导致众多国家的仇恨与抵抗,这些国家联合起来共同反对法西斯导致法西斯必然失败。也正因为如此,人权问题在二战结束之后开始全面突破国内范围

---

① 钱满素主编:《自由的刻度:缔造美国文明的40篇经典文献》,东方出版社2016年版,第370页。
② 《国际条约集1934—1944》,世界知识出版社1961年版,第338页。
③ 同上书,第342—343页。
④ 同上书,第408—409页。
⑤ 同上书,第7页。

而成为国际社会普遍关注的重大问题之一,其内容与实践也越来越多地体现在了国际关系与国际法中。

第二节 国际关系中的人权

人权从国内走向国际

人权最初是欧洲资产阶级向封建王权要求的一种政治权利,随着近代资产阶级革命的兴起与成功逐渐在一些国家得到法律确认,在内容有所增加的同时其影响力逐渐扩展到了全世界,在国际关系中也有所反映。"实际上在第二次世界大战以前,人权问题基本上是被当作纯粹的国内法管辖的事项来对待的。人权问题广泛引起国际社会的关心,并全面进入国际法领域,则是第二次世界大战以后的事情。"[①]按照二战前人们对国际关系与国际法的理解,人权问题并不是国际关系关注的主要问题,国际法也并不适用于干涉一个国家在对待本国国民时采取的方式。因为那时的人权概念基本上是指个人应该享有的权利,而国际关系主要是调整和处理国与国之间的关系,尤其是处理那些国家间的重大政治性问题,国际法也主要是用来调整国与国之间的法律关系,作为个人权利的人权并不是国际关系和国际法关心的主要对象,国际社会和其他国家并不具有为受到一国政府虐待的国民进行调解或干预的权利。当然,那时也有如前所述的诸如国际联盟的委任统治制度、保护少数者、废止奴隶制度和禁止奴隶贸易、实行劳工保护以及战争中的人道主义规则等一些跨国性国际人权保护主张,但这些人权保护主张仅是在某些特殊领域形成了一些国际性多边公约,整个国际社会或国家关系一般很少涉及人权问题。

二战期间法西斯国家在破坏国际关系基本准则导致国际关系极度紧张和对抗的同时,对人类的基本权利也进行了大规模侵犯。这种状况从反面促使人权问题与国际关系进一步联系起来。大战期间美国总统罗斯福提出的"四大自由"和《联合国家宣言》,以及历次战时首脑会议通过的文件表达的反对法西斯暴政和争取各国人民自由生活权利的内容,就是针对法西斯国家大规模侵略扩张和侵犯人权提出的带有人权思想的口号和政策,并成为号召和团结世界各国政府和民众反对法西斯侵略与蹂躏的有力武器,对当时的战争进程及最后打败

---

① 白桂梅等编著:《国际法上的人权》,北京大学出版社1996年版,第1—2页。

法西斯国家起到了非常重要的作用,而且给战后国际关系也带来了深远影响,为人权问题全面进入国际关系领域奠定了基础。

二战结束后,人权问题开始突破国内或国际社会个别领域范围,成为国际社会普遍关注的主要问题之一。在联合国主持下,迄今为止已先后通过了近百个有关人权问题的国际性宣言或公约,其内容涵盖了国家的独立权与发展权,所有人的经济、社会、文化及公民和政治权利,土著居民和少数群体的权利,防止和消除歧视,保护妇女、儿童和老年人及残疾人权利,监督执法,社会福利的进步与发展,婚姻,健康权利,工作和享有公平就业条件的权利,消除奴隶制及类似习俗和强迫劳动,移民权利,消除无国籍状态,救助难民,禁止酷刑,反对种族隔离和种族灭绝,惩罚战争罪行等各个方面,人权问题成为一个全方位多领域的世界性问题。而且,在联合国推动和监督下,国际社会先后对南非、南罗得西亚等白人政权实施种族歧视和种族隔离等严重违反人权的政策进行了谴责和制裁,对卢旺达和南斯拉夫的种族屠杀进行谴责并为此设立国际刑事法庭、对犯有罪行的责任者进行审判,以及对巴以冲突等国际争端造成的大量难民实施大规模人道主义救援,真正将人权体现在了国际关系之中。迄今为止,世界上绝大部分国家都先后加入了联合国有关人权问题的国际性宣言或公约,将自己纳入了世界人权体系范围,这种状况客观上促进了人权问题的国际化和国际关系的人道化。同时,在联合国的监督下,世界各国政府也更加重视人权问题,不仅在国内政策中更多地考虑人权问题,从而客观上促进了世界各国国内人权状况改善,而且在处理国际关系时也不得不常常考虑和应对由人权引起的问题。

本来,按照传统现实主义国际关系理论的理解,国家间政治主要是一种权力和利益的政治,即权力和利益是国家在处理国际关系时追求的主要目标。人权从根本上而言是一种道德意义上的权利主张,道德并不是国家追求的主要目标。但是,二战后国际道义在国际关系中的地位有所提升,于是人权也成为获取国际道德地位并进而谋求国家利益的手段之一。哪个国家占据了道德制高点,哪个国家就能在与其他国家的竞争中处于比较有利的地位,同时也可以增加本国国内民众对政府的拥戴和支持。因此,随着国际社会对人权的重视和人权问题进入国际关系领域,人权也成为不同社会制度国家间进行竞争的武器,尤其是成了以美国为首的西方资本主义国家对社会主义国家和第三世界国家进行政治干涉的外交武器之一。正像一位意大利学者所说:"在国家层面上,第二次世界大战以后,人权理论对一些国家来说是外交政策的重要基础,在谴责或抨击其他国家,或者在国际组织中引导它们的行动方面发挥着重要作用;相反,对另一些国家来说,人权理论则是一个梦魇:人权成了一种标准,它们的行为被据此进行衡量,并且在国际场合中可能遭到责难。"①

在美国的外交政策传统中,历来就有一种带有理想主义色彩的救世主思想,即认为充满罪恶、堕落和战争的世界需要美国的观念来拯救。正如美国学者马克·施奈德(Mark Schneider)和萨拉·斯坦梅茨(Sarah Steinmetz)所言:"美国从一开始就致力于发现道德,并且断言它打算根据普遍的原则来指导其外交政策。无论它可能显得对外部世界多么傲慢,它怀有一个信念:这个新世界在政府方面的实验应当为所有其他国家提供一个样板……美国时常保卫个人自由、自决和公民自由,在声明中谴责其他政府破坏人权。""在海外支持和扩大人权自美国建国以来就是其外交政策的一个要素。"②当然也有人并不同意这种看法,同样能举出很多理由说明美国更重视现实国家利益而不是人权,但美国确实在立国之初就在其宪法中确立了有关人权的内容,而且在开展外交时多少都会带有一些显示或推行自己人权思想的色彩,尤其二战后由于冷战和东西方意识形态的对立,推行人权本身其实也成了美国同苏联进行竞争和获取国家利益的手段之一。战后初期,美国利用各种场合与机会宣扬美国制度的优越性及本国国民生活的自由和幸福。

20世纪50年代,美国和苏联双方在政治意识形态和军事领域进行对抗和竞争的同时,也有一些包括人权内容在内的竞争。20世纪60年代至70年代前半期,随着世界民族独立运动的兴起和第三世界的出现,美苏之间在第三世界国家进行争夺。为了抵制和消除苏联势力的影响,美国除去在第三世界国家积极支持反共政权外,也拿起了人权武器。1961年1月20日,约翰·肯尼迪就任美国总统,他在就职演说中表示,美国人"不愿目睹或允许缓慢地损坏这个国家一贯对之承担责任的人权"③。同一年,美国国会制定《对外援助法案》,其中就规定美国的援助要与受援国的人权状况挂钩。与此同时,美国也积极支持苏联国内一些持不同政见者,试图通过"和平演变"方式向苏联渗透。

美国在第三世界国家的人权政策以及对苏联进行的人权渗透,虽然一定程度上贬损了苏联的国际形象,但并没有因此提高美国的国际人权形象。20世纪

---

① 〔意〕安东尼奥·卡塞斯:《国际法》,蔡从燕等译,法律出版社2009年版,第497页。
② 转引自周琪:《美国人权外交政策》,上海人民出版社2001年版,第4—5页。
③ 同上书,第39页。

60年代至70年代的越南战争,不仅削弱了美国的经济和军事实力,同时也使美国的国际道义形象急剧下降。为了重塑自己的国际道义形象,美国在逐步退出越南战争后,又开始重新强调人权问题。1976年,美国国会众议院外交委员会成立了一个人权和国际组织小组,同时要求美国国务院编写年度《世界人权状况报告》。美国国务院据此成立了一个"人权与人道事务协调局"负责调查各国人权状况和编写报告,并从1977年开始每年编写一本年度《世界人权状况报告》。1977年1月20日,美国民主党人吉米·卡特就任总统。上任伊始,卡特就明确提出新政府的"人权外交"政策,并在其就职演说中表示:"我们必须承担对人权的绝对责任……由于我们是自由的,我们不能漠视其他地方的自由的命运,我们的道德感指引我们偏爱那些同我们一样尊重个人人权的社会。""这个国家渴望同那些尊重人权和促进民主理想的民族站在一起。"①紧接着卡特又在上台后颁布的总统令中表示:"美国外交政策的主要目标应当是在全世界促进人权。"②1977年5月22日,卡特在印第安纳州南湾市的圣母大学毕业典礼上发表演讲时重申:"美国对人权的责任是我们外交政策的根本宗旨。"③在就任总统的第一年里,卡特签署了《经济、社会、文化权利国际公约》和《公民权利和政治权利国际公约》这两个最重要的国际人权公约以及《美洲人权公约》。在其后的外交政策实施过程中,卡特让"人权外交"具体体现在了美国的开发援助、促进民主化和国际人权保障等方面。在同苏联的关系中,虽然美苏间存在着诸如处理地区危机、武器控制谈判等涉及地区和全球以及美苏两国安全利益这些可以称得上是更为现实利益的问题,但卡特并没有因此放松对苏联的人权攻势。例如,卡特公开为苏联持不同政见者的权利辩护,曾亲自写信给苏联著名科学家及持不同政见者安德雷·萨哈罗夫(Andrei Sakharov)为其鼓劲,并在白宫接见另一位苏联持不同政见者弗拉基米尔·布科夫斯基(Vladimir Bukovsky)。虽然卡特推行的"人权外交"在当时并没有增加美国的实力,甚至美国的军事实力相对于苏联力量增长有所下降,为此卡特在1980年的总统选举中遭到失败而被对苏联更加强硬的共和党人罗纳德·里根取代,但卡特的"人权外交"政策对重塑美国国际道义形象和对苏联进行和平演变也发挥了作用,使美国在与苏联的和平竞争中占据了上风,对苏联社会的变化以及日后苏联的解

---

① 转引自周琪:《美国人权外交政策》,上海人民出版社2001年版,第69页。
② 同上。
③ 同上。

体起到了推波助澜的作用。"人权外交"被其后美国历届政府继承,打"人权牌"成了美国外交的一个重要特征。正如美国前国务卿沃伦·克里斯托弗(Warren Christopher)所说:"由于卡特的努力,人权在美国外交政策议事日程上占据了一个永久的位置。"①

里根上台后,虽然并没有特别强调"人权外交",而是将政策重点放在了同苏联重新展开军备竞赛上,但也同样重视人权,只不过强调人权政策须服从对抗苏联这一战略目标,而且认为"促进美国的地缘政治利益和促进人权并行不悖"②。例如,当时的国务卿亚历山大·黑格(Alexander Haig)在1981年的一次会议上就曾表示:"如果人权在本届政府的外交政策中占有一席之地的话,它应当被用来作为反对敌对的共产主义政权的武器。"③担任里根政府人权助理国务卿的艾略特·艾布拉姆斯(Elliott Abrams)在美国国会参议院对外关系委员会的听证会上也表示:"抵制共产主义的扩张是人权政策必不可少的组成部分。"④在其主持下完成的1981年《世界人权状况报告》也指出:"限制苏联及其仆从和代理人可能建立的影响是对人权事业的重要促进。关注世界人权的认真的政策必然在政治上同苏联对立,并不断地使世界关注苏联集团对人权的侵犯。"⑤里根自己也表示:"促进自由始终是我们国家外交政策的主要因素。在我的政府中,人权考虑在我们外交政策的所有方面都是重要的。"⑥1983年,在里根的要求和支持下,美国国会批准成立了一个半官方性质的组织——美国国家民主基金会,其宗旨和目的就是支持反对共产主义的团体或个人,在全世界宣扬民主价值和推动人权事业。例如,在后来东欧剧变中发挥了带头作用的波兰团结工会就曾接受这一基金会资助。1985年,随着苏联领导人米哈伊尔·戈尔巴乔夫推行"新思维外交",美苏关系开始缓和。在美国的要求下,人权也开始成为两国首脑会谈的议题之一。然而里根仍然会见苏联一些人权活动家和持不同政见者,向苏联施加政治压力。接替里根担任美国总统的乔治·赫伯特·沃克·布什在人权问题上基本继承了里根的政策。1989年5月,布什在美国得克萨斯州农业大学毕业典礼的讲话中,提出了所谓"超越遏制"战略,即主张

---

① 转引自周琪:《美国人权外交政策》,上海人民出版社2001年版,第58页。
② 里根政府人权助理国务卿艾布拉姆斯语。转引自上书,第103页。
③ 转引自上书,第99—100页。
④ 转引自上书,第102页。
⑤ 转引同上。
⑥ 转引自上书,第104页。

第七章　国际社会的人权问题与国际人权法

在不放弃对苏联进行军事遏制的前提下,抓住苏联和东欧国家改革之机,充分发挥美国和西方国家的优势,更多运用政治、经济、外交、文化及意识形态等非军事手段,推行美国的民主、人权等价值观和政治、经济模式,以和平演变方式将苏联和东欧国家纳入西方体系。《1990—1991年美国国家安全战略》报告中写道:"鼓励苏联更多地承认人权、市场刺激和自由选举的原则","促进自由、民主的政治体制的发展,作为人权及经济和社会项目的最可靠的保障"。[1] 布什在1990年9月又提出建立"世界新秩序"的设想,后来又做了进一步补充与阐述,其中就包括"对人权的笃信"[2]。20世纪80年代末至90年代初,很大程度上正是美国利用民主、人权等口号作为武器推波助澜,才最终导致了东欧和苏联的社会变化。

冷战结束后,人权问题进一步成为影响国家关系的一个重要因素。美国自认为苏联和东欧社会主义国家的变化是包括人权在内的美国价值观和意识形态的胜利,于是在冷战后的国际关系中更多地运用人权武器指责自己不喜欢的国家,以此来显示自己人权卫士的形象,试图占据国际社会道义的制高点,甚至以所谓"人道主义国际干预"干涉某个国家的国内事务。例如,从20世纪90年代初起,美国政府几乎每年都在联合国人权委员会年会上提出谴责中国等国家人权状况的议案,并曾将对华最惠国待遇问题与所谓中国人权状况挂钩。1993年1月20日上台的美国总统比尔·克林顿将人权与经济和安全并列为美国新政府的三大外交政策目标,认为"人权是美国外交政策的基石"[3]。克林顿政府的国务卿克里斯托弗也认为"把人权带回到外交政策的中心是新的克林顿政府强烈承担的责任"[4]。正是在克林顿执政期间,以美国为首的北约以米洛舍维奇政府进行大规模种族屠杀和侵犯人权为由对南斯拉夫联盟进行了大规模空中轰炸。克林顿之后的美国总统乔治·沃克·布什在2003年3月发动对伊拉克的战争,其理由之一也是萨达姆·侯赛因政府进行了大规模种族屠杀和严重侵犯了人权。

西方国家利用人权干涉别国内政的做法遭到了社会主义国家和第三世界国家的抵制和反对。对于广大第三世界国家而言,长期的殖民地历史和仍然相对贫困的现实使这些国家更为重视民族和国家独立,因此对西方国家以人权为由干涉内政的做法予以抵制和反对;社会主义国家更是认为西方国家在利用人

---

[1] 转引自周琪:《美国人权外交政策》,上海人民出版社2001年版,第284页。
[2] 方连庆、王炳元、刘金质主编:《国际关系史(战后卷)》,北京大学出版社2006年版,第623-624页。
[3] 周琪:《美国人权外交政策》,上海人民出版社2001年版,第319页。
[4] 同上书,第320页。

权问题进行"和平演变",因此也对西方国家的人权外交政策进行抵制和反对。不过,在战后不同社会制度和不同社会发展程度的国家围绕人权问题展开的长期斗争中,社会主义国家和第三世界国家面对西方国家的人权攻势,渐渐不再是仅抵制和反对西方国家的人权观念,而是也开始使用人权这一武器进行回击,并提出了一些有关人权的新概念和新内容。例如,中国领导人邓小平就曾在 20 世纪 80 年代说过:"什么是人权?首先一条,是多少人的人权?是少数人的人权,还是多数人的人权,全国人民的人权?西方世界的所谓'人权'和我们讲的人权,本质上是两回事,观点不同。"[①]从冷战结束后的 1991 年开始,中国政府也多次就人权问题发表白皮书,不但向世界陈述自己有关人权问题的基本观点和展示自己国内的人权状况,而且批驳美国等西方国家在人权问题上对中国的指责,以及对美国在国际社会违反人权的行为及其国内存在的人权问题进行揭露和批判。总之,人权问题已成为国际关系的主要内容之一,围绕人权产生的国际争论也越来越多。

围绕人权问题的国际争论

关于人权的国际争论,主要围绕以下三个问题展开:(1)人权仅仅是指个人权利还是也包括集体权利;(2)人权仅仅是指政治权利还是也包括经济、社会、文化等广泛的权利;(3)人权与主权的关系,即人权是否可以超越主权或者国际社会是否有权以人权名义干预一个主权国家的行为。这三个问题其实相互关联,不可分割,强调个人政治权利就必然会要求对作为国家主权代表者的政府权力加以制约,而强调集体广泛权利就必然首先需要强化作为国家主权代表者的政府的权力,因此不论强调哪一种人权都不可避免地会涉及主权问题。正因为如此,在关于人权的国际争论中,围绕人权与主权关系的争论最为激烈,同时对国际关系的影响也最为直接和深远。

一般而言,西方国家多主张和强调人权主要是指个人的政治权利,而社会主义国家及第三世界国家则多主张和强调人权主要是指在一定社会条件下包括经济、社会与文化等广泛内容在内的一项集体权利。之所以有这样的不同,主要是由于西方国家与社会主义国家及第三世界国家在政治理念和历史经历方面有着根本的不同。西方国家从近代立国之初起就崇尚个人主义和自由主义,认为政府的存在只是为了保障个人自由,因此其基本政治理念是通过限制

---

① 《邓小平文选》第三卷,人民出版社 1993 年版,第 125 页。

政府权力来给予和保障个人的一些基本权利,其中最主要的就是生命、财产、自由、平等、尊严、反抗暴政等政治性权利。如果一个国家的政府不能给自己的国民这些权利甚至侵犯这些权利,那么国民就有权力改变政府。与此相对,社会主义则是在对西方资本主义社会进行批判的基础上出现的一种新型社会形态,认为西方国家主张的个人自由和平等只是一种形式而非实质上的自由和平等,因为在一个以生产资料私有制为基础的社会结构中,个人的所有权利都受到了这一财产权利的制约,不可能实现真正的个人自由和平等,所以必须首先改变生产资料私有制这一不合理的社会结构。以生产资料公有制为基础的社会结构才能真正保证每个人的自由和平等,而对社会结构的改变就必须依靠一个能代表人民利益的强有力政府,所以必须强调政府的权威和集体的利益而适当限制个人的自由。此外,近代以来西方国家的殖民扩张与殖民统治也导致了西方国家同第三世界国家在人权问题上的不同观念。西方国家作为殖民者,几乎不存在作为一个国家整体受到威胁的情形,因此它们并不重视集体的人权;而第三世界国家则几乎都有被殖民的历史,整个民族都曾沦为别国奴役和压榨的对象,因此对这些国家来说,首先迫切需要的是能保证作为集体的国家的权利,自己民族和国家的独立与发展以及社会稳定才是最重要的权利,在这一集体权利得以实现的前提下才有可能保障国民个人的权利。

正是在这样的争论中,人权与作为近代国际关系主要原则的国家主权原则间的关系也日益成为国际社会关注的焦点问题。也就是说,按照西方国家的人权标准,所有国家的国民作为个人都应享有诸如自由选举、自由结社、自由发表意见等基本政治权利,否则国际社会就可以对违反这一人权标准的国家及其政府进行指责,甚至对严重压制本国国民并剥夺这些政治权利的政府进行直接干预;而社会主义国家与广大第三世界国家则认为,国家主权绝对不容侵犯,人权只能在主权范围内加以实现,不同国家的不同社会状况导致人权并无统一标准,所以只能按照具体国家的具体情况加以实现。

毫无疑问,国家主权原则是近代国际关系最重要的原则,长期以来基本维护了国际社会的正常运行秩序。但同样也不可否认,随着全球化的深入和全球性问题的增多,国家间相互依存的程度日益加深,国际社会需要共同面对的课题越来越多,多边主义和全球治理正在成为国际社会的发展趋势。在这样的背景下,过去以民族国家为基本出发点的国家主权开始出现相对弱化的现象,即所有国家都不得不向国际社会或国际组织让渡自己的一部分主权,以便实现自己更大和更长远的国家利益,或服从整个国际社会的公共利益。正是从这个意义上来说,国家主权的观念和原则面临挑战,至少国家主权已不再具有绝对的意义,而人权观念的强化就是对主权观念最大的挑战。

例如,在1992年1月31日召开的首次联合国安理会首脑会议上,联合国秘书长布特罗斯·布特罗斯-加利(Boutros Boutros-Ghali)作了题为《和平纲领》的报告,其中指出:"尊重国家的根本主权和完整是取得国际任何共同进步的关键。但是,绝对的专属主权的时代已经过去了,这种主权的理论也从来不符合事实。"[1]加利之后的另一位联合国秘书长科菲·安南(Kofi Annan)也曾指出:"国家主权就其最根本的意义而言,正在重新定义,特别是靠全球化和国际合作的力量,国家现在普遍被认为是服务于它们的人民的工具,而不是相反……今天,当我们阅读宪章时,我们更加意识到它的目的是保护每个人,而不是保护虐待他们的人。"[2]2005年3月,安南又提出了改革联合国的报告《大自由:实现人人共享的发展、安全和人权》,其中也特别强调了人权问题,认为"发展、安全和人权不仅都有必要,而且互为推动……没有发展,我们就无法享有安全;没有安全,我们就无法享有发展;不尊重人权,我们既不能享有安全,也不能享有发展","惨痛的教训使我们更清醒地认识到,必须将人权和法治方面的规定写入和平协定,并确保加以实施。一些更惨痛的教训使我们真切地认识到,任何法律原则,甚至主权,都不应成为掩盖灭绝种族罪、危害人类罪及大规模苦难的幌子"。[3] 联合国人权事务高级专员据此提出了具体行动计划。

由此可见,人权问题已成为国际社会越来越关注的问题,尤其是对某一国人权问题的关注,必然会涉及如何对待该国主权的问题。在这里,人权与主权间形成了一定的矛盾甚至冲突。如果承认国际社会或主权国家有权直接评价甚至干预另外一些主权国家内部的人权状况,那么这些被评价和被干预的国家的主权就会遭到某种程度的贬损甚至破坏;而如果坚持主权绝对不容干预原则,那么一个国家内部人权的实现就会由于缺乏国际监督和压力而变得缓慢和滞后,面对那些大规模侵犯人权的政府,国际社会也将束手无策。

人权发展以及人权问题越来越受到国际社会的关注与重视,无疑是人类社会进步的象征,同时也是国际关系进步的象征。但是,正如前所述,国际关系中的人权问题也往往被政治化,成为国家间进行竞争以及实现自己国家利益或集

---

[1] 转引自袁士槟、钱文荣主编:《联合国机制与改革》,北京语言学院出版社1995年版,第261页。
[2] 转引自陈鲁直:《全球化与主权国家的国际体制》,《战略与管理》2000年第5期。
[3] 科菲·安南:《大自由:实现人人共享的发展、安全和人权》,http://www.un.org/chinese/larger-freedom/part1.htm,2005年3月21日,访问时间:2023年3月1日。

团利益的外交武器,甚至成为一些国家干涉别国内政的工具。因此,目前国际社会对人权问题的关注与重视,既是国家相互依存程度加深以及全球性问题增多带来的结果,同时也是西方一些国家出于政治考虑借人权问题推波助澜带来的结果。尤其是主张以人权问题为武器对一个国家进行干预的做法,就有这些西方国家干涉别国内政的企图。为了达到干涉别国内政的目的,西方一些国家及其学者提出了诸如"人权高于主权""主权过时论""人道主义干涉""人权无国界"等主张,而且有些国家已将这些主张付诸行动。例如,1999年北约对南联盟的大规模轰炸,以及2003年美国对伊拉克的战争,就是以人道主义和人权问题作为理由之一对主权国家的直接军事干涉。

需要注意区分的是,二战后国际社会多次因为人权问题对某些国家进行干预。例如,20世纪60年代联合国对南非和南罗得西亚白人种族政权实施种族歧视和种族隔离这一严重侵犯人权的政策进行谴责和制裁;20世纪90年代联合国对卢旺达种族屠杀这一严重侵犯人权的罪行进行谴责,并专门设立了国际刑事法庭对卢旺达有关责任者进行审判。由此可以看出,对于一些严重侵犯人权的行为,进行国际干预是必要的。关键问题是,应确定国际社会在什么情况下有权对一个主权国家进行干预、应该由谁来进行这一干预以及应该使用何种干预手段和干预到何种程度。一般而言,只有在一个国家的政府不顾国际社会普遍接受和遵行的人权标准或国际人权公约大规模镇压和屠杀本国或其他国家民众并引起国际社会公愤的情况下,国际社会才有权采取行动对该国进行人道主义干预,而且这一干预只能由代表国际社会的联合国或其他当事人承认的地区性国际组织自己或授权其他国家进行,干预的手段则应尽可能克制和有限度,即不到万不得已不应采取军事干预手段以及以制止大规模侵犯人权行为为限,而不能借此干预实现其他任何国家的私利。也就是说,正常的国际干预必须由能代表国际社会公共利益的国际组织按照必要性和有限性原则进行。

其实,人权与主权并非必然处于矛盾和对立状态,二者也有相互适应的一面,甚至从根本上而言二者是一致的。维护国家主权是为了使国际社会稳定有序地运行和发展以及保障国家的独立和安宁,只有在一个稳定有序的国际社会才能持续地改善和推进国际人权发展,只有在一个独立和安宁的国度里才能保障基本人权;同时,维护人权也是大部分主权国家追求的目标,或者说国家主权的体现很大程度上也有赖于人权的实现,如果一个国家的政府不给自己的国民以最基本的人权甚至严重侵犯人权,那么其统治地位也会出现问题,其国家主权就会被削弱甚至被颠覆。从这样的意义上来说,国家主权是实现人权的保障,人权也是国家主权追求的目标,二者相辅相成,相互促进。在这里,国家主权与人权之间并不必然对立。

从国际关系实践来看,国家主权原则仍是国际关系最重要和最基础的原则,人权也只能在国家主权框架内得到保障和体现。尽管人权观念越来越受到国际社会的重视与尊重,但人权事务从本质上而言仍属于一国内部管辖事项。国际社会可以通过制定人权法律、开展人权救助、实施人权压力、运用人权干预等手段对主权国家的人权状况施加影响,但人权的具体赋予和保障却仍是由具体的主权国家来实现的。也就是说,如果没有作为主权象征的国家的赋予和保障,作为个人基本权利的人权就无从谈起,因为个人不可能从国际社会直接获得任何具体的权利。此外,人权的国际保护也并不排斥国家主权,国际社会主张的人权必须通过主权国家的途径去加以实现。因此实际上,国家主权在发挥着给予和保障人权的作用,国际社会的人权保护则发挥着对主权国家进行监督和干预的作用。当然,如何在不否认和破坏国家主权原则的前提下强化国际社会对人权的关注与干预,即如何保证国家主权与人权二者的结合与平衡,是未来国际关系需要解决的一个重大课题。

其实,国家主权和人权同样都是国际社会大部分国家追求的目标,二者之间的相互结合与平衡是完全可能的。正如英国国际法学者伊恩·布朗利所说:"人权保护运动不可避免地将主要国家的不同意识形态以及自由观引入了国际论坛,而且,意识形态的差异对辩论产生了影响。该运动所具有的政治性肯定是无可避免的,而在某种程度上,运动本身的多样性或许倒是有益的。"[①]关于人权的争论其实进一步丰富了国际社会对人权的认识和理解,促进了人权进步。国际社会在围绕人权问题进行争论的同时,不同意识形态国家也围绕人权问题展开了各种对话。尤其在国际法领域,在世界各国不断争论的基础上,也逐渐形成了一些被各国公认的人权观念和人权规则。例如,在1993年6月联合国召开的维也纳世界人权大会上,美国也终于承认了发展权这一集体权利为基本人权,包括中国在内的一些社会主义国家和发展中国家也先后签署了《公民权利和政治权利国际公约》,在继续坚持集体人权的同时,也更为重视个人的政治权利。

---

① 〔英〕伊恩·布朗利:《国际公法原理》,曾令良等译,法律出版社2007年版,第498页。

第三节　国际法上的人权

早期的国际人权法

本来,国际人权法应该"是国际法主体之间有关规定和保护人的基本权利和自由的原则、规则和制度的总称"①,"是处理保护受国际保证的个人和团体的权利不受政府侵犯以及处理促进这些权利发展的法律"②。但是,在早期国际法中,人权问题并没有受到重视,因而没有成为当时国际法的主要内容,更没有形成相对独立的一个部门。

不过,在近代国际法出现前或出现初期,人权问题受到了一些关注。例如,16世纪的西班牙法学家维多利亚就曾质疑西班牙人发现美洲大陆后驱赶和屠杀印第安人的行为。他认为,印第安人同欧洲基督徒应同样享有作为人的权利,这一基本权利应受到共同自然法的保障。任何国家如果拒绝给予本国臣民或其他人包括自由享受宗教权利在内的基本权利,其他国家就可以据此进行干涉。其后格劳秀斯也曾提出过"人道主义干涉"(Humanitarian Intervention)的原则,即"承认一个或两个以上国家为了制止某国对其本国国民进行虐待——当这种虐待行为是如此野蛮和广泛,以至于震惊了国际社会的良知——而使用武力为合法"③。但是,在一战前的国际关系实践中,由于并没有一个类似于后来成立的国际联盟和联合国那样能够代表国际社会的国际组织,以人权或人道为由进行的干预往往由很少几个国家来实施,因此也往往会被滥用,常常成为一些大国和强国对弱小国家进行侵略和干涉的借口。例如,19世纪20—30年代,英、法、俄三国曾以支持希腊独立和保护奥斯曼境内基督教徒少数者为由对奥斯曼帝国进行外交和武力干涉,但三国进行干涉其实并非真正为了人权或人道,而是为了自己的利益,即通过瓜分已处于衰败状态的奥斯曼帝国扩张自己的势力范围。在这一干涉过程中,英、俄两国签署的《圣彼得堡议定书》和英、法、俄三国签署的《伦敦议定书》等一些国际协定,虽包含一些有关人权或人道

---

① 端木正主编:《国际法(第二版)》,北京大学出版社1997年版,第371页。
② 〔美〕托马斯·伯根索尔:《国际人权法概论》,潘维煌、顾世荣译,中国社会科学出版社1995年版,第1页。
③ 同上书,第2页。

的内容,但其实这些国际协定从根本上体现了三个国家的利益要求,并没有得到国际社会普遍承认。长期以来,一般国际法和大部分国际法学家并不承认人权在国际法中的地位,即使国际法个别领域涉及人权内容,也并没有出现成体系的国际人权法。

一战后,随着人类历史上第一个国家间普遍性国际组织——国际联盟的建立,以及国际劳工组织等一些专门性国际组织的建立,人权的国际保护才开始有了一定的国际法基础。如前所述,一战后国际联盟在委任统治制度、保护少数者、反对和废除奴隶贸易和奴隶制度、保护劳工、战争中的人道待遇等方面逐渐形成了一些国际性制度或条约,即通过国际制度的建立或国际条约的签订限制了国家对其国民或统治下的人民的绝对权力。不过,这些限制仅仅体现在个别领域,作为一个独立体系存在并受到普遍承认的国际人权法仍没有形成。

为了推动国际人权法的形成,国际联盟国际法研究院在1929年曾起草和通过了一项《国际人权宣言》,该宣言称:"文明世界的法律良知要求承认个人不受国家的一切侵犯的权利。""每一个国家有义务承认每一个人对于生命、自由和财产有平等的权利,并有义务对该国领土内的一切人,不分国籍、性别、种族、语言或宗教,给以对这种权利的充分和完全的保护。"[①]但是,不久后欧洲和亚洲法西斯政权的出现和两大战争策源地的形成以及由此导致的国际关系紧张,影响和转移了国际社会对人权问题的关注,使得该项宣言并没有在国际联盟或其他国际会议上得以讨论通过;二战的全面爆发使得国际社会制定国际人权法的努力被暂时搁置一边。二战期间出现的《大西洋宪章》和《联合国家宣言》以及几次同盟国首脑会晤后通过的宣言和协定包含了有关人权的内容,为战后国际人权法的形成奠定了坚实的基础。

《联合国宪章》与第二次世界大战后的国际人权法

真正将人权问题全面系统引入国际法,是在二战之后。战时法西斯国家大规模侵略扩张和侵犯人权的行为既促使国际社会对人权问题予以关注和重视,同样也促使国际社会通过法律途径来保障人权。正如美国学者伯根索尔所说:"现代国际人权法是第二次世界大战后产生的现象。它的发展可以归因于希特勒时代对人权的极大的侵犯,如果在国际联盟时代存在着一种保护人权的有效

---

① 转引自〔英〕詹宁斯、瓦茨修订:《奥本海国际法》第一卷第二分册,王铁崖等译,中国大百科全书出版社1998年版,第441页。

的国际制度,相信这些侵犯中有一些本应可以被制止。"①而且,人们甚至将人权问题同国际和平与安全问题联系起来,相信一个无法保障基本人权的国际社会将无法保证世界和平与安全。于是,在1945年联合国建立过程中,人权问题也受到极大关注,并且体现在了《联合国宪章》之中。

在《联合国宪章》中,涉及人权问题的内容主要有:

欲免后世再遭今代人类两度身历惨不堪言之战祸,重申基本人权,人格尊严与价值,以及男女与大小各国平等权利之信念……(序言)

促成国际合作,以解决国际间属于经济、社会、文化及人类福利性质之国际问题,且不分种族、性别、语言或宗教,增进并激励对于全体人类之人权及基本自由之尊重。(第1章"宗旨及原则"第1条第3款)

大会应发动研究,并做成建议……以促进经济、社会、文化、教育及卫生各部门之国际合作,且不分种族、性别、语言或宗教,助成全体人类之人权及基本自由之实现。(第4章"大会"第13条第1款)

为造成国际间以尊重人民平等权利及自决原则为根据之和平友好关系所必要之安定及福利条件起见,联合国应促进:(1)较高之生活程度,全民就业,及经济与社会进展。(2)国际间经济、社会、卫生及有关问题之解决;国际间文化及教育合作。(3)全体人类之人权及基本自由之普遍尊重与遵守,不分种族、性别、语言或宗教。

各会员国担允采取共同及个别行动与本组织合作,以达成第55条所载之宗旨。(第9章"国际经济及社会合作"第55—56条)

本理事会为增进全体人类之人权及基本自由之尊重及维护起见,得做成建议案。

经济及社会理事会应设立经济与社会部门及以提倡人权为目的之各种委员会,并得设立于行使职务所必需之其他委员会。(第10章"经济及社会理事会"第62条第2款、第68条)

根据本宪章第1条所载联合国之宗旨,托管制度之基本目的应为:(1)促进国际和平及安全。(2)增进托管领土居民之政治、经济、社会及教育之进展;并以适合各领土及其人民之特殊情形及关系人民自由表示之愿望为原则,且按照各托管协定之条款,增进其趋向自治或独立之逐渐发展。(3)不分种族、性别、

---

① 〔美〕托马斯·伯根索尔:《国际人权法概论》,潘维煌、顾世荣译,中国社会科学出版社1995年版,第11页。

语言或宗教,提倡全体人类之人权及基本自由之尊重,并激发世界人民互相维系之意识。(4)于社会、经济及商业事件上,保证联合国全体会员国及其国民之平等待遇,及各该国民于司法裁判上之平等待遇……(第12章"国际托管制度"第76条)①

《联合国宪章》是人们第一次将人权写入一份普遍性国际多边条约。但是,《联合国宪章》有关人权的条款究竟有无法律效力,即这些条款是否为联合国会员国增加了某种法律义务,却存在着不同观点。汉斯·凯尔森等人就否认宪章中的人权条款为会员国创设了任何严格法律义务,他们认为这些条款只是规定了联合国及其机构的宗旨或职权以及会员国有义务在联合国内就人权事务进行合作,而并非为会员国如何对待本国国民附加法律义务,或者只是表明了国际社会一种未来愿望和目标而非目前会员国必须承担的义务。但是,赫希·劳特派特等人却认为,宪章的人权条款为会员国创设了法律义务,即每个会员国必须尊重和遵守人权条款,尤其是宪章第56条已明确为会员国规定了尊重和遵守人权的义务。

诚然,《联合国宪章》并非专门的人权宪章,其中有关人权的条款只是分散在宪章各处,主要是规定了联合国各机构在人权方面的职责与义务,而且这些条款的文字表述也多采用"应该""促进""促成""建议"等措辞,缺乏对会员国的强制性。但是,宪章作为联合国根本大法,对任何会员国都具有拘束力,宪章通过本身就说明各会员国已对宪章内容做出承诺,联合国组织的义务同时也应是每一个会员国的义务,因此很难说宪章条款没有对会员国附加法律义务。正像《奥本海国际法》所说:"在像宪章这样基本性的宪法文件中,大概是不容许做下面这样的推理的:虽然联合国的宗旨之一是促进对人权和基本自由的尊重,但是联合国会员国却没有尊重和遵守人权和基本自由的义务;或者说,第五十六条的保证——或承诺——即使按照诚意的原则,也可以有任何其他的意义。"②宪章中有关人权的原则也成了其后《世界人权宣言》和《国际人权公约》的主要原则,而且在实践中宪章有关人权的各项条款已得到会员国普遍承认与认可。总之,《联合国宪章》为人权进入国际法领域提供了重要的原则和保障,奠定了当代国际人权法的法律基础,从此开启了国际社会人权法制化的进程。

---

① 参见白桂梅、李红云编:《国际法参考资料》,北京大学出版社2002年版,第1、3、9—12页。
② 〔英〕詹宁斯、瓦茨修订:《奥本海国际法》第一卷第二分册,王铁崖等译,中国大百科全书出版社1998年版,第358页。

第七章 国际社会的人权问题与国际人权法

由于对《联合国宪章》有关人权条款是否对会员国具有法律拘束力存在争论,或者说《联合国宪章》虽然将人权问题第一次写进了一份国际多边条约,但人权原则基本上是散见于各处,其执行力相对缺乏,所以联合国委托其人权委员会开始起草有关人权问题的专门文件。1947年底,联合国人权委员会开始讨论起草人权文件事宜并成立了专门的小组,起初决定制定一项明确具有法律约束力的国际多边人权公约,但不久之后人权委员会就意识到各国在这个问题上仍存在严重分歧,要通过一项明确而严格具有法律约束力的多边公约并被各国接受是非常困难的,于是委员会决定先起草一份建议性的人权宣言。1948年12月10日,联大会议通过了由人权委员会起草的《世界人权宣言》,当时联合国56个会员国中有48个国家投了赞成票,其余8个会员国投了弃权票。

虽然《世界人权宣言》是专门围绕人权问题起草和通过的,并因此成为第一个专门性国际人权多边文件,但其仅仅作为一项大会决议而非公约获得通过的实际状况仍引发了对其法律拘束力的争论,即该宣言是否为会员国附加了法律义务。尽管联大决议对会员国也并非没有拘束力,按照"约定必须遵守"的古老原则,不论以什么方式接受或承诺的内容都应得到遵守,但一般认为决议的法律拘束力要弱于公约。因此,很多人认为,"从形式的角度看,《世界人权宣言》不具有法律约束力,而仅仅具有道德和政治影响力。换言之,仅仅是提供给国家的建议"[①]。但是,《世界人权宣言》发表后,该宣言提出的人权概念及内容长期成为国际社会解释人权问题最权威的标准,不但得到国际法学界高度评价,而且得到联合国及其大部分会员国的承认,并不断被联合国等国际组织及一些国家的国内法所援引,成为其后《国际人权公约》及其他众多专门性人权公约的基础,甚至成为一些国际司法审判的依据。[②] "《世界人权宣言》现在被认为是对《联合国宪章》的权威性解释,详尽地说明了'人权和基本自由'——会员国已经在《联合国宪章》中同意促进和遵守它——一词的含义。《世界人权宣言》融合到《联合国宪章》中……成为国际社会宪法结构的组成部分。作为权威性人权目录,《世界人权宣言》已成为习惯国际法的基本组成部分,不仅对联合国

---

① 〔意〕安东尼奥·卡塞斯:《国际法》,蔡从燕等译,法律出版社2009年版,第505页。
② 例如,在1950年的"军事审计长诉克伦坎普案"中,比利时军事法庭在答复被告提出的对占领区居民实行酷刑并不违反战争法的辩词时曾援引《世界人权宣言》第5条进行审判;在1956年的"卡夫基纳诉联合国秘书长案"中,联合国行政法庭认为《世界人权宣言》在原则上应该具有法律效力,同时也援引了《世界人权宣言》的有关条款。

会员国,而且对所有国家都有约束力。"①

国际社会并没有放弃制定和通过一项更加明确规定会员国在人权问题上承担法律义务的国际公约。在联合国主持下,以《世界人权宣言》为基础,人权委员会开始起草关于人权问题的国际公约草案。但是,围绕公民权利和政治权利(即第一代人权)、经济社会和文化权利(即第二代人权)、民族自决权(属于第三代人权)这些不同的人权概念,以及公约是否需要和如何建立强制执行制度等问题,会员国间展开了激烈争论。争论的结果是,各方做出妥协,联合国最后决定起草两个公约草案分别满足不同国家的人权需要和标准,即一个是关于公民权利和政治权利的公约草案,另一个是关于经济、社会、文化权利的公约草案,并且为了使两个公约具有统一性,两个公约中都应写入有关民族自决权的内容。关于强制执行制度,公民权利和政治权利的公约草案规定将建立一个常设机构"人权事务委员会"负责监督、调查、调节、处理缔约国有关人权方面的问题,缔约国则有义务向联合国提交有关人权进展的报告。1954年,联合国人权委员会完成了公约草案的起草工作,将其提交联大会议讨论。之后,联合国各会员国又围绕公约有关条款经过12年艰苦谈判,其间决定在强制执行制度方面增加"人权事务委员会"的权力,即通过一项新的任择议定书规定该委员会有权接受缔约国国民个人的来文。1966年12月16日,联大会议通过了《国际人权公约》,其中包括三个文件——《经济、社会、文化权利国际公约》(A公约)和《公民权利和政治权利国际公约》(B公约)以及《〈公民权利和政治权利国际公约〉任择议定书》,并同时向所有国家开放签字。《经济、社会、文化权利国际公约》在1976年1月3日开始生效,其他两项文件则在1976年3月23日开始生效。其后,联大会议又在1989年12月15日通过《旨在废除死刑的〈公民权利和政治权利国际公约〉第二项任择议定书》,并将其作为《国际人权公约》的补充文件,这一议定书也已于1991年7月11日生效。

《国际人权公约》与《世界人权宣言》共同构成了"国际人权宪章"②,这一宪章又构成了国际人权法的重要基础。

除此之外,在联合国主持下,还先后制定和通过了近100个有关人权的决

---

① 参见〔美〕托马斯·伯根索尔:《国际人权法概论》,潘维煌、顾世荣译,中国社会科学出版社1995年版,第20页。
② 也有观点认为,"国际人权宪章"由《世界人权宣言》《经济、社会、文化权利国际公约》《公民权利和政治权利国际公约》三个文件构成。参见白桂梅:《国际法(第三版)》,北京大学出版社2015年版,第287页。

议、宣言或重要国际人权公约,如 1948 年 12 月通过的《防止及惩治灭绝种族罪公约》、1951 年 7 月通过的《关于难民地位的公约》、1956 年 9 月通过的《废止奴隶制、奴隶贩卖及类似奴隶制的制度与习俗补充公约》、1965 年 12 月通过的《消除一切形式种族歧视国际公约》、1968 年 5 月通过的关于推进世界人权事业的《德黑兰宣言》及其行动纲领、1973 年 11 月通过的《禁止并惩治种族隔离罪行国际公约》、1979 年 12 月通过的《消除对妇女一切形式歧视公约》、1984 年 12 月通过的《禁止酷刑和其他残忍、不人道或有辱人格的待遇或处罚公约》、1986 年 12 月通过的《发展权利宣言》、1989 年 11 月通过的《儿童权利公约》、1993 年 6 月通过的进一步促进世界人权行动的《维也纳宣言和行动纲领》等,以及一些地区性国际人权公约,如 1948 年 5 月通过的《美洲人的权利和义务宣言》、1950 年 11 月通过的《欧洲人权公约》、1961 年 10 月通过的《欧洲社会宪章》、1969 年 11 月通过的《美洲人权公约》、1981 年 6 月通过的《非洲人权和民族权利宪章》(《班珠尔宪章》)、1994 年 9 月通过的《阿拉伯人权宪章》等。

正是以"国际人权宪章"为基础形成的这一系列有关人权问题的国际文件,使人权问题成为国际法中相对独立的一部分,这些国际文件共同构成了二战后完整的国际人权法体系。

"国际人权宪章"的基本内容

下面分别介绍《世界人权宣言》和《国际人权公约》的主要内容。

《世界人权宣言》由序言和 30 条约文构成,其内容非常广泛,既包含了公民权利和政治权利,也包含了各种经济、社会和文化权利。不过这些权利主要是个人的权利,作为第三代人权的集体人权那时还没有被广泛提起,因此也没有被写入宣言。

按照《世界人权宣言》的规定:

人人生而自由,在尊严和权利上一律平等。人人有资格享有本宣言所载的一切权利和自由,不分种族、肤色、性别、语言、宗教、政治或其他见解、国籍或社会出身、财产、出生或其他身份等任何区别。[①]

具体而言,《世界人权宣言》规定的公民权利和政治权利包括:(1)人人有权享有生命、自由和人身安全;(2)禁止一切形式的奴隶制度,任何人不得成为

[①] 《世界人权宣言》第 1、2 条。白桂梅、李红云编:《国际法参考资料》,北京大学出版社 2002 年版,第 90 页。

奴隶或受到奴役；(3)任何人不得被加以酷刑，或施以残忍的、不人道的或侮辱性的待遇或刑罚；(4)人人在任何地方都有权被承认在法律上的人格；(5)法律面前人人平等，每个人都有权享受法律的平等保护，不受任何歧视；(6)任何人在法律所赋予的基本权利遭受侵害时有权享受有效的法律补救；(7)任何人不得被任意逮捕、拘禁或放逐；(8)任何受到刑事指控的人都有权平等地由独立而无偏倚的法庭进行公正和公开的审讯；(9)任何受到刑事指控的人在证实有罪之前应推定无罪；(10)刑法不溯及既往；(11)任何人的私生活、家庭、住宅和通信不得被任意干涉，其荣誉和名誉不得被加以攻击；(12)人人在自己国家境内有权自由迁徙和居住；(13)人人有权离开包括其本国在内的任何国家，并有权返回本国；(14)人人有权在其他国家寻求和享受庇护以避免迫害；(15)人人有权享有或改变国籍；(16)成年男女有权自由地婚嫁和成立家庭，并应受社会和国家的保护；(17)人人可以单独或与他人共同拥有财产所有权并不得被任意剥夺；(18)人人有思想、良心和宗教自由的权利；(19)人人有权享有主张和发表意见以及接受和传递消息和思想的自由；(20)人人有权享有和平集会和结社的自由，并不得被迫使隶属于某一团体；(21)人人享有直接或通过自由选举的代表参与治理本国事务的权利。①

在经济、社会和文化权利方面，《世界人权宣言》规定：每个人，作为社会的一员，有权享受社会保障，并有权享受他的个人尊严和人格的自由发展所必需的经济、社会和文化方面各种权利，这些权利是通过国家努力和国际合作并依照各国的组织和资源情况来实现的。②

这些权利包括：(1)人人有权工作、自由选择职业、享受公正和合适的工作条件并享受免于失业的保障；(2)人人有同工同酬的权利，不受任何歧视；(3)每一个工作的人，有权享受公正合适的报酬，以保证他本人和家属有一个符合人的尊严的生活条件，必要时并辅以其他方式的社会保障；(4)人人有为维护其利益而参加工会的权利；(5)人人有享受休息和闲暇的权利，包括工作时间有合理限制和定期给薪休假的权利；(6)人人有权享受为维护他本人和家属的健康和福利所需的生活水准，包括食物、衣着、住房、医疗和必要的社会服务，在其遭到失业、疾病、残废、守寡、衰老或在其他不能控制的情况下丧失谋生能力时，有权

---

① 《世界人权宣言》第3—21条。白桂梅、李红云编：《国际法参考资料》，北京大学出版社2002年版，第91—92页。

② 《世界人权宣言》第22条。同上书，第92页。

享受保障;(7)母亲和儿童有权享受特别照顾和协助,一切儿童,无论婚生或非婚生,都应享受同样的社会保护;(8)人人都有受教育的权利,至少在初级和基本阶段教育应当免费,初级教育应属义务性质,技术和职业教育应普遍设立,高等教育应根据成绩对一切人平等开放;(9)父母对其子女所应受教育的种类,有优先选择的权利;(10)人人有权自由参加社会的文化生活,享受艺术,并分享科学进步及其产生的福利;(11)人人对由于自己所创作的任何科学、文学或美术作品而产生的精神和物质的利益,有享受保护的权利;(12)人人有权要求一种社会的和国际的秩序,在这种秩序中,宣言所载的权利和自由能获得充分实现。①

《国际人权公约》是联合国有关国际人权保护的三个公约的总称。三个公约是《经济、社会、文化权利国际公约》《公民权利和政治权利国际公约》《〈公民权利和政治权利国际公约〉任择议定书》,下面分别加以介绍。

《经济、社会、文化权利国际公约》由序言和五部分共31条约文组成,其中既包含作为集体的人民应该享受的权利,也包含个人应该享受的权利。

关于集体人权,公约第1条规定:所有人民都有自决权,他们凭这种权利自由决定他们的政治地位,并自由谋求他们的经济、社会和文化的发展。所有人民得为他们自己的目的自由处置他们的天然财富和资源,而不损害基于互利原则的国际经济合作和国际法而产生的任何义务。在任何情况下不得剥夺一个人民自己的生存手段。本公约缔约各国,包括那些负责管理非自治领土和托管领土的国家,应在符合联合国宪章规定的条件下,促进自决权的实现,并尊重这种权利。②

对于个人的权利,则规定:本公约缔约各国承担保证,本公约所宣布的权利应予普遍行使,而不得有例如种族、肤色、性别、语言、宗教、政治或其他见解、国籍或社会出身、财产、出生或其他身份等任何区分。③

具体而言,作为个人应该享受的权利主要有:(1)工作的权利,即人人有权凭其自由选择和接受的工作来谋生,各缔约国承诺将采取适当步骤来保障这一权利;(2)公正和良好工作条件的权利,即各缔约国要保证给予工作者公平合理的报酬,以确保他们及其家庭的基本生活,并要保证工作者安全和卫生的工作

---

① 《世界人权宣言》第23—28条。白桂梅、李红云编:《国际法参考资料》,北京大学出版社2002年版,第92—93页。
② 《经济、社会、文化权利国际公约》第1条。同上书,第94页。
③ 《经济、社会、文化权利国际公约》第2条第2款。同上。

条件,有适当提级的同等机会以及合理的休息和休假时间;(3)参加和组织工会及其活动的权利,即人人有权组织和参加自由选择的工会,以促进和保护其经济和社会利益,工会有权自由地工作以及合法地举行罢工;(4)社会保障权利,即人人有权享受包括社会保险在内的社会保障;(5)自由婚姻和维护家庭的权利,即结婚须经男女双方自由同意,对作为母亲的妇女以及儿童要给以特别的保护,禁止雇用童工;(6)拥有适当生活水准的权利,即人人有权为自己及其家庭获得相当的生活水准,包括足够的食物、衣着和住房,各缔约国将采取适当步骤保证实现这一权利,并为此进行自愿同意的国际合作;(7)健康权利,即人人有权享有所能达到的最高体质和心理健康的标准,缔约国将采取措施使儿童得到健康发育,改善环境卫生,预防、治疗和控制疾病,创造保证人人在患病时能得到医疗照顾的条件;(8)受教育的权利,即人人都有受教育的权利,教育应鼓励人的个性和尊严的充分发展,加强对人权和基本自由的尊重,并应使所有的人能有效地参加自由社会,促进各民族之间和各种族、人种或宗教团体之间的了解、容忍和友谊,以及促进联合国维护和平的各项活动,为此要实行免费的初等义务教育,普遍设立各种形式的中等教育并逐步做到免费,高等教育应根据成绩对一切人平等开放并逐步做到免费,设立奖学金制度,改善教员的物质条件;(9)文化生活的权利,即人人有权参加文化生活,享受科学进步及其应用所带来的利益,对自己的任何科学、文学或艺术作品所产生的精神上和物质上的利益,有享受保护的权利。①

  为了促使和监督缔约国履行公约规定的义务,保障其国民实现以上公约规定的权利,公约规定各缔约国须定期就其为实现国民这些权利采取的措施及取得的进展以及困难向联合国秘书长提交报告,秘书长将报告副本转交联合国经济及社会理事会,再由理事会下属的一个缔约国工作小组进行审查,并将审查结果向经济及社会理事会、人权委员会及联合国有关专门机构报告,同时人权委员会也可以对缔约国提交的报告进行研究和提出一般建议,经济及社会理事会据此也可以向联合国大会提出一般性建议。② 1985年,联合国经济及社会理事会通过决议,设立由18名独立专家组成的"经济、社会及文化权利委员会",取代缔约国工作小组,其目的也是更有效地对缔约国进行监督。

---

  ① 《经济、社会、文化权利国际公约》第6—15条。白桂梅、李红云编:《国际法参考资料》,北京大学出版社2002年版,第95—97页。
  ② 参见《经济、社会、文化权利国际公约》第16—21条。同上书,第98页。

《公民权利和政治权利国际公约》由序言和六部分共53条约文组成。该公约虽然以个人权利为主要内容,但是同《经济、社会、文化权利国际公约》一样,公约第1条对作为集体人权的人民自决权以及自由处置天然财富资源的权利也做了完全相同的规定。对于个人应该享有的公民权利和政治权利,也同样规定要在无任何区别的前提下予以尊重和保证。这些权利主要包括:(1)生命权,即人人有固有的生命权,不得任意剥夺任何人的生命,除非对那些经过合格法庭判决犯有最严重罪行的人,但是对18岁以下的人不得判处死刑,对孕妇不得执行死刑;(2)不受残酷刑罚的权利,即不得对任何人施以酷刑或残忍的、不人道的或侮辱性的待遇或刑罚,特别是对任何人均不得未经其自由同意而施以医药或科学试验;(3)拒绝奴役的权利,即任何人不得沦为奴隶或被强迫役使以及接受强迫或强制劳动;(4)人身自由和安全的权利,即人人有权享有人身自由和安全,不得被任意逮捕或拘禁,除非依照法律所规定的根据和程序,否则任何人不得被剥夺自由,即使对于被剥夺自由的人也应该给予人道及尊重其固有人格尊严的待遇,遭受非法逮捕或拘禁的受害者有权得到赔偿;(5)自由迁徙和选择住所的权利,即合法处于一国领土内的每一个人在该领土内有权自由地迁徙和选择居住地,同时人人有权自由地离开包括本国在内的任何国家,并有权返回自己的国家;(6)在法庭和法律面前平等的权利,即法律面前人人平等,即使对于受到指控的人,也应该由一个合格、独立、公正的法庭及时地进行公正和公开的审讯,在未被依法证实有罪之前应做无罪推定,当事人有权享受知情、律师辩护、证人作证、复审等权利;(7)享受私生活和名誉的权利,即法律要保护任何人的私生活、家庭、住宅和通信不被任意和非法干涉,其荣誉和名誉不得被非法攻击;(8)自由享有思想、文化和宗教的权利,即任何人具有维持或改变其宗教和信仰的自由,并可以合法地单独或集体、公开或秘密地自由表达自己的宗教和信仰,以及处于少数者地位的人也可以自由地享有自己的文化或使用自己的语言;(9)自由持有主张和发表意见的权利,即人人有权拥有自己的主张和意见,并且可以自由地以口头的、文字的、印刷的、采取艺术形式等方法寻求、接收和传递各种消息和思想,但这项权利受到法律限制,须在尊重他人权利和名誉以及保障国家安全、公共秩序、公共卫生和道德的前提下行使,尤其禁止任何鼓吹战争或民族、种族、宗教仇恨的宣传和主张;(10)和平集会和自由结社的权利,即人们有权进行合法的和平集会以及包括组织和参加工会等结社的自由;(11)婚姻、家庭和儿童受到保护的权利,即成年男女自由同意才能缔结婚姻,家庭受社会和国家保护,男女双方在结婚期间和解除婚约时权利和责任平等,儿童有权不加区别和不被歧视地享受家庭、社会和国家为其未成年地位给予的必要保护措施,有权享有国籍和名字;(12)参政的权利,即每个公民都有权直接或通过自由选择的代表参与公共事务,以及每个公民都有在定期、普遍、平等的无记名自由选举中选举和被选举的权利。①

以上这些权利既是作为个人应享有的基本权利,同时也是作为缔约国的国家应承担的基本义务。按照公约第4条第1款、第3款的规定:在社会紧急状态威胁到国家的生命并经正式宣布时,本公约缔约国得采取措施克减其在本公约下所承担的义务,但克减的程度以紧急情势所严格需要者为限,此等措施并不得与它根据国际法所负有的其他义务相矛盾,且不得包含纯粹基于种族、肤色、性别、语言、宗教或社会出身的理由的歧视。任何援用克减权的本公约缔约国应立即经由联合国秘书长将它已克减的各项规定、实行克减的理由和终止这种克减的日期通知本公约的其他缔约国家。②

作为促进和监督公约执行情况的机构与制度,公约设立了专门执行这一公约的常设机构"人权事务委员会",该委员会由18名来自不同缔约国并具有崇高道义地位和在人权方面有公认专长的独立专家组成,他们以个人身份被提名和选出并进行工作,委员会负责审议和研究各缔约国提出的报告以及向有关缔约国提出一般建议。此外,该委员会还有权接受和审议缔约国在公约履行过程中所提起的申诉或指控。不过这一职权是任择性的,即只有在缔约国声明承认委员会的这一权力时委员会才能接受和审议有关申诉和指控;而且这一职权还严格受到程序的制约,即首先需要在提起指控和被指控的当事国之间相互联系与处理并用尽了所有现有适用的国内救济之后,才能向委员会提出申诉或指控并由委员会加以接受和审议及处理。作为缔约国应尽的义务,公约规定了缔约国的定期和随时报告制度,即各缔约国须在公约生效后一年之内,以及人权事务委员会认为有必要而提出要求时,随时向联合国秘书长提出关于采取措施实现公约规定的权利和在为实现这些权利方面所取得的进展以及存在困难的报告,再由联合国秘书长将这些报告转交人权事务委员会进行审议。③

---

① 参见《公民权利和政治权利国际公约》第6—27条。白桂梅、李红云编:《国际法参考资料》,北京大学出版社2002年版,第102—107页。
② 参见《公民权利和政治权利国际公约》第4条。同上书,第102页。
③ 参见《公民权利和政治权利国际公约》第28—41条。同上书,第107—109页。

《〈公民权利和政治权利国际公约〉任择议定书》由序言和 14 条约文组成。作为《公民权利和政治权利国际公约》的补充文件,其内容非常简单,主要规定:(1)缔约国承认人权事务委员会有权接受并审查某缔约国管辖下的个人声称为该缔约国侵害公约所载任何权利的受害者的来文,不过其前提条件是来文中所称事件不属于其他国际调查和解决程序审查中的事件,且受害者须已经在国内用尽法律救济以及来文必须署名和并非滥用这一呈文权及符合公约规定;(2)人权事务委员会有权根据来文提请被控违反公约任何规定的缔约国加以注意,收到提请注意通知的缔约国有义务在 6 个月内向人权事务委员会提出书面解释或声明;(3)委员会应举行不公开会议审查来文,并向有关国家和来文的个人提出意见;(4)委员会审议结果的摘要可以列入其通过经济及社会理事会向联合国大会提出的年度报告之中。①

《旨在废除死刑的〈公民权利和政治权利国际公约〉第二项任择议定书》由序言和 11 条约文组成,也是《公民权利和政治权利国际公约》的补充文件,内容同样非常简单,主要规定在缔约国管辖范围内任何人不得被处死刑以及缔约国应采取一切必要措施废除死刑,而且认为废除死刑将有助于提高人的尊严和促使人权的持续发展。此外,作为该议定书严格的约束制度,规定缔约国须向人权事务委员会提交报告且载明为实施该议定书采取的措施,以及该议定书一般不接受任何保留,只有在批准或加入时可提出一项保留,即规定在战时可对犯下最严重军事性罪行被判罪的人适用死刑,而且在提出这项保留的同时须向联合国秘书长递交在战时适用的本国法律有关规定。②

二战后,以《联合国宪章》为开端,以"国际人权宪章"为基础形成的一系列有关人权的普遍性国际公约或地区性国际公约,共同构成了国际人权法。而且,为了提倡人权和有效实施这些人权法律以保障各国人民的基本人权,以及防止侵犯人权的事件发生和促进对人权的尊重,1950 年 12 月 4 日,联大会议通过决议,决定将每年的 12 月 10 日,即通过《世界人权宣言》的日期确定为"世界人权日",并先后在 1946 年 2 月设立了联合国经济及社会理事会下属的人权委员会(该委员会已由 2006 年 3 月 15 日成立的"人权理事会"取代,并成为联合

---

① 参见《〈公民权利和政治权利国际公约〉任择议定书》第 1—6 条。白桂梅、李红云编:《国际法参考资料》,北京大学出版社 2002 年版,第 112—113 页。
② 《旨在废除死刑的〈公民权利和政治权利国际公约〉第二项任择议定书》序言及第 1、2、3 条。张伟主编:《联合国核心人权文件汇编》,中国财富出版社 2013 年版,第 153 页。

国大会直属机构之一)、1993年12月设立了联合国人权事务高级专员。这一切,都有效推动了世界人权事业的进步和国际人权法的发展。

思考题

1. 如何认识人权与主权的关系?
2. 国际人权法的强化对国际关系而言意味着什么?

第八章
国家的管辖空间与国际法上的领土

国家最主要的属性是主权,而能够体现国家主权的最主要的要素就是其管辖空间,即国际社会承认其行使权力的空间范围。在这一空间范围,国家具有至高无上的权力,对这一空间范围内的所有人和物以及发生的所有事情具有管辖权。从国际法角度而言,这一空间范围就是国家领土。或者从国际法意义而言,在这一空间范围内国家具有领土管辖权。因此,领土对于国家而言具有非常重要的意义,了解领土及其法律地位以及不同国家领土边界及其相邻部分边境地区的法律制度,对于学习国际关系而言也具有非常重要的意义。

第一节 领土及其对于国家的意义

领土是指在某一主权支配和管辖下的空间范围,这一空间范围主要是指地球表面的某一特定部分及与此相对应的上覆空间和地下底土。

领土的概念产生于近代国际关系与国际法,它的出现是近代国际关系和国际法的主要标志之一。也就是说,随着近代意义主权国家及其关系规则的出现,作为划定主权国家范围主要标志的领土概念应运而生,并成为在观念和实际上维持国际社会稳定运转及维护主权国家地位和利益的主要手段。

对于国家而言,领土具有非常重要的意义。首先,领土是构成国家的必要条件之一。尽管国家领土有大有小,有些国家的领土辽阔而有些国家的领土狭小,但领土是一个国家生存必需的物质条件之一,任何国家都须有一定范围的领土,否则国家就无法存在,如"一个流浪的部落,虽然有一个政府或在其他方面是有组织的,但在没有在它自己的领土上定居以前,不是一个国家"①。

其次,领土是国家行使主权最主要的保障,国家权力边界很大程度上就是其领土边界,即一个国家在其领土范围内具有属地管辖权,而且这一权力是一种最高和排他性权力,任何国家不得侵犯其领土而损毁该国主权。例如,《联合国宪章》第2条第4款规定:"各会员国在其国际关系上不得使用威胁或武力,或以与联合国宗旨不符之任何其他方法,侵害任何会员国或国家之领土完整或政治独立。"②

最后,领土是为国家经济和社会发展提供保障的必要条件。也就是说,任何国家的发展都需要一定的自然资源,1962年12月联大会议通过的《关于天然资源之永久主权的宣言》规定:"各民族及各国族行使其对天然财富与资源之永久主权,必须为其国家之发展着想,并以关系国人民之福利为依归……各国必须根据主权平等原则,互相尊重,以促进各民族及各国族自由有利行使其对天然资源之主权。"③当然,有些国家领土范围内的自然资源丰富而有些国家的则相对贫乏,对于那些自然资源相对贫乏的国家而言,尽管在目前存在国际自由贸易体制的前提下,也可通过贸易方式从其他国家获得资源,但这毕竟增加了国家发展的成本,也增加了国家经济安全的脆弱性。目前,在世界性自然资源日益短缺的状况下,任何国家都对本国领土范围内的自然资源采取了一些控制或管制的做法。

不过,国家领土主权也并非一种绝对意义上的权力,国际法对领土主权也有一些限制。按照一般国际法规则,对国家领土主权的限制主要有:(1)领海和群岛水域的无害通过权,即其他国家的船只可以在不妨碍沿岸国和平、秩序与安全以及在遵守沿岸国法律条件下持续航行通过沿岸国领海或群岛水域;(2)为公平利用海洋资源,内陆国在过境国享受的领土过境自由,即非沿岸国有权通过与过境国之间的协议获得本国通往海洋必需的过境国领土上的通道以及其他必要设施;(3)防止任何人在本国领土上从事有害于他国的行为,即一国的主权并不包括允许在其领土上的任何人或机构从事有损于他国的行为;(4)国家主权豁免及外交人员的特权与豁免。

除此之外,通过双边或多边条约形式,也可以对某一国的领土主权进行某

---

① 〔英〕詹宁斯、瓦茨修订:《奥本海国际法》第一卷第二分册,王铁崖等译,中国大百科全书出版社1998年版,第3页。
② 白桂梅、李红云编:《国际法参考资料》,北京大学出版社2002年版,第2页。
③ 王铁崖、田如萱编:《国际法资料选编》,法律出版社1982年版,第21—22页。

些特殊限制。这些限制采取的主要方式有：共管、租借和国际地役。

共管 所谓共管，是指两个或两个以上国家在同一块领土内共同行使主权，因此也有人称其为共同主权或共同统治权。在国际关系史上，由于各种历史的或权力平衡的原因出现过很多共管的事例，如1864—1866年间奥地利和普鲁士对石勒苏益格-荷尔斯泰因地区的共管，一战后英国、澳大利亚和新西兰对瑙鲁的共管，等等。

另外还有一种情形，也可看作共管，即某国的一块领土经其同意后交给另一个国家行使管理权，但是该国仍拥有对该领土法律上的主权。例如，从1878年到1908年，当时仍属于土耳其的波斯尼亚和黑塞哥维那就被交由奥匈帝国进行管理；从1878年到1914年，当时还属于土耳其的塞浦路斯岛就被交给英国进行管理。当然，这种共管其实质大都是在近代殖民主义不平等条约下一种变相的领土割让。

在对某一块领土实行共管的情形下，其实任何国家对该领土都没有完全主权。在这里，领土主权被分割了，或者主权与管理权相互分离。因此，对于其中的任何国家而言，其领土主权都受到了限制。

租借 对领土的租借，是指一国将其部分领土永久或有限期地出租或抵押给另一国使用。在国际关系史上，有很多租借领土的事例。例如，在19世纪末西方列强瓜分中国的狂潮中，中国先后将胶州湾租借给德国，将旅顺港租借给俄国，将广州湾租借给法国，将威海卫和九龙、新界租借给英国；1903年，巴拿马将运河区租借给了美国；1920年，印度将本国内的一个法语特区租借给了法国；1921年，意大利将一个港口地区租借给了捷克斯洛伐克；1947年，苏联租借芬兰波卡拉半岛及其附近水域建造海军基地等。

在这些领土租借中，实际情形各有不同，有些租借是真正意义上的租借，即并不改变领土主权关系，被租借国自愿选择出租领土，并一般会附带某些条件，比如收取租金等。但是，其中有些租借其实就是变相割让，尤其是那些并不付租金且永久性租借的行为，其实和割让已没有什么区别。

然而，不论什么情形下的领土租借，在被租借出的领土之内，原领土主权国的领土主权当然受到了相当大的限制，甚至完全丧失。

国际地役 国际地役有时也称国家地役，是指一国根据条约或其他方式将部分或全部领土在特定范围内提供给他国为某种目的和利益使用，或应他国要求进行某些自我领土主权限制。例如，一国根据条约允许他国军队通过或驻扎本国领土、允许他国船只通过本国的内水、允许他国使用本国的港口和车站等设施、允许他国在本国领土上修建建筑或修建及经营公路和铁路、允许他国船只进入本国管辖海域捕鱼等,或者一国接受他国请求在本国领土某地不设防、不修公路或铁路等。

在这里,允许他国在本国领土上享受某些权利的国际地役被称为积极地役,而应他国要求在本国领土上不从事某项行为的国际地役被称为消极地役。例如,20世纪50年代初日本重获独立后通过与美国间的条约关系允许美国长期在日本驻军,就属于一种积极地役;一战后1919年6月签订的《凡尔赛条约》规定德国在其领土莱茵兰的非武装化,就属于一种消极地役。

地役,本来是国内法的概念,来源于古罗马法的物权制度,即属于某人所有的土地被用来为他人的利益服务。这一概念之所以被引入国际法,是因为早期的国际法将国家的领土主权类比于个人的土地所有权。但是,国内法与国际法毕竟存在区别,国际地役概念与国家领土主权概念间也相互抵触,因此有些学者并不同意在国际法中使用地役的概念。然而,国际地役的现象在国际关系中毕竟存在,如二战后在民主德国领土上西方盟国和联邦德国从西柏林到联邦德国间的过境通行权,就可以被视为一种国际地役。而且,国际法院在1960年4月对葡萄牙和印度间的"印度领土通行权案"所做的判决,实际也间接承认了国际地役的存在。

印度领土通行权案

在英国统治印度期间,葡萄牙也在印度西海岸占据了部分土地,其中有沿海地区达曼及两块飞地达德拉和纳加尔-阿维利,长期以来英国给予葡萄牙在达曼和两块飞地间的通行权。但印度独立后,从20世纪50年代开始,印度对葡萄牙在印度领土上的通行权加以某些限制。1954年夏天,一些印度民族主义者占领了达德拉和纳加尔-阿维利,并逮捕了当地的葡萄牙官员,建立了印度的地方政府。于是,葡萄牙要求印度政府允许其从达曼派遣官员和军队到被占领的两块飞地以恢复葡萄牙的政权,但却遭到印度政府拒绝。为此,葡萄牙于1955年12月向国际法院提出诉讼,要求国际法院确认葡萄牙具有在印度领土进出其飞地的通行权利。1960年4月,国际法院对该案做出判决认为,葡萄牙具有为维持两块飞地主权必需的通过印度领土的权利,因为这一权利是在过去英国统治印度期间通过连续一贯的实践所确立,不过这一通行权仅限于私人、文职官员和一般货物,而不是包括军队、警察、武器弹药在内的军事通行权。在这一案件中,虽然国际法院判决中并没有明确使用国际地役的概念,但是一般都认为这是承认国际地役的一个典型案例。

第二节 领土的构成

国家的领土一般由领陆、领水和领空三部分构成。其中,领陆是领土最基本和最主要的部分,因为领水和领空均需要以领陆为依托,即领水和领空总是需要附着在某一领陆之上而不能离开领陆单独存在。

领陆 领陆指国家管辖的陆地部分,也是一个国家生存需要的最基本物质载体,其中包括所属的大陆或岛屿及其地下至无限深度的底土。当然,有些国家的领土完全由大陆构成,如蒙古国就完全处于亚洲大陆内部;而有些国家的领土完全由岛屿构成,如被称为"千岛之国"的印度尼西亚就由17 000多个大小岛屿组成;还有些国家既处于大陆又面临海洋,其大陆周围海域拥有岛屿,如美国和中国等国家,这些国家的领土就会由大陆和岛屿共同构成。

领陆不论由大陆还是岛屿构成或两者兼有,在国际法上都具有完全的主权地位,即处于国家主权的完全控制与管辖下,国家在这一范围内具有至高无上的权力,对所有人和事务都具有管辖权。尤其是,任何外国人以及外国飞机、船舶或其他交通工具,未经该领陆所属国家政府许可,都不得进入,任何对该领陆范围内底土资源的勘探、开发和利用,也必须获得该领陆国政府的允许和批准后才能进行。

领水 领水指附属于某一领陆的水域及其地下至无限深度的底土,这一水域又可分为内水和领海两部分。所谓内水,可以有两种意义上的理解:从广义来理解,指一个国家除领海外的所有水域,即该国陆地疆界内以及与陆地疆界相邻接一定范围的水域,包括内陆的河流、湖泊以及沿岸领海基线向陆地一面的海域;从狭义来理解,则仅指一国沿岸领海基线向陆地一面的海域。不管对内水做何种意义的理解,其法律地位都完全等同于领陆,即国家在其内水享有完全主权。

领海则指沿海国主权及于其陆地领土和内水以外邻接的一带海域,群岛国的情形指及于群岛水域以外邻接的一带海域,即沿海国领海基线向海洋一侧的一带海域。按照现有国际法有关规定,每个国家都有权确定本国领海宽度,但最宽不能超过从其领海基线量起至 12 海里的界限。①

领空　领空指附属于某一领陆和领水之上一定高度的垂直空间。所谓一定高度,其实主要指对上限空间的限制。虽然还没有一个确切的上限高度,但一般指现有航空器能够飞行的高度,即与外层空间有所区别的空气空间,而其下限则只要高于地面就都可被视为领空。例如,1987 年 5 月"莫斯科红场事件"中,德国青年鲁斯特驾机进入苏联国境时飞机的最低飞行高度为 200 米,但也同样属于侵犯苏联领空。②

莫斯科红场事件

1987 年 5 月 28 日,联邦德国青年鲁斯特为呼吁美苏两国停止军备竞赛而做了一次冒险飞行。他驾驶一架单引擎小型运动飞机从芬兰赫尔辛基机场起飞,超低空进入苏联国境,并在几乎没有任何阻拦的情况下最终降落在了苏联首都莫斯科红场上,随后鲁斯特被苏联克格勃扣押。此次事件震动了整个苏联社会,来自西方国家的飞机在未经苏联同意的前提下几乎未受任何阻碍进入了苏联的心脏地带,这无疑对苏联的国土安全防卫是一个极大的讽刺。为此,苏联国防部部长和防空军总司令等 300 多名将领被解职,甚至有的人被投入监狱。1987 年 9 月 4 日,苏联对鲁斯特进行了审判,以非法入境罪和扰乱航空秩序罪判处其 4 年劳改。芬兰航空援助部门也要求鲁斯特支付 12 万美元罚金以赔偿为搜救他耗费的人力物力。不过,鲁斯特在莫斯科的监狱中被关押了 14 个月后即被提前释放,并被引渡回了联邦德国。

除去领陆、领水和领空这些完全属于国家领土的区域之外,还有一些只有沿海国家才有可能享有某些特殊权利和利益的区域,如毗连区、专属经济区、大陆架等。③ 从严格意义来说,这些区域并不属于国家的领土范围,沿海国只是在这些特殊区域内享有某些特殊权利和利益,而非完全的主权。不过,随着国家

---

① 关于与领海有关的一些概念以及领海在国际法上的地位,详细内容请参见本书第九章的有关部分。
② 关于领空在国际法上的地位,详细内容请参见本书第十章的有关部分。
③ 关于毗连区、专属经济区和大陆架的详细介绍及其在国际法上的地位,详细内容请参见本书第九章的有关部分。

对海洋资源需求的增加和海洋开发技术的提高,目前国际社会的一种趋势是,沿海国家对这些并非完全属于自己主权领土区域的控制越来越强。

第三节 领土的取得与丧失

领土的取得指既存国家得到和增加其领土;领土的丧失则正好相反,指既存国家失去和减少其领土。传统而言,国家主要通过以下五种方式取得领土:占领、添附、割让、征服和时效。其中,占领和添附是原始取得方式,即获得最初领有权,取自非主权领土;割让、征服和时效则是转承取得方式,即这种取得并非获得最初领有权,而是来自另一主权国家。

领土的丧失与领土的取得是一对相对概念,在大部分情形下一国领土的取得就意味着另一国领土的丧失,尤其对那些通过转承方式取得的领土来说,必定伴随着别国领土的丧失。因此,这里只涉及领土的取得,领土的丧失其实都已包括在领土的取得中,只不过取得与丧失的主体不同而已。例如,与领土取得方式相对应,领土的丧失一般通过以下四种方式,即自然缩减、放弃、灭亡和时效。也就是说,与一个国家有可能通过添附取得领土相对应,一个国家当然也有可能由于自然缩减丧失某些领土;与一个国家通过割让取得领土相对应,肯定会有另一个国家放弃了同样的领土;与一个国家通过征服取得领土相对应,必定会有另一个国家由于灭亡而丧失其领土;与一个国家通过时效取得领土相对应,必然会有另一个国家由于时效丧失了同样的领土。只有占领的取得方式不存在与此相对应的任何丧失,因为占领的对象是无主地。

占领 占领有时也被称为先占,指一个国家有意识取得当时不在其他国家主权控制下的土地的主权并实行有效占领。也就是说,占领的首要条件须是国家行为而非个人或法人行为,或者个人或法人行为须在事后得到国家认可;其次,这种占领须是主观上存在取得主权的意愿,即将占领的土地作为自己的领土;再次,占领的对象须是没有国家主权控制的无主地;最后,对已占领的土地实施有效占领,即在占领的土地上确立和维持必要的法律秩序并排除别国介入,或者对一些无人岛进行监督管理、资源开发等活动。

不过,在这些构成占领的必要条件中,究竟如何认识无主地及如何判定是否实施了有效占领,还需要做更进一步说明。

按照传统国际法,所谓无主地是指无人居住或虽住有土著居民但尚未形成文明国家的土地,即"无主之地"。尤其在近代殖民主义时代,欧洲国家在向世界各地扩张过程中,将所有还未建立近代国家的地区都作为无主地来对待,利用先占原则占领了大片殖民地。例如,欧洲殖民国家对美洲印第安人的大规模屠杀和驱赶,以及对非洲部落的统治等,在殖民者看来就是对无主地的占领。但是,现代国际法对无主地概念的认识已有所不同,这一概念仅限于无人居住或虽有人居住但没有任何社会性组织且不属于任何主权控制下的土地,而并不一定必须建立起近代意义的国家组织形式。例如,1975年10月国际法院在"西撒哈拉案"咨询意见中就认为:"根据当时的国家实践,凡在社会上和政治上有组织的部落或民族居住的土地就不能被认为是无主地;在这种情况下,通常认为,领土主权不能通过先占取得,而只能通过和当地统治者的协议取得。"[①]也就是说,即使是还未形成现代国家的地区,但只要存在有组织的人群居住,就不能视其为无主地而通过占领取得其主权。由此看来,目前世界上可能除去一些远离大陆的无人荒岛外已不存在无主地,即国家已几乎不可能通过占领方式取得领土了。不过,无主地和占领的概念对于现有国家领土的认定以及国际法院的裁判仍然具有意义。

西撒哈拉案

西撒哈拉是位于非洲西北海岸的一块土地,与摩洛哥和毛里塔尼亚等国接壤,从19世纪中期起这里就被西班牙占领并作为西班牙的保护地而存在。1963年后,联大会议通过多项决议,敦促西班牙实现西撒哈拉的非殖民化。1966年后,西班牙表示愿意按照联合国决议实现西撒哈拉的非殖民化。1973年,西撒哈拉人民解放阵线成立并试图通过武装斗争获得独立。然而与此同时,作为西撒哈拉邻国的摩洛哥和毛里塔尼亚对西撒哈拉也提出领土要求。1974年9月,摩洛哥向西班牙提议,将西撒哈拉争端提交国际法院,但被西班牙拒绝。1974年12月,联大会议通过决议,要求国际法院就西撒哈拉问题发表咨询意见,主要回答西撒哈拉在沦为西班牙殖民地时是否为无主地,以及西撒哈拉与摩洛哥及毛里塔尼亚之间在历史上有何法律联系。1975年10月,国际法院发表咨询意见认为,西撒哈拉在19世纪中期沦为西班牙殖民地时已存在有组织的部落,因此并非无主地;摩洛哥和毛里塔尼亚虽在历史上与西撒哈拉存

[①] 转引自中国政法大学国际法教研室编:《国际公法案例评析》,中国政法大学出版社1995年版,第186页。

在一些法律关系,但并不存在任何领土主权关系,因此西撒哈拉应由该领土上人民的自由意志决定其前途。但是,仅在一个月后,西班牙、摩洛哥和毛里塔尼亚签订条约,并依据该条约西班牙于1976年2月26日撤离了西撒哈拉,随即摩洛哥与毛里塔尼亚签订分治西撒哈拉协定,分别占领了西撒哈拉北部和南部。与此同时,西撒哈拉人民阵线宣布成立阿拉伯撒哈拉民主共和国,其武装力量同摩洛哥和毛里塔尼亚冲突不断。1979年8月,毛里塔尼亚同西撒哈拉人民阵线领导的阿拉伯撒哈拉民主共和国签订和平协议,毛里塔尼亚放弃对西撒哈拉的领土要求,退出了战争。但是,摩洛哥随即占领了毛里塔尼亚退出的地区,并总共控制了西撒哈拉约四分之三的土地。1991年6月,在联合国的斡旋下,冲突双方宣布停火,并决定举行公民投票决定西撒哈拉前途。但是,由于双方在确定选民资格问题上存在严重分歧,公民投票一拖再拖。在联合国呼吁下,2007年4月双方和谈重新开始,虽经多年多次谈判,但至今还未取得任何进展,因此西撒哈拉地区仍然前途未卜。

至于占领后是否实施了有效占领,其实传统国际法并没有区别所谓占领和有效占领,而是承认某块土地一经某个国家发现和占领就意味着该块土地成为该国领土。但是,现代国际法对于占领是否有效有了更为严格的标准,要想取得某地的领土主权,就不能仅是发现和简单占领,如只是向其他国家通告自己发现和占领了某块无主土地。尽管发现和简单占领使得发现和占领的国家取得了对该土地的初步权利,但这是一种不完全的权利,仅是为发现和占领的国家提供了获取该土地主权的可能性,可以暂时起到阻止其他国家占领的作用。然而,要想真正取得该土地主权,就需要进行实质上的有效占领,即需要对该土地进行实际有效的控制并建立行政管理机构实行有效管理。例如,1928年4月国际常设仲裁法院在美国与荷兰之间的"帕尔马斯岛仲裁案"中,就强调了有效占领原则;1953年11月国际法院对英国和法国之间的"敏基埃和艾克利荷斯群岛案"的判决也强调了有效占领原则。

帕尔马斯岛仲裁案

帕尔马斯岛是位于印度尼西亚和菲律宾间的一个岛屿,16世纪由西班牙人发现,但是西班牙对这里并没有进行有效占领和管理,18世纪荷兰人又占领了该岛并实行了有效管理。1898年,美国和西班牙间的战争结束后,两国签署的

《巴黎和约》规定，西班牙将帕尔马斯岛和菲律宾一起割让给了美国，但在1906年美驻棉兰老岛司令官视察该岛时却发现岛上挂有荷兰国旗，于是美国与荷兰进行交涉。1925年1月，美国与荷兰双方都同意将帕尔马斯岛的主权问题提交国际常设仲裁法院，并共同选定了瑞士法学家马克斯·休伯法官为本案唯一仲裁员。1928年4月，休伯法官对本案做出裁决认为：帕尔马斯岛完全构成了荷兰领土的一部分，虽然西班牙最先发现了该岛并因此获得"不完全的权利"，但因为其未实行有效占领而丧失了这一权利；而荷兰自18世纪以来就一直对该岛实行有效占领，在200年间连续不断与平稳地行使权力，已取得了该岛事实上的主权，因此西班牙不享有该岛的领土主权，更不能将不属于自己的领土割让给美国。

敏基埃和艾克利荷斯群岛案

敏基埃和艾克利荷斯群岛是位于英吉利海峡的一些无人岛屿，20世纪50年代初英国和法国围绕该群岛的主权出现争端，两国都主张对该群岛的历史性权利，于是双方在1950年将这一争端提交国际法院。1953年11月，国际法院做出判决认为，该群岛的主权应该属于英国，因为近代以来英国一直在对其行使司法和行政管辖权，该地与英国的关系超过了同法国的关系。

在有效占领问题上还有一种情况比较难以处理，即对一些无人居住荒岛的占领。在很多情形下，国家对这些无人居住荒岛的占领只是一种虚拟占领，或者说只是一种观念上的占领，即只是通过国内法将这些岛屿划归某一行政区划，但并无人居住，也未进行任何开发，其实际有效占领显示得并不明显。如有相邻国家对同一无人荒岛也通过其国内法进行同样的虚拟占领或观念上的占领，那么就会出现两个或多个国家对同一块土地都主张主权并从而引发领土争端的情形。尤其在很多东方国家间，由于历史上彼此的领土很少进行过真正具有法律意义上的划界处理，这种虚拟占领的情形更为普遍，因此就为国家间的领土争端埋下了很多隐患。

添附 添附指自然或人为作用使一国的领陆部分增加从而使其领土扩大。从自然添附角度来看，由于地理环境或地形地貌变化，有可能使一国领土自然增加，如海岸或河岸出现涨滩、河口泥沙堆积形成三角洲、河流干涸形成废河床、领海或专属经济区内形成新岛屿等自然现象，会自然改变和扩大一国的领土。在这种情形下,这些新生成的土地就会成为原领土主权国领土的自然延伸,即原领土主权国取得该扩大领土的主权,并且其边界或领海基线也有可能随之做出相应调整。例如,1805年英国法院在"安娜号"案判决中就承认添附是取得领土的方式之一,而且认为添附土地属于这一现象的沿岸陆地所属国。

"安娜号"案

1805年,在英国与西班牙战争期间,英国私掠船在密西西比河河口离美国海岸线3海里外的海域拿捕了一艘西班牙船"安娜号"。当这个案件被递交至英国捕获法院审理时,美国却提出抗议,认为"安娜号"是在离美国海岸线3海里的美国领海内被拿捕的,因此应将船交给美国。英国法院的法官接受了美国的要求,判决认为:拿捕虽发生在离美国大陆海岸3海里外的地方,但却是在一些由大陆漂流入海的泥土和树木形成的小泥岛3海里内的地方,这些小泥岛是其邻接海岸的自然附属物,并且也是由该海岸造成的,因此当然属于沿岸国所有。据此,美国的海岸线就向外有所推进,其领土自然就有所扩大。

从人为添附角度来看,一国可能通过在河岸或海边构筑堤坝、填海造地等人为活动来扩大其领土。

不过,无论是自然添附还是人为添附,如果这一领土范围扩大涉及和影响到了其他国家的领土范围,那么就需要有关国家共同协商重新划定彼此边界。尤其人为添附,更需要在取得有关国家同意的前提下进行,不能为了增加本国领土范围而引起其他国家领土范围缩小。

此外,还有一种情况需要注意,即有些沿海国家为了某种需要还有可能在自己的毗连区、专属经济区和大陆架甚至公海上建造各种人工设施或人工岛屿,虽然这些活动并不违反国际法,但这些人工设施或人工岛屿并不能构成国家领土的人为添附,自然也就不可能扩大该国领土范围,在这些人工设施或人工岛屿周围也不可能形成领海。

如果在不属于任何主权国家领土范围的公海上生成新的陆地或岛屿,而且有若干国家都声称自己先行发现和占领该陆地或岛屿而引发争端,那么除去判断由哪个国家真正最先发现以及哪个国家实际有效占领外,毗连性原则也是主张取得领土的原则之一,即与该块土地相毗连的距离最近的国家对此也有相当权利或具有优先权利。

割让 割让指一国根据条约将自己的部分或全部领土的主权转移给另一国。在这里,割让是一个广义的概念,不仅包括在战争结束后战胜国强迫战败国通过条约让出部分或全部领土(如普法战争中法国失败,被迫割让阿尔萨斯和洛林),而且包括由于赠与、出卖、交换、返还等原因通过条约由一国将其部分领土交给另一国。因此,割让并不一定是不平等的,那些通过武力或武力威胁或战争手段强迫一国签订不平等条约进行的割让,目前已经不被国际法所承认。

在国际关系史上,存在着各种领土割让的情形。例如,19世纪中期以前的欧洲君主国家间常常因为联姻关系而将某块领土作为嫁妆赠与另一个国家,从而出现领土割让的情形;一些国家就像对待商品一样将土地出卖给其他国家从而也出现领土割让的情形,如1803年法国将其北美殖民地路易斯安那以6000万法郎的价格卖给了美国,1867年俄国以720万美元的价格将北美洲的阿拉斯加卖给了美国;一些国家在领土确定和划界过程中彼此以不同土地进行交换,也会出现领土割让的情形,如1960年中国和缅甸在确定双方领土边界的谈判过程中就进行了某些交换,中国将过去传统上属于中国的一些地区割让给了缅甸,缅甸也将过去传统上属于缅甸的一部分土地割让给了中国;还有一些国家将那些在历史上曾经由于各种原因取自一国的土地重新返还该国,即让某一地区从某国统治之下回归为过去所属国统治之下,这种情形也属于领土割让。

征服 征服指一国使用武力占领他国全部或部分领土并对该领土加以兼并。从历史上来看,征服是仅次于占领的取得领土的主要手段之一,即国家间几乎总是通过不断征战甚至灭亡其他国家去夺取更多领土。而且,在传统国际法中,征服并没有被认为是一种非法行为,只要有能力去征服别的国家并能够保持被征服的土地,就自然会得到国际社会的承认。但是,1928年《巴黎非战公约》签订后,尤其是二战后,《联合国宪章》确立了不得以武力损害任何国家领土完整的原则,征服已不能成为取得领土的合法方式,即现代国际法不再承认通过征服取得的领土。不过,征服概念在确定领土的历史所有权方面仍然具有意义。

时效 时效指一国占有别国领土后在相当长时间内不受干扰地持续实际

占领和有效控制,即可取得该领土的主权。也就是说"在足够长的一个时期内对于一块土地连续地和不受干扰地行使主权,以致在历史发展的影响下造成一种一般信念,认为事物现状是符合国际秩序的,因而取得该土地的主权"①。

时效最初只是国内法中的一个概念,指在一定期限内法律具有效力及善意占有财物获得所有权需要的时间。例如,对有些刑事罪行或民事司法事项,可以规定在超出一定期限后即不再追究和起诉,或由于某种原因善意占有别人财物一定期限后即可获得该项财物的所有权。但是,国际法上的时效却不同于国内法意义上的时效,它只适用于取得领土方面的有关事项,而且不像国内法时效概念那样具有善意的前提条件和确定的时间,即占有别国领土并非一定是善意占有,但并不影响其有可能通过时效获得该领土。所谓相当长时间也并非一个确定的时间,而主要取决于国际社会对某国占有这一事实的承认,即大部分国家已对此事实习以为常并认为符合国际秩序。

对于被其他国家占有了自己领土的国家,要想不让占领国家通过时效获得该领土的主权,就需要不断宣示对该领土的主权,并不时地通过抗议或其他能够引起国际社会关注的抵抗行为干扰和阻挠占领国对该领土的实际占领和控制,因为"取得国的有效控制必须伴随丧失国的默认;抗议,特别是强烈的和反复的抗议,阻止因时效取得权利"②。只要这些抗议和其他干扰抵抗行为不断出现并能被国际社会所关注,那么占领和实际控制的国家就难以利用时效取得所占土地的领土主权。

第四节 边界与边境制度

只要有国家领土的概念,就必然需要确定某一国家领土范围的界限,国家边界就是指确定国家领土范围的界限,即分隔一国领陆、领海、领空与他国领陆、领海、领空以及与公海及其上覆空间乃至外层空间的界限。国家边境则是指国家边界附近或两个国家间边界两侧一定范围内的区域。

国家边界是确定国家领土管辖范围的唯一根据,因此这一边界应确定无疑,而且应被相关国家或国际社会接受。在国际社会,国家之间的边界基本上

---

① 〔英〕詹宁斯、瓦茨修订:《奥本海国际法》第一卷第二分册,王铁崖等译,中国大百科全书出版社1998年版,第88页。

② 〔英〕M.阿库斯特:《现代国际法概论》,汪瑄等译,中国社会科学出版社1981年版,第171页。

是相互确定的,这也是保证国家权力能够正常行使和避免国家权力管辖范围相互重叠导致冲突所需要的。但是,并非所有国家的领土边界都已确定无疑,实际上有些国家围绕某些土地归属还存在着争端,因此彼此间的边界还难以确定。例如,由于历史原因,中国和日本围绕钓鱼岛主权归属以及东海海域划界问题存在争端;中国和印度在彼此的陆地边界问题上也存在争端,两国间的领土边界至今没有最后划定。不过,这些个别问题并不影响整个国际法在边界问题上建立的一般性制度。

在国家边界附近的边境地区,由于常常会涉及与其他国家的领土或国际公共领土间的关系,所以大部分国家都会在边境地区制定一些不同于本国领土范围内其他地区的特殊制度,或相邻国家间也可能通过条约形式共同制定一些有关双方边境地区的国际法律制度。

确定边界的原则和程序

确定国家边界,当然主要是当事国家自己的事情,但也必须遵守一定的国际法规则,不能无原则地随意确定。对于大部分国家而言,由于总会有相邻或相向国家,因此在确定国家边界时就不可避免要同其他有关国家共同来确定彼此的边界。

根据国际关系实践和国际法有关规则,有关国家在确定彼此边界时一般会按照以下原则来进行:

(1) 按照传统实际控制线确定。从根本上来说,每个国家的幅员和疆界都主要是由国家实力决定的,即在长期历史过程中国家利用其实力对一定范围土地的实际占领和有效统治是确定国家边界最强有力的保证。所谓有效统治,即对某一范围土地内的居民和事物能够实施实际有效的管辖。在国与国确定彼此的边界时,当然首先需要彼此承认对方在其实际控制范围内的有效管辖,即主权,然后在此基础上才能确定彼此有效管辖的边界,即主权的界限。

(2) 按照自然地理线确定。有关国家在按照实际控制线决定了边界的大致走向后,如果这条线附近恰好是一些诸如山脉、沙漠、森林、河流、湖泊或海峡等突出性地理要素,那么一般会经过谈判按照这些特殊地理要素确定具体边界线,因为这些带有标志性的特殊地理要素具有相对稳定性,不易被人为改动。例如,按照山脉或山脊的分水岭,或者按照河流中间线或其主航道的中间线,或者按照湖泊或海峡的中心线等要素来确定边界线。

(3) 按照经纬度地理坐标或选定点的连线确定。在有些国家之间,甚至可以采用更为简单的原则确定边界,即在地图上按照地理坐标或选定的某些点的连线来确定边界线。这一原则多用于对海上和空中边界的确定,当然也可以用来确定陆地边界。同其他确定边界的原则一样,按照该原则确定边界,也需要有关国家协商同意,如美国和加拿大之间就有相当长的一段边界是以北纬49度线为界,不过按照该原则确定的目前实际存在的边界,大部分都是近代殖民主义的产物,如一些非洲国家在形成近代国家过程中被西方殖民者在地图上按照地理坐标人为确定其边界。或者,由于政治原因某些国家或地区被人为按照一定地理坐标分割或划定边界,如1945年8月朝鲜半岛以北纬38度线为界被美苏两国分成了两部分,至今韩国与朝鲜仍然大体以北纬38度线为界,以及根据1954年7月日内瓦会议签订的印度支那和平协议,越南以北纬17度线为界被分为北越和南越两部分,直至1976年越南宣布统一。

在这些原则中,按照前两项原则确定形成的边界被称为自然边界或有形边界,按照后一项原则确定形成的边界被称为人为边界或无形边界。在历史上,一些比较古老的国家间的边界一般为自然边界,即长期以来根据国家实力实际控制自然形成的边界,或者经过谈判以某一自然地理要素为准来确立边界,而人为边界多出现在近代以后形成的一些历史较短的国家之间。

然而,以上仅仅是一些原则,国家间在确定边界时,往往需要经过当事双方谈判,并按照一定程序进行。一般而言,确定两国间边界,需要经过以下一些程序:

(1)划界谈判。当有关国家需要划定彼此间边界时,首先双方要展开谈判,就有关边界位置和大致走向及其他细节取得一致,在此基础上双方一般会签订边界条约,将取得一致的内容写入条约,并将已确定的边界线标绘在已有的地图上。一般而言,边界谈判对任何国家来说都是一项比较艰苦的外交活动,一般都会持续很长时间,如果在谈判中难以取得一致,那么就会造成有关国家间的边界争端。

(2)实地勘界。在签订边界条约后,双方会根据边界条约由双方人员共同组成勘界委员会赴边界线实地进行勘察,以确定实际边界并树立界标。这些界标既有可能是地面上明显的实际地形地貌,也有可能需要人为树立一些界桩,总之要能够明确无误显示出彼此的领土界限。

(3)制定边界文件。在完成实地勘界后,双方需要根据实际情况制定更为详细的记载边界走向和界标的议定书,以及绘制新地图,并与边界条约一起共同构成该边界的法律文件。从理论上来说,这三项法律文件确定的边界线应完全一致,但在实践中有时也有可能出现三者不一致的情形。例如,在 1959 年 9 月柬埔寨诉泰国的"隆端寺案"中就出现了边界条约同绘制地图相互矛盾的情形。在这种情况下,曾有学者认为边界条约的法律效力最高,其次为边界议定书,再次才为地图,因为一般认为文字的可信度和确切性要高于绘制的地图。不过,这些法律文件究竟孰重孰轻,国际法并没有给出明确规则,因此在实际遇到矛盾的情形下,可能还需要划界双方重新谈判,对边界重新加以确认。

隆端寺案

隆端寺是位于柬埔寨和泰国间的一座山中古寺。1904 年,围绕该寺附近地区的主权归属,作为柬埔寨保护国的法国与泰国间出现争端,于是两国经过谈判签订了一项边界条约,规定沿扁担山的分水岭为划界。按照条约规定的分水岭原则,隆端寺应在泰国一侧,但在其后的实地勘界和绘制地图过程中,隆端寺却被法国工作人员划到了柬埔寨一侧,并且清楚显示在地图上,而泰国政府从未对此提出异议。直到 1948 年,泰国才发现边界地图与边界条约不符,于是由其地方当局派兵进驻了隆端寺。随后,法国向泰国提出抗议,但泰国未予置理。1953 年,柬埔寨独立后继续要求泰国从隆端寺撤出其武装力量,仍然遭到泰国拒绝。于是,1959 年 5 月,柬埔寨政府向国际法院提出诉讼,主张对隆端寺的主权,要求泰国军队撤出。1962 年 2 月,国际法院对此案做出判决认为,隆端寺主权应属于柬埔寨,泰国有义务撤出其在该寺内及其周围柬埔寨领土上驻扎的一切军事力量和其他人员。虽然按照双方边界条约的分水岭原则该寺应属于泰国,但最后绘制的地图却将隆端寺划在了柬埔寨一侧,而且长期以来泰国对这一结果并没有表示过异议,因此已构成了对这一结果的默示承认。当时,泰国接受了国际法院这一判决,撤出了自己的军队,但实际上柬泰两国围绕隆端寺及其附近地区的领土争端并没有结束,此后又曾经为此多次发生争端,甚至还出现过局部小规模武装冲突。

国家边界一经确定,就具有相对稳定性,即使国家本身有所变化,如国家主体消失或该边界所处的土地转归其他国家管辖,这一边界也应该有效。例如,1978 年 8 月联大会议通过的《关于国家在条约方面的继承的维也纳公约》就明确规定:国家继承本身不能够影响根据条约划定的边界及条约规定的与边界制度有关的权利和义务。

此外,为保证国家边界相对稳定,避免因边界争端引发国际冲突,国际社会形成了一些习惯性做法,如所谓"保持占有原则",或者也可以称其为"边界不变原则"。这一原则最初出现在19世纪初的拉丁美洲国家之间,即这些从西班牙新独立的国家为避免彼此间的边界争端提出了这一原则。根据这一原则,这些新独立的国家之间将保持殖民统治时划定的边界。虽然后来拉丁美洲国家间并没有很好遵守这一原则,仍出现了众多边界争端与冲突,但这一原则却在二战后得到非洲很多新独立国家的赞成和接受,并且在国际法院的多次判例中也得到承认。

边境制度

边境制度是指国家为了保卫本国安全和防止跨国犯罪以及便利双方居民正常生活在边境地区制定的一系列法律法规,如海关条例、卫生检疫条例、出入境管理条例和边境条例等。这些法律法规既可以由一国国内制定,也可以由两国或多个国家通过双边或多边协议加以规定。

一般而言,边境制度的内容或作用主要有下列几项:

(1)维护边界标志及边界环境。为了确立稳定的边界线和良好的边境环境,国家都会有边防部队或其他专门的工作人员定期在边界线附近进行巡逻视察,以保护国家的边界线,防止边界界标被移动或损坏,以及如边界界标或其他设施被损坏后及时进行修复,同时也包括保护边境地区生态环境。

(2)进行边境检查。为了国家安全,每个国家都会在边境地区设立各种检查机关和设施,以防止危险人物和危险物品进入本国国境。这些机关和设施一般主要负责边防检查、卫生检查和海关检查。

(3)管理边界河流或道路。如果在边界附近有相关国家共同使用的国际性河流或公路和铁路等设施,则需要在边境地区设立专门部门对此进行管理,其主要内容包括对这些设施的使用或对运输、航行、捕鱼等事项进行规范和管理。

(4)方便居民往来。一般来说,对于居住在边境地区一定范围内的居民,国家都会采取一些不同于一般人的出入境制度,如不需要护照和签证等出入境手续,以为他们在探亲访友或进行少量边境贸易等方面提供便利。

(5)处理边境纠纷。在边境地区,很多事务往往会涉及多国国民,因此需要边境管理部门随时去应对和处理这些事务。不过,这些事务主要是指一般民事和行政事务,如防止有人偷越边界、损坏界标,以及处理双方边境居民的贸易等民事纠纷。如果发生涉及两国或多个国家间的重大政治事务,那就需要通过国家的外交渠道去解决。

思考题

1. 领土对国家的意义及国际法对领土的限制有哪些?
2. 从国际法的角度如何看待中印边界争端?

第九章
海洋在国际关系中的地位与国际海洋法

第一节 海洋在国际关系中的地位与作用

近代之前的海洋世界

海洋是地球生命的发源地,也是人类生存不可缺少的要素之一。虽然人类只能生活在陆地上,但陆地只约占地球表面总面积的29%,海洋面积占了约71%,即地球表面大部分为海洋所覆盖,而且陆地上的气候、河流等自然现象也很大程度上受制于海洋,国家间贸易也绝大部分通过海洋通道进行,因此海洋对人类的生存和发展至关重要。同时,海洋在国际关系中也扮演着极其重要的角色和占据着越来越重要的地位。

在人类文明初期,由于受到技术条件限制,人们主要生活在内陆的大河流域,如古代美索不达米亚、埃及、印度、中国等世界几大古代文明大都发源于内陆的大河流域,而对海洋的利用则非常有限,一些沿海国家或海岛国家虽然在古代就已具有了高度文明与比较高超的航海技术,但充其量也只能在近海或一些内陆海活动,尤其难以进行跨洋远航。总之,那时的人类对深海和远洋只能"望洋兴叹"。因此,古代的海洋对大部分国家而言,即意味着天边,其作为国际交通要道的功能相对较弱,只有一些海洋沿岸邻近国家或海岛国家有可能或不得不将海洋作为主要国际交通要道。同时,人们对海洋资源的利用也非常有限,只能够从海洋中获取一些渔业资源,对矿产资源的认识和开发则几乎为零。对那时的人类而言,海洋虽有狂风暴雨,但大洋深处却基本上是一个未被开发的世界,那里几乎没有人类的踪迹。

只是到了世界近代前夜,才有很少一些国家能够制造大型船只并进行跨洋远航。例如,中国明朝的郑和曾在1405—1433年的28年间率领庞大船队七次进行跨洋远航,经中国南海和印度洋,最远到达非洲东海岸,促进了中国明朝和当时亚洲、非洲一些国家间的经济和文化交流,同时也标志着当时中国的航海技术已居于世界前列。1445年,葡萄牙人也从地中海进入大西洋并沿着非洲西海岸进行远航到达了非洲最西端的佛得角。[①] 1492年,哥伦布在西班牙女王的支持下从欧洲向西横渡大西洋,试图去寻找一条到达亚洲的航路,但却意外发现了一块以前从未知晓的新大陆,只不过当时并不知道这是一块新大陆,哥伦布至死都以为自己到达了亚洲。1497年,对哥伦布到达亚洲半信半疑的葡萄牙人派出自己的航海家达·伽马,从欧洲沿非洲西海岸绕道非洲最南端的好望角并进入印度洋到达印度,开辟了一条真正到达亚洲的新航路。1519年9月,另一位葡萄牙航海家麦哲伦在西班牙国王的资助下率领由五艘帆船组成的船队同样从欧洲向西横渡大西洋,在到达美洲最南端后继续向西横渡太平洋和印度洋,虽然麦哲伦本人在太平洋上的菲律宾群岛命丧黄泉,但船队中幸存下来的一艘船在1522年9月终于回到西班牙,完成了人类历史上的第一次环球航行。

欧洲大国的海上争霸

航海技术的提高和新大陆的发现,刺激了欧洲人到亚洲和美洲去探险或发财的梦想,大洋不再是天堑,海洋成为连接欧洲与其他地区的交通要道,同时也成为连接世界不同国家和地区以及不同文明的纽带。这一变化不仅意味着技术的进步,其实也预示着一个新时代的到来。海上通道的便利大规模促进了世界各国和各个地区间的贸易和人员往来,极大促进了世界经济的发展及各个不同国家和地区人们间的交流和了解。从此,世界开始连成一体,处于不同地区的国家开始有了比较长期而固定的联系;但与此同时,海洋也开始成了大国争夺霸权的场所,甚至拥有海上霸权成了世界性强国的主要标志,围绕海洋展开的霸权争夺构成了近代国际关系的主要内容。

航海技术的提高和远洋航行的实现,使葡萄牙和西班牙两个海上强国同时也成了世界性大国。对新土地的占有欲望和利用新航路开展贸易获取财富的巨大诱惑导致葡萄牙和西班牙两个强国展开争夺。1493年5月4日,教皇亚历

---

① 参见〔美〕斯塔夫里阿诺斯:《全球通史——1500年以后的世界》,吴象婴等译,上海社会科学院出版社1992年版,第31页。

山大六世发布圣谕,在大西洋佛得角群岛以西大约 300 海里处划了一条南北向的分界线,西班牙可以占有这条线以西新发现的土地,葡萄牙则可以占有这条线以东新发现的土地。其后不久,葡萄牙人沿着达·伽马开辟的新航路向东到达亚洲,沿途设置众多商行据点,并利用当时强大的海军保护这些据点和其漫长的商路,几乎完全垄断了当时欧洲与亚洲间的香料贸易,从中获取了大量财富,同时还占领了美洲的巴西。而西班牙虽在同亚洲的贸易中败给了葡萄牙,但却向西沿着哥伦布和麦哲伦开辟的航路成功征服和占有了除巴西之外的整个中美洲和南美洲以及太平洋上的菲律宾群岛,成为当时最大的殖民帝国,同样从中获取了大量财富。

16 世纪中叶后,西欧的荷兰、英国和法国逐渐成为新的海上强国。荷兰原本是西班牙的属地,优越的地理位置及荷兰人精明的商业才能和独特的造船技术使其很快成为一个经济发达的地区。1566 年,包括荷兰在内的尼德兰地区爆发反抗西班牙统治的革命,1581 年荷兰宣布独立。随后,荷兰庞大的商船队开始向东方航行,向葡萄牙的海上霸权提出了挑战。1602 年,荷兰将其各种私营贸易公司合并组成一家特许公司——荷兰东印度公司,由政府授予特许状,同葡萄牙展开竞争。1605 年,荷兰终于将葡萄牙驱逐出东方的香料群岛,进而控制了整个东印度群岛,同时还在非洲南部、南北美洲部分地区建立了自己的殖民地。据说,荷兰人拥有当时世界上最大的船队,有超过 10 000 艘轮船[①],被称为"海上马车夫",几乎垄断了当时的海上贸易,这使荷兰成为当时最富有和最强大的国家。

与此同时,英国和法国也开始利用逐渐强大起来的海军和商船队向非洲、亚洲和北美洲扩张并建立自己的殖民地,向老牌海上强国西班牙提出挑战,而此时的西班牙自身经济已开始衰退,尤其是制造业开始落后于英国等国家,再加上在欧洲大陆上与法国不断发生战争,其实力也被荷兰的独立削弱,在海上则不断受到日益强大的英国海军的威胁。1588 年,西班牙无敌舰队远征英国,但却被英国海军彻底击溃,随后英国还相继夺取了西班牙在美洲的部分殖民地。从此,西班牙失去了海上强国地位,其世界性大国地位也开始衰落。

英国在击溃西班牙舰队后,仍面临着同荷兰的海上争夺以及同法国在欧洲大陆、海上和殖民地的争夺。1651 年,英国颁布《航海条例》,规定非经英国政

---

① 参见〔美〕斯塔夫里阿诺斯:《全球通史——1500 年以后的世界》,吴象婴等译,上海社会科学院出版社 1992 年版,第 168 页。

府允许,外国商人不得与英属殖民地通商,以及运入英国的货物必须使用英国船只。这些带有歧视性的条款,使主要从事海上中转贸易的荷兰遭受巨大损失,从而导致英荷两国关系急剧恶化。1652—1654 年,两国终于爆发战争,史称"第一次英荷战争",英国海军取得决定性胜利。1654 年 6 月,两国签订《威斯敏斯特和约》,英国迫使荷兰承认了《航海条例》。然而,荷兰并不甘心失去海上霸权,于是在 1665—1674 年间又发动了两次对英战争,但同样遭遇惨败。从此,荷兰开始逐渐走向衰落,而英国逐渐取得海上霸权,大规模展开海外贸易及强占殖民地的活动。

就在英国海上霸权逐渐确立的过程中,另一西欧大国法国也积极利用海洋向外发展,由此导致了两个西欧大国全面激烈的竞争,即英法两国在欧洲大陆以及非洲、亚洲和北美洲各地都展开了全面对抗。在从 1689 年到 1763 年大约四分之三世纪的时间里,英法两国先后参与了欧洲国家间的四场战争[①];与此同时,两国在海上和世界其他地方也展开激战。1756 年至 1763 年的"七年战争"[②]终于最后决定了英法两国在世界的地位。战争的结果是,法国在海外的绝大部分殖民地被英国夺取,法国舰队几乎全军覆没。1763 年 2 月,法国不得不同英国签订《巴黎和约》,放弃了大片北美洲殖民地和亚洲的印度。从此,法国基本上退回了欧洲大陆,英国则迅速扩张自己的海上霸权和海外殖民地及其贸易,成了名副其实的"日不落帝国"。18 世纪 60 年代,英国以蒸汽机的发明和应用为标志率先引发了第一次工业革命,英国成为当时世界上劳动生产率最高的国家,其航海技术也告别帆船时代进入了蒸汽机时代,其海上霸权地位得到进一步加强,由此成就了英国将近 200 年的"辉煌"。

马汉的"海权论"与美国的海上霸权

正是由于航海技术的提高和工业革命的出现,欧洲国家才能携带着廉价工业品并利用坚船利炮奔走于世界各地,将世界大部分国家或地区变成自己的殖民地,同时也将发轫于欧洲的近代国际关系及其国际交往规则扩展至了全世界。

---

① 即奥格斯堡联盟战争、西班牙王位继承战争、奥地利王位继承战争和七年战争。
② 由当时的普鲁士和奥地利两国为争夺德意志领导权和西里西亚地区而起,英法两个欧洲大国则分别站在自己过去的敌国一边,出现了历史上著名的"外交大改组"现象,英普集团和法奥集团在欧洲大陆进行战争的同时,英法两国在海上和北美洲也展开激战。战争最后以英普集团的胜利告终,英法两国的国际地位也因此而确定。

第九章 海洋在国际关系中的地位与国际海洋法

欧洲的殖民扩张给自己带来了巨大财富和权力,但同时也导致了殖民地的反抗。就在英国取得全球海洋霸权后不久,其北美洲东部大西洋沿岸的 13 个殖民地在 1776 年 7 月 4 日通过了著名的《独立宣言》,宣告独立,建立了一个新国家——美利坚合众国,并且在法国等一些欧洲国家的援助下在 1781 年打败英军,迫使英国在 1783 年签订和约,正式承认美国独立。

经过近一个世纪的发展以及不断向西部扩张,到 19 世纪后半期,美国已从一个北美洲大西洋沿岸国家成为一个横跨北美洲大陆并面临大西洋和太平洋的两洋国家,而且其经济发展迅速。尤其在 1861—1865 年的南北战争后,美国的资本主义经济更加迅速发展,到 1894 年其工业生产总值就已超英国,居世界首位。

从近代以来不断更替的世界强国的情况来看,要向外发展和成为世界性大国,就必须获得一定的海洋权力。19 世纪后半期已成为经济大国并逐渐开始出现在世界政治舞台上的美国,当然同样重视海洋权力,而且其面临两洋的优越地理位置也有利于美国通过海洋向外发展。于是,为呼应这一需要,在美国出现了主张通过发展强大海军争夺海洋权力并以此来取得全球贸易控制权及美国应有地位的"海权论"。提出这一主张的是曾任美国海军军官和海军学院教官的阿尔弗雷德·马汉(Alfred Mahan)。

马汉于 1840 年 9 月 27 日出生于美国西点军校一位教授的家庭,从小就受到军事教育的熏陶和影响,其本人也选择了就读军校。1859 年,马汉从美国的安纳波利斯海军学校毕业后,随即进入美国海军部任职,三年后调至美国海军学院任教,后又经过在自己的母校安纳波利斯海军学校担任军械和射击系主任职务后,于 1886 年再次回到海军学院任教,主要讲授海权理论和海军史课程,并在 1886—1889 年和 1892—1893 年两度担任海军学院院长。

马汉的海权理论研究大约始于 1879 年,在这一年他发表了阐述自己海权理论的第一篇论文《海军军官教育》,认为依靠和平信念并不能保证不发生战争,而只有依靠强大军事力量才能应付战争。1880 年,当马汉获悉法国一个公司准备开凿巴拿马运河时,他深切感受到了此举对美国的威胁,于是提出美国应拥有一支强大海军来控制中美洲地峡,而当时的美国对此并没有足够重视,其海军力量在当时也仅仅居世界第 12 位,只具有近海防御能力而非进攻性力量。马汉信奉"谁控制了海洋,谁就控制了世界"的观点,他认为人类在海上的机动性要远超陆地,并且在长期研究近代以来各欧洲强国,尤其是英国长期称霸世界的历史后,逐渐形成了自己的海权理论,并将这一思想体现在其 1890 年出版的《论海权对历史的影响》一书中。

在这本书中,马汉提出了"海洋中心说"及一系列观点:商船队是海上军事力量的基础;海上力量决定国家力量,谁能有效控制海洋,谁就能成为世界强国;要控制海洋,就要有强大的海军和足够的海军基地,以确保对世界重要战略海道的控制;必须以集中使用海军为其战略;海军必须积极出击,而不应该消极防御。《论海权对历史的影响》一书一经出版就引起巨大反响,对美国的军事战略产生了重大影响,后来在美国又一版再版,至今已再版30多次,并且被译成多种文字在全世界广泛流传。其后,马汉又出版了多部有关海权理论的著作,其中有1892年出版的《论海权对法国大革命和帝国的影响》、1905年出版的《海权的影响与1812年战争的关系》等。正是由于其围绕海权进行了详细和系统的阐述,马汉也被后人公认为"海权论"的鼻祖。直至今天,强大的海权仍是美国全球战略的基础,马汉的海权思想仍深深影响着美国和世界上许多政治家和军事家。

正是按照马汉的理论,美国从19世纪后半期开始大力发展海军。1890年,美国国会通过了《海军法案》,开始大规模发展海军。19世纪最后10年,美国的海军实力由世界第12位跃升至第3位,仅次于英、法两国。强大起来的美国将战略选择确定为夺取自己周边的加勒比海地区和太平洋的海上霸权,并首先向老牌殖民主义国家西班牙发起挑战。1898年2月,美国利用西班牙殖民地古巴反对殖民统治的民族解放斗争,以援助古巴为借口反对西班牙,并派遣军舰"缅因号"进入哈瓦那港。但这艘军舰在进入港口后不久却突然发生爆炸并被炸沉,200多人遇难,这导致美国和西班牙的关系更加恶化。1898年4月24日,西班牙向美国宣战,次日美国也向西班牙宣战,美西战争爆发,两国在海上展开激战。5月,美国远东舰队在菲律宾马尼拉湾歼灭西班牙舰队,美军登陆占领马尼拉。6月,美军又登陆哈瓦那。7月,美国舰队在加勒比海再次击败西班牙舰队,占领古巴第二大城市圣地亚哥及波多黎各岛。8月12日,美西两国停战,西班牙战败。12月10日,美西两国签订《巴黎和约》,美国从西班牙手中夺得了古巴、波多黎各以及菲律宾和关岛等太平洋岛屿。与此同时,美国还吞并了夏威夷群岛。通过这一系列海上军事和政治行动,美国开始逐渐走出美洲,成为世界海上强国。

1914年6月28日的"萨拉热窝事件"导致了一战的爆发。美国在战争初期宣布严守中立,但1917年2月德国开始实行所谓无限制潜艇战后,美国在大西洋上的商船不断遭到袭击,这严重威胁到了美国的海上安全。于是美国在1917

年4月6日对德国宣战,并且在一年多的时间里通过大西洋海上通道向欧洲运送了30多万军人和大量军需物资,迅速改变了欧洲战场的形势,使美英法等国组成的协约国集团占据了战场优势,终于在1918年11月11日迫使德国投降,一战结束。

一战成了世界历史和国际关系的一个转折点。大战刚开始不久,面对欧洲国家间所进行的人类历史上从未有过的大规模屠杀,英国外交大臣爱德华·格雷(Edward Grey)伯爵认为"灯光正在整个欧洲熄灭"[①],即欧洲将失去近代以来照耀整个世界的光辉。大战结束后,近代以来一直以欧洲为中心的国际关系模式开始发生变化。尽管英国和法国仍占有大量殖民地,在战后成立的国际联盟中仍充当主要角色,但其实欧洲的中心地位已开始丧失,在大战中几乎未受到任何损失的美国和日本开始成为国际关系中的新兴国家。尤其在亚洲和太平洋地区,美国和日本围绕中国问题和太平洋的海上霸权展开争夺,欧洲国家的发言权却越来越弱。例如,在1919年1月18日至6月28日召开的巴黎和会上,发挥主要作用的美、英、法、意、日五个国家已不完全是欧洲国家;和会最后签订的《凡尔赛条约》以及其后协约国同德国其他盟国间签订的和约,也主要只是解决了欧洲问题,即对战后欧洲做出了安排,而对亚洲-太平洋地区则几乎没有做出安排,仅是将德国在中国山东的租界地及所有权益转让给了日本。于是,1921年11月12日在美国主导下召开了华盛顿会议,讨论了亚洲-太平洋地区的问题。在会议上,美国利用已增长的强大实力,首先拆散已维持了近20年的英日同盟,代之以《美英法日关于太平洋区域岛屿属地和领地的条约》,即《四国条约》,暂时彼此承认各自在太平洋地区的势力范围及现状。随后,又经过激烈讨价还价,美、英、日、法、意五国在1922年2月6日签订《关于限制海军军备条约》,即《五国海军条约》,对五国海军实力比例做出了规定。各国拥有主力舰总吨位的限额:美国和英国各为525 000吨,日本为315 000吨,法国和意大利各为175 000吨;各国拥有航空母舰的总吨位限额:美国和英国各为135 000吨,日本为81 000吨,法国和意大利各为60 000吨。[②] 这一条约的签订是美国谋求

---

① 转引自〔美〕斯塔夫里阿诺斯:《全球通史——1500年以后的世界》,吴象婴等译,上海社会科学院出版社1992年版,第578页。

② 转引自王绳祖主编:《国际关系史(十七世纪中叶——一九四五年)》,法律出版社1986年版,第340页。

全球海上霸权的一个重要转折点,即迫使英国放弃了 19 世纪末确立的"两强标准"①,其全球海上霸权开始丧失,同时对日本在太平洋争夺海上霸权的野心也有所遏制,而美国则开始确立自己的海上霸权。除此之外,在华盛顿会议上围绕中国问题签订的《九国关于中国事件应适用各原则及政策的条约》,即《九国公约》,也基本反映了美国希望中国"门户开放,机会均等"的政策和利益,表面和形式上表示尊重中国领土与主权完整,但实际上却是多个强国共同分享中国利益,尤其表明美国和日本在中国问题上的暂时妥协。

然而,近代以来多次通过战争获得利益的日本仍想要独占中国,因此华盛顿会议确立的秩序建立起来还不足 10 年,日本就首先在中国问题上向这一秩序提出了挑战。1931 年 9 月 18 日,日本关东军突然向中国军队发动进攻,短短的三个多月即占领中国东北全境。随后,日本继续侵占中国华北地区,终于导致 1937 年 7 月 7 日的"卢沟桥事变",中日爆发全面战争。日本的侵略违反了美国在中国问题上一直坚持的"门户开放,机会均等"政策,损害了美国在华利益,导致美日两国发生冲突。1941 年 12 月 7 日,在美日两国近两年谈判未果的情况下,日本突然对美国太平洋舰队所在地夏威夷岛上的珍珠港发动袭击,使美国海军遭受重创,同时向美、英、法、荷等国在东南亚的殖民地发动进攻,挑起了太平洋战争。在战争初期的半年时间里,日本几乎控制了整个西太平洋和印度洋地区。正像英国首相丘吉尔在后来的回忆录中所说:"在印度洋和太平洋上,除珍珠港幸存的、正急忙驶回加利福尼亚的美国军舰外,再没有英国和美国的主力舰了。日本在所有这些浩瀚无垠的水域上都是至高无上的,而我们在各处都是较弱的、无防备的。"②被激怒的美国不但直接参加了战争,而且迅速成为"各民主国家的兵工厂",运用自己强大的生产能力开始了大规模的军需品生产。很快,逐渐恢复元气的美国海军同日本海军在太平洋展开了堪称历史上空前绝后的航母大战,经过 1942 年 6 月的中途岛海战、1942 年 8 月至 1943 年 2 月的瓜岛战役、1944 年 6 月的塞班岛战役、1944 年 10 月的莱特湾海战,日本损失了所有航空母舰,丧失了远洋作战能力。在 1945 年 4 月 1 日至 6 月 22

---

① 1889 年,英国通过了《海军防卫法案》,提出英国海军的实力标准是要超过英国之外两个最强大海军强国的实力之和。

② 转引自〔美〕斯塔夫里阿诺斯:《全球通史——1500 年以后的世界》,吴象婴等译,上海社会科学院出版社 1992 年版,第 765 页。

日的冲绳战役中,日本舰队进一步被美国海军击溃,日本海军几乎丧失殆尽,其争夺太平洋海上霸权的梦想彻底破灭,随之日本即迅速战败而不得不无条件投降。

二战后,美国成为世界上首屈一指的海上强国,在各大洋都有自己的舰队在活动,世界重要的海上通道也几乎都被其控制。虽然战后几十年的冷战时期苏联也曾在世界各个海域与美国展开争夺,并且也拥有强大的舰队,但随着苏联解体和冷战结束,"一超多强"国际格局逐渐形成,美国的海上霸权仍然无人能够撼动。2023年10月,美国海军部发布了《一个海军—海军陆战队团队:海军部建设优先事项》的新版战略指南,将强化海上优势、增强战斗文化建设、加强多方合作列为优先事项。美国海军正重点发展"下一代驱逐舰"(DDGX)计划。基于现有全球七大预置储存区布局,美海军将优先扩建中东第五预置储存区和西太平洋第三预置储存区,具体将增加5至7艘集装箱货船储备。美海军正在研发的"虎鲸"超大型无人潜航器取得突破性进展。预计到2045年,美海军舰队中无人舰艇的比例将达40%。[①] 美国智库昆西负责任治国研究会2021年9月公布的数据显示,美国在海外80个国家和地区设有750个军事基地,几乎是美国驻外使领馆和使团数量的3倍,遍布亚洲、欧洲、中东、非洲、拉美、大洋洲等地区。[②] 随着美国海上霸主地位愈加稳固,美国依赖于其全球盟友体系和由盟友提供的海外军事活动物理支撑,享有独一无二的军事打击和兵力投送能力,并维护着美国利益和价值观下的全球海洋安全秩序。[③] 在海湾战争、伊拉克战争中,美国均依靠沿海控制权,向陆地发起攻击,发挥了重要的运输和战斗作用。近几年,美国又把"控制海洋"提上重要日程,以实现对沿海区域和大洋的全面控制,确保其全球霸权地位不受新兴起海洋国家的所谓"挑战"。[④]

[①] One Navy-Marine Corps Team: Advancing Department of the Navy Priorities,2023年10月26日,https://media.defense.gov/2023/Oct/26/2003328880/-1/-1/ADVANCING%20DON%20PRIORITIES_FINAL.PDF,访问时间:2024年4月13日。

[②] 《美国海外军事基地给世界带来严重危害》,2022年9月7日,新华网,http://www.news.cn/globe/2022-09/07/c_1310659256.htm,访问时间:2024年4月13日。

[③] 胡波:《中国海上兴起与国际海洋安全秩序——有限多极格局下的新型大国协调》,《世界经济与政治》2019年第11期,第4—33页。

[④] 滕建群:《论大国竞争背景下美国对华海上博弈》,《太平洋学报》2022年第1期,第92—100页。

世界贸易的主要通道与未来资源的主要来源

海洋除去作为争夺世界霸权的场所外,还是世界贸易的主要联系通道。正是海上新航路的开辟和新大陆的发现,才使整个世界经济联系在了一起。早期的欧洲殖民者从非洲经大西洋贩运奴隶到美洲,补充了美洲种植园的劳动力,促进了美洲种植园经济的发展,然后又将美洲生产的大量甘蔗、烟草、棉花和咖啡等经济作物运回欧洲进行深度加工,其产品再经海路从欧洲运往非洲和亚洲等世界各地销售。这一全球范围大规模的海上贸易活动,最终促进了世界经济的巨大发展。虽然20世纪初飞机的出现使世界变小,各大洲之间的联系也更紧密,有一部分世界贸易也已经由空运来承担,但海洋运输仍然是世界贸易的主要方式,其成本和空间优势使其他运输方式难以与其竞争。据统计,世界贸易超过80%的货物是依靠海运进行的,因为海运是多数货物最高效、最具成本效益的国际运输方式,它为货物的全球运输提供了可靠、低成本方式,促进了商业发展,为各国和其人民带来了繁荣。①

此外,海洋还是人类所需资源的主要来源。近代以来世界范围的工业化进程和世界人口的急速增长,消耗了大量的地球资源,导致陆地上的资源日益减少和枯竭,甚至已出现了人类生存危机以及国际关系中为争夺资源的各类争端。而海洋不仅是食物的来源,也是多种生物的家园。我们的海洋覆盖了世界约70%的面积,占地球生物多样性的80%。世界经济合作与发展组织的一份报告估计,到2030年海洋产业在全球范围内的雇佣人口超过4000万人,其中最大就业份额可能是渔业部门,其次是旅游业。② 海洋与海洋生物对地球的健康运转至关重要:海洋产生的氧气占我们呼吸氧气的二分之一,海洋还吸收了26%人为排放的二氧化碳,海洋生物多样性对于健康地球和社会福祉起着关键的作用,渔业和水产养殖业是数亿人的收入来源,尤其是低收入家庭,并直接或间接地保障着人们的粮食安全。海洋生态系统为世界各地的沿海社区提供的服务不计其数。③ 党的二十大作出"发展海洋经济,保护海洋生态环境,加快建

---

① 《世界海事日》,2024年4月8日,联合国,https://www.un.org/zh/observances/maritime-day,访问时间:2024年4月14日。

② 《海洋如此重要的五大原因》,2019年10月1日,世界经济论坛,https://cn.weforum.org/agenda/2019/10/hai-yang-ru-ci-zhong-yao-de-wu-da-yuan-yin/,访问时间:2024年4月14日。

③ 克里斯蒂安娜·帕什卡·帕尔默:《海洋生物多样性和生态系统是健康地球和社会福祉的基石》,联合国,https://www.un.org/zh/chronicle/article/20705,访问时间:2024年4月13日。

设海洋强国"的战略部署,海洋在陆海内外联动、东西双向互济的开放格局中发挥着桥梁和纽带作用,在维护国家主权、安全、发展利益中的地位更加突出。①

海洋重要性的提升使其更成为国际关系中各国关注的焦点问题之一,因此围绕海洋出现的国际法规则也就是历史的必然了。

第二节 国际海洋法的出现及其主要规则

早期的海洋规则

在人类还难以涉足大洋深处而只能在近海活动的时代,海洋的存在就如同空气的存在一样,是所有人的财产,只要技术条件允许,任何人都可以在海上自由航行,人们还没有对海洋提出权利的意愿,当然也没有形成任何有关海洋的成文或习惯规则。到了近代末期,随着一些国家航海技术的提高和更多地出入于某一海域,这些国家开始对某些海域主张主权。例如,威尼斯共和国曾被认为是亚得里亚海的主权者,热那亚共和国则被认为是利古里亚海的主权者,葡萄牙曾主张对全部印度洋和摩洛哥以南大西洋的主权,西班牙则主张对太平洋和墨西哥湾的主权,瑞典和丹麦曾主张对波罗的海的主权,英国也曾主张对北海和部分大西洋的主权。而且,这些主权要求也确实在历史上得到了某种程度的体现。② 不过,关于海洋主权仍没有形成任何成文或习惯规则,这些主权要求基本上都是靠实力来体现的。

然而,新航路的开辟使人类足迹到达大洋深处,葡萄牙和西班牙这些早期航海大国试图将主权概念扩展至整个海洋。如前所述,葡萄牙和西班牙就曾在1493年通过教皇的首肯将世界分为两半,据此葡萄牙主张对大西洋和印度洋的主权,西班牙则主张对太平洋的主权。但是,这些国家要求的主权范围毕竟太大了,当然会引起其他国家反对。例如,1580年,英国人不顾西班牙对太平洋主张的主权在太平洋上航行,为此西班牙向英国女王伊丽莎白一世提出抗议,而伊丽莎白却回答道:一切国家的船舶都可以在太平洋上航行,因为海洋和空气

---

① 参见自然资源部:《抓好海洋资源开发保护 为建设美丽中国提供蓝色动力》,《求是》2024年第1期。

② 参见〔英〕詹宁斯、瓦茨修订:《奥本海国际法》第一卷第二分册,王铁崖等译,中国大百科全书出版社1998年版,第153—154页。

是大家所共同使用的。海洋不能属于任何国家所有,因为自然和公共使用的考虑都不允许对海洋加以占有。① 法国人也认为,他们不会同意自己被剥夺海上航行的权利。②

虽然英国和法国仅仅出于自己国家的利益反对葡萄牙和西班牙对大洋的主权要求,但这一思想其实已蕴含海洋航行自由的萌芽。1609 年,格劳秀斯在《海洋自由论》中就主张海洋航行自由,并利用自然法和罗马法意义上的物权概念对这一主张进行了论证。他认为,一切财产都以占有为根据,这就要求将这些动产或不动产保管起来或圈起来,而凡是不能保管或圈起来的东西,就不能成为财产的客体,海洋恰恰就属于这些既无法保管也无法圈起来的东西,所以海洋是不能通过占领被占有的,因而海洋在本质上不受任何国家主权控制。不过,格劳秀斯的这些主张,在当时并没有得到有关国家承认,不仅葡萄牙和西班牙两个航海大国坚决反对海洋航行自由,甚至当时还没有成为世界海洋大国的英国也并不赞成这一原则。然而,随着欧洲资本主义迅速发展,海上贸易规模与数量不断扩大,大部分欧洲国家都已有能力进行远洋航行,某一个国家想要独占海洋已变得越来越荒唐和不可能。所以,到了 18 世纪,格劳秀斯关于海洋自由的主张逐渐为人们接受。到 19 世纪初,海洋自由论在理论和实践上都已得到广泛承认,并且这一主张为以后公海制度的形成奠定了理论基础。

在海洋自由原则逐渐确立的同时,也出现了领海(territorial sea)的概念,即某国领陆附近属于其主权下的海域。1605 年,意大利法学家真提利在其为西班牙做的辩护词中开始将沿岸海域包括在该海域连接海岸所属国家的领土内,他称这种海域为领水(territorial waters),其实就是今天国际法意义上的领海,因为严格意义的领水是指一国主权范围内的全部水域,其中包括内水和领海,只不过领海这一名称是在 1930 年海牙国际法编纂会议上才正式出现的。到了 17 世纪末,领水概念已为所有法学家接受,大部分国家也已能够接受沿海国主权应及于沿岸一定距离海域的观念。但是,关于领海究竟应该多宽,长期以来一直没有定论,众多法学家曾为此展开激烈争论,各国也曾实际提出了各种不同主张。在早期,有人曾主张"目力说",即以海岸线为始目力所及范围为领海宽

---

① 〔英〕詹宁斯、瓦茨修订:《奥本海国际法》第一卷第二分册,王铁崖等译,中国大百科全书出版社 1998 年版,第 154 页。
② 参见〔美〕斯塔夫里阿诺斯:《全球通史——1500 年以后的世界》,吴象婴等译,上海社会科学院出版社 1992 年版,第 150 页。

度,1691 年丹麦也确实保证外国船舶在丹麦海岸视线范围内享有不被拿捕的安全。还有人曾主张"航程说",即以当时轮船一天能够往返航行里程为领海宽度。然而,按照这些因素确定的领海宽度不可避免会受到海岸高度、空气能见度、观测者视力或轮船规模、气候条件、驾船者技术的影响而有所不同,因此仍难以确定领海宽度究竟应该是多少。1702 年,荷兰法学家宾刻舒克在其著作《海洋主权论》中提出了"大炮射程说",即主张以大炮射程来确定领海宽度,因为"武器威力所及之处,亦即领土权力所达之处"。这一主张虽也同样会由于不同类型大炮或武器技术提高而难以确定具体适宜的领海宽度,但却对确定领海宽度造成了巨大影响。1782 年,意大利驻法国大使馆外交秘书费迪南多·加利亚尼(Ferdinando Galiani)就是根据当时一般大炮射程约为 3 海里的事实提出了 3 海里领海宽度的建议,由此第一次出现了有具体宽度的领海规则。1796 年,美国政府宣布美国领海宽度为 3 海里,美国成为世界上第一个正式对外宣称拥有自己领海宽度的国家。进入 19 世纪,3 海里领海宽度的规则逐渐得到众多法学家支持,并且先后被英国、德国、法国、日本、荷兰、比利时等国家采纳。到 1930 年海牙国际法编纂会议期间,世界上共有 20 个国家主张 3 海里领海宽度。[1] 但是,并不是所有国家都赞成 3 海里领海权,一些国家还提出了 4 海里、6 海里、10 海里、12 海里、18 海里、30 海里、35 海里、50 海里、100 海里、130 海里、200 海里等各种主张。而且,长期以来国际社会在领海宽度问题上一直争论不休,难以取得一致。直到 1982 年 4 月通过的《联合国海洋法公约》对此有了统一规定。

在领海概念出现后,世界上的海洋就被分成了两大部分,即国家主权下的领海和不属于任何主权下的公海,海洋自由原则其实就是指公海自由原则(principle of freedom of the high seas)。后来,一些沿海国家为维护自己的利益,相继又提出一些新的海洋权益概念,主张在领海之外的海洋上行使某些权力,如类似于后来的毗连区(contiguous zone)的概念和制度。这一制度据说起源于英国在 1763 年颁布的《游弋法》,即为了对付在海岸外一定距离内游弋以伺机卸下违禁品的可疑船只,该法授予英国政府在离岸 5 海里区域内执行有关关税和消费税的法律。后来,美国在 1799 年、法国在 1817 年、俄国在 1909 年也先后

---

[1] 高健军:《中国与国际海洋法——纪念〈联合国海洋法公约〉生效 10 周年》,海洋出版社 2004 年版,第 43 页。

建立起了类似的离岸12海里的关税区。在19世纪末到20世纪初,为保护国家某些利益在毗连领海设置特别区域的实践已成为国家间的普遍现象,只不过这些区域有不同的名称,如"渔区""海关区""安全区"等。或者还有些国家通过双边协定建立这种区域,相互尊重对方在其领海外一定区域内的某些特殊权力。1894年,法国人雷诺(Renault)第一次提出了毗连区这一名称,就是指以上那些连接领海但位于领海外的特殊区域。毗连区作为一种制度,在1958年联合国第一次海洋法会议通过的《领海及毗连区公约》中被正式确认。

国际海洋法的出现

二战后,随着世界各国对海洋重要性的认识及海洋利用技术的提高,又出现了一些新的海洋概念与要求。1945年9月28日,美国总统哈里·杜鲁门发表了两个公告,即《大陆架公告》和《沿岸渔业养护公告》,宣称"处于公海下但毗连美国海岸的大陆架的底土和海床的自然资源属于美国,受美国的管辖及控制",以及"在毗连美国海岸的公海区域"建立渔业养护区。[①] 稍后,美国国务院又发表补充声明,表明其主张的大陆架范围为美国海岸陆地延伸至上覆水深600英尺(约183米)处的海床和底土,据此主张美国获得了大约240万平方千米的海床和底土资源。

《大陆架公告》第一次将地质学意义上的大陆架(continental shelf)概念引入国际关系意义上有关海洋权利的规则之中,对领海外的公海区域提出了某些权利主张,其渔业养护区的概念虽并没有具体要求新的管辖权利,但其实与其对大陆架的要求相适应,已暗含了对领海外大陆架上覆水域的海洋生物资源要求的权利。紧接着,众多拉美国家纷纷仿效美国,提出对自己大陆架的拥有和管辖权,甚至明确将这一权利扩展至自己大陆架的上覆水域。同样在1945年,墨西哥也宣布主张对本国沿海大陆架的权利;1946年,阿根廷通过法令,宣称对邻接大陆的海洋和大陆架拥有主权,不过仍同意保留一般的航行自由;巴拿马在1946年宪法中宣布对其大陆架及其上覆水域享有所有权;1947年尼加拉瓜也宣布了同巴拿马一样的权利主张。不过,这些国家并没有对其大陆架及其上覆水域的具体宽度做出规定。1947年6月23日,其自然大陆架非常狭窄的南美国家智利也通过法令宣布对大陆架和邻接本国海岸的海洋拥有主权,并第一次明确提出这一主权范围为"自海岸和岛屿量起200海里以内",即主张建立

---

① 谭元亨、敖叶湘琼、廖文:《中国南海海洋文化论》,广东经济出版社2013年版,第2页。

200海里专属区。随后,秘鲁、哥斯达黎加、萨尔瓦多、洪都拉斯等国也先后发布了主张200海里专属权利海域的公告。到20世纪70年代,几乎所有拉美国家都主张200海里专属海洋区域,并多次通过多边声明宣布拥有这一权利。这一主张还扩展到了非洲一些国家。

面对传统国际海洋规则或习惯的确认及战后新出现的一些国家对海洋的不同主权要求,国际社会急需围绕海洋的权利、使用和开发等问题制定共同规则,即制定有关海洋的国际法来调整世界各国在海洋领域的国际关系。为此,在联合国主持下,三次海洋法会议先后召开,试图建立海洋秩序,以便规范国际社会对海洋及其资源的利用。

1958年2月24日至4月27日,联合国第一次海洋法会议在日内瓦举行,86个国家派出代表出席会议,就长期以来关于公海、领海和毗连区宽度及新出现的大陆架、生物资源养护等问题展开讨论,最后与会国家共同签署了《公海公约》《领海及毗连区公约》《大陆架公约》《捕鱼及养护公海生物资源公约》四个海洋法公约,统称为《日内瓦海洋法公约》。这一公约对长期以来存在的公海及领海制度及第一次对实际存在的毗连区实践进行了规范和确认,同时还第一次将大陆架概念引入了国际法领域,对海洋生物资源的养护也给予了关注。按照这一公约,"'公海'一词是指不包括在一国领海或内水内的全部海域"[1],任何国家不得声明将公海的任何部分置于其领土主权支配之下,所有国家都享有在公海自由航行的权利;确认沿海国对其陆地或内水以外邻接的一带海域拥有主权,并创设了新的直线领海基线,但并没有就领海宽度达成协议,只是强调其他国家在一国领海内的无害通过权(right of innocent passage),承认了毗连区概念以及将其范围确定为12海里,但仍将其视为公海的一部分;将大陆架这一新概念定义为"邻接海岸但在领海范围以外、深度达200公尺或超过此限度而上覆水域的深度容许开采其自然资源的海底区域的海床和底土"[2],并且规定沿岸国对其具有专属勘探和开发权利,同时还规定如遇大陆架边界争议,应根据公平原则依协议加以解决,在无协议的情形下,"除根据特殊情况另定边界线外,边界应适用与测算各国领海宽度的基线的最近点距离相等的原则予以决定"[3],即

---

[1] 转引自〔英〕詹宁斯、瓦茨修订:《奥本海国际法》第一卷第二分册,王铁崖等译,中国大百科全书出版社1998年版,第157页。

[2] 同上书,第193页。

[3] 同上书,第254—255页。

中间线原则(principle of median line);承认"沿海国对邻接其领海的任何区域内生物资源生产力的维持具有特殊利益"①。这一公约虽并没有完全解决围绕海洋出现的问题,如对领海宽度仍没有取得一致,甚至某些规则之间还存在矛盾,如对领海之外海域内生物资源的专属管理与公海制度即存在一定程度的矛盾,但毕竟将长期以来的一些海洋实践或习惯确定为正式的国际海洋规则,并且将国际社会围绕海洋出现的一些新问题也纳入了这些规则,国际社会第一次有了关于海洋的专门性国际法规则可循。

主要为确定具体领海宽度,联合国1960年3月17日至4月27日在日内瓦举行第二次海洋法会议,共有88个国家代表出席了这次会议,部分国家在会议上提出12海里领海权和6海里领海加6海里渔区主张两个提案,但经过会议辩论和表决后两个提案都未获得通过,致使这次会议最终没有达成任何协议,无果而终。

1970年12月17日,第25届联大会议通过决议,决定召开第三次海洋法会议,以便讨论和通过一项国际公约,综合处理有关海洋的各项问题。1973年12月3日,联合国第三次海洋法会议在纽约联合国总部召开,共有167个国家的代表作为正式成员参加了这次会议,相关国际组织和民族解放组织也以观察员身份参加了这次会议。这次海洋法会议前后历经近9年时间,举行了11期共16次会议,终于在1982年4月30日制定完成《联合国海洋法公约》并在12月10日以绝对多数获得通过,之后于同年12月6—10日在牙买加蒙特哥湾举行的最后会议上开放签字,当时共有117个国家以及库克群岛(自治联系邦)和联合国纳米比亚理事会两个实体在公约上签字。按照公约第308条规定,公约应在第60份批准书或加入书交存后12个月后生效。据此,《联合国海洋法公约》已在1994年11月16日生效。其后,公约仍持续向各国开放签署加入,目前已得到世界上绝大部分国家的签署乃至批准。

关于1982年新海洋法与1958年旧海洋法的关系与效力问题,尽管1958年的《日内瓦海洋法公约》并没有被宣布失效,但按照"后法优于先法"的一般原则和新海洋法第311条第1款规定"在各缔约国间,本公约应优于1958年4月

---

① [英]詹宁斯、瓦茨修订:《奥本海国际法》第一卷第二分册,王铁崖等译,中国大百科全书出版社1998年版,第204页。

29日日内瓦海洋法公约"[①],1982年新海洋法优于1958年旧海洋法。

《联合国海洋法公约》及其主要内容

《联合国海洋法公约》包括序言和17个部分,还有9个附件,其内容涉及海洋法的各个方面。其中,有些内容对旧的法律制度做了进一步修改或完善,如对公海范围的重新界定、对领海宽度的确定和对大陆架概念的修正及对其边缘的界定等,而有些内容则是新创设的制度,如群岛水域、专属经济区、国际海底区域、海洋科学研究等。

《联合国海洋法公约》是以《联合国宪章》为依据,以维护和巩固世界和平安全、正义、权利平等以及全世界人民在经济和社会等方面的进步发展为原则,在顾及所有国家主权利益和需要的前提下,本着相互谅解、友好合作的精神,目的在于使国际交通更加便利、对海洋资源进行公平有效开发利用、使海洋环境得到更好保护而缔结的一项多边性国际公约。这一公约的通过,是国际海洋法历史上一个划时代的里程碑,标志着"新的世界海洋秩序的出现",为国际社会有序使用和开发海洋资源及保护海洋环境做出了重要历史贡献。这一公约是国际社会第一部非常全面和权威的综合性国际海洋法法典,对海洋的领有、开发和管理等问题都规定了相应制度,是"当代国际社会关于海洋权益和海洋秩序的基本文件,为海洋建立了一种法律秩序,有利于海洋的和平用途、海洋资源的公平而有效的利用,有助于实现公正公平的国际经济秩序"[②]。

当然,这一公约是国际社会众多国家和多种势力相互妥协的产物,不可能使所有国家满意所有条款,其中有些条款仍不够完善,甚至存在严重缺陷。按照公约规定,全世界大约要划出领海、大陆架和专属经济区面积达1.09亿平方千米,占全球海洋总面积的30.3%。也就是说,公海面积进一步缩小,置于不同程度国家主权下的海域及其海床和底土面积相应扩大。但是,主权范围扩大的同时也导致一些国家间围绕海洋权益产生了新的摩擦,如200海里专属经济区概念导致一些海洋相邻或相向国家各自主张海域的重叠和争端。尽管从根本上来说这些争端并非由于新海洋法的出现,而应该主要是随着人类利用和开发海洋技术的提高及各国想要占有更多海洋资源出现的,但新海洋法规则并没有

[①] 《联合国海洋法公约》,海洋出版社1983年版,第221页。
[②] 中国政府代表高风1997年11月26日在《联合国海洋法公约》缔约国大会上的发言。吴士存主编:《南海问题文献汇编》,海南出版社2001年版,第181页。

为解决这些争端提供十分有效的方法,甚至争端国家都可以依据这一海洋法的有关条款来为自己的立场寻找法律根据。

尽管如此,《联合国海洋法公约》颁布四十多年来,已成为世界各国利用和开发海洋资源及处理海洋权益国际关系时遵守的基本规则,大部分国家都根据这一公约的相关规定,对本国的海洋战略进行了调整,在海洋立法、海洋政策、海洋开发和管理方面更加向这一公约靠拢。因此,这一公约仍堪称目前调整国际社会各国在海洋权益方面最重要的依据。

这一新的海洋法公约确立的不同海域及其法律地位,基本上把世界上整个海洋分成了六大块:领海、毗连区、专属经济区、大陆架、公海、国际海底区域。所有具体的海洋法规则就是围绕国际社会和各个国家在这些不同海域的各项权利与义务展开的。

具体而言,《联合国海洋法公约》主要内容有:

领海和毗连区 公约第2条第1款规定:"沿海国的主权及于其陆地领土及其内水以外邻接的一带海域,在群岛国的情形下则及于群岛水域以外邻接的一带海域,称为领海。"[1]可见,领海概念与过去相比有了变化,即增加了群岛国海域的情形,而过去的领海概念并没有考虑这一因素。关于领海宽度,公约第3条也做了规定,从而结束了长期以来关于领海宽度的争论,即"每一国家有权确定其领海的宽度,直至从按照本公约确定的基线量起不超过12海里的界限为止"[2]。

所谓基线,即确定领海宽度的起算点构成的连线。按照公约规定,可通过两种方法确定基线,即正常基线和直线基线。前者用于海岸线较平直的地方,指"沿海国官方承认的大比例尺海图所标明的沿岸低潮线"[3],后者则用于海岸线极为曲折或紧靠海岸有一系列岛屿的地方,指按照海岸一般走势设定若干适当点并加以连接形成的直线。沿海国可以根据海岸不同情况交替使用这两种方法确定基线。基线一经确定,其向外最宽12海里范围即为领海,"领海基线向陆一面的水域构成国家内水的一部分"[4]。

然而,除去按照上述两种不同情况确定基线并据此确定领海范围外,还有可能会有其他一些地理或历史因素影响基线划定及领海范围。一般而言,河口

---

[1] 《联合国海洋法公约》,海洋出版社1983年版,第5页。
[2] 同上书,第5—6页。
[3] 《联合国海洋法公约》第5条。同上书,第6页。
[4] 《联合国海洋法公约》第8条第1款。同上书,第8页。

和海湾这些地理性因素及某一海域的历史性权利会成为这样的影响因素。

河口指河流的入海口,在这里一般会在海岸处形成一个凹进,在河流两岸完全属于一国的情况下,按照公约第9条规定,"如果河流直接流入海洋,基线应是一条在两岸低潮线上两点之间横越河口的直线"①。

而"海湾是明显的水曲,其凹入程度和曲口宽度的比例,使其有被陆地环抱的水域,而不仅为海岸的弯曲。但水曲除其面积等于或大于横越曲口所划的直线作为直径的半圆形的面积外,不应视为海湾"②。同样在海湾海岸完全属于一国的情况下,"如果海湾天然入口两端的低潮标之间的距离不超过24海里,则可在这两个低潮标之间划出一条封口线,该线所包围的水域应视为内水"③;"如果海湾天然入口两端的低潮标之间的距离超过24海里,24海里的直线基线应划在海湾内,以划入该长度的线所可能划入的最大水域"④。不过,"上述规定不适用于所谓'历史性'海湾,也不适用于采用第7条所规定的直线基线法的任何情形"⑤。

如果不同国家海岸彼此相向或相邻,尤其在相向状态两国海岸间海域不足24海里时,就会产生两国领海划界问题。公约第15条规定:"如果两国海岸彼此相向或相邻,两国中任何一国在彼此没有相反协议的情形下,均无权将其领海伸延至一条其每一点都同测算两国中每一国领海宽度的基线上最近各点距离相等的中间线以外。但如因历史性所有权或其他特殊情况而有必要按照与上述规定不同的方法划定两国领海的界限,则不适用上述规定。"⑥

这里的所谓"历史性海湾"和"历史性所有权"其实都可以称为"历史性水域",即依据历史性权利而不是按照上述海洋法规则确定领海范围。也就是说,某一国家在历史上对某一海域一直进行持续有效的控制与管理,并得到了国际社会的普遍默认,那么该国就理所当然不受公约确定的领海规则的制约而获得该海域的主权权利。在这种情况下,该国的领海宽度一般都会超出12海里,其超出部分的法律地位也完全等同于领海。当然,这些"历史性水域"虽不受上述海洋法确定的领海规则的制约,但也并不意味着没有规则,一般需要制定特别

---

① 《联合国海洋法公约》,海洋出版社1983年版,第8页。
② 《联合国海洋法公约》第10条第2款。同上。
③ 《联合国海洋法公约》第10条第4款。同上书,第9页。
④ 《联合国海洋法公约》第10条第5款。同上。
⑤ 《联合国海洋法公约》第10条第6款。同上。
⑥ 同上书,第11页。

规则,并通过有关国家签订协议确认。

关于领海的法律地位,按照目前普遍接受的原则,"沿海国对其领海的权利同该国对其领土其他部分行使的主权权利在本质上没有不同"[1]。也就是说,沿海国在其领海内拥有完全主权,包括这一海域的海床和底土及其上覆水体中的生物资源以及该海域的上空。然而,领海的法律地位毕竟不完全等同于领陆和内水,其主权的行使"受本公约和其他国际法规则的限制"[2]。具体而言,体现这一限制的主要就是领海内的无害通过权。公约第17条规定:"在本公约的限制下,所有国家,不论为沿海国或内陆国,其船舶均享有无害通过领海的权利。"[3]而且,公约还特意指出这一条款适用于所有船舶。如是潜水艇或其他潜水器通过领海,则必须在海面航行并展示其旗帜。同时,公约还规定无害通过应是继续不停和迅速进行,虽并不排除偶然停船和下锚,但以通常航行附带发生的或由于不可抗力或遇难所必要的或为救助遇险或遭难的人员、船舶或飞机的目的为限。也就是说,无害通过须是不损害沿海国和平、良好秩序或安全的通过,否则就不能享有这一权利。具体而言,如在通过领海时从事了公约第19条第2款规定的12种活动[4]中的任何一种,即被认为是非无害通过。

至于外国军舰是否也可以享受领海的无害通过权,则是一个含糊不清和存在争议的问题。公约对无害通过权的一般规定适用于所有船舶,因此当然也包括军舰在内,而公约同时又规定无害通过不能损害沿海国的和平、良好秩序或安全,但是否损害沿海国的和平、良好秩序或安全,不仅取决于通过的船舶是否从事了公约列举的一些活动,更多情形是沿海国对通过其领海的军舰所属国家的一种主观感受,尤其关系不友好国家的军舰通过时沿海国会感受到安全上的威胁。因此,大部分国家都要求外国军舰通过其领海时要事先通知并获批准,

---

[1] 〔英〕詹宁斯、瓦茨修订:《奥本海国际法》第一卷第二分册,王铁崖等译,中国大百科全书出版社1998年版,第23页。
[2] 《联合国海洋法公约》第2条第3款。《联合国海洋法公约》,海洋出版社1983年版,第5页。
[3] 同上书,第12页。
[4] (a)对沿海国的主权、领土完整或政治独立进行任何武力威胁或使用武力,或以任何其他违反《联合国宪章》所体现的国际法原则的方式进行武力威胁或使用武力;(b)以任何种类的武器进行任何操练或演习;(c)任何目的在于搜集情报使沿海国的防务或安全受损害的行为;(d)任何目的在于影响沿海国防务或安全的宣传行为;(e)在船上起落或接载任何飞机;(f)在船上发射、降落或接载任何军事装置;(g)违反沿海国海关、财政、移民或卫生的法律和规章,上下任何商品、货币或人员;(h)违反本公约规定的任何故意和严重的污染行为;(i)任何捕鱼活动;(j)进行研究或测量活动;(k)任何目的在于干扰沿海国任何通信系统或任何其他设施或设备的行为;(l)与通过没有直接关系的任何其他活动。

尽管这一要求往往得不到响应。不过,按照公约规定,沿海国有权依据国际法制定关于无害通过领海的法律和规章,当通过领海的外国军舰不遵守这些法律和规章时,沿海国可要求该军舰立即离开领海,如通过领海的军舰不遵守这些法律和规章而使沿海国遭受任何损失或损害,军舰所属国家还需要承担国家责任。这样的规定可以看作对军舰享有的无害通过权的部分限制。

毗连区是连接领海外一定范围的海域,公约第 33 条第 2 款规定:"毗连区从测算领海宽度的基线量起,不得超过 24 海里。"① 相对于 1958 年《日内瓦海洋法公约》规定 12 海里毗连区的允许宽度,1982 年公约规定的毗连区宽度有所扩大。此外,由于新公约设立了 200 海里专属经济区(exclusive economic zone)制度,毗连区无疑被完全包括在这一范围内,而专属经济区并不属于公海,因此毗连区不再被视为公海的一部分。不过,毗连区毕竟不同于领海,设置毗连区的目的主要在于"防止在其领土或领海内违反其海关、财政、移民或卫生的法律和规章;惩治在其领土或领海内违反上述法律和规章的行为"②。也就是说,公约只是允许沿海国在其毗连区内行使其海关、财政、移民或卫生等一些特殊事项的管制权。

用于国际航行的海峡 所谓"用于国际航行的海峡",既可以是连接两部分公海或专属经济区之间的海上通道,也可以是连接公海或专属经济区与处于国家完全主权下的领海之间的海上通道。如一个海峡有足够宽度在保证海峡沿岸国拥有公约允许的 12 海里领海外仍有空余海域作为国际海洋通道,那么这一海域不论是专属经济区还是公海,都不会遇到问题,因为所有国家在专属经济区和公海内都享有航行和飞越自由。但是,如一个海峡的海域完全属于领海范围,那么这一领海不论属于一个国家还是多个国家,这一海峡作为国际海洋通道就都需要有一些特殊制度。公约在完全属于领海范围并"在公海或专属经济区的一个部分和公海或专属经济区的另一部分之间的用于国际航行的海峡"③,设立了一种不同于无害通过权且权利更加广泛的制度,即"过境通行权"(right of transit passage),连接公海或专属经济区和处于国家主权的领海之间的海峡则仍只适用无害通过权的制度。

在确立了过境通行权的海峡中,"所有船舶和飞机均享有过境通行的权利,过境通行不应受阻碍"④,"海峡沿岸国不应妨碍过境通行,并应将其所知的海

---

① 《联合国海洋法公约》,海洋出版社 1983 年版,第 22 页。
② 《联合国海洋法公约》第 33 条第 1 款。同上。
③ 《联合国海洋法公约》第 37 条。同上书,第 24—25 页。
④ 《联合国海洋法公约》第 38 条。同上书,第 25 页。

峡内或海峡上空对航行或飞越有危险的任何情况妥为公布。过境通行不应予以停止"①。也就是说,相对于无害通过权,过境通行权不仅给予所有船舶通行的权利,而且给予所有飞机飞越的权利,潜水艇或其他潜水器在行使过境通行权时也可以潜入水中航行。

然而,船舶和飞机在行使过境通行权时也受到某些限制,即必须遵守有关海上安全、防止海上污染或航空安全的国际法规则,除因不可抗力或遇难有必要外,应毫不迟延地通过或飞越海峡,并不能对海峡沿岸国的主权、领土完整或政治独立进行任何武力威胁或使用武力,以及应遵守海峡沿岸国有关海上交通管理和保护海洋资源与环境等内容的法律和规章,否则船舶的船旗国或飞机的登记国就有可能为海峡沿岸国遭受的损失承担国家责任。

此外,还要注意的是,某些用于国际航行的海峡并不适用过境通行权制度,因为"这种海峡的通过已全部或部分地规定在长期存在、现行有效的专门关于这种海峡的国际公约中"②。例如,连接黑海和爱琴海的博斯普鲁斯海峡和达达尼尔海峡虽然都完全位于土耳其境内,但是由于其重要的国际海上通道地位,历史上一些欧洲强国以及黑海沿岸国家同土耳其曾围绕这两个海峡的法律地位签订过一系列多边条约,目前为止仍存在并有效规范这两个海峡法律地位的是1936年7月20日签订的《蒙特勒公约》。因此,《联合国海洋法公约》关于"用于国际航行的海峡"部分中的过境通行权制度不适用于博斯普鲁斯海峡和达达尼尔海峡。

《蒙特勒公约》

《蒙特勒公约》也称《关于黑海海峡制度的公约》,1936年7月20日由土耳其和苏联、英国、法国、日本、澳大利亚、南斯拉夫、希腊、罗马尼亚、保加利亚签订,意大利于1938年5月加入。公约主要内容有:(1)撤销海峡国际委员会,恢复土耳其对黑海海峡应享有的主权,允许土耳其在海峡地区设防;(2)确认各国商船无论平时或战时均有在该海峡航行的完全自由,但战时土耳其有权禁止敌国的商船通过海峡;(3)军舰通过海峡应通过外交途径预先通知土耳其政府;(4)平时可以停留在黑海的非沿岸国家的军舰总吨位一般不得超过3万吨,在特定情况下不得超过4.5万吨,其中任何非沿岸国家在黑海上所拥有的军舰吨

---

① 《联合国海洋法公约》第44条。《联合国海洋法公约》,海洋出版社1983年版,第29—30页。
② 《联合国海洋法公约》第35条。同上书,第24页。

位应被限制为上述总吨数的 2/3,其停留时间不得超过 21 天;(5)任何非沿岸国家舰队通过海峡的舰只不得超过 9 艘,总吨数不得超过 1.5 万吨;(6)在任何情况下,军舰通过海峡时不得使用舰载飞机;(7)战时,如土耳其中立,禁止任何交战国军舰通过海峡,如土耳其参战,允许军舰通过与否由土耳其决定。公约有效期为 20 年,但同时规定期满前 2 年任何缔约国未提出废止则继续有效。1946 年 8 月苏联曾提出修改该公约,由苏联和土耳其共同管理海峡,但遭到土耳其反对,1953 年 7 月苏联正式撤回修改公约要求,此后缔约各国均未正式提出异议,公约至今仍继续有效。

群岛国 "'群岛国'是指全部由一个或多个群岛构成的国家,并可包括其他岛屿。"[1]根据公约规定,群岛国海域的确定不同于一般大陆国家,应按照特殊的群岛基线(archipelagic baseline)划定,即"群岛国可划定连接群岛最外缘各岛和各干礁的最外缘各点的直线群岛基线,但这种基线应包括主要的岛屿和一个区域,在该区域内,水域面积和包括环礁在内的陆地面积的比例应在 1∶1 到 9∶1 之间。这种基线的长度不应超过 100 海里,但围绕任何群岛的基线总数中至多百分之三可超过该长度,最长以 125 海里为限。这种基线的划定不应在任何明显的程度上偏离群岛的一般轮廓"[2]。

按照以上原则确定群岛基线后,即可以这一基线为起点向海一面分别确定其领海、毗连区、专属经济区和大陆架的宽度,确定规则仍同公约确立领海和毗连区、专属经济区及大陆架的有关规则相同。在这里,与一般非群岛国家不同的是,群岛基线包围的区域内实际上仍有大片水域,而且往往大于同一区域内的陆地面积,这些水域被称为群岛水域(archipelagic waters)。群岛水域既不是领海也不是内水,而是一种自成一类的特殊水域,其法律地位由特殊规则规定。按照公约规定:群岛国的主权及于群岛基线所包围的水域,即群岛水域,不论其深度或距离海岸的远近如何,同时这一主权还及于群岛水域的上空、海床和底土,以及其中所包含的资源。[3] 但是,公约同时又对群岛国在群岛水域的权利做出了某些限制,规定"所有国家的船舶均享有群岛水域的无害通过权"[4],"群岛国可指定适当的海道和其上的空中航道,以便外国船舶和飞机继续不停和迅速

---

[1] 《联合国海洋法公约》第 46 条。《联合国海洋法公约》,海洋出版社 1983 年版,第 31 页。
[2] 《联合国海洋法公约》第 47 条第 1、2、3 款。同上书,第 31—32 页。
[3] 《联合国海洋法公约》第 49 条第 1、2 款。同上书,第 33 页。
[4] 《联合国海洋法公约》第 52 条第 1 款。同上书,第 35 页。

通过或飞越其群岛水域和邻接的领海。所有船舶和飞机均享有在这种海道和空中航道内的群岛海道通过权(right of archipelagic sea lanes passage)"[1]，以及应尊重其他国家在群岛水域内的历史性权利和已有的捕鱼权利及通过该水域但不靠岸的既有海底电缆。当然，其他国家在行使无害通过权和群岛海道通过权及其他权利时，不应损害群岛国的利益以及须遵守群岛国的有关法律和规章。

专属经济区 专属经济区的概念和制度虽在公约中第一次出现和建立，但其实来源于长期以来一些国家在领海外更广阔区域建立专属渔业区或其他以获取海洋生物资源为目的的专属海域的主张。1958年的《日内瓦海洋法公约》虽承认沿海国对邻接其领海的任何区域内生物资源生产力的维持具有特殊利益，但当时对领海宽度并没有取得一致意见，对所谓邻接领海的区域当然更不可能规定具体范围，因此在实践中往往会产生混乱。在新海洋法公约中，一些国家要求扩大渔业权及其他经济资源权利的愿望和一些海上强国要求领海宽度不超过12海里的愿望间达成了妥协，于是新海洋法公约在规定领海宽度不超过12海里的同时建立了专属经济区制度。

公约第55条和第57条规定："专属经济区是领海以外并邻接领海的一个区域……专属经济区从测算领海宽度的基线量起，不应超过200海里。"[2]然而，一个国家究竟拥有多大宽度的专属经济区以及在其专属经济区内有什么权利，需要经过公告加以确立。到目前为止，大部分沿海国都已宣布建立专属经济区或专属捕鱼区，而且绝大部分国家都将这一区域的宽度确定为200海里。

公约第56条规定："沿海国在专属经济区内有：(a)以勘探和开发、养护和管理海床上覆水域和海床及其底土的自然资源(不论为生物或非生物资源)为目的的主权权利，以及关于在该区内从事经济性开发和勘探，如利用海水、海流和风力生产能等其他活动的主权权利；(b)本公约有关条款规定的对下列事项的管辖权：(1)人工岛屿、设施和结构的建造和使用；(2)海洋科学研究；(3)海洋环境的保护和保全。"不过，专属经济区内海床和底土的权利受有关大陆架规则的限制，而且"沿海国在专属经济区内根据本公约行使其权利和履行其义务时，应适当顾及其他国家的权利和义务，并应以符合本公约规定的方式行事"。[3]

---

[1] 《联合国海洋法公约》第53条第1、2款。《联合国海洋法公约》，海洋出版社1983年版，第35页。
[2] 同上书，第38、39页。
[3] 同上。

具体而言,在专属经济区内,所有国家均享有如同公海上一样的航行和飞越自由,以及铺设海底电缆和管道的自由。当然,"各国在专属经济区内根据本公约行使其权利和履行其义务时,应适当顾及沿海国的权利和义务,并应遵守沿海国按照本公约的规定和其他国际法规则所制定的与本部分不相抵触的法律和规章"①。

专属经济区制度的建立,使国家主权具有一定程度控制或管辖权的海域范围扩大,同时也造成更多海岸相向或相邻国家间新的海洋边界争端。关于争端国家间专属经济区界限的划定,公约并未提供具体规则,只是规定"应在国际法院规约第38条所指国际法的基础上以协议划定,以便得到公平解决"②,即主要强调了协议和公平原则。

大陆架 大陆架最初只是地质学意义上的概念。从比较典型的海洋地质构造来看,沿海陆地向海洋延伸部分有一个相当大的没入水中由大陆地壳组成的海床区域,被称为大陆边。大陆边由三部分组成,即大陆架、大陆坡和大陆基。大陆架指陆地向海洋自然延伸且坡度平缓以及在地质结构上与连接陆地相似的部分,大陆坡是大陆架边缘急剧下降、坡度陡峭的部分,大陆基则是大陆坡底含有沉积岩的部分,一般深度在1500米到5000米之间。1945年9月的《杜鲁门公告》第一次将大陆架概念引入了国际关系领域;1958年4月《日内瓦海洋法公约》第一次将大陆架概念写入了国际法,对大陆架做了法律上的规定,但其定义比较含糊,尤其对大陆架外部界限并没有做出明确规定。新海洋法公约继续承认大陆架概念,并且从法律上对其做了新的规定,即"沿海国的大陆架包括其领海以外依其陆地领土的全部自然延伸,扩展到大陆边外缘的海底区域的海床和底土,如果从测算领海宽度的基线量起到大陆边的外缘的距离不到200海里,则扩展到200海里的距离","沿海国的大陆架如从测算领海宽度的基线量起超过200海里,应连接以经纬度坐标标出的各定点划出长度各不超过60海里的若干直线,划定其大陆架的外部界限","外部界线的各定点,不应超过从测算领海宽度的基线量起350海里,或不应超过连接2500米深度各点的2500米等深线100海里"。③

---

① 《联合国海洋法公约》第58条第3款。《联合国海洋法公约》,海洋出版社1983年版,第40页。
② 《联合国海洋法公约》第74条第1款。同上书,第54—55页。
③ 《联合国海洋法公约》第76条第1、7、5款。同上书,第56—57页。

沿海国在其大陆架上，拥有勘探和开发自然资源的专属性主权权利，这里的自然资源包括海床和底土的矿物和其他非生物资源，以及属于定居种的生物，即在可捕捞阶段在海床上不能移动或其躯体须与海床或底土保持接触才能移动的生物。只有沿海国有权对其大陆架的自然资源进行勘探或开发，未经该国明示同意，任何国家或法人及个人都不得从事这种活动。沿海国对其大陆架的这些权利，是根据事实自始存在的固有权利，并不需要有效或象征性的占领或任何明文公告。不过，沿海国的这些权利也受到一定限制，即"沿海国对大陆架的权利不影响上覆水域或水域上空的法律地位。沿海国对大陆架权利的行使，绝不得对航行和本公约规定的其他国家的其他权利和自由有所侵害，或造成不当的干扰"①，"所有国家按照本公约的规定都有在大陆架上铺设海底电缆和管道的权利"②。此外，"沿海国对从测算领海宽度的基线量起200海里以外的大陆架上的非生物资源的开发，应缴付费用或实物"③，并通过国际海底管理局根据"公平分享的标准"进行分配。

在大陆架划界问题上，公约并没有像1958年《日内瓦海洋法公约》那样提出某些具体规则，而只是规定："海岸相向或相邻国家间大陆架的界限，应在《国际法院规约》第38条所指国际法的基础上以协议划定，以便得到公平解决。"④即只是强调了协议和公平原则。1969年2月国际法院做出判决的"北海大陆架案"对公约这一规则的形成产生了重要影响。1993年国际法院做出判决的"格陵兰岛与杨马岩岛海域划界案"，在运用公平原则的实际过程中将中间线原则与公平原则综合起来加以考虑，即在进行划界时先以中间线作为临时分界线，然后在此基础上考虑各种因素进行公平调整，以确定最终分界线。这一做法在随后国际法院其他海洋划界案例中被延续了下来。

格陵兰岛与杨马岩岛海域划界案

1993年，丹麦和挪威围绕分别属于两国的格陵兰岛和杨马岩岛之间大陆架和渔区的分界线产生分歧，丹麦主张两岛间的大陆架和渔区应该用单一分界线

---

① 《联合国海洋法公约》第78条第1、2款。《联合国海洋法公约》，海洋出版社1983年版，第58—59页。
② 《联合国海洋法公约》第79条第1款。同上书，第59页。
③ 《联合国海洋法公约》第82条第1款。同上书，第60页。
④ 《联合国海洋法公约》第83条第1款。同上书，第61页。

来确定,而挪威却认为两岛间的中间线既构成了大陆架的分界线,也构成了渔区的分界线,但这两条线只是偶然重合,并不属于单一分界线。国际法院的判决基本上支持了挪威方面的主张,认为两岛间大陆架划界仍按照《日内瓦海洋法公约》中《大陆架公约》的中间线原则,两岛间的渔区则按照《联合国海洋法公约》关于专属经济区的划界原则,即公平原则划定,但在运用这一原则过程中,国际法院实际上将中间线作为划界的起点。也就是说,实际上大陆架和专属经济区的划界都主要运用了中间线原则。

公海制度　公约对领海宽度做出了规定,以及新设立了专属经济区和群岛水域的特殊制度,从而对过去的公海范围进行了重大修正。相对于1958年《日内瓦海洋法公约》对公海的定义,新公约第86条只是规定了该部分条款的适用范围,即"本部分的规定适用于不包括在国家的专属经济区、领海或内水或群岛国的群岛水域内的全部海域"①。

公约再次强调了公海自由原则,公约第87条和第89条规定:"公海对所有国家开放,不论其为沿海国或内陆国。公海自由是在本公约和其他国际法规则所规定的条件下行使的。公海自由对沿海国和内陆国而言,除其他外,包括:(a)航行自由;(b)飞越自由;(c)铺设海底电缆的自由,但受第六部分(即公约关于大陆架条款部分)的限制;(d)建造国际法所容许的人工岛屿和其他设施的自由,但受第六部分的限制;(e)捕鱼自由,但受第二节(即公约关于公海生物资源的养护和管理条款)规定条件的限制;(f)科学研究的自由,但受第六和第十三部分(即公约关于海洋科学研究条款的部分)的限制。""任何国家不得有效地声称将公海的任何部分置于其主权之下。"②

然而,公海自由并不意味着公海处于一种无政府和无法律状态,每个国家在行使公海自由权利的同时,也须顾及其他国家行使公海自由的利益和受到某些规则的限制。例如,"公海应只用于和平目的"③及禁止任何人在公海上从事贩运奴隶、海盗行为、毒品走私及未经许可的广播等违反国际法的活动,各国均有义务为此进行合作。此外,所有国家均有义务在公海生物资源养护方面采取措施和进行合作,以及尊重公约规定的作为人类共同继承财产的"区域"内的各

---

① 《联合国海洋法公约》,海洋出版社1983年版,第63页。
② 同上书,第63—64页。
③ 《联合国海洋法公约》第88条。同上书,第64页。

项权利。如果有船舶在公海从事违反国际法的活动或滥用船旗或国籍不明,还有可能受到其他国家政府船只或飞机的登临检查,当有船舶在沿海国的内水、群岛水域、领海或毗连区内违反沿海国法律和规章而因此受到沿海国政府船只或飞机追逐时,即使该船舶已离开沿海国毗连区甚至进入公海,沿海国仍拥有紧追直至扣押和逮捕该船舶的权利。

岛屿制度 公约第 121 条规定:"岛屿是四面环水并在高潮时高于水面的自然形成的陆地区域。"岛屿不论位于所属国领海内还是领海外,都可同其他陆地领土一样拥有自己的领海、毗连区、专属经济区和大陆架,而且其确定方法也等同于其他陆地领土。不过,"不能维持人类居住或其本身的经济生活的岩礁,不应有专属经济区或大陆架"。① 对于被称为"低潮高地"的"在低潮时四面环水并高于水面但在高潮时没入水中的自然形成的陆地","如果低潮高地全部或一部与大陆或岛屿的距离不超过领海的宽度,该高地的低潮线可作为测算领海宽度的基线。如果低潮高地全部与大陆或岛屿的距离超过领海的宽度,则该高地没有其自己的领海"。②

内陆国出入海洋的权利和过境自由 世界上并不是所有国家都濒临海洋,即有一些国家没有海岸,这样的国家被称为内陆国。为了显示各个国家的平等和保证内陆国在海洋方面也能够得到自己应得的利益,公约第 125 条规定:"(1)为行使本公约所规定的各项权利,包括行使与公海自由和人类共同继承财产有关的权利的目的,内陆国应有权出入海洋。为此目的,内陆国应享有利用一切运输工具通过过境国领土的过境自由。(2)行使过境自由的条件和方式,应由内陆国和有关过境国通过双边、分区域或区域协定予以议定。(3)过境国在对其领土行使完全主权时,应有权采取一切必要措施,以确保本部分为内陆国所规定的各项权利和便利决不侵害其合法利益。"③不过,过境国不应向内陆国的过境运输收取任何关税、税捐或其他费用,除非过境国为此类运输提供了特定服务,反而过境国为了这一过境运输的便利,可通过与内陆国间的协议在过境国港口建立自由区或提供其他海关便利。

区域 按照公约第 1 条第 1 款规定:"'区域'是指国家管辖范围以外的海床和洋底及其底土。"④在传统国际法中,国家主权之外的海床和洋底及其底土

---

① 《联合国海洋法公约》,海洋出版社 1983 年版,第 82 页。
② 《联合国海洋法公约》第 13 条。同上书,第 10 页。
③ 同上书,第 86 页。
④ 《联合国海洋法公约》,海洋出版社 1983 年版,第 3 页。

的法律地位,与其上覆水域一样受公海制度支配,但1982年新公约设立了一项关于国际海床区域的特别制度,以此将公海水域与其下的海床区域加以区别,并明确规定:"本部分或依其授予或行使的任何权利,不应影响'区域'上覆水域的法律地位,或这种水域上空的法律地位。"①

区域及其资源"是人类的共同继承财产"②,并统一由设在牙买加的国际海底管理局代表全人类进行管理。公约第137条规定:"(1)任何国家不应对'区域'的任何部分或其资源主张或行使主权或主权权利,任何国家或自然人或法人,也不应将'区域'或其资源的任何部分据为己有。任何这种主权和主权权利的主张或行使,或这种据为己有的行为,均应不予承认。(2)对'区域'内资源的一切权利属于全人类,由管理局代表全人类行使。这种资源不得让渡。但从'区域'内回收的矿物,只可按照本部分和管理局的规则、规章和程序予以让渡。(3)任何国家或自然人或法人,除按照本部分外,不应对'区域'矿物主张、取得或行使权利。否则,对于任何这种权利的主张、取得或行使,应不予承认。"③

区域应向所有国家开放,并专为和平目的使用,但其具体开发须在管理局同意和授权下进行,而且须注意海洋环境的保护。从区域内活动取得的任何经济利益要在无歧视基础上公平分配给所有国家。

然而,在具体的区域开发问题上,国际社会对这部分的一些规定分歧甚多,导致公约迟迟难以生效。在联合国秘书长主持下,缔约国于1990年7月开始就区域问题进行非正式磋商,就区域开发的费用、程序、审查、技术转让、生产限额、补偿基金、环境保护等具体问题进行讨论,最终于1994年7月通过了作为公约区域部分补充和修正条款的《关于执行1982年12月10日〈联合国海洋法公约〉第十一部分的协定》。相对于公约原有条款,新的条款主要减轻了缔约国和申请开发区域的国家或企业承担的费用和义务。

海洋环境的保护和保全 公约第192条规定:"各国有保护和保全海洋环境的义务。"④即各个国家应个别或联合起来采取一切必要措施以防止、减少和控制任何来源的海洋环境污染,一旦获知海洋环境有可能遭受污染损害或已遭受污染损害,应立即通知有可能受这一污染损害影响的其他国家及有关主管国际组织。

---

① 《联合国海洋法公约》第135条。同上书,第90页。
② 《联合国海洋法公约》第136条。同上。
③ 同上书,第90—91页。
④ 同上书,第143页。

海洋科学研究 公约第 238 条规定:"所有国家,不论其地理位置如何,以及各主管国际组织,在本公约所规定的其他国家的权利和义务的限制下,均有权进行海洋科学研究。"① 但是,这一研究应专为和平目的进行,而且不应构成对海洋环境任何部分或其资源的任何权利主张的法律根据。在领海内的海洋科学研究,沿海国拥有专属权利。在专属经济区和大陆架进行海洋科学研究,应经过沿海国同意,如无正当理由拒绝则沿海国一般应给予同意。在公海及国际海底区域内,所有国家均有权进行海洋科学研究,当然在这些区域进行海洋科学研究时也要受到保护海洋环境及不影响国际航路等规则的限制。

争端的解决 为了规范和解决新海洋法公约签署生效后围绕海洋权益出现的国际争端,公约提供了解决争端的原则和方法,并且按照公约附件六的规定,1996 年 10 月,德国汉堡自由汉萨城成立了国际海洋法法庭,由分别来自世界各主要法系和地区且享有公正和正直声誉并在海洋法领域具有公认资格的 21 名独立法官组成。公约第 279 条和第 280 条规定,缔约国具有"用和平方法解决争端的义务",以及应该"用争端各方选择的任何和平方法解决争端"。② 具体而言,争端当事国可通过"交换意见"即进行谈判或协商的方法来解决争端,或通过邀请第三方进行"调解"来解决争端。③ 如这些方法仍未能解决争端,那么争端任何一方都可以将争端提交至其裁判具有拘束力的强制程序,即仲裁法庭、国际法院或国际海洋法法庭。不过,进入这些程序需要争端各方通过"自由"和"书面声明的方式"选择一个或一个以上的方法,如双方仍难以取得一致,那么该项争端最多只能进入仲裁程序。④

此外,《联合国海洋法公约》还就闭海或半闭海、海洋技术的发展和转让以及公约的签字、批准、生效、加入、退出等问题规定了有关规则。

思考题

1. 新海洋法中公海面积的进一步缩小在国际关系中意味着什么?
2. 试用有关海洋法规则分析中日东海划界争端。

---

① 《联合国海洋法公约》,海洋出版社 1983 年版,第 174 页。
② 同上书,第 199 页。
③ 《联合国海洋法公约》第 283、284 条。同上书,第 201 页。
④ 《联合国海洋法公约》第 286、287 条。同上书,第 202—203 页。

第十章
人类航空航天技术的进步与国际空间法

第一节 人类航空航天技术的发展

人类飞翔梦想的实现与航空技术的发展

人类自出现在地球上以来,就一直在陆地上行走,但同时对自己周围能够飞翔的动物充满了好奇。因此,能够像鸟一样在空中飞翔,一直是人类的一个美好愿望,并且各个文明都有一些美丽神话和动人传说表达了这一愿望。例如,中国人熟知的嫦娥奔月和孙悟空腾云驾雾、阿拉伯人的飞毯、古希腊神话中的代达罗斯和伊卡洛斯羽衣飞行等。还有许多人为了将这一愿望变为现实,进行了各种各样飞翔冒险。但是,在漫长的历史中,人类飞翔只是一个美好愿望而难以成为现实。

直到18世纪末,人类这一美好愿望才得以实现。1783年6月,法国蒙戈尔菲耶兄弟(J. M. Montgolfier and J. É. Montgolfier)受巴黎博览会上一种利用受热后的空气升空的日本灯启发发明了能升空的热气球。同年11月21日,法国青年科学家让-弗朗索瓦·皮拉特尔·罗齐耶(Jean-François Pilâtre de Rozier)与陆军军官达朗德侯爵(Marquis d'Arlandes)乘坐蒙戈尔菲耶兄弟制作的热气球升空飘行,成功实现了人类历史上首次载人飞行,从此拉开了人类飞行的序幕。后来,气球技术不断得到改进,甚至可以成为远距离跨海飞行与战争中进行侦察和轰炸的工具。再后来,人们在气球上增加了操纵和推进系统,于是又发明了一种新飞行器——飞艇。1852年9月,法国人亨利·吉法尔(Henri Giffard)驾驶人类第一艘蒸汽动力飞艇升空。1896年,德国人费迪南德·冯·齐柏林

(Ferdinand von Zeppelin)又开始建造第一艘硬式飞艇,将飞艇技术发展到了很高水平,以至在20世纪初期人们已经可以利用飞艇来进行商业货运和客运飞行。

与此同时,人们并没有放弃对动力飞行器的研究。19世纪中期后,随着工业革命中新型动力装置的出现,以及作为动力飞行器理论基础的流体力学和空气动力学等学科在理论和实验方面的进展,欧美国家一些科学家和工程师对动力飞行器进行了一系列探索性设计试验。在此基础上,美国的莱特兄弟(W. Wright and O. Wright)终于在1903年12月17日试验成功了人类历史上第一架动力飞机。这种不同于气球和飞艇依靠空气飘浮,而是依靠动力飞行并可载人可操纵的飞行器,翻开了人类航空史的崭新一页。从此,飞机作为航空主要工具开始得到广泛应用。

一战中,飞机首次在战争中得到实际运用,这刺激了飞机技术的改进提高和飞机制造业的发展,并为战争结束后和平时期的民用航空发展奠定了基础。战后,飞机技术进一步迅速发展,比如单翼取代双翼、金属结构取代木质结构、变矩螺旋桨取代定矩螺旋桨、可收放起落架取代不可收放起落架等,这些变化使飞机性能大幅度提高,航空工业获得了革命性进步。1918年2月,德国柏林至汉诺威和科隆间开通了航空邮政业务航班;1918年3月,巴黎至布鲁塞尔间首次开通了国际定期航空邮政业务航班;1919年8月,伦敦至巴黎间首次开通了国际航空旅客运输业务航班。1919年6月14日,人类首次驾驶飞机横越大西洋连续飞行成功。航空史上这一系列划时代的事件,充分显示了飞机运输快速和远距离飞行的巨大优点,使航空工业拥有了更广阔的市场和发展动力。

在二战中,空军开始成为一个单独军种并对战争全局发挥了重大影响,如纳粹德国空军与英国皇家空军在不列颠之战中展开的空中大战、美国与日本在太平洋战场的海空大战等,都对战争进程和结果产生了重大影响。在战争对抗中,对速度和高度的不断追求导致新型涡轮喷气发动机的出现,飞机的性能由此大幅度提高。战后,飞机喷气技术继续迅速发展,伴随着高速空气动力学、结构力学以及高温材料等科学技术的发展,飞机的飞行高度与速度纪录不断被刷新,目前已进入超音速时代。与此同时,直升飞机和垂直(短距)起降飞机的出现,进一步增强了飞机的适应性,并扩大了其应用范围。今天,在军用和民用方面,飞机已成为每个国家都极度重视的保卫国家安全的必备手段和人们日常生活中必不可少的交通运输工具。

人类从航空向航天的飞跃

航空技术的巨大进步和发展,并未完全满足人类在天空自由飞翔的愿望,

第十章 人类航空航天技术的进步与国际空间法

无垠的太空仍激发人类的遐想和向往。就在飞机诞生的同一年,俄国人康斯坦丁·齐奥尔科夫斯基(Konstantin Tsiolkovsky)提出并建立了火箭和航天飞行理论,即阐述了利用火箭技术突破空气空间进入更高外层空间的理论可能性。其后,法国、美国和德国的一些科学家也先后阐明了利用火箭进行太空飞行的基本原理。1926年3月,美国人罗伯特·戈达德(Robert Goddard)成功研制发射了人类第一枚液体火箭。1942年10月,德国成功研制利用火箭技术发射并可实用的V-2弹道导弹,而且在1944年9月袭击了英国本土。这种新型武器虽未能挽回德国在二战中的败局,但却为后来发展大型导弹和航天运载火箭技术奠定了基础。

二战后,随着东西方冷战拉开帷幕,美苏两国为了在军事上保持优势地位开始大规模开发导弹技术。1957年8月,苏联抢在美国前成功发射第一枚洲际弹道导弹,4个月后美国也成功发射洲际弹道导弹。作为洲际弹道导弹动力的火箭技术的发展,又进一步推动了运载火箭和航天技术的发展。美苏两国在航天领域也展开激烈竞争,并将这一领域作为显示自己制度优越性的一个重要领域。1957年10月4日,苏联利用火箭成功发射第一颗人造地球卫星并使其进入预定地球轨道,人类第一次突破航空高度把物体送入外太空并使其长时间停留。从此,人类真正进入了航天技术时代。1961年4月12日,又是苏联第一个成功实现了载人航天飞行,将一名宇航员送入太空并使其成功返回。

苏联在航天技术领域的优势和领先地位,使得拥有战后世界霸主和西方盟主地位的美国遭遇了从未有过的危机。美国民主党国会议员、后来成为美国总统的林登·约翰逊(Lyndon Johnson)在当时就不无担忧地说道:"罗马帝国征服世界是因为它能够修建道路。后来,英国人从海上开始取得统治地位是因为英帝国拥有舰只。在航空时代,我们实力雄厚是因为我们拥有飞机。现在,共产主义在外太空留下了脚步……"[①]于是,美国也开始积极推进在航天技术领域的研发和应用。1958年1月,美国成功发射第一颗人造地球卫星,并且在卫星发射数量和获得的科学成就方面逐渐超过了苏联。1962年2月,美国实现了首次载人绕地球轨道飞行,并且同样在其后的飞行中取得了比苏联更多的科学实验数据。

在整个20世纪60年代,美国和苏联在航天技术领域进行了激烈竞争,美

---

① 转引自顾诵芬、史超礼主编:《世界航天发展史》,河南科学技术出版社2000年版,第139页。

国投入巨资实施"双子星计划"和"阿波罗计划",先后实现了太空长时间飞行、飞船对接、太空行走以及著名的登月壮举。与此同时,苏联也成功实现飞船对接和太空行走,但其登月计划却未能实现,在这新一轮竞争中败给了美国。进入70年代以后,苏联放弃登月计划,将航天技术重点放在了建立大型载人轨道空间站上,发射了"礼炮号"系列载人空间站,重新确立了能够与美国竞争的地位。与此同时,美苏两国在航天技术领域开始合作,航天领域的研制也开始更多出于科学研究而非军事目的。20世纪80年代,美国又成功研制可多次往返太空从而能够重复使用的航天飞机,苏联则建成了更大规模的"和平号"载人空间站。20世纪90年代,冷战结束后,美国与俄罗斯在航天技术领域的投入与竞争也逐渐减少。

就在美苏两个超级大国在航天领域激烈竞争或进行合作的同时,法国、日本、中国、英国、印度等一些国家也开始了自己的航天计划。1965年,法国研制成功洲际弹道导弹和人造地球卫星,打破了美苏两国在航天领域的垄断地位,成为世界上第三个进入航天时代的国家,70年代后又联合联邦德国等西欧国家成立了欧洲空间局并在运载火箭、科学卫星、应用卫星、空间探测器、空间站等航天技术方面取得了巨大的科学和商业成就;1970年2月,日本用自己研制的火箭成功发射了第一颗人造地球卫星,后来主要在科学通信卫星以及月球探测器等方面有所成就,并积极同美国、俄罗斯及欧洲进行航天领域的合作;1970年4月,中国利用自己研制的火箭成功发射第一颗人造地球卫星,1980年5月又研制成功第一枚洲际弹道导弹,其后在应用卫星、火箭技术、载人航天以及太空行走等众多航天领域都独立取得巨大成就,并且已经全面建成载人空间站和逐步实施"嫦娥工程";1971年10月,英国成功研制第一颗人造地球卫星,其后则主要将自己有限的资源用于各种应用卫星研制方面;1975年4月,印度研制成功第一颗人造地球卫星并利用苏联火箭将卫星发射进入地球轨道,其后则主要在应用卫星和导弹技术方面有所进步,并且也已经开始实施探月计划。此外,1988年9月,以色列也成功发射了第一颗人造地球卫星。还有更多国家虽没有能力自己发射人造卫星,但却有能力制造卫星,或通过购买拥有自己的卫星。

总之,人类对宇宙的探索在不断深入,世界上越来越多的国家都开始进入航天技术领域,人类借助航天技术甚至已可以及于太阳系边缘。

第十章 人类航空航天技术的进步与国际空间法

航空与航天的区别

航空与航天都是人类对地球之上或之外空间的利用和探索,但航空与航天二者又有着根本不同,航空是指飞行器在空气空间中利用空气动力原理进行的飞行,航天则是指飞行器利用火箭推力脱离和超越空气空间进入外层空间进行的飞行。或更简单而言,航空就是飞行器在地球大气层中的空气空间进行的飞行,航天则是飞行器在地球大气层外的外层空间进行的飞行。

本来,所谓空气空间与外层空间最初都只是自然科学的概念,即环绕地球的大气层空间与大气层外空间,而对于还未进入航天时代的国际法来说这一区分并没有任何意义,因为那时的国际法关于空间的概念包括国家或国际社会的所有无限上空。但是,20世纪50年代后随着人类对外太空认识的提高和利用,空气空间与外层空间的区别也开始体现在国际法领域。1957年1月20日,美国总统德怀特·艾森豪威尔(Dwight Eisenhower)在其国情咨文中第一次从政策角度提出外层空间的概念,以此与空气空间的法律地位相区别;同年10月4日,苏联发射的第一颗人造地球卫星则从实践上打破了过去传统的空间概念,强化了外层空间的法律概念和意义;1958年11月14日,联大会议在其关于裁军的决议中也使用了外层空间的概念。此后,空气空间与外层空间就逐渐被赋予了不同的法律地位。

既然如此,就需要确定空气空间与外层空间之间的界限。从理论上而言,这一问题已得到解决,即如上所述的大气层空间与大气层外空间,被大气层环绕的部分就是空气空间,大气层外的部分就是外层空间。但是,从严格意义上而言,其实空气空间与外层空间并没有明确的界限,因为空气是随着离地球地面高度的增加而逐渐减少以至变得越来越稀薄,人们其实很难找到一个有无空气的截然界限。因此,围绕空气空间与外层空间的界限问题,出现了各种各样从不同角度进行解释的理论,归纳起来主要有"空间说"和"功能说"两种理论。空间说主张以离地面一定的空间距离为准来划分空气空间与外层空间的界限,其中主张的主要依据标准又有:(1)以现有航空器向上飞行的最高限度为界,即大约距离地面30千米至40千米;(2)以人造地球卫星距离地面的最低高度为界,即大约距离地面100千米至110千米;(3)以飞行器摆脱地球引力并开始依靠离心力进行飞行的高度为界,即距离地面100千米的所谓"卡门线";(4)以不同的空气构成为界,即距离地面约10千米的对流层、约10千米至40

千米的平流层、约 40 千米至 80 千米的中间层、约 80 千米至 370 千米的电离层以及约 370 千米外的外大气层等各种不同高度。功能说则认为没有必要划分空气空间与外层空间的具体界限,主张按照飞行器的功能确定其应适用的法律,即航空器的活动适用航空法,航天器的活动适用外层空间法。

  正因为如此,对于究竟是否需要确定空气空间与外层空间的界限以及这一界限究竟应确定在哪里,国际社会至今仍未取得共识。更为重要的是,确定这一界限不仅是一个技术性问题,而且直接涉及世界各国领空主权与国家安全以及人类对外层空间的探索和利用。如果将这一界限定得太低,将构成对国家领空的安全威胁,但如果定得太高,又会妨碍各国探索和利用外层空间。因此,到目前为止有关外层空间的国际性决议或条约基本上都是按照功能说的理论来形成和制定的。1976 年,国际空间研究委员会在向联合国外空委员会提出的一份报告中,就建议将距离地面 100 千米的高度作为空气空间与外层空间的界限;1978 年,国际法协会也在其通过的一份决议中认为,将距离地面 100 千米高度作为外层空间最低点的看法正在被各国从事外层空间活动的专家认可与接受。

  尽管空气空间与外层空间的界限至今仍没有被确切划定,但这一模糊界限并不会成为问题,因为航空器与航天器有明显区别,作为航天器的人造地球卫星在地球轨道上运行的最低高度至少是作为航空器的飞机飞行的最高高度的两倍。当然,航空器的飞行高度并非固定不变,但依靠空气动力能够达致的最高高度是有限制的,或者说永远不可能达到航天器达到的飞行高度,因为航天器进入的外层空间是需要利用火箭发射且以超出第一宇宙速度脱离大气层才能达到的高度。

  也就是说,空气空间与外层空间界限的不确定性并不影响分别规定二者不同的法律地位。1961 年 12 月 20 日,联大会议通过的 1721 号决议主张应赋予外层空间不同于空气空间的法律地位,即将外层空间从过去不加任何区别的空间中分离了出来,规定外层空间以及位于外层空间的天体供所有国家依据国际法自由和平地加以探索和利用,但不得被某一国家据为己有,即不处于任何国家的主权之下。从此,国家只可能拥有自己领土之上一定高度空气空间的主权,而不可能拥有外层空间的主权。

第二节 国际航空法

国际航空法的出现与发展

随着人类航空活动的出现,有关法律问题也相应出现。就在法国人发明热气球并首次载人飞行获得成功的第二年即1784年,巴黎市政府颁布治安法令,规定未经警察当局批准气球不能升空。1819年,法国塞纳省制定了第一个有关空中航行的安全规章。1822年,美国根据普通法第一次对有关航空侵权的案件进行了审理和判决。不过,以上这些涉及航空问题的法律规章以及判例,还都局限在国内法范围。随着航空技术的进一步发展,跨国飞行开始出现,航空问题也进入了国际法领域。1880年,国际法研究院在英国牛津举行会议,第一次将航空问题列入了国际法讨论议程。

1889年,法国利用在巴黎举办世界博览会的机会,邀请英国、美国、俄国、墨西哥、巴西等28个国家的代表在一起开会讨论有关航空的法律问题。1899年,第一次海牙国际和平会议通过了《禁止自气球上放掷炮弹及炸裂品宣言》,该宣言成为第一个有关国际航空问题的文件,并且这一文件在1907年第二次海牙国际和平会议上得到重申。

进入20世纪后,随着飞机的出现,更大范围的跨国远距离飞行成为可能。于是,围绕空中航行区域的法律地位出现了各种不同的主张及争论,这些主张主要有:(1)完全排他的领空主权,即如同拥有领土一样,国家也应拥有领土之上的空间;(2)完全自由飞行论,即如同船舶在公海航行一样,航空器也可完全自由飞行;(3)有限自由飞行论,即虽承认国家应拥有领空主权,但就如同在领海一样,其他国家具有无害通过权;(4)有限高度的领空主权,即在一定高度内国家拥有领空主权,在此高度上则可以自由飞行;(5)国际共管论,即空中航行权利应交由一个国际机构来统一管理。

1910年5月18日至6月29日,第一次专门讨论空中航行问题的国际会议在巴黎举行,这次会议主要讨论了空中航行区域的法律地位和处于空中航行区域下的国家对飞越其领土上空的航空器是否有权力进行限制与管理以及如何进行管理等问题。然而,由于领空主权与空中自由航行这两种截然不同的主张之间的争论,这次会议仅通过一项决议,而未签署任何具有法律拘束力的条约或协议,不过会议过程中提出的一些有关航空的概念和条款,对后来的国际航空法产生了重要影响。

一战中,飞机被用于战争,航空技术因此获得了巨大发展。战后,航空技术继续得到提高,并开始广泛运用于民用货运或客运业务,尤其是出现了跨国航空业务。于是,制定规范跨国飞行的法律原则或规则就被提上了议事日程。1919年10月13日,26个国家的代表在巴黎参加有关航空问题的国际会议,主要讨论了航空法的一般原则、飞行器的国籍、适航证书、航行规则和技术等问题,最后签订了《关于管理空中航行的公约》,即《巴黎航空公约》,并根据公约设立了管理国际航空业务的常设机构"空中航行国际委员会",由国际联盟直接领导。《巴黎航空公约》是国际社会第一个比较完整系统的有关国际航空的多边性条约,其中最主要的内容就是规定了国家领空的概念,确立了国家领空主权的原则,即每一个国家"对其领土之上的空气空间具有完全的和排他的主权"[1]。也就是说承认了国家对在其领土之上的空间具有自保权、管辖权、管理权和支配权。同时,《巴黎航空公约》又对国家的领空主权做出了限制,即"每一缔约国承允,只要本公约规定的条件得以遵守,在和平时期给予其他缔约国的航空器无害通过其领土上空的自由"[2],即类似于领海的"无害通过权"。公约还同时规定了各种无害通过的具体条件,即用于军事、警察和海关的航空器不适用无害通过,各国为了军事或公共安全的理由可划定飞行区域或禁止飞行,即使符合无害通过的航空器不降停地飞越一国领空也须遵守该国的指示和获得许可等。因此,公约对领空主权的限制难以真正得到实施,因为大部分国家都会基于国家安全考虑对飞越自己领空的外国航空器做出各种限制,所谓无害通过权在实践中并没有得到承认。

除此之外,为了保障国际民间商务运输的需要,1928年美洲国家间签订了《哈瓦那商业航空公约》,1929年一些国家又在波兰华沙签订了《统一国际航空运输某些规则的公约》(也称《华沙公约》),这些公约主要对航空运输的业务范围、运输票证、损害赔偿标准等做了规定。

二战期间,大部分国家间的航空运输被迫中断,同时战争对国际航空法也造成了巨大破坏。在战争将要结束的1944年11月1日至12月7日,52个国家的代表接受美国政府邀请出席了在美国芝加哥召开的国际民用航空会议,讨论制定新的航空法和重建战后新的国际航空秩序。经过与会代表一个多月的

---

[1] 转引自王铁崖主编:《国际法》,法律出版社1995年版,第297—298页。
[2] 同上书,第298页。

讨论，会议最终签订了《国际民用航空公约》，即《芝加哥公约》，并据此成立了"国际民用航空组织"。《芝加哥公约》取代《巴黎航空公约》，"国际民用航空组织"取代"空中航行国际委员会"，成为二战后重建国际航空法的基本法律框架。《芝加哥公约》再次强调了国家领空主权原则，即"缔约各国承认每一国家对其领土之上的空气空间具有完全的和排他的主权"[①]，彻底取消了领空的所谓"无害通过权"，即在任何情况下一国的航空器都不能随便进入其他国家的领空，除非获得该国允许。此外，《芝加哥公约》还对航空器的法律地位和具备条件及其分类管理、国际民用航空组织的组织和运作，以及国际航空运输的具体实施细节等做了有关规定。与此同时，在芝加哥会议上，一些国家还签订了进一步细化和保障国际航空运输权利的《国际航空运输协定》（也称为《五项自由协定》[②]）和《国际航班过境协定》（也称为《两项自由协定》[③]）。不过参加这两项协定的国家很少，这使得国际多边航空运输机制未能建立起来，因此后来的国际航空运输大部分是通过双边协定实现的，其中最著名的是1946年2月美英两国签订的《百慕大协定》，此后很多国家间的航空运输协定也基本上是按照这一协定的模式签订的。

二战后，航空技术得到更为广泛和快速的发展，国家间的民用航空往来也日益频繁，与此同时国际航空中出现的问题也日益增多。于是，在《芝加哥公约》的基础上，为进一步规范国际航空损害赔偿责任和保证国际航行安全，在联合国主持下，众多国家签订了一系列有关国际航空损害赔偿责任和保障空中航行安全的公约或协定。这些公约和协定主要有：1952年的《关于外国航空器对地（水）面第三者造成的损害公约》，即《罗马公约》，主要对用于国际航行的航空器给第三者造成损害做了规定；1955年的《海牙议定书》，主要规范和提高了国际航空运输损害赔偿的限额；1963年9月14日在日本东京签订的《关于在航空器内的犯罪和其他某些行为的公约》，即《东京公约》，主要对航空器内犯罪行为及其管辖权等做出了规定；1970年12月16日在荷兰海牙签订的《关于制止非法劫持航空器的公约》，即《海牙公约》，主要对使用暴力或暴力威胁非法劫持

---

① 《国际民用航空公约》第1条。白桂梅、李红云编：《国际法参考资料》，北京大学出版社2002年版，第152页。

② 所谓五项自由，指一国的民用航空器在另一国领土范围内所享受的自由权利：(1)不降停飞行权；(2)非商业性降停权；(3)卸载来自登记国的乘客、货物和邮件的权利；(4)装载前往登记国的乘客、货物和邮件的权利；(5)装载或卸载来自或去往任何第三国的乘客、货物和邮件的权利。

③ 所谓两项自由，即指前述五项自由中的前两项自由权利。

航空器行为做了规定,并进一步明确了各缔约国管辖权及其引渡罪犯的义务;1971年的《危地马拉议定书》和1975年的《蒙特利尔第四号议定书》,主要规定了国际航空运输中的无过失责任,并进一步提高了赔偿限额;1971年9月23日在加拿大蒙特利尔签订的《关于制止危害民用航空安全的非法行为的公约》,即《蒙特利尔公约》,主要对危害民用航空安全行为做了更具体规定,并扩大其适用范围和规定此种行为在实际应受普遍性的管辖;1988年作为《蒙特利尔公约》的补充文件而签订的《制止在用于国际民用航空的机场发生的非法暴力行为以补充1971年9月23日订于蒙特利尔的关于制止危害民用航空安全的非法行为的公约的议定书》,主要针对和制止在机场上发生的暴力行为;1991年在蒙特利尔签订的《关于注标塑性炸药以便探测的公约》,主要对塑性炸药的生产和管理做出规定,以便制止利用塑性炸药摧毁航空器的恐怖行为;1999年5月28日在蒙特利尔签订的《统一国际航空运输某些规则的公约》,主要是促进国际航空运输中责任规则的统一化。

以上有关航空飞行的一系列公约或协定,形成了国际航空法体系,并且有效保证了各国民用航空器的正常管理和安全飞行。

现代国际航空法的主要内容

国际航空法是调整各国航空活动中法律关系的各种原则和规则的总体,主要包括空气空间的范围和法律地位、航空器的国籍及其管理、空中飞行制度、国际民用航空运输及其安全和损害赔偿等。

归纳起来看,国际航空法体系主要由三部分内容构成:关于空气空间法律制度的规则;关于航空运输的规则;关于航空安全的规则。

(1) 关于空气空间法律制度的规则。首先,是有关空气空间的法律地位。按照现有国际法有关规则,地球表面以上一定高度范围的空气空间被分为两大部分,即国家领空和国际空域。也就是说,国际法确认了领空主权原则,每个国家都拥有领空,即以地球中心为顶点,由与该国地球表面领土边界线相垂直的直线包围的一定高度的圆锥形立体空间,在此范围内领空所属国有权制定本国的航空法,确立其领空法律制度,其他国家的航空器不经同意则不得飞越。当然,根据1982年《联合国海洋法公约》的规定,国际海峡上空即使属于国家领空,其他国家的航空器也具有"过境通行权",以及在群岛水域和邻接的领海上空,其他国家的航空器也具有"群岛海道通过权",只不过飞越这些空域的外国航空器同样要遵守持续不间断通过的规则且负有不得对被飞越国使用武力和

第十章　人类航空航天技术的进步与国际空间法

武力威胁的义务。在国际空域,各国航空器则可以自由飞行,当然为安全起见也须遵守国际民用航空组织制定的有关航空规则。

然而在实际上,国家领空的范围却难以严格界定。除去前述空气空间与外层空间界限难以划定使得一国领空的垂直疆界难以确切划定外,国家领空的水平疆界同样难以确切划定。尽管存在关于领空主权的规则,但国家间仍有可能围绕对方航空器是否进入和侵犯了本国领空发生争端。因此,一些领空相邻国家会建立共同航空管制制度,以便相互协调,共同管理进出彼此领空的航空器;还有些国家在邻接其领海外一定范围的公海上空建立防空识别区,以便早期发现外来航空器并进行识别、定位和管制。不过,建立防空识别区的做法并未被现代国际法明确承认,当然也并没有引起大部分国家明确反对,因为只要不影响其他国家的领空主权及其航空器在国际空域飞行的权利,一般就不会引起什么问题。

领空主权的原则,同样适用于有形航空器之外无形的无线电信,即电磁波跨越空间的情形。按照现有国际法规定,各国在遵守"国际电信联盟"分配的无线电频率和其他通信资源的前提下具有自由传输无线电信的权利,甚至包括具有通过其他国家领空传输无线电信的自由权利。在这一点上,无线电信稍微不同于航空器。但是,有关国际法同时又规定,国家如果认为某项无线电信传输危害国家安全或违反法律、妨碍公共秩序或有伤风化,则可以对其加以禁止或拒绝接收。尤其是随着无线电信技术不断更新和提高,世界各国都将这一领域视为维护国家安全的重要领域,无线电信的实际传输受到越来越多限制。

其次,是有关航空器的法律地位。所谓航空器,指以空气的反作用力在大气中取得支撑力的机器,如气球、飞艇和各种飞机都属于航空器。按照现有国际法有关规则,所有航空器被区分为"国家航空器"和"民用航空器"两大类。不过,这一分类并非按照所有权而是按照使用范围和用途来分的,即"用于军事、海关和警察部门的航空器,应认为是国家航空器"[1],用于其他部门的航空器则为民用航空器。国家航空器和民用航空器具有不同法律地位并适用不同规则,"一缔约国的国家航空器,未经特别协定或其他方式的许可并遵照其中的规定,不得在另一缔约国领土上空飞行或在此领土上降落"[2],民用航空器则一般

---

[1]《国际民用航空公约》第3条第2款。白桂梅、李红云编:《国际法参考资料》,北京大学出版社2002年版,第152页。

[2]《国际民用航空公约》第3条第3款。同上。

需要根据双边航空协定规定的航线及其他具体规则进入其他国家的领空及降落在其领土。一般而言，国家航空器仅受该航空器所有国政府的约束或需要有关国家间的一些特别协定加以约束。目前国际航空法的大部分规则，并不适用于国家航空器，而只适用于民用航空器。

对于未经协定或同意进入一国领空的外国民用航空器，领空主权国家当然可采取必要措施，一般包括警告其离境、迫使其改变航路或要求其降落等，对于故意侵入领空并迫降的外国航空器人员可以使用国内法进行审判，但这些措施都不应超过一定限度，尤其是不能用武力攻击民用航空器。例如，1983年9月1日，韩国航空公司一架民航客机在飞行中偏离航线误入苏联领空，在苏联萨哈林岛上空被苏联战斗机空对空导弹击落，机上269名乘客与机组人员全部丧生。正是在这桩空难惨剧发生后，联大会议决定修改《芝加哥公约》，增加了避免攻击民用航空器的规定，即"缔约各国承认，每一国家必须避免对飞行中的民用航空器使用武器，如拦截，必须不危及航空器内人员的生命和航空器的安全"①。当然，民用航空器也不能随意改变用途承担国家航空器的任务。未经同意和许可进入一国领空的国家航空器，则不受此规则约束，领空主权国家可采取保卫本国领空安全的任何措施，如1960年5月1日和1962年9月9日苏联和中国使用地对空导弹将进入自己领空进行间谍侦查活动的美国U2高空侦察机击落。

此外，民用航空器必须进行登记，即在某个国家申请注册，且只能在一个国家登记。航空器具有其登记国家的国籍，并受该国法律管辖，其登记可以由一国转移至另一国。② 经登记后的航空器，尤其从事国际航行的航空器，应载有国籍标志和登记标志。③ 并且，如经要求，登记国应将登记航空器的所有权和控制权等情况及有关资料提供给国际民用航空组织或其他缔约国。④

航空器本身还须具备一些基本条件和遵守一些基本规则。例如，在从事国际航行时必须携带航空器登记证、航空器适航证、机组成员的驾驶证、航行记录、详细的乘客或货物清单以及装有无线电设备航空器的无线电台许可证等。⑤

---

① 《国际民用航空公约》第3条分条第1款。白桂梅、李红云编：《国际法参考资料》，北京大学出版社2002年版，第153页。
② 参见《国际民用航空公约》第17、18、19条。同上书，第155页。
③ 参见《国际民用航空公约》第20条。同上。
④ 参见《国际民用航空公约》第21条。同上。
⑤ 参见《国际民用航空公约》第29条。同上书，第157页。

同时,从事国际航行的航空器非经一国许可,不得在该国领土内载运军火和作战物资或其他该国法律规定管制和禁止的物品。①

(2) 关于航空运输的规则。有关航空运输的规则,主要体现在各国签订的一些双边协定中。一般而言,这些协定的主要内容会包括相互给予对方在本国领土的过境权和经营权,即前述五项自由权利中的大部分权利,以及确定具体航线与机场、指定具体航空运输公司、决定航空运输能力、规范航空运输价格、确定争端解决方式等。除此之外,签订航空运输协定的有关国家应向国际民用航空组织理事会提供有关航空运输公司的运输报告和财务报告,缔约国彼此应为国际航班提供安全、正常、有效和经济的服务与设施,并在执行边防、海关、检疫、移民等法律时给予便利,以防止对航班造成不必要的延误。② 对于在本国领土内遇险的外国航空器,所在国应采取援助措施并允许航空器登记国采取必要援助措施;对于发生事故的外国航空器,所在国应着手进行调查并允许航空器登记国派观察员到场以及将调查结果通知航空器登记国。③

对于国际航空运输中出现的人员或货物损害及航班延误造成的损害,有关国际法也做出具体赔偿责任规定。也就是说,对于在航空器飞行中或上下航空器时发生的乘客死亡、受伤或其他身体损害,或在此过程中乘客交运的行李或货物发生的毁灭、遗失或其他损害,以及航班或行李货物延误对乘客造成的损失,承运人都应承担赔偿责任,而且这一责任为无过错责任,也就是说,即使并非承运人主观过错造成的损失也须承担责任。当然,以上这些损失如纯系受害者或其行李货物本身缺陷或责任造成,或者不可抗力或公共当局采取的出入境等有关行为造成,则可免除承运人的赔偿责任。关于航空器对第三者造成的损害,即一国航空器在另一国领土内飞行时对地面或水面的第三者造成的损害,同样按照无过错责任由航空器经营者承担赔偿责任,但如这一损害是武装冲突或民事骚乱导致,或者是公共当局行为或受害人行为导致,则可以免除或减轻航空器经营者的赔偿责任。按照现有赔偿规定,以上这些损失的赔偿限额为每人人身损害不超过 150 万特别提款权,手提行李损害不超过 15 000 特别提款权,延误损害不超过 62 500 特别提款权。④

---

① 参见《国际民用航空公约》第 35 条。白桂梅、李红云编:《国际法参考资料》,北京大学出版社 2002 年版,第 157—158 页。
② 参见《国际民用航空公约》第 22、28、67 条。同上书,第 155—157、164 页。
③ 参见《国际民用航空公约》第 25、26 条。同上书,第 156 页。
④ 参见山本草二(1994)『国际法』(新版)(有斐閣)、473 页。

(3)关于航空安全的规则。为了有效防止处于飞行状态的航空器中的犯罪和维护航空器飞行中的安全,国际法就航空犯罪及其惩罚、空中刑事管辖权、引渡或起诉、航空器机长权力、国家的权力和责任等做出了规定。

航空犯罪,指在航空器内从事违反刑法的行为及危害航空器及其所载人员或财产安全或危害航空器内秩序的行为,如在飞行中的航空器内用暴力或暴力威胁或任何其他恐吓方式非法劫持或控制航空器的行为,对飞行中的航空器内人员从事暴力并危及航空器安全的行为,破坏使用中的航空器使其不能飞行或危及飞行安全的行为,在使用中的航空器内放置破坏航空器使其不能飞行或危及飞行安全的装置和物质的行为,妨碍航空器内正常工作并危及航空器飞行安全的行为,故意传送虚假情报危及航空器飞行安全的行为。① 对于这些罪行,各国都必须给予严厉惩罚。

航空器的所谓"飞行中",指从航空器装载完毕以及机舱外部各门均已关闭时起,直至打开任一机舱门以便卸载时为止,或者当航空器被迫降落时,在主管当局接管对该航空器及其所载人员和财产的责任前为止;所谓"使用中",则指从地面人员或机组人员为进行飞行对航空器进行飞行前准备时起,直到降落后24小时为止,即整个飞行过程都被包括在使用过程中。②

对于上述这些犯罪,航空器登记国有权对其行使管辖权,其他国家则不得对飞行中的航空器进行干预以便对航空器内的犯罪行使管辖权,但如该项犯罪在某国领土上发生后果,或者罪犯或受害人为某国国民或具有永久居住权者,或者该项犯罪危及了某国安全,或者该项犯罪违反某国现行有关航空器飞行或驾驶规定或规则,或者某国为遵守其承担的某项多边国际协定义务而必须行使管辖权,那么该国也有权行使管辖权。③ 此外,罪行发生地国和当发生罪行的航空器降落在某国而罪犯仍在该航空器内或在该国领土内,则该国也具有管辖权。④ 其中,发生罪行的航空器的登记国、罪行发生地国、受害人国籍所属国和罪犯所在地国实施管辖是一种义务,即"义务性管辖",其他国家的管辖则并非义务,而仅仅是一种所谓"任意性管辖"。

---

① 参见《关于在航空器内的犯罪和其他某些行为的公约》第1条第1款,《关于制止非法劫持航空器的公约》第1条甲款,《关于制止危害民用航空安全的非法行为的公约》第1条第1款。白桂梅、李红云编:《国际法参考资料》,北京大学出版社2002年版,第170、175、179页。
② 参见《关于制止危害民用航空安全的非法行为的公约》第2条。同上书,第179页。
③ 参见《关于在航空器内的犯罪和其他某些行为的公约》第3、4条。同上书,第170—171页。
④ 参见《关于制止危害民用航空安全的非法行为的公约》第5条。同上书,第180页。

第十章 人类航空航天技术的进步与国际空间法

为保证航空犯罪受到惩罚而不至于使罪犯逃脱,国际法规定"在其境内发现被指称的罪犯的缔约国,如不将此人引渡,则不论罪行是否在其境内发生,应无例外地将此案件提交其主管当局以便起诉。该当局应按照本国法律以对待任何严重性质的普通罪行案件的同样方式做出决定"①。同时,国际法还对由航空犯罪引起的引渡提供了各种便利,如明确规定此种罪行是一种可引渡罪行,即使是政治原因导致的航空犯罪,也不适用所谓"政治犯不引渡"原则,即航空犯罪不属于政治罪行,没有签订引渡条约的国家间也可依据《海牙公约》或《蒙特利尔公约》对罪犯进行引渡,或者根据被要求国的法律规定自行决定对罪犯的引渡。②

为防止和及时处理飞行过程中航空器内的犯罪,国际法还赋予航空器机长一些相应权力。这些权力主要有:如有理由认为某人在航空器内已经或即将实施犯罪行为,机长有权对其采取合理措施,包括必要的管束措施;机长可以要求或授权机组其他成员或者可以请求或授权旅客协助管束被认为犯罪的人;如有理由认为某人在航空器内已经或即将危害航空器或其所载人员或财产的安全以及航空器内的秩序,机长有权在航空器降落的任何国家的领土上使其离开航空器,当然同时应将这一事实和理由报告该国当局;如有理由认为某人在航空器内实施的行为已经构成航空器登记国刑法规定的刑事犯罪,机长有权将其移交给航空器降落地的任何航空法公约缔约国的主管当局,同时应将按照法律合法占有的证据和情报提供给该主管当局。③

航空犯罪是一种损害国际社会各个国家共同利益的严重犯罪,因此基于普遍管辖原则,国际法规定了国家对这一犯罪拥有的权力和应尽的责任。这些权力和责任主要有:确立国家的管辖权,即通过各项具体规则以保证对任何一项航空犯罪都有国家行使管辖权;公约缔约国有责任允许另一缔约国航空器在本国领土上降落时其机长使任何人离开航空器,以及有责任接受另一缔约国航空器在本国领土上降落时其机长移交给它的人;任何国家有权力和责任对航空犯罪的罪犯进行起诉,严厉惩罚,或引渡给别国进行起诉和惩罚;公约缔约国间在由于航空犯罪而被提出的刑事诉讼中有责任相互给予最大程度的司法协助;在

---

① 《关于制止非法劫持航空器的公约》第7条。白桂梅、李红云编:《国际法参考资料》,北京大学出版社2002年版,第176页。

② 参见《关于制止非法劫持航空器的公约》第8条第1、2、3款。同上。

③ 参见《关于在航空器内的犯罪和其他某些行为的公约》第6、8、9条。同上书,第171、172页。

面对已经或即将发生的航空犯罪时,公约缔约国有责任采取一切适当措施以恢复或维护合法机长对航空器的控制并应将航空器和所载货物尽速交还给合法所有人以便使旅客和航空器能继续旅行①;在接受被外国航空器机长移交的罪犯或作为罪行发生场所的航空器在其领土降落时,公约缔约国有权力实施调查,并有责任将有关犯罪情况、采取的行动以及是否行使管辖权或引渡等情况和结果立即通知航空器登记国和罪犯国籍所属国,同时也有责任将以上情况和结果报告国际民用航空组织②。

第三节　国际外层空间法

国际外层空间法的出现与发展

1957年外层空间首次作为一个法律概念由美国提出以后,紧接着苏联人造地球卫星上天,进一步从实践上加强了这一法律概念。同时,外层空间与空气空间的分离以及航天飞行的跨国性也使国际社会开始关注外层空间的法律地位以及开展航天活动的规范性等问题。

为此,联合国在1959年成立了和平利用外层空间委员会(简称"外空委"),就促进各国在和平利用外空领域的合作、研究与探索和利用外空有关的科技问题和可能产生的法律问题等展开工作。1961年12月20日,联大会议通过决议,提出国家开发和利用外层空间的一些原则,即外层空间由所有国家按照符合国际法的方式自由探索和使用而不得由任何国家据为己有,以及要求发射外层空间物体的国家必须通知联合国外空委员会进行登记等。这项决议第一次以多边形式提出了有关外层空间法律地位的基本原则以及某些具体管理规则。其后1962年的联大会议通过决议重申了这些原则和规则。

在此前后,作为当时仅有的两个已经掌握进入外层空间技术的国家,美国和苏联也先后提出一些主张和建议,这对形成有关开发和利用外层空间的国际多边规则起到了决定性作用。例如,1959年美国律师协会的一项决议主张,为

---

① 参见《关于制止非法劫持航空器的公约》第9、10条。白桂梅、李红云编:《国际法参考资料》,北京大学出版社2002年版,第177页。

② 参见《关于在航空器内的犯罪和其他某些行为的公约》第13条第4、5款,《关于制止非法劫持航空器的公约》第11条。同上书,第172、177页。

了全人类利益,任何国家不得将天体据为己有;1960年9月,美国又在联大会议上提出,各国不得对天体提出主权要求,不在天体上从事军事活动,不在地球轨道及太空站上放置大规模杀伤性武器;1963年8月,美国、苏联和英国缔结了《禁止在大气层、外层空间和水下进行核武器试验条约》,明确反对在外层空间进行核武器试验;1966年9月,美国和苏联分别向联大会议提出制定有关外层空间条约的建议,并提出一些共同原则,即自由探索月球和其他天体但不得提出主权要求,合作或自由进行科学考察,防止大气层环境污染等。

与此同时,国际社会也在加快制定有关开发和利用外层空间的国际规则。1963年10月17日,联大会议一致通过决议,要求各国不在绕地球轨道和天体上放置任何携带核武器或其他大规模毁灭性武器的实体。12月13日,联大会议再次一致通过《各国探索和利用外层空间活动的法律原则宣言》,即《外空原则宣言》,其中提出各国探索和利用外层空间应遵守的九项原则:(1)探索和利用外层空间,必须为全人类谋福利和利益;(2)各国都可在平等的基础上,根据国际法自由探索和利用外层空间及天体;(3)外层空间和天体决不能通过主权要求、使用或占领,或其他任何方法,被一国据为己有;(4)各国探索和利用外层空间的活动,必须遵守国际法的规定,以保持国际和平与安全,增进国际合作与了解;(5)各国对本国政府或非政府部门在外层空间的活动,均负有国际责任,国际组织在外层空间从事活动时,应由该国际组织及其各成员国承担责任;(6)各国在探索和利用外层空间时应遵守合作和互助的原则,妥善考虑其他国家的相应利益;(7)向外层空间发射实体的登记国对该实体及所载人员在外层空间期间仍保持管理和控制权以及在任何时候的所有权;(8)向外层空间发射实体或委托别国向外层空间发射实体以及被利用其国土或设施向外层空间发射实体的国家,其发射的实体在地球、天空或外层空间给其他国家或外国的自然人或法人造成损害时,应负有国际责任;(9)各国应给予遭遇意外事故、遇难和被迫紧急降落的宇航员以一切可能的救援,并安全迅速地将其交还给登记国。① 这九项原则进一步明确和详细确立了外层空间的法律地位及各国在从事探索和利用外层空间活动中应遵守的原则。

在《外空原则宣言》的基础上,1967年1月27日在联合国主持下众多国家签署了《关于各国探索和利用包括月球和其他天体在内外层空间活动的原则

---

① 参见《各国探索和利用外层空间活动的法律原则宣言》。白桂梅、李红云编:《国际法参考资料》,北京大学出版社2002年版,第183—184页。

条约》，即《外层空间条约》，将《外空原则宣言》中的原则进一步具体化和法律化。这项条约是第一部专门关于外层空间的国际多边条约，而且也是有关外层空间的条约中最重要的一项基础性条约，因此也被称为"外层空间宪章"。此后，这一条约规定的一些条款被进一步细化，又形成了一系列公约或协定。这些公约或协定主要有：1968年4月22日签署的《营救宇宙航行员、送回宇宙航行员和归还发射到外层空间的物体的协定》，即《营救协定》；1972年3月29日签署的《空间物体造成损害的国际责任公约》，即《责任公约》；1974年11月12日通过的《关于登记射入外层空间物体的公约》，即《登记公约》；1979年12月5日通过的《关于各国在月球和其他天体上活动的协定》，即《月球协定》。

除此之外，联大会议还通过了五个重要文件，即1963年通过的《各国探索和利用外层空间活动的法律原则宣言》、1982年通过的《各国利用人造地球卫星进行国际直接电视广播所应遵守的原则》、1986年通过的《关于从外层空间遥感地球的原则》、1992年通过的《关于在外层空间使用核动力源的原则》以及1996年通过的《关于开展探索和利用外层空间的国际合作，促进所有国家的福利和利益，并特别要考虑到发展中国家的需要的宣言》。

正是这些以《外层空间条约》为核心形成的一系列条约原则、决议以及其他文件，共同构成了有关外层空间的法律体系，对世界各国从事开发和利用外层空间活动形成了一些基本的规范和制约。

国际外层空间法的主要内容

国际外层空间法是调整国家及其他国际法主体间在探索和利用外层空间和天体活动时各种关系的法律原则或规则。归纳起来看，国际外层空间法主要由四部分内容构成：有关外层空间和天体法律地位的规则；有关对探索外层空间和天体活动进行管理与合作的规则；有关探索外层空间和天体活动中国家责任的规则；有关卫星通信传输、遥感和使用核动力源的规则。

（1）有关外层空间和天体法律地位的规则。有关国际法规定，对外层空间和天体的探索和利用，应在遵守国际法的前提下按照为所有国家的利益以及平等、自由、合作和非主权、和平的原则进行。也就是说，"探索和利用外层空间（包括月球和其他天体），应为所有国家谋福利和利益，而不论其经济或科学发展程度如何，外层空间（包括月球和其他天体）应为全人类的开发范围。所有国家可在平等、不受任何歧视的基础上，根据国际法自由探索和利用外层空间（包括月球和其他天体),自由进入天体的一切区域。应有对外层空间(包括月球和其他天体)进行科学考察的自由,各国要促进并鼓励这种考察的国际合作"①。"各国不得通过主权要求、使用或占领等方法,以及其他任何措施,把外层空间(包括月球和其他天体)据为己有。"②"各缔约国保证:不在绕地球轨道放置任何携带核武器或任何其他类型大规模毁灭性武器的实体,不在天体配置这种武器,也不以任何其他方式在外层空间布置此种武器。各缔约国必须把月球和其他天体绝对用于和平目的。禁止在天体建立军事基地、设施和工事;禁止在天体试验任何类型的武器以及进行军事演习。不禁止使用军事人员进行科学研究或把军事人员用于任何其他的和平目的。不禁止使用为和平探索月球和其他天体所必须的任何器材设备。"③

其中,最主要的一项原则就是外层空间及其天体不受任何主权管辖和控制,即各国都可以在符合国际法的前提下自由进出及进行探索与开发。然而,进入外层空间及其天体的任何航天飞行器一般都须从地球上发射以及某些航天飞行器还会返回地面,因此这些航天飞行器在离开地面飞向外层空间及其天体或从外层空间及其天体返回地面的过程中就有可能通过别国领土,即有可能通过其他国家的空气空间。那么,就产生了这一通过是否侵犯国家领空或是否允许这一领空过境权的问题。对此,国际法上并无明确规定。不过,从实践来看,某些从事外层空间活动的国家的航天飞行器在发射或返回地面时有时不可避免会通过别国领空,但这些发射国家并不会预先征得被通过国家同意,后者也并没有因为这类飞行活动通过自己的领空而提出抗议。也就是说,对于为了探索外层空间及其天体而进行的发射活动,在习惯上国际社会已承认其具有领空的过境权。当然,这一探索活动必须是符合国际法的,其通过也必须是无害通过,即必须是必要和不能损害过境国家安全的通过。

此外,在外层空间还有一个特殊区域,即离地面大约 36 000 千米并与地球赤道平行的空间地带,一般被称为地球静止卫星轨道。由于在这一轨道上的卫星基本上同地球的自转同步,所以相对于地球而言这一轨道上卫星的位置是固定不变的,只要在该轨道上等距离放置三颗卫星,其电磁波就可覆盖除两极部

---

① 《关于各国探索和利用包括月球和其他天体在内外层空间活动的原则条约》第1条。白桂梅、李红云编:《国际法参考资料》,北京大学出版社2002年版,第185页。
② 《关于各国探索和利用包括月球和其他天体在内外层空间活动的原则条约》第2条。同上。
③ 《关于各国探索和利用包括月球和其他天体在内外层空间活动的原则条约》第4条。同上书,第186页。

分地区外的整个地球表面,从而实现全球通信。但是,地球静止卫星轨道对卫星的容纳量是有限的,在同一时间内最多只能容纳 180 颗卫星,这些卫星才不会互相干扰。因此,围绕地球静止卫星轨道这一有限资源及其法律地位,国际社会展开了激烈争论。1975 年 10 月,赤道国家哥伦比亚在联大会议上最先提出主张,认为本国上空的地球静止卫星轨道不属于外层空间,而是本国领土的一部分;1976 年 11 月,哥伦比亚和巴西、印度尼西亚、厄瓜多尔、肯尼亚、刚果、乌干达、扎伊尔共 8 个赤道国家举行会议,发表了著名的《赤道国家波哥大宣言》,对地球静止卫星轨道提出主权要求。但是,这一要求遭到大部分国家反对,认为其破坏了外层空间自由探索和不得占有原则。1984 年,赤道国家改变立场,放弃对地球静止卫星轨道的主权要求,但仍主张自己的所谓"优先权"和"批准权",同样遭到大部分国家反对。1991 年,赤道国家再次改变立场,承认地球静止卫星轨道为外层空间的一部分,但同时又提出照顾发展中国家的公平原则及类似于国际海底区域法律地位的"人类共同继承财产"主张。至今,围绕地球静止卫星轨道的法律地位,国际社会仍没有取得一致意见,不过其属于外层空间则已是所有国家的共识。在实践中具有制造和发射地球同步卫星能力的国家在将卫星发射进入地球静止卫星轨道时仍是自由的,不过这一区域毕竟不同于一般意义上的外层空间,其容量的有限性使得不可能所有国家都完全自由地进入和占有这一空间轨道,最终会形成一项国际协定,按照一定原则公平地分配使用这一区域。

(2) 有关对探索外层空间和天体活动进行管理与合作的规则。为了使各国探索外层空间和天体的活动能有序进行并接受国际社会有效监督,有关国际法还就航天器的法律地位以及各国如何对待这些航天器等内容做了详细规定,这些规定主要是有关登记的制度、有关所有权和管辖权的制度以及有关救援的制度。

"为提倡和平探索和利用外层空间(包括月球和其他天体)的国际合作,凡在外层空间(包括月球和其他天体)进行活动的缔约国,同意以最大的可能和实际程度,将活动的性质、方法、地点及结果的情报,通知给联合国秘书长、公众和国际科学界。联合国秘书长接到上述情报后,应准备立即切实分发这种情报资料。"[①]也就是说,用于探索外层空间和天体的航天器须以国家或国际

[①] 《关于各国探索和利用包括月球和其他天体在内外层空间活动的原则条约》第 11 条。白桂梅、李红云编:《国际法参考资料》,北京大学出版社 2002 年版,第 187 页。

组织的名义设置登记册进行登记并向联合国秘书长进行报告以及告知其他国家。

"凡登记把实体射入外层空间的缔约国对留置于外层空间或天体的该实体及其所载人员,应仍保持管辖及控制权。射入外层空间的实体,包括降落于或建造于天体的实体,及其组成部分的所有权,不因实体等出现于外层空间或天体,或返回地球,而受影响。该实体或组成部分,若在其所登记的缔约国境外寻获,应被送还该缔约国;如经请求,在送还实体前,该缔约国应先提出证明资料。"①也就是说,航天器的所有权和管辖权属于登记国,即使在发射或返回地球过程中被其他国家寻获,也应被送还登记国。

"各缔约国应把宇宙航行员视为人类派往外层空间的使节。在宇宙航行员发生意外、遇难,或在另一缔约国境内、公海紧急降落等情况下,各缔约国应向他们提供一切可能的援助。宇宙航行员紧急降落后,应立即、安全地被交还给他们宇宙飞行器的登记国家。在外层空间和天体进行活动时,任一缔约国的宇宙航行员应向其他缔约国的宇宙航行员提供一切可能的援助。各缔约国应把其在外层空间(包括月球和其他天体)所发现的能对宇宙航行员的生命或健康构成危险的任何现象,立即通知给其他缔约国或联合国秘书长。"②也就是说,对于任何登记国航天器的宇航员,当其发生意外或遇险遇难等情况发生时,各国都有义务对其进行一切可能的救援。

(3) 有关探索外层空间和天体活动中国家责任的规则。为了减少和避免及补偿由探索外层空间和天体活动带来的损害,有关国际法规定了从事这些活动的国家或国际组织对其发射的航天器及其活动应该承担的国际责任,如《外层空间条约》第6条和第7条规定:"各缔约国对其(不论是政府部门,还是非政府的团体组织)在外层空间(包括月球和其他天体)所从事的活动,要承担国际责任,并应负责保证本国活动的实施符合本条约的规定。非政府团体在外层空间(包括月球和其他天体)的活动,应由有关的缔约国批准,并连续加以监督。保证国际组织遵照本条约之规定在外层空间(包括月球和其他天体)进行活动的责任,应由该国际组织及参加该国际组织的本条约缔约国共同承担。""凡进行发射或促成把实体射入外层空间(包括月球和其他天体)的缔约国,及

---

① 《关于各国探索和利用包括月球和其他天体在内外层空间活动的原则条约》第8条。白桂梅、李红云编:《国际法参考资料》,北京大学出版社2002年版,第186页。
② 《关于各国探索和利用包括月球和其他天体在内外层空间活动的原则条约》第5条。同上。

为发射实体提供领土或设备的缔约国,对该实体及其组成部分在地球、天空或外层空间(包括月球和其他天体)使另一缔约国或其自然人或法人受到的损害,应负国际上的责任。"①《责任公约》也规定了具体损害赔偿原则,如发射者对其空间物体对地球表面或飞行中的航空器造成的损害或其违法行为造成的损害承担绝对责任;发射者对在外层空间的物体或人员造成的损害承担过错责任;受害方应在规定时间内提出赔偿要求并通过谈判或仲裁加以解决;等等。②

此外,有关国际法还规定各国在从事探索外层空间和天体活动中有责任和义务进行合作和保护环境,如《外层空间条约》第9条规定:"各缔约国探索和利用外层空间(包括月球和其他天体),应以合作和互助原则为准则;各缔约国在外层空间(包括月球和其他天体)所进行的一切活动,应妥善照顾其他缔约国的同等利益。各缔约国从事研究、探索外层空间(包括月球和其他天体)时,应避免使其遭受有害的污染,以及地球以外的物质,使地球环境发生不利的变化。如必要,各缔约国应为此目的采取适当措施。若缔约国有理由相信,该国或其国民在外层空间(包括月球和其他天体)计划进行的活动或实验,会对本条约其他缔约国和平探索和利用外层空间(包括月球和其他天体)的活动,造成潜在的有害干扰,该国应保证于实施这种活动或实验前,进行适当的国际磋商。缔约国若有理由相信,另一缔约国计划在外层空间(包括月球和其他天体)进行的活动或实验,可能对和平探索和利用外层空间(包括月球和其他天体)的活动产生潜在的有害的干扰,应要求就这种活动或实验进行磋商。"③

(4) 有关卫星通信传输、遥感和使用核动力源的规则。关于利用卫星进行国际电视广播等通信传输,《各国利用人造地球卫星进行国际直播电视广播所应遵守的原则》规定,各国应按照国际法进行此项活动,并进行国际合作,该行为不得侵犯各国主权,但同时又规定各国不得侵犯人人有寻求、接受和传递信息和思想的权利。④

对于利用卫星遥感地球,《关于从外层空间遥感地球的原则》规定,遥感活动应为所有国家谋取福利与利益,各国应为此进行国际合作与技术援助,在平等基础上自由从事此项活动并散发遥感资料,但同时应尊重其他国家的主权和

---

① 白桂梅、李红云编:《国际法参考资料》,北京大学出版社2002年版,第186页。
② 参见王铁崖主编:《国际法》,法律出版社1995年版,第338页。
③ 白桂梅、李红云编:《国际法参考资料》,北京大学出版社2002年版,第186—187页。
④ 参见王铁崖主编:《国际法》,法律出版社1995年版,第340—341页。

其他利益,尤其是不得损及被感测国的合法权益。①

对于在外层空间使用核动力源的问题,《关于在外层空间使用核动力源的原则》规定,核动力源的使用应限于用非核动力源无法合理完成的航天探测任务,但同时要遵守安全、公开和非军事化原则,即通过有效技术装置与措施防止或减少对地球的辐射,公开有关核动力源航天器的情况,反对核动力源被用于空间武器和其他军事化目的。②

思考题

1. 按照目前的国际航空法,领空是否存在"无害通过权"?
2. 如何确保外层空间的和平利用以及为全人类谋福利?

---

① 参见王铁崖主编:《国际法》,法律出版社1995年版,第341—342页。
② 同上书,第342—343页。

第十一章
外交与领事关系及相关国际法律制度

第一节 外交与领事关系概论

外交与外交关系

外交,简单而言就是一个国家的对外交往,同时也是构成国际关系的重要内容。广义而言,外交包括一个国家与别的国家或其他国际关系行为体间进行的所有交往活动,如一个国家的国家元首或政府首脑或其他政府成员访问其他国家或出席国际会议、一个国家的外交官员与其他国家外交官员进行谈判及缔结条约等活动,甚至有时也包括一个国家的某些社会团体的代表或某些社会知名人士个人访问其他国家或进行某些国际性活动等,类似这样一些对外交往活动常常被冠以"民间外交"或"公共外交"等名称。然而,从严格意义上讲,其实外交只是指一个国家的政府以和平手段同其他国家政府或其他国际法主体进行的交往活动,即"国家以和平手段对外行使主权的活动。通常指国家元首、政府首脑、外交部长和外交机关代表国家进行的对外交往活动"①。或者说,"外交是运用智力和机智处理各独立国家和政府之间的官方关系……或者更简单地说,是指以和平手段处理国与国之间的事务"②。如果更为具体而言,外交就是"(1)通过谈判处理国际关系;(2)由大使和使节们调整和处理这些关系的方

---

① 《中国大百科全书·政治学》,中国大百科全书出版社1992年版,第366页。
② 〔英〕戈尔-布思主编:《萨道义外交实践指南(第五版)》,杨立义等译,上海译文出版社1984年版,第3页。

法;(3)外交家的业务或艺术;(4)处理国际交往和谈判的技能或谈吐"①。

在这里,有必要将外交与对外政策稍加区别。外交不完全等同于对外政策,后者是一个国家的政府在一定时期内制定的对外交往总的目标以及为实现这些目标实行的原则,而外交则是一些相对专业的外交官为有效推行政府的对外政策和实现对外政策目标采取的各种技巧或方法。对外政策并不一定是和平的,但外交却一定是和平的,或者应该说外交是人类文明的产物,是国家间避免使用武力解决国际争端的主要手段之一。一般而言,一国会通过访问、谈判、缔约、宣布外交文件、参加国际会议或国际组织、派出常驻或临时使节等具体外交形式,来妥善处理同其他国家间的公共事务,维护自己的国家利益。但是,运用这些具体外交形式来达到政策目标却并非易事,要想获得外交的成功,往往需要专业外交官精心策划和审时度势地合理运用这些具体外交形式。从这个意义上来说,也可以说外交是对外交往或外交事务的一门专业知识或科学。其中,谈判又是这门专业知识或科学的核心内容,甚至在某种程度上也可以说,外交其实就是谈判的科学或艺术。因此,从事外交需要一些精通谈判技巧并能够合理维护国家利益的专业外交官,甚至外交家。

在世界历史上,曾出现过很多在国际关系中发挥过重大作用的著名外交家,其中有些外交家同时也是政治家。例如,15世纪末至16世纪初意大利佛罗伦萨的政治家兼外交家马基雅维利(Machiavelli)、17世纪初期英国派往印度莫卧儿帝国的"首席大使"托马斯·罗(Thomas Roe)以及约同一时期西班牙驻英国大使孔德·贡多马尔(Conde Gondomar)和法国首相黎塞留、18世纪中期奥地利驻法国大使考尼茨-里特贝格(Kaunitz-Rietberg)以及约同一时期英国驻普鲁士和俄国公使马姆斯伯里伯爵詹姆斯·哈里斯(James Harris)、18世纪末到19世纪初法国外交大臣塔列朗(Talleyrand)以及约同一时期的奥地利首相梅特涅(Metternich)和英国驻瑞士和美国等国大使斯特拉福德·雷德克利夫(Stratford Redcliffe)、19世纪中期美国驻日本第一任总领事汤森·哈里斯(Townsend Harris)、19世纪后半期德国首相俾斯麦②以及20世纪中期的中国总理周恩来和美国国务卿亨利·基辛格(Henry Kissinger)等著名人物,就都曾在世界外交史上取得过杰出成就并给其生活的时代以至其后的国际关系带来巨大影响。

---

① 〔英〕戈尔-布思主编:《萨道义外交实践指南(第五版)》,杨立义等译,上海译文出版社1984年版,第3页。

② 同上书,第10—11页。

正是在每个国家推行和实施外交的基础上,国际社会形成了各种各样的外交关系,同时也构成了丰富多彩的国际关系。外交关系,也同样可以从广义和狭义两个方面理解。广义而言,外交关系指国家与国家或其他国际关系行为体间通过前面所述各种外交形式进行交往形成的各种关系。狭义而言,外交关系则指一个国家的政府与其他国家的政府或其他国际法主体间通过条约或协定建立起的以政治关系为基础并相互设立常驻使团进行交往的关系,即外交关系是"国家之间的正式交往方式。特指国家之间互派外交代表、互设使馆的正式交往关系……泛指国家及其他国际法主体相互之间通过互访、谈判、出席会议和缔结条约等方式,尤其是通过互派外交使团而形成的交往关系,还包括国家间相互派遣特别使团、向国际组织派驻常驻使团或向国际组织或会议派出临时使团而形成的交往关系"①。这里所说的外交关系,一般就是指狭义的外交关系,也是一种严格意义上的外交关系,或者说是国与国之间根据协定并相互向对方派驻使节形成的关系,如《维也纳外交关系公约》第 2 条规定:"国与国间外交关系及常设使馆之建立,以协议为之。"②

广义上的外交关系可以追溯至古代国家的产生,因为只要有国家就会有彼此间程度不同的交往与联系,如在古代西亚两河流域国家、古埃及和古印度、古希腊和古罗马,以及在中世纪的欧洲和其他地区国家之间,就已存在签订条约、相互派遣使节、举行国际会议、相互结盟与交战等现象。③ 古代中国的春秋战国时期各诸侯国间也曾经有派遣使节进行谈判或进行其他交往活动的做法,到两汉两晋时期中国已开始同朝鲜、日本等周边国家进行各种交往与联系。但是,古代国家之间的交往与联系还只是偶然和局限在某一有限范围内的,而且这种交往与联系既没有固定的规则和制度,还常常由于战争遭到破坏,或者即使存在一些相对固定的规则与制度,也往往不是由于法律而是由于宗教或习俗,因此古代国家间的外交关系还不是严格意义上的外交关系,偶然出现和存在过的一些外交规则或制度充其量只能算作今天严格意义上的外交关系的萌芽。

严格意义上的外交关系出现在世界近代前夜。大约在 13 世纪,欧洲开始出现常驻使节制度,教皇代表被派驻到法兰克王国宫廷和拜占庭帝国的首都君士坦丁堡。14 世纪初兴起了文艺复兴运动,之后意大利各城市国家间有了互派

---

① 余先予主编:《国际法律大辞典》,湖南出版社 1995 年版,第 148 页。
② 白桂梅、李红云编:《国际法参考资料》,北京大学出版社 2002 年版,第 189 页。
③ 参见杨泽伟:《宏观国际法史》,武汉大学出版社 2001 年版,第 2—48 页。

常驻代表制度,这一制度逐渐影响到了其他欧洲国家。15世纪,意大利各共和国开始向西班牙、英国和法国等国派遣常驻使节,其后其他欧洲国家也纷纷效法,到15世纪末,英国、法国、西班牙等国家也开始互派常驻使节,并且这一做法几乎成为欧洲大部分国家的一种惯例。然而,16世纪后半期开始的宗教争端和战争使欧洲天主教国家同新教国家间的关系恶化,派驻常驻使节的外交制度没有取得大的进展,或者即使存在常驻使节也难以发挥作用。1648年"三十年战争"结束后,《威斯特伐利亚和约》的签订规定了国际关系的新规则,其中就包括规定欧洲国家间通过缔结条约和设立常驻使节制度彼此进行长期固定的交往,作为近代意义上外交关系必要条件之一的常驻使节制度成了一项得到普遍承认的制度。正如《萨道义外交实践指南》所说:"直至1648年威斯特伐利亚条约的签订建立了相互关系的新秩序(不管开始时这种新秩序多么不稳定)之后才称得上开始了经典的欧洲外交(一切现代外交的直接起源)的时代。"①从那时开始,近代外交制度基本确立并不断扩展到世界各个地区以及被不断地加以充实。

然而,外交制度的建立并不能保证国际社会各个国家间都建立起外交关系,或建立起来的外交关系也并非完全一致而实际上表现为各种各样的形式。根据外交关系的实践及其成熟和密切程度,大致可以将其区分为下列几类:(1)正式外交关系或全面外交关系,即两国间通过协议相互约定建立以互派大使或公使级常驻使节为主要特征及两国进行全面正常交往的关系,目前各个国家间建立的外交关系大部分属于这种类型;(2)不完全外交关系或半外交关系,即两国间通过协议相互约定派出代办级常驻使节及有选择地发展彼此关系,这种外交关系一般存在于虽相互承认和愿意发展关系但又面临一些障碍的国家间,如1954年6月至1972年3月中国与英国虽彼此承认并进行某些接触但又由于意识形态形成的冷淡关系;(3)非正式外交关系,即两个还未建立任何外交关系的国家直接进行外交谈判,甚至互设某种常驻联络机构,这种关系一般存在于相互有必要接触和交往但受到某些限制,从而难以建立正式外交关系的国家间,如1972年2月中美关系正常化后两国仍没有建立外交关系,但两国却开始直接外交接触和谈判,甚至双方在对方首都互设了类似于大使馆的外交联络处;(4)民间外交关系,即在没有建立任何外交关系的国家间通过各自的民间机构

---

① 〔英〕戈尔-布思主编:《萨道义外交实践指南(第五版)》,杨立义等译,上海译文出版社1984年版,第6页。

或国民开展外交形成的关系,这一交往方式从形式来看其实并非严格意义上的外交关系,因为它既没有两国政府间协议也没有相互派驻使节,但如果这一交往方式背后有政府背景,就应该也属于外交关系范畴,只不过是出于某些原因两国难以建立外交关系而采取的一种迂回做法,而且这种民间外交方式也会在某些时候或某些情况下处理一些官方事务,如 1972 年 9 月以前的中日关系就是以这一方式维持的。

领事与领事关系

简单而言,"领事是一个政府在另一个政府许可下所委派的一名在后者的领土上执行某些任务的官员"①。如再具体一点说,领事是一国主要为了保护本国商业利益和身居国外的国民或侨民的利益征得接受国同意后被派往该国某一地区执行上述职务的官员。

因此就不难理解,领事关系即指国与国之间相互或单方面在对方特定区域设立负责处理本国商业利益和其他各种民事关系的常驻机构及其官员的一种国家联系。不过,领事关系与外交关系一样,也需要建立这一关系的国家彼此书面同意,即按照《维也纳领事关系公约》第 2 条第 1 款规定,"国与国间领事关系之建立,以协议为之"②。因此,完整领事关系的概念就是指,国与国之间通过协议相互或单方面在对方特定区域设立负责处理本国商业利益和其他各种民事关系的常驻机构及其官员的一种国家联系。

国家间的领事关系要早于国家间的外交关系,即国家间派驻领事的制度要早于国家间相互派驻外交使节的制度。从根源上说,领事制度的萌芽可追溯至古代希腊城邦,即当时的希腊城邦国家允许居住在城邦的外国人选出他们的代表充当他们与地方当局间的联系人,公元前 6 世纪时,定居在埃及的希腊人也被允许享有选择自己的代表同地方当局交涉的权利。③ 但是,领事制度真正作为一种国家间的法律制度确定下来,应是在中世纪后期。12 世纪,拜占庭帝国任命了管理外国侨民的官员,授权其可同居住在君士坦丁堡的威尼斯人、热那亚人及法国人进行交往,这样的官员就被称为"领事"。这些官员最初是从当地

---

① 〔英〕戈尔-布思主编:《萨道义外交实践指南(第五版)》,杨立义等译,上海译文出版社 1984 年版,第 303 页。

② 白桂梅、李红云编:《国际法参考资料》,北京大学出版社 2002 年版,第 199 页。

③ 参见〔英〕戈尔-布思主编:《萨道义外交实践指南(第五版)》,杨立义等译,上海译文出版社 1984 年版,第 303 页。

外侨居民中委派,后来逐渐改由侨民所属国派遣(这一制度在 1453 年君士坦丁堡陷落后被土耳其人建立的奥斯曼帝国延续了下来)。① 大约与此同时,在意大利城市国家和法国、西班牙等国的商业城镇,商人们往往在其同行中选出若干人担任商务纠纷仲裁者,这些人即被称为"仲裁领事"或"商人领事"。随着十字军东侵,意大利、法国和西班牙的一些商人开始在西亚和北非一些国家定居下来从事商业活动,他们将这种领事制度也带到了这些国家,来自同一国家的商人选出自己的领事进行自我管理以及同居住地的地方当局打交道以维护自己的商业利益。这一做法逐渐得到了所在国承认,甚至后来这些商人所属国政府同定居国君主间订立了关于领事的条约,进一步将领事制度确立下来,并且领事的职权有所扩大,已包含了类似于后来的领事裁判权的权力。② 随后,这一领事制度又被传回到西欧,在一些商业国家间得以确立。到 15 世纪,意大利一些城市国家和英国间已互设领事,同时它们也在荷兰、瑞典、挪威、丹麦等欧洲国家设置了领事。到 16 世纪,领事制度已在欧洲国家间普遍建立起来,而且领事也从起初由侨居国商人中选出或直接由本国政府从中委任改由本国政府直接从国内派遣,从而增加了这一制度的官方性。17 世纪中期后,随着外交关系中常设外交使节制度在欧洲国家间的建立,领事制度有所衰弱,领事的职权也普遍有所缩小,基本上丧失了对本国侨民的民事和刑事管辖权。到了 19 世纪,随着国际贸易持续扩大和航海技术进一步提高,国家间人员往来及需要处理的贸易纠纷增多,领事制度又重新被重视,一些欧洲国家间重新签订领事条约,还有一些欧洲国家通过国内法进一步详细规定驻外领事的权限和职责,使领事制度得到了系统发展,并且逐渐成为外交制度的一部分。

然而,随着近代殖民主义对外扩张,西方国家也把领事制度带到了世界各地,并依靠强力迫使一些国家接受了包含领事裁判权内容的条约。所谓"领事裁判权",有时也被称为"治外法权",即作为某国政府派遣官员的领事对驻在国的本国侨民享有民事和刑事管辖权,驻在国政府却反而无权对其行使管辖权。也就是说,获得领事裁判权国家的侨民不受驻在国法律约束,而只受本国领事的法律约束,尤其是当其遇有民事或刑事诉讼时,只有派驻国的领事才有权对

---

① 参见〔英〕戈尔-布思主编:《萨道义外交实践指南(第五版)》,杨立义等译,上海译文出版社 1984 年版,第 303—304 页。
② 参见〔英〕詹宁斯、瓦茨修订:《奥本海国际法》第一卷第二分册,王铁崖等译,中国大百科全书出版社 1998 年版,第 559 页。

其进行审判。例如,19 世纪中期,英国在鸦片战争中打败中国后通过《虎门条约》获得在中国的领事裁判权,不久美国也迫使日本签下《下田条约》获得在日本的领事裁判权,并且这一权利很快扩展到了欧洲其他国家,使中日两国深受其害,基本上被剥夺了在自己领土上对外国人的司法管辖权。[①] 不过,日本在明治维新后,随着实力增长,从 19 世纪 70 年代开始积极谋求同西方国家间进行交涉以便修改条约,试图去除包括欧美国家在日本享有领事裁判权在内的不平等条款,并在 1899 年完成了全部条约的修改,取消了欧美国家在日本享有的这一特权。但与此同时,日本却通过甲午战争打败中国并从中国获得了领事裁判权,更进一步加深了中国的半殖民地处境。直至 20 世纪 40 年代,欧美国家和日本在中国的领事裁判权才被彻底废除。享有领事裁判权这一特殊权利的理由,一般是认为某些国家的法制还不完备,还不能够为外国侨民在这些国家经商和生活提供正常法律保障,因此需要外国侨民本国政府的法律保护,但这一特权严重损害了驻在国主权,二战后随着世界性民族独立浪潮的兴起和殖民主义体系的崩溃,领事裁判权这一带有浓厚殖民主义色彩的制度终于被彻底废除。

在今天,领事制度已成为国际关系中非常普遍的一项制度,而且随着国际交往规模扩大和各国人员往来日益频繁,这一制度的功能与作用也在不断地增加和扩大。

外交关系与领事关系的联系与区别

根据以上的叙述与分析,显然外交关系与领事关系是两种不同的国家关系,但二者间又存在着密切联系,因为按照目前已制度化的外交关系与领事关系规则,二者都是国家间的官方关系,均以国家间协议为基础,而且二者同属国家外交机构管辖,甚至有时二者的区别也不是非常严格,如作为主要承担外交关系事务的使馆有时也可同时办理一些领事业务,作为主要承担领事关系的领馆在被授权和经接受国同意或两国间还无外交关系的情况下,有时也可兼办一些外交事务。

一般而言,外交关系要高于领事关系,前者是两个国家间全面的政治性关

[①] 参见〔日〕大畑笃四郎:《简明日本外交史》,梁云祥等译,世界知识出版社 2009 年版,第 2—9 页。

系,后者只是两个国家间局部的事务性关系。通常,建立外交关系即意味着同意建立领事关系,但建立领事关系并不必然建立外交关系,当然断绝外交关系也并不意味着断绝领事关系。具体而言,外交关系与领事关系的区别主要是:(1)外交关系是两国政府间通过外交代表实现的一种联系,外交代表可以全面代表派遣国与接受国政府进行交涉,领事关系则是两国外交当局间通过领事实现的一种联系,领事只能代表本国外交当局同接受国地方当局进行交涉;(2)外交关系主要涉及两国间具有全局性重大利益的政治问题,领事关系主要涉及的是保护派遣国在接受国内商务和侨民的利益;(3)外交关系涵盖两国全部领土范围,即外交代表的职责范围可及于接受国全境,领事关系则仅限于接受国一定区域,即领事的职责范围被限定在接受国的某一特定区域内;(4)外交关系人员享受的特权与豁免要高于领事关系人员。

外交关系高于领事关系及领事关系从属于外交关系,并不意味着领事关系一定比外交关系更为简单,而只能说二者的工作重点和内容及范围稍有不同,领事关系甚至比外交关系更为复杂,对领事人员的要求也并不低于对外交人员的要求。就如著名法国外交家塔列朗所言:"即使是有才能当过外交大臣的人,要做一个出色的领事还得懂多少事情!因为一个领事的工作是多种多样的:他的职权范围和外交部的其他官员完全不同,他所从事的工作要求具有大量实际知识,而获得这些知识需要特殊的教育才行。"[①]

总之,外交关系和领事关系都属于国家间和平正常的交往与联系,这一点恰是国家在国际社会得以生存发展必需的条件之一。良好的外交关系,意味着国家间有一个好的政治环境,有助于国家的和平、稳定与发展,也有助于促进国家间各个领域的交流与合作,同时对促进这些国家国民的相互了解与感情也会起到积极作用;同样,良好的领事关系是维护本国及其国民海外商业及文化等利益的必要条件,会直接有助于改善和增进具有这一关系状态的国家间的国民感情,在此基础之上当然也有利于两国政治关系的友好发展。尤其随着国家联系越来越密切以及各国民间交往越来越频繁,外交关系与领事关系发挥的作用就显得更加重要,因而国际社会建立共同承认且用来规范外交与领事关系的法律制度就是必需的。

---

① 参见〔英〕戈尔-布思主编:《萨道义外交实践指南(第五版)》,杨立义等译,上海译文出版社1984年版,第303页。

第二节　现代外交制度

现代外交制度沿革

随着近代国际关系的产生和发展,国家间的交往与联系越来越频繁,为了保证这一交往与联系顺利进行及工作上相互便利,就需要一些国家共同承认的交往规则。如前所述,1648年的威斯特伐利亚和会及和约开启了近代外交的新时代,即除去承认国家主权平等这一近代国际法核心原则外,还将此前就已出现的常驻使节制度用多边条约的形式固定了下来,使之成为主权国家间进行交往与联系的主要形式。尽管在此之后欧洲国家间仍爆发过多次战争,但这一制度还是得到了遵守。1814年9月至1815年6月召开的维也纳会议,除去主要解决法国大革命和拿破仑战争后欧洲的政治和领土问题外,还在会议最后的议定书附件中规定了新的外交关系制度,即外交使节的等级制度,将国家驻外使节的级别分为大使、公使和代办三个等级,这一制度在1818年的亚琛会议上进一步得到确认。

进入20世纪,随着国际关系从欧洲扩展到了世界各地,外交制度也在更大范围得以扩展,涵盖更多国家的新外交制度逐渐被提出和确立。例如,1928年2月第六届美洲国家会议通过《哈瓦那外交官公约》,有14个拉美国家参加,主要对这些国家彼此间外交代表的权利与义务做出了规定;1930年,在国际联盟主持下召开的海牙国际法编纂会议上,外交特权与豁免制度得以确立;1932年,美国哈佛国际法研究部(Harvard Law Research)也曾提出一份关于外交特权与豁免制度的研究草案等。不过,这些公约、规则和草案或者是局限于某一地区,或者是仅限于某一具体事项,或者只是学者们提出的设想,还不是带有普遍约束力和系统全面的外交关系制度。

二战后,在联合国主持下,国际社会逐渐将已有的关于外交关系制度的成文规则或一些习惯法规则规定在一些多边性公约中,并且将这些规则扩展到了主权国家与国际组织间的关系中。例如,1946年通过的《联合国特权和豁免公约》、1947年通过的《联合国专门机构特权和豁免公约》、1961年通过的《维也纳外交关系公约》、1969年通过的《联合国特别使团公约》、1973年通过的《关于防止和惩处侵害应受国际保护人员包括外交代表的罪行的公约》、1975年通过的

《维也纳关于国家在其对普遍性国际组织关系上的代表权公约》。这些公约比较全面地反映与规定了现代外交制度的各个方面,形成了有关外交关系的现代国际法律制度。其中,最主要的《维也纳外交关系公约》是一项全面反映现代外交制度的综合性国际法律文件,其内容共由序言和53条约文构成,已于1964年4月24日生效。

现代外交制度的内容

现代外交制度主要体现在以下三个方面:

外交关系机关的构成及其职权范围　外交关系机关是指一个国家实施对外政策和负责外交关系的国家机构。虽然国家各种各样,其内部国家机构的设置也并不完全相同,但大致都会有彼此相对应的一些负责外交关系的机构。一般而言,构成一个国家外交关系机关的要素包括:(1)国家元首,一般由个人担任,其名称可以多种多样,如总统、主席、国王、委员长等,或者是一个集体,其名称也可以有所不同,如委员会、主席团等;(2)政府及其首脑,其名称同样可以多种多样,如内阁及其首相或总理、国务院及其总理、部长会议及其主席等;(3)外交主管机构及其首长,其名称同样可以多种多样,如外交部及其部长、外务省及其外务大臣、国务院及其国务卿等;(4)派驻外交机构及其首长,这类机构的名称各国比较统一,一般称为使馆或外交使团,使馆的首长为大使、公使或代办,外交使团的首长为团长或代表。

国家元首是一个国家的最高代表,因此也是一个国家外交关系的最高代表,其行为与决定被视为国家行为与国家决定,其职权由本国国内法律规定。有些国家的国家元首具有实际权力,如美国等国家的总统,有些国家的国家元首则只具有象征性和礼节性权力,如英国国王、日本天皇和印度总统等。不过,由于国家元首具有国家最高代表身份,因此不论其有无实际权力,在外交上国家元首一般都具有派遣与接受外交代表、批准与废除条约、宣战与媾和等权力,只不过没有实际权力的国家元首一般都是在拥有实际权力的政府做出决定后按照该决定行使这些权力。此外,国家元首也可以参加国际会议或赴国外进行访问,甚至有时会参加诸如谈判、缔约等具体外交活动。

政府及其首脑是一国的最高行政机关,在有些国家,政府首脑与国家元首重叠,如美国总统既是国家元首也是政府首脑,即国家元首直接领导政府,在既存在国家元首又存在政府首脑的国家,国家元首的地位要高于政府首脑,但二者具体的职权仍需要由国内法律加以规定。一般而言,政府及其首脑具有领导外交工作、管理对外事务、组织外交政策实施、代表国家、对外发表声明等权力,同样具有出席国际会议、访问其他国家、举行外交谈判、签订条约等外交权力。

外交主管机构及其首长是一国政府执行和具体组织实施国家对外政策及处理日常外交事务的专门机关,如中国的外交部及其部长和美国的国务院及其国务卿,其职权主要是协助国家元首或政府首脑贯彻国家对外政策和处理日常外交事务、领导和监督本国驻外使领馆及其他外交使团、与外国使馆和其他外国的外交使团保持联系、协调国内各部门与其他国家有关相应部门的联系、保护本国公民在国外的合法权益等。此外,外交主管机构的首长也可以受国家元首或政府首脑委托,承担国家元首或政府首脑的部分外交事务,如出国访问、进行谈判、缔结条约等。

派驻外交机构及其首长是一国派驻外国或国际组织的代表,派驻外国的外交机构一般称为使馆,派驻国际组织的外交机构一般称为外交使团,或者还有因为某一外交事务临时派往外国或国际组织的特别外交使团。其中,使馆为常驻外交机构,其人员构成为:(1)馆长,一般由大使担任,但过去或现在偶然也有由公使或代办担任的,大使和公使由派遣国国家元首向接受国国家元首派出,代办则由派遣国外交部长向接受国外交部长派出;(2)外交职员,由参赞、武官、秘书、随员组成,其中参赞为协助馆长的高级外交官,如商务参赞、文化参赞等,武官为派遣国军事部门的代表和馆长的军事顾问,秘书为办理具体外交事务及文书的外交官,分为一、二、三级,随员为办理各种专业事务的最低一级外交官,由派遣国外交部或其他部门派出,如商务、教育、文化等专员;(3)行政技术人员,如译员、会计、无线电技术员、打字员等,主要负责协助外交官工作中的一些行政性和技术性工作;(4)服务人员,如厨师、司机、信使、清洁工等,主要负责使馆工作人员的日常生活及服务性工作。在这些人员中,只有馆长和外交职员属于外交人员,其他人员则不属于外交人员。按照《维也纳外交关系公约》有关条款,使馆的主要职权为:(1)在接受国中代表派遣国;(2)在国际法允许范围内在接受国中保护派遣国及其国民的利益;(3)与接受国政府进行各种交涉;(4)以一切合法手段调查接受国的情况并向自己的政府报告;(5)促进派遣国与接受国之间的友好关系以及发展两国间经济、文化与科学等领域合作。①

---

① 参见《维也纳外交关系公约》第3条第1款。白桂梅、李红云编:《国际法参考资料》,北京大学出版社2002年版,第189—190页。

派驻国际组织的外交使团也属于常驻外交机构,如各国常驻联合国的代表团,这些外交使团的构成大致同使馆一样,尽管名称不同,一般由团长或代表(相当于使馆的馆长)、外交职员、行政技术人员和服务人员构成,其中团长或代表为外交使团的首长,此外可根据工作需要分设负责各具体事务的副团长或副代表及其他职务,这些职务均由外交职员担任,并与团长或代表同属于外交人员,而行政技术人员和服务人员则不属于外交人员。外交使团人员的任命和规模,一般由派遣国根据工作需要在合理和正常范围内决定,不过派遣国应将人员任命和使团规模及使团人员及其家属到达或离境等有关事宜通知国际组织。根据1975年3月联合国通过的《维也纳关于国家在其对普遍性国际组织关系上的代表权公约》第6条规定,派驻国际组织外交使团的主要职权为:(1)确保派遣国在该国际组织中的代表权;(2)保持派遣国同该国际组织间的联络;(3)同该国际组织和该组织内的其他成员进行谈判;(4)调查该国际组织的各项活动并向派遣国政府报告;(5)确保派遣国参与该国际组织的各项活动;(6)保护派遣国在同该国际组织关系上的利益;(7)同该国际组织及其内部成员进行合作,以促进该国际组织宗旨和原则的实现。[①]

由于特别外交使团特定的目的性与临时性,所以其构成和职权并无统一规定。不过,特别外交使团一般也包括团长、外交职员、行政技术人员和服务人员,其中团长和外交职员属于外交人员,其余人员则不属于外交人员。特别外交使团的职权也无统一规定,一般会根据不同外交活动有所不同,如派往外国的特别外交使团的职权"应由派遣国和接受国双方同意而予以决定"[②],派往国际组织的特别外交使团的职权由派遣国根据具体外交活动决定和授予。

此外,还有一种虽严格说并不属于某一国的外交关系机关但也在发挥一定作用的外交使团,即外交团。广义而言,外交团指驻在某一国的所有外国使馆外交人员组成的团体;狭义的外交团则指驻在某一国的所有外国使馆的馆长组成的团体。无论何种意义的外交团,都会有一名资历相对最深和级别最高的外交代表担任团长,并代表所有外国使馆同驻在国间发生某种外交联系。不过,外交团仅依照外交惯例建立,并非依法组成的组织,因此不具有任何法律职能,只是代表所有外国使馆在同驻在国的关系上发挥一些礼仪性作用。例如,在驻在国政府邀请各国外交使节参加的外交活动上,外交团团长可代表所有外国使

[①] 王铁崖、田如萱编:《国际法资料选编》,法律出版社1982年版,第663页。
[②] 《联合国特别使团公约》第3条。同上书,第643页。

馆讲话和致辞等。也就是说,外交团的存在仅是发挥一些礼仪性作用,而不能作为一个外交团体向驻在国政府共同施加外交压力或同驻在国政府进行带有政治性的外交活动。不过在历史上,也有外交团共同向驻在国政府施加压力以达到某些政治目的的事情,如在清末民初,西方列强驻在北京的外交使节以外交团形式向中国政府施压,肆意干涉中国内政,构成世界外交史上著名的恶劣先例。①

外交关系机关的建立与外交使节的派遣程序 虽然一个国家的外交关系机关包括国家元首、政府及其首脑、外交主管机构及其首长以及派驻外交机构及其首长,但前三者属于纯粹的国内事项,完全由一个国家的国内法来决定,与其他国家和国际法没有任何关系,而且基本上也不需要对外派遣。当然,国家元首、政府首脑、外交主管机构首长有可能出国访问或赴国际组织参加国际会议,但这样的外交活动也基本上属于国内决定事项,而且一般都属于临时性外交活动,最多需要接受访问国家的同意,或者也可看作一次特别外交使团的派遣,即需要访问国与接受国间相互协商决定其派遣程序。因此,这里涉及的外交关系机关主要指派驻外交机构及其首长,即驻外使馆和外交使团的建立及其人员的派遣程序。

驻外使馆是派遣国与接受国间进行外交联系的主要渠道,如两个国家同意建立外交关系,那么就需要彼此在对方的首都建立使馆。也就是说,建立驻外使馆的前提条件是建立外交关系,而建立外交关系需要两个国家彼此同意且一般需要通过协议表明这一意愿,即"国与国间外交关系及常设使馆之建立,以协议为之"②。而且,按照国家主权平等原则,不但两个国家应相互在对方首都建立使馆,而且两国使馆的级别也应相同。目前,绝大部分建立了外交关系的国家间都会互设大使级使馆,除非两国关系遇到某种障碍时某一方或双方故意降低级别,但即使如此,彼此的级别也是相等的。然而,在 20 世纪前的国际关系中,国家形态或国家实力地位的不同直接影响国家驻外使馆的级别。起初只有欧洲一些享有皇室尊荣的国家间才具有建立大使级使馆的权利,这些国家同其他类型国家间则只能建立公使级或代办级的使馆,后来虽然其他一些非皇室体制国家也具有同其他国家建立大使级使馆的权利,但也仅体现在一些大国和强

---

① 参见白桂梅:《国际法(第三版)》,北京大学出版社 2015 年版,第 472 页。
② 《维也纳外交关系公约》第 2 条。参见白桂梅、李红云编:《国际法参考资料》,北京大学出版社 2002 年版,第 189 页。

第十一章 外交与领事关系及相关国际法律制度

国之间,实力地位不同的国家间仍只能相互建立公使级或代办级的使馆。进入20世纪后,尤其是二战后,随着国家数量的增多和国家主权平等观念进一步增强,不同国家间建立不同级别使馆的做法已被摒弃,绝大部分国家间都建立起了大使级使馆。目前在国际关系中尽管还存在某些不同级别使馆,但这种现象已不是国家类型或国家实力不同造成,而只是为了显示彼此关系的不同重要性或政治关系的亲疏远近。

两国在通过协议决定建立外交关系及互设使馆后,即可以决定驻外使馆人员的任命与派遣。代表一国行使外交职权的使馆人员,对其的任命与派遣当然由派遣国决定,但这一任命与派遣必须征得接受国同意,尤其对使馆馆长及陆、海、空军武官等使馆重要人员的任命和派遣,派遣国必须在查明这些人选确已获得接受国同意后才能进行,或接受国可以要求派遣国先行提名以便决定是否接受。而且,接受国即使不同意派遣国提出的人选,也无须向派遣国说明不同意的理由。使馆中的其他人员虽并不一定必须在事先经接受国同意,但派遣国一般也会将这些拟任命和派遣的使馆人员通知接受国外交机构以便征得接受国同意。此外,对所有使馆人员,不论其已开始执行职务或尚未到任开始执行职务,接受国都可随时不加解释通知派遣国宣布其为"不受欢迎的人"(persona non grate)或不可接受人员,在这种情况下派遣国就须终止该人员在使馆的职务并招其回国,或停止对该人员的任命和派遣,否则接受国可拒绝承认该人员为使馆人员。[①]

经双方协商相互同意其任命和派遣的使馆人员后,这些人员即可正式赴任。其中,担任使馆馆长的外交人员在抵达接受国后,须向接受国递交国书以便被接受国正式承认并开始履行其职务。如果是大使或公使级别的使馆馆长,就需要向接受国国家元首递交国书,当然接受国的国家元首有义务按照通常外交礼节予以接见并接受其国书,因为大使或公使是由一国国家元首派向另一国国家元首的代表。在这种情形下,一般派遣国使馆馆长携国书副本会见接受国外交主管机构首长并请求安排拜会接受国国家元首和递交国书事宜,接受国也一般会在一定时间内安排国家元首接见外国使馆馆长和接受国书。如果是代办级别的使馆馆长,因为其为一国外交主管机构首长派向另一国外交主管机构首长的代表,派遣国使馆馆长只要向接受国外交主管机构的首长递交国书即

[①] 参见《维也纳外交关系公约》第4、7、9条。白桂梅、李红云编:《国际法参考资料》,北京大学出版社2002年版,第190页。

可。递交国书仪式的举行,即意味着接受国承认了派遣国使馆馆长的资格与地位,同时也意味着该使馆馆长在接受国开始行使其外交职权。① 当派遣国国内发生政治变动或使馆馆长级别发生变动时,需重新履行递交国书手续。

一个国家派驻国际组织的常驻外交使团的设立,则一般并不需要其他国家同意,主要受该国际组织规则限制。只要该国际组织规则允许,作为该国际组织成员国的国家就可在该国际组织内设立常驻代表团,即使并非该国际组织成员国的国家也可在该国际组织内设立常驻观察员代表团。关于常驻国际组织代表团人员的任命与派遣,只要其人数规模在合理正常范围内,就完全由派遣国决定,不必征得任何国家同意,甚至也不必经该国际组织同意,不过派遣国应将代表团人员的任命、职位、官衔、名次及到达或离任等情况通知该国际组织,以及在代表团设立前直接或通过该国际组织将代表团的编制通知该国际组织所在的东道国,非经东道国同意也不得任命和委派具有东道国国籍的人担任代表团团长和其他外交职员。被任命为代表团团长的人同样需要持有由派遣国国家元首或政府首脑或外交主管机构首长签发的委任证书并将其递交该国际组织,在完成这一程序后才能正式开始行使其职务。②

特别外交使团的建立和派遣也大体上类似于以上两类不同情况,即派往外国的特别外交使团和派往国际组织的特别外交使团。虽然这两类特别外交使团的建立和派遣都由派遣国根据具体外交事项决定其规模和人选,但派往外国的特别外交使团一般须征得接受国同意,即"一国在事先通过外交途径或者其他双方同意或共同接受的途径取得另一国同意后,可以向另一国派遣外交使团"③。而且派遣国还应向接受国提供拟派遣特别外交使团的规模及人员组成情况,包括人员的姓名和职务等一切必要情况,以及该使团到达和离开的具体时间和中间有可能发生的任何变动,接受国则可根据自己的情况对该使团的规模及人员提出意见,如认为其规模不合理需要调整,或宣布该使团中的某人为"不受欢迎的人"或不能接受的人,而且并不需要说明理由,派遣国应接受接受国的意见并适当对使团规模进行调整或终止派遣或召回那些被拒绝的人员,否

---

① 参见《维也纳外交关系公约》第 13、14 条。白桂梅、李红云编:《国际法参考资料》,北京大学出版社 2002 年版,第 191 页。
② 参见《维也纳关于国家在其对普遍性国际组织关系上的代表权公约》第 5、9、10、15 条。王铁崖、田如萱编:《国际法资料选编》,法律出版社 1982 年版,第 663—665 页。
③ 《联合国特别使团公约》第 2 条。同上书,第 642 页。

则接受国可拒绝接受该使团以及拒绝承认有关人员为使团成员。① 在派遣国与接受国双方协商同意后,派遣国即可向接受国派遣其特别外交使团,而且其同接受国外交主管机构进行正式接触后即开始执行其职务。与此不同,派往国际组织出席会议的特别外交使团的建立与派遣则一般由派遣国根据需要在合理范围内自主决定和派出,并不需要该国际组织的特别允许,不过派遣国同样应将派出使团的基本情况通知该国际组织所在的东道国。

外交关系机关及其人员的特权与豁免 出于对国家主权平等原则的尊重及为了工作上的便利,各国都会相互给予外国或其他国际法主体的外交关系机关及其代表以一定的特权与豁免,其中主要是这些外交关系机关及其代表免受接受国的刑事和民事审判。对这一外交特权与豁免之法律依据的解释,主要有"治外法权说""代表说""职务需要说"三种学说,不过不论其依据在于哪一种学说,外交特权与豁免已成为世界各国共同遵守的规则或国际习惯。

治外法权说,即认为一国派驻外国的外交关系机关及其代表即使在外国领土上也被视为与在自己领土上一样,因此其具有不受外国各种管辖的特权与豁免。代表说,即认为一国的外交关系机关及其代表是派遣国的代表,所以在接受国享受一定的特权与豁免。职务需要说,即认为由于外交工作的特殊性和需要必须给予外交关系机关及其代表一定的特权与豁免,否则外交工作就无法进行。治外法权说在20世纪前曾被广泛承认,但是这一学说既不符合事实,也有损接受国的主权,所以逐渐被国际社会摒弃。目前有关外交特权与豁免规则的法律依据应该说是"代表说"与"职务需要说"二者的结合,其中最主要的依据是"职务需要说",如《维也纳外交关系公约》序言中即规定确认外交特权与豁免的目的就"在于确保代表国家之使馆能有效执行职务"。

关于国家元首、政府首脑和外交主管机构首长等高级外交人员应享受的外交特权与豁免,长期以来国际社会并没有制定出详细的具体规则,而只是形成了一些国际习惯做法。《维也纳外交关系公约》有关外交特权与豁免的规则也仅涉及派驻外交机构及其人员的外交特权与豁免,《联合国特别使团公约》第21条虽规定国家元首和政府首脑等高级外交人员在率领特别外交使团时在接受国或第三国应享受国际法所赋予的便利、特权与豁免,但对这些便利、特权与

---

① 参见《联合国特别使团公约》第8、11、12条。王铁崖、田如萱编:《国际法资料选编》,法律出版社1982年版,第643—645页。

豁免并没有做出详细说明。不过,这并不影响国家元首、政府首脑和外交主管机构首长等高级外交人员享受外交特权与豁免。按照国际习惯,国家元首、政府首脑、外交主管机构首长等高级外交人员在国外均享有完全的外交特权与豁免,或者说最高的外交特权与豁免,即至少不能低于派驻外交机构及其人员享受的外交特权与豁免。

按照《维也纳外交关系公约》以及《联合国特别使团公约》等多边国际法文件中有关外交特权与豁免的规则,派驻外交机构及其人员,主要指驻外使馆和其他外交使团及其人员,同时也包括这些人员的家属,都应享有外交特权与豁免。当然,根据这些机构中人员的职务类别及所在国国内法律,这些外交特权与豁免并非完全相同。一般情况下,外交馆舍及其设施和运作,以及在其中工作的外交人员享有完全的外交特权与豁免,行政技术人员和服务人员只能享受有差别的外交特权与豁免。当然,有些国家的法律也给予行政技术人员和服务人员同外交人员一样完全的外交特权与豁免,如美国和英国就给予外国使馆全部人员以外交特权与豁免。也有些国家的法律规定只给予外交人员以外交特权与豁免,对其他人员则不给予外交特权与豁免。不过,在国家实际交往中,只要是使馆或外交使团人员,大部分国家都会给予一定或至少有限的外交特权与豁免,即外交人员以外的其他人员也享有一定的外交特权与豁免。

一般而言,外交人员应享受的外交特权与豁免具体包括:(1)使馆及其馆长或外交使团及其团长有权在使馆和馆长寓所或外交使团住处及其交通工具上使用派遣国的国旗和国徽;(2)使馆馆舍或外交使团房舍不受侵犯,即接受国官员未经使馆馆长或外交使团团长许可不得进入使馆馆舍或外交使团房舍,接受国负有保护使馆馆舍或外交使团房舍不受侵犯的特殊责任,以及使馆馆舍或外交使团房舍及其设备财产免受搜查、征用、扣押或强制执行;(3)使馆或外交使团的档案文件不受侵犯,即使馆或外交使团的一切文字、音像等资料无论何时与处于何地都不受检查和侵犯;(4)使馆或外交使团的通讯和信件公文往来自由,即使馆或外交使团可以使用一切适当方式与派遣国政府及其他使领馆或外交使团进行联系,所谓适当方式一般指通过外交信使或明码密码电信进行联系,以及往来公文不受侵犯,外交邮袋不得被开拆或扣留,外交信使享有人身不受侵犯以及不受任何方式逮捕或拘禁的权利,但不包括使用未经接受国同意设置的无线电发报机;(5)使馆或外交使团免纳捐税和关税,即使馆或外交使团所有或租赁的馆舍房舍免纳各种捐税,如土地税、房屋税等,以及办理公务收入也免征捐税,使馆或外交使团的公务用品准许入境并免除关税等一切捐税,但为其提供特定服务的费用除外,如水电、煤气、清扫、搬运等服务性费用;(6)外交人员人身不受侵犯,即外交代表不受任何方式的逮捕和拘禁,接受国应尊重并保护其免受人身侵犯;(7)外交人员寓所财产与文书信件不受侵犯,即外交人员的私人寓所及其财产应受到保护,其信件文书不得被检查或扣押;(8)外交人员行动与旅行自由,即接受国应提供便利,确保派遣国外交人员能够在接受国境内自由行动及旅行,当然接受国为国家安全设立的禁区除外;(9)外交人员免纳捐税、关税及免受海关检查,但有6项税收不包括在内,即计入商品或劳务价格内的间接税、对私有不动产课征的捐税、遗产税或继承税、自接受国获致的私人所得或对商业投资课征的资本税、特定服务费用、不动产的登记手续及抵押费等;(10)外交人员享受管辖豁免,包括刑事管辖豁免和民事行政管辖豁免,即接受国不得对其传讯、起诉和审判以及要求其在法庭作证,即使有刑事犯罪行为也只能通过外交渠道解决,宣布其为"不受欢迎的人"迫使其离开接受国,或要求派遣国放弃豁免,在民事案件方面虽一般也应享有管辖豁免,但各国实践不同,一般有几项例外情形不能享受民事行政管辖豁免,即关于在接受国境内私有不动产的物权诉讼、关于以私人身份为遗嘱执行人或遗产管理人或继承人及受赠人的继承诉讼、关于在接受国内公务之外商业活动的诉讼,以及关于外交使团的外交人员在公务之外由于车辆肇事造成损害的诉讼。①

使馆或外交使团的其他非外交人员,即行政与技术人员以及服务人员,只要不是接受国国民,就同样享有一定的外交特权与豁免。一般而言,这些人员享受的外交特权与豁免只能等于或低于外交人员享受的外交特权与豁免,如其享受的民事行政管辖豁免是有条件的,即只有在执行公务时的行为才可享受这一豁免。②

然而,外交人员在享受特权与豁免的同时也必须承担义务,即凡享有外交特权与豁免的人员均负有尊重接受国或所在国法律的义务,尤其不能干涉这

---

① 参见《维也纳外交关系公约》第20—36条。白桂梅、李红云编:《国际法参考资料》,北京大学出版社2002年版,第191—194页。参见《联合国特别使团公约》第19—35条。王铁崖、田如萱编:《国际法资料选编》,法律出版社1982年版,第646—652页。

② 参见《维也纳外交关系公约》第37条。白桂梅、李红云编:《国际法参考资料》,北京大学出版社2002年版,第194页。参见《联合国特别使团公约》第36—37条。王铁崖、田如萱编:《国际法资料选编》,法律出版社1982年版,第652页。

些国家的内政,使馆馆舍或外交使团房舍也不能被用作与其职务不相符合的用途。①

第三节　现代领事制度

如前所述,近代领事制度大约在 16 世纪就已经在欧洲国家间普遍建立,在 19 世纪后领事制度被重新重视并且被扩展到世界各地,逐渐成为近代外交制度的一部分。然而直至二战结束,国际社会有关领事关系的多边统一规则并不多见,仅有 1928 年 2 月在哈瓦那召开的美洲国家会议上签订的《哈瓦那领事代表公约》。国家间的领事关系主要通过双边领事条约加以规范,如从 1769 年法国和西班牙间签订的被认为第一个具有现代意义的领事条约算起,世界各国间已签订了数百个双边领事条约。② 二战后,随着国际关系范围的不断扩大和国家间关系日益紧密,国家间有关民事关系的行政性事务逐渐增多,于是领事制度开始向着建立多边性领事关系制度的方向发展。1963 年 4 月 24 日,在联合国主持下通过了《维也纳领事关系公约》,该公约由序言和四章共 79 条约文构成,已于 1967 年 3 月 19 日生效。不过,该公约的通过及生效并不影响世界各国间已经签订且仍然有效的双边领事条约以及按照该公约规定另行签订的双边领事条约。因此,《维也纳领事关系公约》同世界各国间签订的众多双边领事条约共同构成了有关领事关系的现代国际法律制度,其主要内容一般体现在以下三个方面:

领事关系机关的构成及其职权范围　所谓领事关系机关,其实就是指一国派驻外国某一区域负责维护本国及其国民或侨民利益及处理有关民事问题的机关,根据规模大小不同或所辖区域范围不同而一般称为总领事馆、领事馆、副领事馆或领事代理处,其首长即奉派领导这些机关的领馆馆长,按其职位高低也可分为总领事、领事、副领事和领事代理人。此外,不论哪个级别的领事官员,都可根据其是否将领事职业作为自己的固定职业而分为职业领事和名誉领

---

① 参见《维也纳外交关系公约》第 41 条。白桂梅、李红云编:《国际法参考资料》,北京大学出版社 2002 年版,第 195 页。

② 参见〔英〕戈尔-布思主编:《萨道义外交实践指南(第五版)》,杨立义等译,上海译文出版社 1984 年版,第 305 页。

第十一章 外交与领事关系及相关国际法律制度

事两大类:前者一般指由派遣国直接派遣的具有本国国籍并专门从事领事职业的政府官员,这些人通常由派遣国政府发给薪金并不得在接受国另外接受有收益的私人雇用或从事有收益的私人职业;后者则一般是指由派遣国委任从事领事职业的居住在接受国的本国侨民,这些人通常并不从派遣国领取薪金,而是在接受国拥有自己的职业,其领事职业仅为自己职业外的兼任职业。有时,有些国家也会委任接受国或第三国国民为其名誉领事,不过这种委任须得到接受国政府明确同意。

一般而言,各级领馆均由领事官员、雇员和服务人员组成,其中领事官员指包括领馆馆长在内从事领事业务的人员,雇员指在领馆从事行政或技术工作的人员,服务人员指在领馆从事服务性杂务工作的人员。具体而言,领馆或领事的职权范围主要有:(1)在国际法允许范围内在接受国保护派遣国及其国民的利益;(2)促进派遣国与接受国间商业、经济、文化及科学等友好关系的发展;(3)以一切合法手段调查接受国商业、经济、文化及科学活动发展状况并向派遣国政府报告以及向需要人士提供;(4)为派遣国国民办理和发放护照等旅行证件,以及向拟赴派遣国旅行人士发放签证或其他适当文件;(5)为派遣国国民提供各种帮助与协助;(6)在接受国法律允许范围内行使公证人或民事登记员等行政事务职能;(7)代表派遣国对具有派遣国国籍的船舶和航空器及其人员行使监督和检查权并在不妨害接受国当局权力的前提下调查和调解上述人员间的任何争端;(8)执行派遣国责成办理而不为接受国法律禁止或反对的其他事项。① 此外,在派遣国未设立使馆的情形下,领馆及其领事官员在接受国同意的前提下也可承办一些外交事务,或在派遣国通知接受国后领事官员也可担任派遣国代表出席政府间国际组织举行的会议。②

领事关系机关的建立及其人员的派遣程序 国家间根据彼此需要经协商签订协议决定建立领事关系后,派遣国即开始准备设立领馆及派遣领馆人员。领馆的设立地点、领馆类别和规模及其辖区虽由派遣国决定,但须得到接受国同意,而且据此设立的领馆如欲变更或扩大等也须经接受国同意后才能够进

---

① 参见《维也纳领事关系公约》第5条。白桂梅、李红云编:《国际法参考资料》,北京大学出版社2002年版,第199—200页。

② 参见《维也纳领事关系公约》第17条。同上书,第201页。

行。① 关于领馆人员的派遣,首先领馆的馆长由派遣国任命和委派,并发给其委任文书,但同样需要得到接受国同意,并且由接受国颁发领事证书后才能够开始执行职务,接受国如拒绝发领事证书,也无须向派遣国说明拒绝理由。② 至于领馆其他馆员的派遣,则只要在规模合理范围内且该人员非接受国或第三国国民,就完全由派遣国自由委派,不过一般情形下也需要派遣国提前将这些人员的基本情况及其委派、到达或离境等具体情况通知接受国,有时接受国也会发给其他领事官员领事证书。③ 对包括馆长在内的所有领馆人员,接受国随时可以通知派遣国宣布其为"不受欢迎的人"或不能接受的人,而且无须向派遣国说明理由,派遣国则应召回该人员或终止其在领馆的职位,否则接受国有权撤销有关人员的领事证书或不承认该人员为领馆人员。④

领事关系机关及其人员的特权与豁免 虽然领事关系机关及其人员不同于外交关系机关及其人员,前者地位明显低于后者,但毕竟也是一个国家政府委派的代表,因此为了使其能够顺利执行职务,也需要给予领馆及其人员以一定的便利及特权与豁免。《维也纳领事关系公约》的相关规定,在应享受便利及特权与豁免方面,对职业领事官员和名誉领事官员做了区别。由职业领事官员作为馆长的领馆及其人员应享有的特权与豁免,主要包括:(1)派遣国有权在其领馆建筑物以及馆长寓所和执行公务的交通工具上悬挂派遣国国旗和国徽;(2)领馆馆舍不受侵犯,即非经派遣国使馆馆长或领馆馆长及其指定人员的同意,接受国官员不得进入领馆馆舍中专供领馆工作之用的部分,除非在遭遇火灾或其他灾害须迅速采取保护措施时,接受国可推定已经领馆馆长同意,一般情况下接受国有责任采取一切适当措施保护领馆馆舍免受侵入或损伤,并防止任何扰乱领馆安宁或有损领馆尊严的事情发生,以及领馆馆舍及其设备财产免受接受国为国防或公用目的而实施的任何方式的征用,如必须征用时接受国也应采取措施避免妨碍领馆工作,并给予派遣国迅速充分和有效的赔偿;(3)领馆档案及文件不受侵犯,即领馆一切文书、文件、簿籍、函电、胶片、胶带、明密电码及其保护设备无论何时以及处于何处均不得被侵犯;(4)领馆通讯自由,即领馆

---

① 参见《维也纳领事关系公约》第4条。白桂梅、李红云编:《国际法参考资料》,北京大学出版社2002年版,第199页。
② 参见《维也纳领事关系公约》第10—12条。同上书,第200—201页。
③ 参见《维也纳领事关系公约》第19、20、22、24条。同上书,第202—203页。
④ 参见《维也纳领事关系公约》第23条。同上书,第202页。

可以采取除无线电发报机之外一切适当方法,包括通过外交或领馆信使、外交或领馆邮袋及明码或密码电信在内,同派遣国政府及其他使馆或领馆或派遣国国民进行自由通讯及联络,联络中的往来公文不受侵犯,邮袋不得被开拆或扣留,信使在执行职务时人身不受侵犯,即不受任何方式的逮捕或拘禁;(5)领事通知权利,即领馆有权在接受国获得有关本国及其国民情况的通知,如派遣国国民在接受国被捕、死亡或派遣国船舶或航空器在接受国境内发生意外事故时,接受国负有义务迅速将其通知派遣国领馆,领馆及其人员同时获得被通知权利,并有权采取相应行动处理有关事宜;(6)领馆馆舍以及领馆按照派遣国法律规章规定征收的办事费用及手续费用免交各种捐税,但为其提供的特定服务收费除外;(7)领馆人员行动自由且人身不受侵犯,即接受国应确保领馆人员在接受国境内行动及旅行自由,当然接受国为国家安全设立的禁区除外,以及对领事官员不得予以逮捕候审、羁押候审或予以监禁或对其人身自由加以任何其他方式的拘禁,除非经接受国主管司法机关判决认为有必要实施以上这些行为,领事官员如遇刑事诉讼,接受国司法机关应考虑到其职位而予以适当尊重并尽速办理;(8)领馆人员享受管辖豁免,即领事官员及雇员在执行公务时的行为不受接受国司法和行政机关管辖,但其隐瞒身份签订契约引起的诉讼以及第三者因车辆、船舶或航空器在接受国造成意外事故要求赔偿的诉讼除外,以及领馆人员不应被强迫在司法或行政程序中到场作证,尤其对其执行职务所涉事项更无作证义务;(9)领馆人员免除各种捐税和劳务,即领事官员及雇员免纳各种国家或地方性捐税和关税,但不包括商品消费税、私有不动产税、遗产税、继承税、让与税、资本投资税等,领馆服务人员工资所得免纳捐税,所有领馆人员均可免除一切个人劳务及各种公共服务。①

  以上大部分特权与豁免也同样适用于由名誉领事官员作为馆长的领馆及其人员,但从总体而言其特权与豁免要低于由职业领事官员作为馆长的领馆及其人员,如以名誉领事官员为馆长的领馆馆舍并没有不可侵犯权,而只是规定接受国应采取必要措施保护其不受侵入或损害,并防止发生扰乱领馆安宁或有损领馆尊严的事情,此外由名誉领事官员作为馆长的领馆的领事官员和雇员的家属不能享受特权与豁免,以及不同国家内以名誉领事官员为馆长的两个领馆

---

① 参见《维也纳领事关系公约》第28—52条。白桂梅、李红云编:《国际法参考资料》,北京大学出版社2002年版,第203—208页。

间非经两有关接受国同意不得互换领馆邮袋。①

然而,不论何种形式的领馆及其人员,除去享受特权与豁免外,同样也负有尊重接受国法律的义务,尤其是不能干涉接受国内政,以及领馆馆舍不得用作任何与执行领事职务不相符合的用途。②

思考题

1. 一个国家的外交机构及其职能有哪些?
2. 随着中国公民在境外活动数量的增多,中国对外领事关系有哪些变化?

---

① 参见《维也纳领事关系公约》第58—59条。白桂梅、李红云编:《国际法参考资料》,北京大学出版社2002年版,第209—210页。

② 参见《维也纳领事关系公约》第55条。同上书,第209页。

第十二章
国际交往与条约

第一节 国际交往及其规则

国际交往的概念和形式

交往是人类的基本需求之一。人类的每个个体,不但具有自然属性,即需要获得某些自然物质延续自己的生命或满足自己的欲望和需要,而且具有社会属性,即需要同其他人建立某种联系从而形成各种不同的关系。这种人与人之间建立的各种联系及形成的各种关系,就是这里所说的交往。完全孤立于社会不同其他人交往的人难以生存,或即使能够维持自然生命也至少会失去人类的一些特性,因此很难被称为人类。

国际交往是作为人类集团存在的国家之间具有的某种联系以及由此形成的各种关系。国家是人类社会发展到一定阶段的必然产物。国家的产生,可追溯到大约5500年前位于亚洲西部两河流域的苏美尔人建立的城邦国家①,以及随后出现的埃及、米诺斯、印度、中国和罗马等国家,而且其中有些国家间曾经有过不同程度和不同方式的交往。因此,广泛意义上的国际交往应该从国家产生起就已经存在,如古代中国与周边的朝鲜、越南、日本等国的交往,以及古代埃及与罗马等国家的交往等。然而,那时国与国的交往只是局限在某一相对较小范围内,而且这些交往往往是个别和偶然的,或者说缺乏众多国家承认的

---

① 〔美〕斯塔夫里阿诺斯:《全球通史——1500年以前的世界》,吴象婴等译,上海社会科学院出版社1988年版,第114页。

规则的一种交往,是仅仅由于某些国家在地理上接近或某次突发事件导致的偶然性交往,因此还不能称之为近代意义上的国际交往。只有到近代国际关系产生以后,国家间才开始了范围广泛和频繁而固定的交往,即近代意义上的国际交往。

近代意义上的国际交往,已不再局限于仅在地理上接近的国家,而是涵盖了分布在世界各个区域的国家。这不仅仅是技术条件进步让国家间的交往更为便利,而且也由于国家间的交往随着越来越具有需要共同遵守的交往规则而变得更有可预见性。

随着国际关系的发展和需要,在一战后国际社会又出现了众多国际组织,尤其是政府间国际组织,其法律地位及其发挥的作用类似于国家,因此这些国际组织也成为国际交往的行为体。从这个意义上来说,国际交往已不仅仅是国与国间的联系及其关系,而应该是所有国际关系行为体间的各种联系及其形成的各种关系。不过,国家仍是国际交往中最主要和最重要的行为体,即使是政府间国际组织,其背后也主要是国家在发挥作用。因此,这里论述国际交往时仍是以国家为主。

自从近代国际关系产生以来,国家间就开始了频繁而固定的交往,即国际交往。尽管这种交往并不一定是友好交往,其中一些国家相互交恶甚至爆发战争的情况并非罕见,但国际交往已成为国际社会正常而普遍的现象,所有国家已不可能长期脱离国际社会没有国际交往而存在。尤其随着全球化现象的出现,国家间的交往更是规模巨大和范围广泛,现在已没有哪个国家是完全不同其他国家交往还可以生存于国际社会的,即国际交往已成为任何国家生存于国际社会的必需条件之一,并且这些国家在此基础上得以发展。或者也可以反过来说,完全没有同其他国家交往的某一政治实体,也很难被称为近代意义上的国家。

在一个已基本连成一体的国际社会,国家间进行交往的动力主要是利益上的趋同性或冲突性。也就是说,在国际社会,每个国家在选择同哪些国家交往以及如何交往时都会首先考虑自己的国家利益,有些国家间共同的利益会多一些,而有些国家间的共同利益会少一些甚至相互冲突,但利益不论是否相同,都会是进行国际交往的主要推动力。

从国际交往的方式而言,主要有不同国家政府间的官方交往和国民间的民间交往,但在一个仍以主权国家为基本构成单位和基本权力中心的国际社会,国际交往主要是指不同国家政府间的官方交往,因为即使是纯粹的民间交往,也需要政府的同意和认可或受到政府一定程度的控制和制约。

就国际交往内容而言,主要有政治性交往、军事性交往、经济性交往以及文化性交往等。其中政治性与军事性交往基本上只在不同国家的政府间进行;而经济性和文化性交往则既可能在政府间也可能在民间进行,当然,即使是纯粹民间的经济或文化交往,也需要政府的认可或不得不受政府一定程度的控制和制约。

国际交往具体形式更是多种多样,不过大体上可以将这些交往区分为和平性交往与非和平性交往,前者包括代表不同国家的政府人员或民间人士的相互访问、进行会谈或谈判、举行会议、开展贸易或不同国家政府的结盟等形式,以及由某国政府单方面发表的声明或宣言、通知或照会、抗议等形式,后者则主要包括国家间的冲突甚至战争等暴力形式。

访问是最常见的一种国际交往形式,指某国人员出于某种目的去到另一国进行各种活动的整个过程。根据访问人员级别的不同或访问事项的不同,可将访问进一步细分为正式访问、工作访问、非正式访问等。会谈或谈判也是国际交往中常见的一种交往形式,指不同国家人员为某一或某些共同关心或涉及彼此利益的事项在一起协商或讨论甚至争论以达致问题的解决或取得一致的整个过程。根据参加会谈或谈判人员级别的不同或会谈或谈判事项的不同,也可以将其分为首脑会谈、外长会谈或贸易谈判、边界谈判等。这里的会议是指国际会议,即不同国家代表为某一或某些事项集中在一起进行协商或讨论甚至争论以便取得一致达成协议的整个过程。根据参加会议人员级别的不同或讨论事项的不同,可以将这些会议区分为首脑会议、外长会议或安全会议、经济会议、环境会议等。贸易同样是指国际贸易,即不同国家间为互通有无或获得经济利益进行的各种商业交易活动。根据交易内容的不同,可以将这些贸易进一步区分为货物贸易、服务贸易等。结盟是指两个或多个国家出于某种目的,或由于具有某种共同需要或共同利益,通过协议进行军事合作做出的一种约束性制度安排,一般而言这种安排都会或明或暗地以某个或某些特指国家或特指事态为构成威胁的对象并要求结盟国家共同对其加以遏制,结盟国家之间具有相对密切的关系。

单方面声明或宣言是指某国政府或其外交机构就某一事项向国际社会表明自己观点或意向时做出的一种明确表示,其表达方式既可以是书面也可以是口头。通知或照会是指某国政府通过外交渠道就某一事项向其他特定国家政府进行的一种传达。通知可以是书面或口头;照会则是专指一种带有通知性质的外交文书,只可能是书面形式,一般又可分为正式照会和普通照会。抗议是指某国政府或有关机构就某一事项对其他国家政府或有关机构的态度或行为表示不满或反对做出的一种明确表示,其表达方式既可以是书面也可以是口头。这些交往形式虽是单方面的,但由于其内容涉及有关国家,因此必然会给做出这些单方面表示的国家和其中涉及的国家间的关系带来影响。

冲突与战争则主要指不同国家间某些难以协调和难以克服的矛盾导致的局部武装冲突或全面军事进攻与抵抗。根据冲突与战争的不同起因或不同规模,可以将这些冲突与战争,区分为边界冲突与战争、领土冲突与战争、宗教冲突与战争、民族冲突与战争,或者两国间冲突与战争、地区性冲突与战争以及世界大战等。冲突与战争属于国际交往中的消极因素,会导致发生冲突与战争的国家间关系恶化,但在国际关系的几乎全部历史中,冲突与战争从来就没有停止和消失,因此这种交往形式也构成了国际交往的主要内容。

国际交往的规则

通过以上各种各样的交往形式,每个国家都不同程度参与到国际交往中,即同其他国家发生和形成了各种各样的联系或关系。如前所述,在交往过程中,无疑每个国家都千方百计想要从中获得利益或至少维护自己的利益,于是每个国家都不可避免地担心其他国家会为了本国利益损害自己国家的利益,这就使得有些国家或多或少会有一种不安全感或不信任感,而这种不安全感或不信任感又影响了国家间的交往质量,国家在彼此交往中就更容易出现摩擦、冲突甚至战争。

为了约束国家在追逐本国利益过程中对其他国家的利益造成损害,并以此来减少乃至消除国家交往过程中出现的不安全感或不信任感,就需要在进行国际交往的国家间制定一些彼此能够接受并共同遵守的交往规则,这些规则其实就是我们所说的国际法。正如前文所述,国际法最主要的渊源就是条约,即国家等国际法主体间的相互约定。有了这样的约定,国家在进行国际交往时就会有章可循,国际交往就能够在基本可预期和控制的范围内进行,进行国际交往的国家也会感到更加安全和放心,并愿意进一步扩大国际交往的范围和深度,相互交往的质量也会因此而提高,从而减少交往中出现摩擦和冲突以至战争的可能性。

当然,约定的形成并非易事,往往需要国家间的艰苦谈判和相互妥协。不过,绝大部分国家总是希望在进行国际交往前能够形成一些约定,这样交往起来就会变得相对容易。即使是进行战争,也需要一些战争规则和共同约定,如在战争中禁止滥杀无辜平民和使用生物化学武器等。这些规则和约定并不会严重损害任何当事国利益,仅是设定了一个彼此都能接受的利益底线。因此,在国际交往中,国家间相互约定的条约就成为一种必要形式,或者说条约本身其实也是一种国际交往形式,甚至应该说是最主要的一种交往形式。

然而,国际关系错综复杂,国家间签订的条约并非一定能得到完全遵守,在实际国际交往中,条约当事国可能会对已签订的条约有不同解释和理解,甚至有些国家会肆意撕毁条约。但是,对条约的不同解释和理解是有限度的,当事国只可能在个别词句或一定范围内尽可能做出对自己有利的解释和理解,而不能对条约宗旨和主要内容进行随意解释和理解。至于肆意撕毁条约的行为,在国际交往中则比较罕见,因为这种极端行为一般并不会给当事国带来利益,反而会带来严重后果。按照古老习惯法规则"约定必须遵守",遵守条约是被世界各国共同承认和基本得到遵守的规则,同时也是近代国际关系的主要原则和特征之一。在实践中,不但所有国家都主张条约应得到遵守,而且绝大部分国家一般都能够遵守本国签订和参加的条约,因为不承认甚至撕毁条约并不会给缔约当事国带来利益,当事国反而会因此付出代价或受到惩罚。尤其在一个国家数量有限和行为主体不可移动的国际社会,撕毁条约会损害一个国家的国际信誉并使该国为此付出巨大代价。例如,二战期间,希特勒领导的纳粹德国曾不顾国际交往中"约定必须遵守"的一般规则和国际信誉,随意背弃和撕毁已签订的国际条约,只是将签订或承认条约视为实现自己眼前利益和进行侵略扩张的工具和手段,这些极端行为虽然确实为德国获得了一时利益,德国军队在短时间内甚至占领和控制了欧洲的大部分地区,但这激怒了众多国家,并迫使这些国家联合起来坚决反对和抵抗德国,最终使德国受到了严厉惩罚,希特勒本人不但因此葬送了自己的政治生命,而且把德意志民族和国家也带入了巨大灾难之中。

总之,国际交往需要国家间制定一定的交往规则,这样就可以增加彼此间的信任和减少摩擦以及交往成本,促进国际交往顺利进行。条约就是这样的一些规则,而且是当代国家间进行交往的主要规则,也是进行国际交往的主要形式。

国家间签订条约的历史非常悠久,在古代国家关系中就已经有条约存在。

大约公元前3100年美索不达米亚平原两个城邦国家拉伽虚（Lagash）和乌玛（Umma）经一场战争后签订的划界及媾和条约，该条约被认为是迄今发现的最古老的条约。[①] 公元前1279年埃及法老拉美西斯二世与位于小亚细亚半岛的赫梯王国的国王哈图希里三世也曾经在卡迭石战役后缔结了和平条约，规定双方具有不再战的义务以及应相互帮助与合作等，该条约被认为是古代世界最为著名和典型的条约。进入近代国际关系后，条约更是成为国际交往的主要形式，但在二战前对于如何签订和规范条约并没有统一的国际规则，各国在签订条约时主要依据国际习惯及各国国内法的需要和实践来决定。也有一些国家和学者曾尝试编撰国际条约法，如1928年召开的第六次美洲国家会议通过了《哈瓦那条约法公约》，1935年美国哈佛大学国际法研究部也提出一部完整的《条约法公约草案》。二战后，随着国家间交往日益增多，各类条约数量也日益增多。为适应这一现实需要，联合国国际法委员会遂开始将起草条约法列入计划。联合国国际法委员会于1956年通过一项关于条约解释的决议，1966年通过一份由75条约文构成的《条约法草案》，1967年又通过一项关于条约终止的决议。在此基础上，联合国在1968年3月和1969年4月两次举行会议讨论条约法草案。1969年5月23日，联合国条约法大会通过一份共包含85条约文及一个附件的《维也纳条约法公约》并开放供各国签字。根据该公约第84条第1款"本公约应于第三十五件批准书或加入书存放之日后第三十日起发生效力"[②]的规定，该公约已于1980年1月27日正式生效。除此之外，1978年8月23日联合国条约法大会通过了由国际法委员会起草的《关于国家在条约方面的继承的维也纳公约》并开放供各国签字，该公约已于1996年11月6日生效。1982年联合国国际法委员会又起草了一项有关国家与国际组织以及国际组织间的条约法草案，并且在联合国主持下于1986年3月21日通过了共包含86条约文及一个附件的《关于国家和国际组织间或国际组织相互间条约法的维也纳公约》，同时向所有国家和应邀参加该条约法会议的国际组织开放签字。按照该公约第85条第1款规定，该公约应在第35份国家的批准或加入书交存之日后第30日起开始生效，不过至今该公约尚未生效。

---

① 参见杨泽伟：《宏观国际法史》，武汉大学出版社2001年版，第2页。
② 白桂梅、李红云编：《国际法参考资料》，北京大学出版社2002年版，第232页。

第二节 条约以及条约关系

条约的概念与分类

按照《维也纳条约法公约》有关条款,条约指"国家间所缔结而以国际法为准之国际书面协定,不论其载于一项单独文书或两项以上相互有关之文书内,亦不论其特定名称如何"①,即国与国之间在符合国际法的前提下缔结或签署的书面约定。然而,国际社会除了主权国家外,还存在诸如国际组织等一些非国家行为体,它们在国际关系中也在发挥作用,在国际法上也具有独立主体地位,而且这些行为体同国家之间或它们自己之间也有可能缔结或签署一些书面约定。因此,《关于国家和国际组织间或国际组织相互间条约法的维也纳公约》有关条款将条约的概念进行了扩展,认为条约是指一个或更多国家和一个或更多国际组织间,或国际组织相互间以书面缔结并受国际法支配的国际协议,不论其载于一项单独的文书或两项或更多有关的文书内,也不论其特定的名称为何②,即同样作为国际法主体的国家与国际组织间或国际组织彼此间在符合国际法前提下缔结或签署的书面约定。此外,作为一种彼此约定的条约,由于缔结的目的主要是确立、变更或终止缔约各方相互关系中的权利和义务,因此完整的条约概念就应该是:国际法主体之间缔结的,以国际法为准并用于确立、变更或终止其相互关系中权利和义务且具有法律拘束力的国际约定。

按照这样的定义,构成一项条约需要符合五个要求:(1)缔结条约的主体必须是主权国家或其他国际法主体;(2)缔结条约的程序和条约内容必须符合和依据国际法;(3)该条约须规定缔约各方之间具有法律约束力的权利与义务关系;(4)通常是以书面形式表示,但非书面形式的国际协定同样具有法律效力;(5)名称不一定为条约,可以多种多样,如除条约的称呼外,还可以被称为协定、文件、宪章、公约、宣言、换文、联合公报、议定书、备忘录等。

虽然作为条约必须符合以上一些基本要求,但实际缔结完成后的条约是多

---

① 《维也纳条约法公约》第2条第1款。白桂梅、李红云编:《国际法参考资料》,北京大学出版社2002年版,第217页。

② 参见《关于国家和国际组织或国际组织相互间条约法的维也纳公约》第2条第1款。同上书,第235页。

种多样的。为了实际使用或表述的方便,人们往往会从各种不同角度对条约进行分类。当然,国际社会对条约并无统一和普遍接受的分类方法,连最为权威的《维也纳条约法公约》也只是给出了条约的一般定义,避免对条约进行分类。

如按照条约缔约方数量分类,可将条约分为双边条约和多边条约两种。前者是由两方参与缔结的条约,后者则是由多方参与缔结的条约。需要注意的是,这里的双边并非指两个主体,而是指两方,如一战后于 1919 年 6 月 28 日缔结的《凡尔赛条约》,虽然共有二十多个国家签字,但这一条约却是一项双边条约,因为缔约方只有两方,即战胜国为一方,以战败国德国为另一方;二战后 1951 年 9 月 8 日缔结的《旧金山和约》虽然共有 49 个国家签字,但同样也是一项双边条约,即以美、英、法等 48 个战胜国为一方,以战败国日本为另一方。所谓多边,同样也并非以签字主体数量来决定。而是以缔结条约主体分为几方来决定,如《联合国宪章》由 51 个国家各自作为独立的一方来签署,所以属于多边条约。

如按照条约性质分类,可将条约分为造法性条约和契约性条约。前者一般指大多数国家为制定具有普遍适用性的规则或创设新的共同行为规则缔结的条约,后者则一般指两个或少数几个国家为调整关系或解决某些特定事项缔结的条约。不过,正如本书导论中所述,造法性条约和契约性条约间的界限其实并不是很明确,人们很难在两者间划出一条界限,确定究竟有多少国家参加的条约应属于前者,有多少国家参加的条约应属于后者,或者明确区别条约所载内容是属于普遍适用性规则还是为某一特定事项规定的具体规则,因为完全有可能一个条约同时包括这两方面内容。

如按照条约内容分类,可将条约分为政治性条约和非政治性条约。前者指那些确立国家关系及国家边界或处理国际社会战争与和平等重大问题的条约,如军事同盟条约、划定边界条约、建立外交关系公报、战后和平条约等,后者则指那些处理国家间经济、社会、文化等领域事务性关系的条约,如经济贸易协定、文化交流协定等。

如按照非缔约者是否可加入来分类,可将条约分为开放性条约和非开放性条约或封闭性、排他性条约。前者指允许其他国家继续加入的条约,如《维也纳外交关系公约》和《维也纳条约法公约》等一些多边性公约,后者则指那些仅限于最初缔约者而拒绝其他国家加入的条约。当然,即使是开放性条约,有时候也会有一些条件限制,如 1991 年 12 月 10 日通过的《欧洲联盟条约》就是一个开放性条约,至今仍不断有欧洲国家申请加入和被接纳,但该条约的开放只是对欧洲国家而言,非欧洲国家则不可能申请加入该条约。

如按照是否依附于缔约者主体地位或资格来分类,又可将条约分为人身条约和非人身条约。前者指与缔约者主体地位或资格密切联系的条约,即缔约者主体地位或资格消失,则其条约权利与义务也随之消失的条约,如有关国家关系的和平条约、同盟条约、中立条约等,后者则指离开缔约者主体地位或资格仍可以存在的条约,如划定边界或对边界河流、湖泊、道路等进行管理的地理性条约。这一分类的用途主要体现在国家的条约继承方面。

如按照条约在国内的效力来分类,有些国家将条约分为自动执行条约和非自动执行条约。前者指不需要国内法再做出特殊规定即可自动在国内具有效力的条约,后者则指必须由国内法履行某些法律程序后才能在国内具有效力的条约。

除此之外,还可以从其他角度对条约进行分类,如还可以按照条约有效期限长短将条约分为永久性条约和临时性条约、无限期条约和有限期条约,以及按照缔约方不同地位和获得的不同权利将条约分为平等条约和不平等条约等。

条约的格式与缔结程序

关于条约文本格式,国际社会与国际法并没有明确统一必须遵守的规则,基本上可由缔约当事国根据条约内容及其表述的方便来自主决定。大部分条约一般都会包括以下五个部分:(1)名称;(2)序言或导言;(3)正文;(4)最后条款或结语;(5)代表签名。名称是构成条约的最基本部分,任何条约都需要一个名称,从中可看出该条约的基本内容并据此与其他条约相区别。序言或导言一般写在条约的最前面,主要写明缔约方名称、缔约目的和原则、条约宗旨及该条约中使用的基本概念等,是条约正文的准备部分。正文即条约的实体部分,同时也是整个条约中最重要的部分,具体规定各缔约方的各项权利与义务,某些条约有时也会在正文部分另外增加一些附件或条款。最后条款或结语一般写在条约最后,主要写明条约的生效方法、有效期、批准程序、可否保留、使用文字、文本保管方式、签字日期和地点、第三国加入等杂项条款。代表签名即在条约约文认证完成后为昭信守由各缔约方代表进行签署。

由于条约至少涉及两个国家或其他国际法主体,因此条约使用的文字也是一个需要确定的问题,不过国际社会与国际法对此也没有统一明确规定。按照国家主权平等原则,每一缔约国都有权使用本国文字缔结条约。因此,一般情况下,由两个国家签订的双边条约都会有两个正式文本,分别用两缔约国各自的官方文字写成,并且具有同等法律效力。当然,在缔约双方同意的情况下,也可选择第三国文字缔结条约,如在中世纪的欧洲,绝大多数条约都是用拉丁文写成,19世纪的欧洲则一般将法文作为外交和条约文字。在缔结多国的双边条约和多边条约的情况下,缔约国数目众多,不可能使用所有缔约国的文字,因此一般会选用几种具有代表性的重要文字作为条约正式文本文字,如《联合国宪章》第111条规定:"本宪章应留存美利坚合众国政府之档库,其中、法、俄、英及西文各本同一作准。"①《维也纳条约法公约》第85条也规定:"本公约之原本应送请联合国秘书长存放,其中文、英文、法文、俄文及西班牙文各本同一作准。"②1982年的《联合国海洋法公约》第320条则规定:"本公约原本应在第305条第2款限制下交存于联合国秘书长,其阿拉伯文、中文、英文、法文、俄文和西班牙文文本具有同等效力。"③

关于缔结条约程序,虽然国际法同样没有给出固定做法,不过一般都需要经过以下几个程序:(1)资格认定;(2)谈判、约文的起草和议定;(3)约文的认证;(4)签署;(5)批准;(6)交换或交存批准书。当然,有些条约也有可能不需要完全经历以上这些程序,如有些条约只要签署即可生效而并不需要批准和交换或交存批准书。

所谓资格认定,即确定缔约各方的缔约能力和缔约权。缔约能力,指在国际法上具备合法缔结条约的能力。《维也纳条约法公约》第6条规定"每一国家皆有缔结条约之能力"④,国家之外的其他行为体则视不同情况或不同条约内容有所不同,如"国际组织缔结条约的能力依照该组织的规则"⑤。缔约权,指具有缔约能力的缔约者内部某个机关的缔约权限,即由谁来代表缔约者进行缔约活动。一般而言,具有完全缔约能力的国家,通常只有国家的中央政府及其代表才具有缔结条约的权力,地方政府或其他机构团体则没有这种权力,除非由中央政府特别授权。例如,中国的香港特别行政区和澳门特别行政区在中央政府同意下可同其他国家缔结有关经济贸易或文化等方面的条约;一些联邦制国家内部的州或邦等构成联邦的地方实体也可根据联邦法律同其他国家缔结某些有限的条约,如加拿大的魁北克省就被允许同法语国家签订有关经济和文化

---

① 白桂梅、李红云编:《国际法参考资料》,北京大学出版社2002年版,第16页。
② 同上书,第232页。
③ 《联合国海洋法公约》,海洋出版社1983年版,第227页。
④ 白桂梅、李红云编:《国际法参考资料》,北京大学出版社2002年版,第218页。
⑤ 《关于国家和国际组织间或国际组织相互间条约法的维也纳公约》第6条。同上书,第236页。

内容的条约。有权代表国家缔结条约的代表，可以是任何持有由一国主管当局颁发的全权证书者，也可以是一国国家元首、政府首脑或外交部长。在缔结两国间条约时，某一派遣国使馆馆长也可作为国家代表同驻在国签订条约，以及国家派往国际会议或派驻国际组织的特别外交代表也可代表国家签订该会议或该组织内讨论的有关条约。

在缔约各方对缔约资格进行相互确认后，准备缔结条约的有关各方即可开始进行谈判，即缔约各方代表就条约内容进行接触和交涉。谈判过程根据谈判内容的多寡及谈判事项的难易程度可长可短，如1972年9月中日邦交正常化的谈判只用了4天时间就达成了共识并签署了联合声明和建立了外交关系，而1955年8月开始的中美大使级谈判却断断续续进行了长达15年时间，而且双方存在的主要问题都没有获得解决，其间只签署了一项有关平民回国问题的协定。一般而言，谈判主要是当事各方就共同关心的问题阐述各自看法和观点，如能在这些问题上取得一致，那么就可以开始起草和讨论条约文本，其中包括条约的名称、宗旨、主要原则和主要条款等。这一文本有可能是某一方提出的草案，也有可能需要缔约各方共同起草，在多边公约的情况下，则一般会由一个专门委员会负责起草。谈判各方如就某些问题难以达成一致，那么就会继续讨价还价，直至某一方或双方或大多数国家能够妥协让步最后达成一致。当然，也有可能历经艰苦谈判最后仍难以达成一致而导致谈判破裂，在这种情况下当然缔约过程就会中断或推迟。

各方讨论和修改完成后的条约文本再经各缔约国同意和确认后，如是多国间双边条约或多边条约则至少其中三分之二缔约方同意和确认后，谈判过程即告结束，已对条约文本表示确认和同意的谈判代表就可以进行签署认可，即表示愿意接受条约拘束。签署可分为草签和正式签署。草签一般只是表明谈判代表对条约内容的认可，但并不产生法律效力，还需要本国政府核准同意后再进行正式签署。不过，如该条约或其他协议规定只有一次签署，则无草签和正式签署之分。在进行签署时，为了体现缔约者的平等地位，各方签署的位置顺序也有一定规则。按照国际惯例，两国间的双边条约一般采用轮换制，即在自己保存的文本上做首位签署，在对方保存的文本上则做次位签署；多国间的双边条约或多边条约则因为缔约者众多而无法采用轮换制，所以一般按照条约文字缔约各方名称的字母顺序进行签署。

有些条约在签署后还需要批准，或称为接受或赞同，即由缔约国的国家权力机关进行审核与认可，这一权力机关一般体现为国家的立法机构或国家元首或最高行政机关。至于一项条约是否需要批准,则需要从两个方面来判断:一方面需要由条约本身或其他协议规定,一般而言一些重要的国际公约都规定需要经过各缔约国国内权力机关批准才能对缔约国具有拘束力;另一方面有些国家的国内法规定本国外交代表签署的某些条约须经过国会认可批准,即使条约本身无此规定也不例外,如1919年美国总统威尔逊代表美国签署了《凡尔赛条约》,但最终却因为这一条约未能在美国参议院获得批准,美国无法成为该条约的有效缔约国,美国虽作为主要提议国家设计和创建了国际联盟,但是却并没有成为国际联盟的成员。

在完成批准程序后,有些条约还需要交换或交存批准书。所谓交换批准书,是指缔约方相互交换各自国家权力机关批准该条约的证明文件,这种做法一般体现在两国间的双边条约中。交存批准书,则是指缔约各方将各自国家权力机关批准该条约的证明文件交给对方外交部门存放,或共同约定将这些证明文件交至某一国或某一国际组织或该组织行政首长处存放,前者适用于两国间的双边条约,后者则适用于多国间的双边条约或多边条约。

条约的生效与失效

条约的生效,是指条约对参加该条约的当事国开始产生具有拘束力的法律效果,条约的失效则是指条约对参加该条约的全部或个别当事国失去具有拘束力的法律效果。

国际法对条约的生效时间和方式并没有统一规定,条约的生效时间和方式主要由条约本身或缔约当事国间的其他国际协议规定。一般而言,条约生效时间和方式主要有下列几种:(1)缔约国全体同意并签署后立即生效;(2)按照规定在缔约国全体同意签署后一定时间后生效,如在各自批准或者批准并交换或交存批准书之日或其后一定时间生效;(3)在多国间双边条约和多边条约情况下,规定经一定数量国家或特定国家批准或批准并交存批准书之日或其后一定时间生效;(4)在开放性条约情况下,一国同意加入一项已经生效的条约,则按照规定条约对该国立即生效或者在规定的一定时间后生效。

对于签署后仍需要一定时间才能够生效的条约,《维也纳条约法公约》规定,可以暂时适用,即根据条约规定或缔约国间的其他协议使条约暂时适用于当事国。这一规定对国际多边公约尤其具有意义,因为这类条约从签署到最终生效一般还要经历很长一段时间,在此期间该条约虽对缔约国还不能说已产生法律拘束力,但也产生一定法律效果,至少缔约国负有义务不得采取任何足以妨碍该条约目的与宗旨的行动。

关于条约的失效,可以有两种情况导致这一结果:(1)无效,即在签订条约过程中的某些行为或条约内容不符合国际法或缔约国具有基本重要性的国内法或存在明显错误根据使该条约归于失效;(2)终止,即条约期满或某条约当事国宣布退出条约或严重违约以及又签订新条约或发生意外不可能履行等原因使该条约归于失效,不过在以上某些导致条约终止的理由并非永久状态情形下,也可全部或局部停止施行条约,即暂时失效。

根据《维也纳条约法公约》,导致条约无效的原因主要有:(1)无缔约能力或违反国内法有关缔约权限的规定,即不具有缔约能力的主体或违反国内法关于缔约权的规定越权签订的条约无效。不过违反国内法必须是非常明显且涉及具有根本重要性的国内法规则,并且这一违反在事前就为其他缔约国知晓,否则不能以此为由使条约无效。(2)依据某一错误签订条约,即条约存在错误且这一错误关系到某一缔约国缔结条约时以此为根据同意接受条约拘束,则条约对该国无效,不过如错误是由该国自身行为所致,或缔约时的情况足以使该国知悉这一错误,则不能使条约对该国无效。(3)由于受到诈欺、贿赂、强迫、威胁或武力威胁被迫签订条约,即如某一国同意接受条约拘束是由于其他缔约国的欺诈行为或直接间接贿赂或强迫其谈判代表,以及受到威胁或武力威胁,那么该国可以撤销对条约的同意,导致条约对该国无效。(4)与国际强行法相抵触,即条约在缔结时与一般国际法强制规律所抵触者无效。①

导致条约终止的原因主要有:(1)条约规定的有效期到期或条约成立的条件消失,即某些有限期条约或为某一目的签订的条约,其规定的期限已满或缔约目的已实现,则自动终止或经全体缔约国同意后终止,或者在多边条约的情况下,缔约国减少至条约规定生效必需数目以下,则条约终止。(2)退出条约,即条约某一缔约国不再接受条约拘束使得该条约对该国而言终止。不过这一退出并非一种任意行为,只有在条约规定允许退出或经其他缔约国确定允许退出或条约性质含有退出权利的情形下才可退出条约,而且选择退出条约的缔约国须将其退出条约的意思在至少12个月前通知其他缔约国。(3)缔结有关同一事项的新条约,即条约全体缔约国就同一事项缔结新条约且规定以新条约为准,或新条约与前订条约不合程度使二者不可能同时适用,则前订条约可视为

---

① 参见《维也纳条约法公约》第46—53条。白桂梅、李红云编:《国际法参考资料》,北京大学出版社2002年版,第225—226页。

终止。(4)严重违约,即在条约某一缔约国存在诸如废弃不允许废弃条约或违反条约目的和宗旨等严重违反条约事项情形下,其他缔约国有权终止该条约。在双边条约情形下,一方严重违反条约事项,另一方即可以此为由终止该条约;在多边条约情形下,某一缔约国严重违反条约事项,则其他缔约国有权一致协议终止该条约或只是终止同违反条约国家间的条约关系,或者特别受违约影响的缔约国也可单独决定终止同违反条约国家间的条约关系。(5)发生意外导致情况改变,即实施条约必不可少的标的物永久消失或毁坏以致不可能履行条约时,有关缔约国可以此为由终止该条约,不过违反国际法或所承担条约义务造成条约不可能履行结果的当事国则不能以此为由终止该条约。(6)断绝外交或领事关系,即缔约国间断绝外交或领事关系且这一关系的存在为履行条约必需者时,则可以终止条约,否则即使断绝外交或领事关系也并不影响缔约国彼此间由条约确定的法律关系。(7)与新强制法相抵触,即当新的一般国际法强制规律产生时,任何现有条约与该项规律相抵触者均被视为无效而终止。[1]

条约的适用与解释

有效条约一经签订与生效,便开始适用于当事国,即对参加该条约的缔约国具有法律拘束力,各缔约国必须善意和严格履行。具体而言,任何条约只能从生效之日起适用于缔约国,而不溯及既往,即对条约生效前缔约国发生的任何行为或事实都不具有拘束力,除非条约另有规定。至于适用条约的空间范围,在没有另外特殊规定的情形下,该范围应及于缔约国全部领土,且缔约国不得援引国内法规定而不履行条约,应通过纳入或转化等方式使条约具备国内效力。对同一事项先后所订条约的适用,在没有明确规定的情形下,一般后约优于先约。不过在后订条约缔约国并非全部为前订条约缔约国情形下,同时作为两条约缔约国的国家就有可能由于违背前订条约中承担的义务而发生国家责任问题。[2]

一般而言,任何条约都只适用于缔约国而对非缔约国无效或无拘束力,即既不为缔约国外的第三国创设权利,也不为其规定义务,条约的法律效果应对非缔约国"既无益又无损",除非条约中部分条款明确规定为第三国确立某些义

---

[1] 参见《维也纳条约法公约》第54—64条。白桂梅、李红云编:《国际法参考资料》,北京大学出版社2002年版,第226—228页。

[2] 参见《维也纳条约法公约》第26—30条。同上书,第222页。

务或给予某些权利并得到该第三国书面明示接受或同意。① 然而在实际情形下,很多条约对作为非缔约国的第三国仍有可能引起某些法律后果。如一项条约中某些公认的国际习惯规则第三国也不得违反②;某些国际公约就某些事项规定的一般性权利与义务对包括非缔约国在内的所有国家都具有拘束力;有关边界领土变更条约,即使与该边界变更无关的非缔约国也应对这一变更予以尊重;此外,还有有关国家间给予的最惠国待遇,也会使这些国家中的一些国家由于缔结条约将给予其他缔约国的某些权利相应地给予作为非缔约国的第三国。

在适用条约的过程中,有可能出现缔约国对条约某些条款的不同理解和解释,因此规定对条约内容尽可能做统一理解和解释就是必要的。《维也纳条约法公约》规定:"条约应依其用语按其上下文并参照条约之目的及宗旨所具有之通常意义,善意解释之。"③也就是说,对条约语言首先应从最通常和一般意义进行理解,同时还要结合上下文以及条约目的和宗旨尽可能善意解释。除此之外,还应依据适用缔约国的有关国际法规则或缔约国为缔结条约签订的所有有关协议文书以及嗣后缔约国专门为适用和解释条约签订的有关协定进行解释。在同一项条约具有两种以上作准文字的情形下,除非缔约国协议以某种文字文本为根据进行解释,否则每种文字的条约文本用语其意义推定相同。④

能够作为条约解释者的机构,最为权威的当然是缔结条约的当事国,这些缔约国一般都会在条约或其他协议中对条约的主要用语做出统一解释。如果仍对条约有关条款有不同理解,那么缔约国必须重新协议以便就这些不同理解做出共同能够接受的解释,缔约国任何一方都无权任意单方面解释条约。除此之外,在条约缔约国自愿和同意的情形下,也可将由于解释条约发生的争端交付国际仲裁法庭或国际法院裁决,从而使这些国际司法机构获得对条约的解释权。对于国际组织的组织章程或宪章以及其他涉及组织自身的条约,原则上该组织也具有解释权。

条约的保留与修改

条约的保留,是指"一国于签署、批准、接受、赞同或加入条约时所做之片面

---

① 参见《维也纳条约法公约》第34—36条。白桂梅、李红云编:《国际法参考资料》,北京大学出版社2002年版,第223—224页。
② 参见《维也纳条约法公约》第38条。同上书,第224页。
③ 《维也纳条约法公约》第31条第1款。同上书,第223页。
④ 参见《维也纳条约法公约》第31—33条。同上。

声明,不论措辞或名称如何,其目的在摒除或更改条约中若干规定对该国适用时之法律效果"①。也就是说,国家有可能对自己签订或参加的条约的某些条款表示不接受和不受其拘束,只不过需要在其签订或参加条约时对此予以声明。但是,对条约的保留并非完全自由,一般而言两国间的双边条约不会发生保留的问题,因为某一缔约方提出保留就意味着缔约双方对条约有关条款还存在异议,除非两国重新谈判以便就有关条款达成一致,否则就不可能缔结条约。即使是多个国家参加的双边条约和多边条约,保留也仅适用于规定允许保留的条约或条约中规定允许保留的部分,有些条约或有些条约的某些条款明确规定不允许保留,如1982年《联合国海洋法公约》第309条规定:"除非本公约其他条款明示许可,对本公约不得作出保留或例外。"②具体而言,不允许保留的情形主要有:(1)条约规定不允许保留或该项保留不在条约允许保留范围内;(2)提出的保留明显与条约的目的及宗旨相违背。③

对于那些允许保留的条约或条款,有关国家在提出保留时必须以书面形式向其他缔约国及有权成为条约当事国的其他国家提出。面对有关国家提出的保留,过去传统的规则是须经全体缔约国毫无例外接受才能成立。1951年5月国际法院"关于《防止及惩治灭绝种族罪公约》的保留问题的咨询意见"一定程度上颠覆或改变了这一传统规则,即考虑到公约有效性和广泛性的平衡,在符合公约目的和宗旨前提下允许保留并可分别处理与同意或反对保留的缔约国间的关系。虽然这一咨询意见只是针对《防止及惩治灭绝种族罪公约》而言,但却对其后有关多边条约的保留制度产生了影响,如《维也纳条约法公约》有关保留问题条款就基本采纳了国际法院这一咨询意见主张的规则。《维也纳条约法公约》规定,条约明示准许的保留一般并不需要其他缔约国事后予以接受,除非条约规定需要如此办理,但对于只有少数国家参加的条约及从条约目的和宗旨可见在全体缔约国间适用条约全部内容为每一缔约国同意承受条约拘束的必要条件时,保留就必须经全体缔约国接受。如果某项条约为国际组织的章程,对其提出保留必须经该组织主管机关接受。在其他情形下,则可分别对待:保留经某一缔约国接受,那么条约在该缔约国与提出保留国家间生效;保留经某

---

① 《维也纳条约法公约》第2条第1款第4目。白桂梅、李红云编:《国际法参考资料》,北京大学出版社2002年版,第218页。
② 《联合国海洋法公约》,海洋出版社1983年版,第220页。
③ 参见《维也纳条约法公约》第19条。白桂梅、李红云编:《国际法参考资料》,北京大学出版社2002年版,第220页。

一缔约国反对,虽然条约并不因此而不发生效力,但如果反对保留的国家以此为由不同意条约在两国间生效,那么该两国间就处于非缔约国地位。不论是表示接受保留还是反对保留,同样也必须以书面形式明确表示,而且这一表示须在接到关于保留之通知12个月期间届满时或至其表示同意承受条约拘束之日为止二者中的后一日期为准提出,否则即视为默示接受保留。[①]

国际法院关于《防止及惩治灭绝种族罪公约》的咨询意见

1948年12月联大会议通过《防止及惩治灭绝种族罪公约》并对各国开放签署,截至1950年10月已有19份批准书或加入书交存联合国秘书长处,但其中有些国家对公约某些条款提出保留,这些保留遭到一部分国家反对,公约本身对保留问题没有做出任何规定,于是联合国秘书长按照惯例通知保留国不能成为公约当事国并将这一问题提交至联大会议讨论。1950年11月,联大会议通过决议,请求国际法院就这一问题发表咨询意见,主要问题是:(1)如果某项保留为该公约一个或多个当事国反对,但不为其他当事国反对,则该保留国能否在继续维持其保留的同时被视为该公约当事国?(2)如果对第一个问题的答复是肯定的,那么该项保留在保留国与反对和接受该项保留的当事国间分别具有什么法律效果?1951年5月,国际法院发表咨询意见,认为就该公约而言,提出保留的国家能否成为公约当事国,主要取决于该项保留是否符合公约目的和宗旨而并非是否被全体缔约国接受,在这种情形下,保留国与反对和接受该项保留的国家间可以分别形成非缔约国和缔约国的关系。

对于已经生效和正在执行中的条约,如其中仍存在令当事国不满意的条款,或经过一定时期后发现条约的某些条款已不合时宜,那么经缔约国同意后即可以对条约进行修改。对于两国间的双边条约来说,必须在两国共同同意并达成协议后才能进行修改,其修改过程其实无异于新订一项条约。对于多国间双边条约和多边条约来说,由于缔约国数量众多可能出现两种情形,即全体缔约国参加的修改或只有部分缔约国参加的修改。

按照规则,欲在全体当事国间修改某一多边条约的任何提议,必须通知全

[①] 参见《维也纳条约法公约》第20、23条。白桂梅、李红云编:《国际法参考资料》,北京大学出版社2002年版,第220—221页。

体缔约国,各缔约国均有权参加修改条约的有关行动和谈判及缔结有关修改条约的协定,而且凡有权成为既有条约当事国的国家也有权参与这一修改过程并成为修改后条约的当事国。有关修改条约的任何协定,只能约束参加协定的国家,对于那些虽为条约当事国而未成为有关修改条约协定当事国的国家则无约束力。对于那些在有关修改条约协定生效后成为条约当事国的国家而言,如其没有不同意思的表示则应被视为修改后条约的当事国,但这些国家对于那些不受有关修改条约协定约束的条约当事国而言,应视为未修改条约之当事国。①

除此之外,某一多边条约的部分缔约国间也可以对条约进行修改,即按照有关规则,两个以上条约缔约国间就可以进行修改,但这种情形下的修改受到严格限制,即或者条约规定可以进行这种修改,或者这一修改不会影响其他缔约国享有条约的权利和履行义务以及不会贬损和影响整个条约的目的和宗旨,而且进行条约修改的有关当事国必须将其缔结的有关修改条约之协定以及对条约的修改通知其他缔约国。②

条约的保管与登记

条约的保管指将已缔结条约的文本及有关文件按照缔约国间的约定存放于某些国家或某个国际组织处。条约的登记指有关国家在缔结某项条约且该条约已经生效后向某一国际机构进行报告以及存档记录并加以公布。条约的保管与登记往往是联系在一起的,即条约的保管机关一般也是条约的登记机关,或者条约的保管机关有义务向某一国际组织进行条约登记。不过,在过去不存在普遍性国际组织之前,国际社会只有条约保管制度而并没有条约登记制度,即有关国家在缔结条约后一般都将条约分别交给各缔约国国内有关机构保管,多边条约的情形下则一般会规定将条约交给某一国或数国的有关机构保管,而并不需要向任何组织或机构进行登记。

一战后,随着作为政府间普遍性国际组织的国际联盟的建立,以及国际社会普遍要求废除秘密外交,国际社会开始有了条约登记制度。例如,《国际联盟

---

① 参见《维也纳条约法公约》第 40 条。白桂梅、李红云编:《国际法参考资料》,北京大学出版社 2002 年版,第 224 页。

② 参见《维也纳条约法公约》第 41 条。同上书,第 224—225 页。

盟约》第 18 条规定:"嗣后联盟任何会员国所订条约或国际协议应立送秘书处登记并由秘书处从速发表。此项条约或国际协议未经登记以前不生效力。"①二战后,同样作为政府间普遍性国际组织的联合国也在《联合国宪章》第 102 条第 1 款和第 2 款中规定:"本宪章发生效力后,联合国任何会员国所缔结之一切条约及国际协定应尽速在秘书处登记,并由秘书处公布之。当事国对于未经依本条第 1 项规定登记之条约或国际协定,不得向联合国任何机关援引之。"②

按照目前一般规则,条约的保管由缔约国在条约中或通过其他方式加以指定,保管机关可以是一个以上的国家或某一国际组织及其行政首长。③ 被指定的条约保管机关的职责主要有:(1)保管条约正式文本及有关全权证书;(2)准备条约的正式副本及其他文字文本并将其分送各缔约国及有权成为条约缔约国的国家;(3)接受条约的签署及接受并保管有关条约的文件;(4)审查条约的签署及有关条约的文件是否存在问题,如有必要应提请有关国家注意;(5)将有关条约的任何行为或文件转告条约缔约国及有权成为条约缔约国的国家;(6)在收到条约生效所需数目的签署或批准书等文件时应将其转告有权成为条约缔约国的国家;(7)向联合国秘书处登记条约。④

条约的登记却并非由缔约国随意决定,而必须在联合国秘书处进行登记。例如,《维也纳条约法公约》第 80 条第 1 款规定:"条约应于生效后送请联合国秘书处登记或存案及记录,并公布之。"⑤也就是说,将缔结的条约送请联合国秘书处进行登记,已成为公约全体缔约国的一项义务。

条约关系

如前所述,国际关系包括国家间各种各样的关系,如可以有政治关系、经济关系、军事关系、文化关系、法律关系等,这里所说的条约关系就可归于国家间的法律关系。众所周知,政治关系是国家关系的主要表现形式,或者说国家关系集中表现为政治关系,但政治关系往往需要通过法律关系,尤其是通过条约关系的形式来表现和规范。我们知道,政治创设法律,法律是政治的产物,法律

---

① 王铁崖、田如萱编:《国际法资料选编》,法律出版社 1982 年版,第 813 页。
② 白桂梅、李红云编:《国际法参考资料》,北京大学出版社 2002 年版,第 15 页。
③ 参见《维也纳条约法公约》第 76 条第 1 款。同上书,第 230 页。
④ 参见《维也纳条约法公约》第 77 条第 1 款。同上书,第 230—231 页。
⑤ 同上书,第 231 页。

是为政治服务的,但政治又不完全等同于法律,政治更多体现的是权力和利益以及信仰和价值观,而在这些方面国家间往往难以完全取得一致,相互间难免会有矛盾与冲突,因此就需要在政治之外寻找一种共同承认的行为规范来处理彼此间的关系,这样才能保证国家间的政治关系相对稳定。条约就是国家间能够寻找到的共同承认的法律规则,不论何种政治制度与意识形态的国家,也不论何种经济发展水平的国家,以及何种文化背景和宗教信仰的国家,都可通过谈判和妥协建立条约关系。也就是说,条约关系是国际社会各种不同类型国家间能够找到公约数的最有效的关系形式。

如果仅从形式来看,国家间的条约关系古已有之,如前文所述,最早在公元前 3100 年就出现了国与国之间的条约。但是,真正进入条约关系时代,应该说是在世界进入近代之后,即 1648 年的威斯特伐利亚体系建立之后,以当时的欧洲国家为中心确立起了主要通过条约规定交往规则的新型外交方式,条约成为调整国家关系的一种主要形式。相对于欧洲,世界其他地区的国家关系进入条约关系时代要稍微晚一些。例如,东亚地区曾长期处于以中国为中心的朝贡体系下,作为东亚核心国家的中国以自己超强的实力和道德以及优越的文化控制和吸引了周边国家,周边国家则定期向中国皇帝纳贡朝拜并获得经济和文化上的实际利益。这种国家关系把儒家关于家庭的道德规范应用到了国家关系中,在长期历史过程中被证明是非常成功的。1840 年鸦片战争后,中国和其他东亚国家在欧美列强的炮舰之下被迫逐渐进入条约关系。

条约关系即主要通过条约等法律文件明确缔约国的权利与义务以及对缔约国行为进行规范从而形成的一种交往方式和彼此关系,这是一种法律关系,其本质就是一种具有拘束力的预期和约定,因此条约关系使缔结条约的国家间关系具有了一定的可预期性、可控性和可操作性,即国家关系主要依靠预先制定的规则而非某种观念或情感因素来调整。在国际关系中,当然会有很多不同的政治哲学理念和政治价值观以及对利益的众多理解,因此对同样的问题可能就会有不同的理解,从而造成国家间的冲突和摩擦。但是,条约关系是相对稳定的一种关系,因为它建立在消除以上这些不同而经过谈判达成一致的法律条文之上。尽管违反条约的事情也不能完全避免,但守约是绝大部分国家的选择,约定的存在使各国在与其他国家交往中有章可循,相互交往成本就会相应降低,整个国际关系也才能够比较顺畅地运行。

当然,条约关系也并非一定是平等关系,在条约的背后也需要实力,如 19

世纪中后期中国在欧美列强的炮舰和外交压力下不得不签订了一系列不平等条约,西方国家据此在中国获得了诸如租借地、治外法权、关税权等众多特权。但是,条约关系并不是要改变国家间的实力对比关系,而是在具有不同实力的各类国家的关系中寻找一种能被共同接受和承认的交往方式。正是由于各类国家间都有可能通过缔结条约建立某种关系,条约关系就成为一种和平与相对稳定的国家关系形式。这种关系虽然不能完全保障国际社会的和平与稳定,但至少可以减少冲突。

思考题

1. 加强国际交往是否一定有利于国家间的关系及防止和解决国家间的争端?
2. 条约关系的扩展是否可以促进国际关系的改善?

第十三章
国际组织在国际关系中的作用与国际组织法

第一节　国际组织的产生和发展

国际组织的概念与分类

顾名思义,国际组织(international organization)即具有跨国性质的组织机构。除跨国性这一特征之外,要成为国际组织还必须具有其他的一些特征,如有一定目的、订立协议并设立常设机构。目前的国际组织一般被认为须具备以下四个基本要件:(1)由两个或多个国家各类成员组成;(2)指向某一特定目的并发挥作用;(3)签署"创设性协议"并以其构成组织的法律基础;(4)具有常设机构。

由此看来,凡是两个或多个国家的政府、国民、民间团体基于某项特定目的,以一定协议形式建立的各种常设机构,都可以被称为国际组织。不过,这只是一种广义的理解。在实践和习惯中,狭义的理解往往只是指由两个或多个不同国家政府间设立的组织,即并不包括非政府间国际组织,甚至有时也将由两个国家的政府建立的组织排除在外,即往往将仅由两个国家建立的类似机构称为同盟而非国际组织。在这里,我们采用广义的理解,即国际组织是由两个或多个国家各类成员基于某一特定目的通过协议组成并设有常设机构的多国性联盟或联合体。

现代国际组织名目繁多,其宗旨、构成、职能和活动程序也各有不同,按照一般分类,可以将国际组织分别按照不同参加主体、不同性质和职能、不同地域范围和不同开放程度来进行划分。

按照参加主体和设立依据，可以分为政府间国际组织和非政府间国际组织，后者也可称为民间国际组织。政府间国际组织是指由主权国家通过缔结国际条约或协议而成立的国际组织，一般为解决国家间政治、经济、安全等问题而设立，如联合国、欧洲联盟、北大西洋公约组织和东南亚国家联盟等；非政府间国际组织则由民间人士发起组织，涉及的领域非常广泛，几乎遍及政治、经济、文化、艺术、体育、宗教、环保等各个领域，对各国政府及国际关系也会产生直接或间接影响，这类国际组织可以列举出的有社会党国际、国际奥委会和绿色和平组织等。

从性质和职能来分，可以分为综合性或一般性和政治性、军事性、经济性等按照不同专业领域划分的专业性国际组织。前者有联合国和各个地区联盟等，这类组织在政治、经济、社会、文化等各个方面发挥作用；后者则有北大西洋公约组织、世界银行、国际货币基金组织、世界贸易组织和世界卫生组织等，这类组织一般用来解决国家间某一特定专业领域问题。

从地域范围来分，可以分为全球性或普遍性和区域性两类国际组织。前者指那些由世界绝大多数国家或其民间团体、人士参加组成且一般以讨论、解决全球性问题为主的国际组织，如联合国、国际奥委会等；后者则指那些由某一特定区域范围的国家或其民间团体、人士参加组成且一般以讨论、解决本地区各种问题为主的国际组织，如亚太经合组织、欧洲联盟、东南亚国家联盟、非洲联盟等。当然，全球性国际组织也常常讨论和解决一些地区性问题，尤其是地区安全问题；区域性国际组织也并非绝对不讨论全球性问题，只是侧重有所不同而已。

从开放程度来分，可以分为封闭性和开放性国际组织两大类。前者指组织成员相对确定且不再扩大吸收新成员的国际组织，后者指在成立后继续开放接受新成员的国际组织。

国际组织的出现与演变

国际组织如同国家一样，在久远的年代就曾经出现，如2500多年前古希腊城邦国家间就存在带有军事性质的同盟，大约同一时间中国春秋战国时期的"合纵连横"也可以视为一种简单的国家结盟形式。不过，就如同古代国家不同于近代意义上的民族国家一样，古代的国际组织也不能等同于近代意义上的国际组织。近代意义上的国际组织的产生和发展是近代国际社会形成后的事情，即民族国家产生后出现的国际现象。18世纪后半叶,欧洲各国先后发生的工业革命导致物资和人员的大规模跨国交流,进入19世纪后,欧洲国家间的各种联系也日益紧密而频繁,彼此间需要解决的问题越来越多,于是逐渐产生了建立跨国性国际组织的客观需要。此外,欧洲联合的思想和1814—1815年维也纳会议"欧洲协调"的实现,也为国际组织的出现奠定了思想和现实基础。正是在维也纳会议后,莱茵河沿岸国家根据《最后文件》成立了"莱茵河航运中央委员会",以便统一协调该流域国家在使用莱茵河问题上的相互关系。

随后,一大批农业、铁路、关税、电报、邮政、商标、版权、度量衡制度、公共卫生等方面的技术性、行政性国际组织纷纷成立,如"国际电报联盟""万国邮政联盟"等。这些技术行政性的国际组织创造了方便各国合作但功能不同于政府的组织形式,即这些组织并非各国政府的一部分,但却是各国合作处理国际问题的有效工具。1890年,在美洲大陆上出现了世界上第一个区域性的政府间国际组织"美洲共和国国际联盟"(1948年更名为"美洲国家组织"),国际组织向着包括政治在内的更为广阔的领域扩展。

国际组织的大批涌现是进入20世纪后的事情。正如国际关系学界人士常说的那样:19世纪被称为"国际会议的世纪",20世纪被称为"国际组织的世纪"。也就是说,19世纪初的维也纳会议建立起了以"欧洲协调"为标志的国际会议制度,列强间形成了以国际会议方式协商处理欧洲或与欧洲相关重大问题的多边外交机制,这种制度发展了国家外交技巧,形成了很多议事规则,为政府间国际组织的产生奠定了基础,提供了可资效法的经验与规章制度。特别是1899年和1907年召开的两次海牙国际和平会议,与会国突破了欧洲的界限,并规定了国家平等原则与和平解决国际争端的程序,为政府间国际组织的形成做好了直接的准备。

1920年,在人类经历了历史上第一次世界性的战争后,终于出现了人类历史上第一个全球性的政府间政治性国际组织——国际联盟(League of Nations)。国际联盟的建立在国际组织的发展史上具有划时代意义,其成员国包括当时除美国等极少数国家外的所有独立国家,其权限范围包括从和平解决国际争端到通过制裁等手段实施的强制性解决、裁减军备,到一些人道性、社会性和经济性任务等非常广泛的领域。此后,各类国际组织便进入了一个快速发展的时期。虽然二战的爆发导致了国际联盟的名存实亡,但是世界各国通过国际组织维持世界和平的希望之火并没有因此熄灭,相反,战争更加激发了人们去追求和创造一个更为有效的全球性国际组织的信念,于是联合国(United Nations)便在二战的废墟上产生了。随着二战后民族独立国家的大批出现,国际组织也如雨后春笋般大批涌现。尤其在冷战后出现的新一轮全球化过程中,全球性和地区性问题进一步凸显,任何国家仅依靠自己的力量都很难应对和解决这些问题,因此国际组织就有了更为广阔的前景。据 2009—2010 年《国际组织年鉴》统计,截止到 2008 年,全世界各类国际组织已达 62 468 个,其中政府间国际组织 7491 个,占总数的 11.99%,非政府间国际组织 54 977 个,占总数的 88.01%。据 2020—2021 年《国际组织年鉴》统计,截止到 2019 年,全世界各类国际组织总数为 72 831 个,其中政府间国际组织 7804 个,占总数的 10.72%,非政府间国际组织 65 027 个,占总数的 89.28%。

第二节 国际关系中的国际组织及其作用

国际组织是国际关系发展和调整过程中出现的,是国际关系发展到一定阶段的产物,是在国家关系日益紧密和相互依存程度日益加深并为解决共同面临的问题的情况下,国际社会组织化和有序化的产物。因此,国际组织与国际关系密切相关。一般而言,国际组织的出现与发展对国际关系具有积极作用,可以协助国家解决一些仅靠单个国家难以解决的问题。当然,不同国际组织在国际关系中的作用各不相同,不同国家对不同的国际组织也会有不同态度,如北大西洋公约组织(NATO)就是由美国等西方国家为维护其安全利益组成的国际组织,但从中国与俄罗斯等国的角度看,这一组织是冷战的产物,对自己的安全利益构成威胁,在冷战后的国际关系中起着消极作用。甚至还有一些并未被大部分国家承认的非法国际组织,如"基地"组织和"伊斯兰国"等,这些组织进行的国际恐怖活动,对国际关系反而造成了动荡与冲突。

绝大部分的国际组织,都是多国政府或民间为解决某个或某些跨国性问题进行合作的场所,因此合作是国际组织的核心功能,当然这一合作会由于涉及领域和所包括成员的不同而有所不同,合作也主要意味着成员间的合作,对非成员而言甚至有可能意味着矛盾和冲突。一般而言,涉及诸如经济、文化等所谓"低级政治领域"和包括绝大部分国家在内的国际组织,其合作功能都能够充分发挥,对国际关系而言也具有积极作用;而涉及政治、安全、军事等所谓"高级政治领域"和仅包括有限国家的国际组织,则会由于涉及国家的一些敏感核心利益而影响合作,在国际关系中的作用也往往会引起争论。

就目前国际关系的现实而言,联合国及各地区的区域性国际组织都是一些涉及各个领域的综合性国际组织,其成员也比较广泛,因此其合作的功能相对能够充分发挥,对国际关系的作用也无疑是积极的。在这里,所列举的国际组织主要就是指联合国这样的国际组织,因为联合国是迄今为止人类历史上规模最大、涉及领域最广泛以及对国际关系具有巨大影响的国际组织,也最具有代表性。

具体而言,国际组织主要发挥着促成各国友好与合作、维护国际和平与安全、促进世界经济发展与繁荣、促进社会公平与正义、保护人类生存环境、促进国际法发展与完善等积极作用。

国际组织成立的基本动机就是合作,不论何种国际组织,都只有在国家关系友好与合作的前提下才能达成目标,至少在组织成员内部是如此。国际联盟和联合国都将促进国际合作作为其宗旨之一,尤其二战后国际合作已经成为国际关系中的普遍交往方式。按照现有对合作的理解,合作指各国不论在政治、经济及社会制度上有何差异,均有义务在国际关系各方面彼此协助。《联合国宪章》规定各国应与其他国家和联合国在所有领域建立一种固定长期的合作关系,尤其冷战后随着全球化与区域化的发展,国际合作已成为国家发展必需的方式之一,同时一定程度上也遏制了国家间的矛盾和冲突。国际组织的合作功能主要体现在收集有关领域信息并向其成员传达与发布,制定各成员的行为标准并进行监督,提供公开讨论的场所及共同举办活动或采取某些行动等。

战争与和平问题历来是国际关系中的主题,政府间国际组织产生的重要动机之一就是维护国际和平与安全,防止战争爆发及蔓延。国际联盟和联合国的主要宗旨之一就是"维持国际和平与安全",其他一些地区性国际组织也都有类似的规定,即保证成员之间的和平与安全,为此将通过和平手段解决彼此间的争端,以及采取协调各国关系、裁减军备、强化集体安全、提供斡旋和监督等各种可能手段以维持和平与安全,如联合国的维和行动、海湾战争中联合国对伊拉克的军事制裁等。20世纪20年代,国际联盟通过1925年制定的《洛迦诺公约》、1928年制定的《巴黎非战公约》和谴责、制裁侵略国等方式承担了维持国际和平与秩序的主要责任。

二战后,国际社会接受20世纪30年代世界经济危机爆发后各国各自为政、相互竞争和转嫁危机从而最终导致战争的教训,先后建立了世界银行、国际货币基金组织等全球性经济组织及众多以经济合作为目的的地区性国际组织,对世界经济进行了统一规范和有序管理,并使这些国际组织参与监督、分散风险,减少了恶性竞争,总体上稳定和促进了世界经济。此外,在联合国主持下,国际社会还展开了南北对话和南南合作,对发展中国家给予适当照顾,一定程度上缓解了南北对立,对稳定世界经济也起到了积极作用。国际民航组织、国际电信联盟、国际标准化组织等技术性国际组织也对促进世界经济发展与繁荣发挥了积极作用。

在联合国等综合性国际组织内部,一般都设有进行人道救援和人权援助的机构,一些地区也设有类似的国际组织或机构,如欧洲人权法院、非洲人权委员会和美洲人权委员会,这些组织或机构主要进行国际灾难或难民的救援救助和国际人权的监督与救援,尽可能救助社会弱势群体和维护基本人权,促进国际社会公平与正义。此外,还有众多有关维护人权和灾害救助等的非政府国际组织,也在这个领域发挥着积极的作用。

随着整个世界工业化的发展,地球环境面临威胁,各国经济发展利益同整个人类生活环境的保护成为一对尖锐的矛盾。在这个问题上,国际组织发挥了最重要的积极作用。联合国成立了环境规划署等负责保护环境和督促各国重视环境问题的机构,主持召开多次世界环境与发展大会和气候变化大会,并制定了《联合国气候变化框架公约》及其《京都议定书》和《巴黎协定》等保护环境和防止气候变化的法律文件,以及众多保护动植物和生物多样性的公约和行动,对保护全球环境发挥了积极作用。此外,绿色和平组织等非政府间国际组织也在不同环保领域监督各国政府、促使民众重视环保和进行科学普及活动。

国际联盟和联合国成立后,都设立了相应的国际法编纂机构,开始将国际法的编纂作为一个专门的领域,多次召开专门制定国际法基本原则和具体规则的国际会议并签署通过多项国际多边公约,不断发展和编纂国际法。此外,各国际组织建立时形成的宪章、宗旨、行事规则等具体规则,也丰富和发展完善了国际法。

总之,国际组织在仍然以主权国家为主要行为体的国际关系中总体上发挥了积极作用,目前的国际组织不仅在数量上发展迅速,已远远超过了国家的数量,而且其活动范围也非常广泛,涉及的领域已涵盖政治、经济、社会、文化等国际社会的各个方面,所发挥的作用也日渐增大,在国际关系中甚至可以发挥国家难以发挥的作用,对国际关系有着不容忽视的影响,已经成为国际关系行为体中的重要一员。尤其在国家关系日益密切和全球性问题不断出现的今天,国际组织能够发挥更为积极的作用,或者至少可以提供国际论坛和国际谈判场所,融合不同价值观和不同国家利益,尽可能寻找全球性或地区性的共同利益,降低冲突风险,维护世界和平,促进世界共同发展。

第三节　国际组织法

顾名思义,国际组织法即有关国际组织的法律,即规定国际组织权利与义务的规则。也就是说,"国际组织法是用以制约与调整国际组织的创立、法律地位、内外活动及有关法律关系问题的所有法律原则、准则、规章和制度的总称。它既包括适用于所有国际组织的一般性原则与规范,也包括反映某些个别组织和某一类组织特定性质的特殊性原则与规范,甚至还包括专门调整国际组织中某一类问题的原则与规范"[1]。不过,"由于国际组织法还不是一个成熟的法律系统,所以国际法的编纂工作虽然由来已久,但以国际组织法为题而进行的系统性编纂还从来没有过"[2]。目前国际社会还没有类似于海洋法公约那样专门论述国际组织的一部综合性国际法律文件。但是,并不能因此认为不存在国际组织法,只不过这些法律规则散落在一些其他国际法规则或专门为国际组织制定的具体规则和国际组织的章程,如《联合国特权和豁免公约》《国际组织的国际责任》《联合国宪章》等具体国际法文件中,以及国际关系的一些实践中。一般而言,国际组织法分为外部法和内部法,前者指用来调整国际组织同其成员和非成员及其他国际组织关系的规则,后者指国际组织内部的管理运作规则。具体而言,国际组织法包括国际组织与国家的关系与区别、国际组织的国际法地位、国际组织的特权与豁免、国际组织的国际请求与国际责任能力、国际组织的对外交往与使节权、国际组织对特定地区的管辖、国际组织的一般内部运作等。

国际组织与国家的关系与区别

国际组织的出现及其活动,终究离不开国家。虽然国际组织不同于国家,但却与国家有着密切关系,因为在一个仍以主权国家为基本行为单位的国际社会,任何国际组织的出现及其运作都离不开国家,或者说都须在国家的法律批准或默许下开展有关活动。很明显,国际组织来自国家而不是相反,即国际组织必须有若干国家的同意和参与及有关国家的批准注册才能够存在。因此,是

---

[1] 饶戈平主编:《国际组织法》,北京大学出版社1996年版,第19页。
[2] 梁西:《梁著国际组织法(第六版)》,武汉大学出版社2011年版,第10—11页。

国家赋予了国际组织各项权利和义务,国际组织的独立性要弱于国家;但并非某个国家决定了某个国际组织的形成及其运作,国际组织的形成和运作是若干国家或其成员共同决定的结果,所以国际组织对其成员同样具有管理和制约作用,尤其在特定领域,国际组织的权力可能会大于某一个国家。例如,19世纪中期成立的"欧洲多瑙河委员会"不但直接行使了诸如征收航行税等一些行政执行权力,而且具有一定的行政立法权力,即可以制定拘捕个人的航行、水警与监管条例。因此,国际组织虽然不具有国家所具有的完整要素,如领土、居民、政府、主权,但同样具有独立性,当然这里的国际组织主要指政府间国际组织,而且这一独立性也只是体现在特定领域。

国际组织的国际法地位

国际组织除去在国际社会相关领域具有独立地位和发挥着独特作用之外,是否拥有国际法上的主体地位,也是确定其法律地位的主要指标。尽管国际法并无明文规定国际组织是否具有国际法主体资格,但就如《联合国宪章》第104条规定"本组织于每一会员国之领土内,应享受执行其职务及达成其宗旨所必需之法律行为能力"[①]所体现的,应该说至少像联合国这样的国际组织,或者任何合法的政府间国际组织都应该具有国际法主体资格。当然,这些国际组织即使被赋予国际法主体资格,也并非如同主权国家那样具有完整意义上的主体资格,而是按照所谓"职能性原则"只能在其相应的领域发挥作用并具有国际法主体资格,即在各自相应领域具有直接承受国际法上权利与义务的能力。有关国际组织的国际法地位问题,尤其像联合国这种政府间国际组织的国际法地位问题,在本书第二章有关国际法主体部分已经详细论述,其作为国际法主体地位的确切证据也已经通过前文所列举的国际法院对1949年"贝纳多特案"发表的咨询意见提供。也就是说,政府间国际组织也同主权国家一样具有国际法主体资格,只不过这种资格是一种有限度的资格。此外,在某些特殊情况下,一些非政府间国际组织经有关国家或政府间国际组织授权后也有可能成为有限的国际法主体。当然,对于大部分非政府间国际组织而言,其法律地位一般由组织机构所在国的国内法律来决定,即被作为注册地国的一般社团组织来对待。

---

① 转引自饶戈平主编:《国际组织法》,北京大学出版社1996年版,第401页。

国际组织的特权与豁免

国际组织为了能够不依赖于其他法律主体而独立有效地完成自己的任务，其自身以及为完成任务而工作的职员及专家等人就需要获得一定的特权与豁免，因此国际组织的资产、财产和代表的特权与豁免也会成为一个法律问题。当然，国际组织的特权与豁免毕竟不同于主权国家及其外交代表机构、人员的特权与豁免，或者说国际社会并没有适用于所有国际组织特权与豁免的国际规则，实践中一般需要具体国际组织同有关国家间通过协议做出规定。不过，对于像联合国这样的普遍性国际组织，因为其广泛的代表性，形成了《联合国特权和豁免公约》和《联合国专门机构特权和豁免公约》，就联合国及其专门机构以及代表联合国及其专门机构工作的职员享受特权与豁免的内容以及范围做出了具体规定。例如，《联合国特权和豁免公约》第 2 条第 2 款规定，联合国的财产、款项和资产原则上对于所有形式的诉讼程序享有豁免；同条第 3 款规定，联合国的房舍不受侵犯，其财产和资产不论位于何处均不能被搜查、征用、没收和征收；同条第 7 款规定，联合国的资产、收入及其他财产原则上免除一切课税；公约第 5 条和第 6 条则对联合国的职员和专家所享有的特权与豁免的具体内容做出了规定。此外，各个国际组织同其总部所在地国间缔结的总部协定，如联合国和美国在 1947 年 6 月签署、同年 11 月生效的《关于联合国总部的协定》，也规定了联合国总部与所在地国间的关系以及享受特权与豁免的具体内容。

国际组织的国际求偿能力与国际责任能力

当国际组织被承认为具有国际法上权利义务的主体地位时，紧接着的问题就是当国际组织在国际法上的权利遭到侵犯或损害，即成为国际不法行为的受害者时，国际组织是否具有国际法上的求偿能力，即国际求偿能力。或者，当国际组织侵犯或损害了其他国际法主体在国际法上的权利时，该国际组织是否有能力承担国际法上的责任，即国际责任能力。这两个问题实际上是一个问题的两个侧面，即权利与义务的统一。

关于国际组织在国际法上独立进行请求的能力，同样可以举出 1949 年国际法院关于"贝纳多特案"的咨询意见，即联合国具有对因违反其对联合国承担的国际义务而对联合国造成损害的会员国提起国际赔偿请求的能力，并且对具体受到损害的职员个人也具有行使保护和请求补偿的权利。以此类推，一般都认为类似于联合国这样具有相对独立性质的政府间国际组织都具有国际求偿能力。关于国际组织的国际责任问题,联合国国际法委员会从2003年起就开始起草有关条文草案,并且在2009年一读通过了《国际组织的国际责任》草案。此外,国际法协会也在2004年通过了有关"国际组织问责制"的建议规则及习惯草案。而且,在国际关系的实践中,也曾有过联合国在实施维和行动(PKO)时给当地国家造成损失而承担国际责任进行赔偿的事例,如1956年"苏伊士运河危机"和1960年"刚果危机"时联合国派往埃及和刚果的维和部队由于违法占据和使用土地以及对当地外国人和外国企业造成损害等承担国际责任并进行了相应的赔偿。于1982年签署并于1994年生效的《联合国海洋法公约》附件3第22条"责任"中,也明确规定作为国际组织的国际海底管理局对行使权力和职务时由其不法行为所造成的损害应该承担责任。

国际组织的对外交往与使节权

国际组织作为具有独立地位的国际法主体,自然会有各种对外交往活动,如谈判、缔约及派遣使节等。当然,在这些方面国际组织同样不同于国家,其权利范围只能限于实现该组织创设目的和完成其任务的必要范围,如只能参与涉及该组织负责的特定领域及其事务的谈判和缔结有关条约或协定。为了解决国际组织在缔结条约时的一些法律问题,联合国国际法委员会曾起草《国家和国际组织间或国际组织相互间条约法的维也纳公约》,该公约在1986年获得通过,但至今仍未生效。该公约并没有明确承认国际组织具有一般性缔结条约能力的条款,而只是在第6条规定"国际组织缔结条约的能力依照该组织的规则"。例如,联合国向有关国家派遣参加维和行动部队时,一般都会同接受国就确定各种派遣条件签订驻留协定,这种协定即表明作为国际组织的联合国为达到该组织目的及完成任务具有谈判缔约权;作为地区性国际组织的欧盟,在其创设条约中也规定了欧盟同其他国际法主体缔结条约的具体程序。

关于国际组织派遣使节,一般有临时派遣与常驻派遣之分,前者指为了某一次特定对外交往活动而临时派遣代表,后者指向其成员或其他国际组织派遣常驻代表。在国际法上,使节权可以有两种,即能动使节权与被动使节权,前者指派遣使节的权利,后者指接受使节的权利。一般而言,在国家间派遣与接受使节往往是平衡的,即不但彼此具有相同权利,而且其使节级别也应该相同。但是,在国际组织与其成员间却未必如此,几乎所有的国际组织都须被动接受其成员派遣的常驻代表,如在纽约的联合国总部和日内瓦的联合国欧洲总部及其他国际组织的总部,都驻有各成员的常驻使节。1975年国际社会还通过《维也纳关于国家在其对普遍性国际组织关系上的代表权公约》对成员向普遍性国际组织派遣的代表团或常驻使团的法律地位及特权与豁免等问题做出规定,但国际组织成员是否接受该国际组织派遣使节则完全由成员决定,即国际组织的能动使节权是受到限制的,并不能由国际组织自身决定是否派遣使节。至于国际组织间是否需要派遣使节,则更是需要相互间的协议决定。

国际组织对特定地区的管辖

不同于国家,国际组织没有自己的领土,即相对于国家这种必须具有一定范围领土的"领土性团体"而言,国际组织只能被称为"功能性团体"。不过,在国际关系的历史实践中,国际组织也曾对一些特定地区行使过虽非领土但类似于领土的管辖权,如国际联盟对"委任统治地区"和联合国对"托管领土"的管辖,以及冷战后联合国对一些特定地区的临时性管辖等。当然,委任统治制度与托管统治制度本身就是一项过渡性的管辖,目前已经完成其历史任务不再存在。冷战后联合国对一些特定地区的管辖就更是为实现和平而采取的极其短暂的临时性管辖。然而,在国际组织对那些特定地区实施管辖期间,该国际组织就拥有该地区至高无上的权力,而且由国际组织通过临时性管辖某一特定地区去创造和平的做法正在越来越多地被国际社会所接受。

此外,国际组织与东道国通过缔结总部协定建立的所谓"总部辖区"(Headquarters District)也意味着该国际组织对其总部所在地一定范围地区拥有管辖权,即虽然从理论上而言这一范围仍然属于所在国领土,但实际上该国际组织在这一范围内享有一定的管辖权,或者这一管辖权也可以类似于一国派驻另一国使领馆范围内的管辖权。

国际组织的一般内部运作

对于国际组织的内部运作,国际法并没有提供可以涵盖所有国际组织的一般性规则,而主要体现在各个国际组织的成立章程中。尽管国际组织形形色色,其成立目的及其章程也不尽相同,但绝大部分国际组织都会包括一些基本内容,如在规定了成立目的和宗旨的基础上都会包括成员构成、机构构成、决策程序和方式、财务收入支出等。

在成员构成上,任何国际组织都会对成员资格有所要求,至于成员的权利与义务则需要根据创始协定确定的规则加以规定,如有些国际组织有创始成员和"加入成员"之分,当然这类国际组织指那些开放性国际组织,封闭性国际组织就只可能有创始成员,或者有些国际组织还有正式成员和准成员之分,甚至还有一些国际组织存在观察员,当然这些不同成员的权利与义务可能会有不同。一般而言,那些相同类型的成员在权利与义务方面都是相同和平等的,除非章程明确规定不同成员的某些特殊权利或义务。对于那些开放性的国际组织来说,新成员的加入一般也需要按照该国际组织章程规定的程序进行。例如,要成为联合国的会员国,按照《联合国宪章》第4条规定,"凡其他爱好和平之国家,接受本宪章所载之义务,经本组织认为确能并愿意履行该项义务者,得为联合国会员国。准许上述国家为联合国会员国,将由大会经安全理事会之推荐以决议行之"①。

关于国际组织的机构,可能不同的国际组织并非完全相同,但一般都会由三部分机构组成,即由所有成员代表组成的大会作为最高的议事和决策机构、由部分成员代表组成的专业理事会作为具体的执行和监督机构、由行政首长及其职员组成的事务局或秘书处作为维持日常事务和组织各项活动的机构。有些重要的国际组织,甚至还会有司法机构或其他一些辅助性机构,如联合国下属机构国际法院,以及欧盟下属的欧盟法院等。在联合国这样的普遍性国际组织内部,由于涉及的事务比较广泛,所以会分别设立一些由部分成员组成、专门负责某些事务的理事会,如安全理事会、经济及社会理事会和人权理事会等。由于这些理事会并非由全体成员代表组成,所以一般会按照确定规则指定或由大会选举产生若干理事成员组成理事会,如联合国安理会由15个会员国代表组成,其中除去中、美、英、法、俄5个常任理事国外,其余10个非常任理事国则通过大会定期选举产生。

国际组织会根据自己的性质与目标提出有关问题和组织有关活动,一般而言任何成员都可以提出这些问题或要求组织活动,或者各内部执行机构或事务局也可以提出问题或要求组织活动,然后一般都需要通过会议表决方式进行决策。不同的国际组织,或对于不同的问题,其表决决策方式也不尽相同,不过一般不外乎下列几种方式:全体一致同意制、多数表决制、加权表决制、协商一致制、反向协商一致制。

全体一致同意制是很多国际组织讨论问题时常常使用的一种表决决策方

---

① 转引自饶戈平主编:《国际组织法》,北京大学出版社1996年版,第382—383页。

式,即只有当所有成员都表决同意时被讨论的议题才能够通过。这种方式虽然满足了每一个成员的愿望和保证了每一个成员的利益,但同时也使得决策难度增大,其中只要有一个成员反对,任何决议或活动就难以通过和进行。因此,目前很多国际组织更多地采取多数表决制方式决策,即根据不同问题的重要程度,分别规定有简单多数或三分之二多数同意就可以通过,如联合国大会的表决就规定在"一般问题"上采取简单过半数方式,在"重要问题"上采取三分之二多数方式。一些重要机构甚至还规定了一些特殊的表决方式,如联合国安理会的表决,在所谓"程序事项"上必须有15个理事国中9票赞成才能够通过,在一些所谓"非程序事项"或"实质性事项"上则在同样规则上又增加了须有5个常任理事国的同意,即人们常说的5个常任理事国的"否决权"。此外,不同于一般多数表决制的每个成员都有一票,有些国际组织还可以采取加权表决制进行决策,即虽然也按照多数表决来进行决策,但每个成员代表的投票权并不相同,而是按照一定规则赋予不同成员不同的投票权比例,如在国际货币基金组织和世界银行等经济类国际机构,就是按照各成员的出资额在基本投票权之外进行加权。

近年来,也有一些国际组织采取协商一致制的方式进行决策,这一方式不同于上述几种表决方式,而是一种"非投票"方式,即通过事前非正式的磋商来调整各成员间的利益冲突和对立并找出相互妥协点,然后在进行正式决策时由主持者提出事前形成的提案并在确认没有反对意见的基础上宣布通过。这种决策方式,曾经在联合国第三次海洋法会议上起草《联合国海洋法公约》过程中被采用,目前在联合国内部的各个机构或委员会进行决策时也经常被采用。这一决策方式的优点在于,有利于缓和各成员间的矛盾和对立,事前的磋商与相互妥协也有利于顺利决策;但这一方式也由于最终通过的内容缺乏明确性而受到指责。此外,在世界贸易组织解决争端的机制中,还有一种反向协商一致制,或称为协商一致反对,即在有关争端事项的决策时,只要不是所有成员协商一致反对,就被视为通过。

国际组织作为一个实体,其所有活动自然都需要人力和财力的付出,同样有财务方面的收入与支出。国际组织并非营利性实体,因此其主要收入基本来自成员缴纳的会费和某些特别活动缴费,至于会费的收取则根据组织章程规定和实际需要决定,或者平均分摊或者按照成员的经济实力计算收取。除去会费与特别活动缴费外,也会有一些自愿捐款或对外提供有关服务和出售出版物的收入。国际组织的支出一般分为经常性支出与特别支出两部分,前者主要用于支付工作人员工资及各种日常运作费用,后者则用于某项特别行动,如联合国的维和行动和大规模救援活动等。不言而喻,不论收入或支出,一般都会由事务局或其他有关机构按照规定的会计制度监督执行。

思考题

1. 国际组织的作用有哪些?在现代国际社会中,国际组织应该发挥什么样的作用?

2. 国际组织在国际法上具有什么样的权利与义务?这一权利与义务和国家的权利与义务有何异同?

第十四章
世界经济的发展与国际经济法

第一节 世界经济的形成与发展变化

"经济"一词的来源,与中国古代所谓"经国济民""经世济民"之意有关,即国家或家庭的经营。不过,现在所用"经济"一词的含义,来源于古希腊语,原意为家庭管理术,始见于古希腊色诺芬的《经济论》一书,亚里士多德又赋予该词以谋生手段的含义。在近代西学东渐的过程中,日本借用古汉语原有词汇,将该词翻译作"经济",即指人类的一切生产活动。不言而喻,经济活动是人类生存和发展的基础性活动,即人类的所有活动都必须建立在一定的经济条件和基础之上,而且一般而言,随着人类生活经验的增加和生产技术的提高,其经济规模也会不断扩大,彼此间的经济联系会越来越密切。尤其进入近代以来,人类的经济活动已经越来越具有世界性,即在全世界范围内基本形成了统一的市场,并逐渐形成了统一的规则。

世界经济的概念与形成

所谓世界经济,"指由于世界各国和地区的经济相互联系和相互依存而构成的全球范围的经济体系。它是在国际分工和世界市场的基础上,通过商品流通、劳务交换、资本流动、技术转让等多种形式和渠道,把世界范围内的经济包括生产、生活有机地联系在一起"[①]。或者说,世界经济是在世界范围内各国国

[①] 杭言勇等编:《世界经济导论》,浙江大学出版社2016年版,第1页。

民经济通过国际贸易与世界市场、生产国际化与生产要素的国际流动、金融自由化与国际货币体系等经济纽带相互联系而构成的有机整体,是超越民族、国界的一种经济体系。

有的时候,人们也用"国际经济"一词来替换表述世界经济,但前者其实仅指国家间发生的各种经济活动,而后者的含义更为广泛,不仅包括前者,而且包括世界总体的综合经济状况及其体系。一般而言,世界经济的运行主要通过国际贸易、国际投资和国际金融的方式,世界贸易组织(其前身为关税及贸易总协定)、世界银行和国际货币基金组织及各个地区性的经济合作组织是世界经济规则的制定者和世界经济运行机制的协调者,此外还有以跨国公司为主体的各国企业作为实体经济的实际承担者发挥着作用。

在近代之前,应该说还没有真正意义上的世界经济,那时甚至一个国家内部不同地区的经济都相互隔绝,自成一体,当然也谈不上统一的世界性市场和规则。15世纪末开始的欧洲航海探险及"地理大发现"在人类历史上第一次将整个地球连成了一体。此后,大部分西欧国家开始了面向亚洲的商业活动和向美洲的大规模移民以及从非洲贩卖黑奴去美洲的活动。这一切都极大地刺激了全球性的生产与商业活动,形成了以西欧为中心的全球资本主义经济,即大批的非洲黑人劳动力被贩卖至美洲,与美洲大规模的种植园经济相结合,生产出大量的各种农作物初级产品,这些产品再运往欧洲进行加工生产,不但创造了大量工业产品,而且进一步刺激了欧洲国家的工业技术提高。18世纪60年代,发轫于英国的以蒸汽动力为代表的工业革命使得世界经济的规模进一步扩大,欧洲国家利用雄厚的经济能力和坚船利炮相互激烈竞争和抢占海外殖民地,19世纪70年代开始的以电力为动力的新工业革命使世界经济得到更为迅猛的发展,在英国之外又有美、德、法等国经济的崛起,世界经济从欧洲各国的自由竞争逐渐过渡到垄断阶段,以这些欧洲主要国家为中心,这些国家的经济与其殖民地经济共同形成了全球经济体系。

到20世纪初,资本主义世界经济发展成为囊括全球的统一的体系,这一阶段世界经济的特点有:在国际分工领域,基本形成了以欧美为中心,以亚非拉为边缘的国际分工体系;在国际贸易领域,随着机器大工业生产的普遍建立,世界贸易迅猛发展,国际经济交流基本准则在英国与其他欧美国家的博弈中逐渐形成;在世界金融货币领域,英国由金银复本位制过渡到金本位制,此后欧洲各国相继实行金本位制,推动了各国货币汇率的相对稳定与多边结算制度的形成。①

然而,垄断资本主义对殖民地的争夺终于导致了一战的爆发,人类历史上第一次具有世界规模的战争使得世界经济格局发生了巨大变化,在战争中美国凭借其新兴科技与经济能力及其优越的地理条件一跃成为世界第一经济强国,世界的金融中心开始向美国转移,同时世界又开始出现不同于资本主义殖民体系的社会主义经济制度。

一战后的世界经济,虽然仍然具有统一的世界市场,但却缺乏统一的世界经济规则,而且多次发生世界性的经济危机,其中1929—1933年的经济危机冲击了整个世界经济,是资本主义世界经济形成以来最深刻和最持久的一次危机。此次危机给世界经济带来深刻影响,美、英、法等主要国家加强了政府对经济的干预,美国罗斯福新政标志着混合经济的开端,自由放任的市场经济走到了尽头,同时国际经济秩序遭到严重破坏。在国际贸易秩序方面,各国为了转嫁和摆脱危机而进行空前激烈的商品倾销与关税战;在国际金融秩序方面,金本位制崩溃,世界大部分地区被分裂为英镑集团、美元集团、法郎集团和日元集团。而且,危机中各国相互转嫁危机造成各主要国家间的政治经济矛盾日益尖锐,最终导致了人类历史上又一次世界大战的爆发。

战后世界经济的发展变化

二战的结局,使得世界经济格局再次发生重大变化,即世界经济的中心开始从欧洲向美国转移,作为主要战胜国的美国经济实力大增,到1945年美国占到了资本主义世界工业生产总值的60%、世界黄金储备总量的59%。② 美国强大的经济实力为其建立战后新的世界经济秩序提供了基础。在二战即将尘埃落定之时,美国等主要同盟国接受二战前主要国家面对经济危机相互恶性竞争导致世界经济遭遇挫折及引发战争的深刻教训,开始构建新的世界经济秩序。在美国主导下,从1944年至1947年,国际社会成立了国际货币基金组织(International Monetary Fund, IMF)、国际复兴开发银行(International Bank for Reconstruction and Development, IBRD),签署了关税及贸易总协定(General Agreement on Tariffs and Trade, GATT),并建立了以美元为中心的国际货币体系,形成了以美国的绝对超强经济地位为主导的世界经济秩序,即被称为"布雷顿森林体系"

---

① 高德步主编:《世界经济史》,高等教育出版社2019年版,第160—164页。
② 《世界经济概论》编写组编:《世界经济概论(第二版)》,高等教育出版社2020年版,第38页。

的世界经济秩序。

在新的世界经济秩序下,美国又分别通过对西欧国家和日本实施的"马歇尔计划"和"道奇路线"援助计划开始振兴整个西方阵营国家的经济,与此同时苏联联合东欧等地一些国家成立了"经济互助委员会"并同中国等一些国家形成了不同于资本主义市场的经济集团,世界经济在两条不同的轨道上运行。20世纪70年代,由于以核能与电子计算机为代表的第三次工业革命的出现,世界经济整体取得了巨大增长。

经过20多年的发展,以美国绝对超强经济地位为特征的世界经济格局开始向着多极化方向变化,除去苏联、中国等社会主义国家的竞争之外,日本、西欧国家的经济崛起也导致美国的经济地位相对下降,美国的国际收支状况不断恶化,黄金储备急剧下降,美元的国际信用发生动摇,引发20世纪70年代初国际市场抛售美元、抢购黄金的美元危机,进而导致了布雷顿森林固定汇率制的崩溃和牙买加货币体系[1]的建立,以美元为中心的国际货币金融体系受到了巨大冲击。与此同时,70年代出现的两次"石油危机"更使世界经济雪上加霜,西方发达国家结束了战后长达20多年的繁荣期,陷入了严重的"滞胀"状态。为了摆脱困境,西方发达国家纷纷放弃凯恩斯主义的政府干预及福利政策,转而推行新自由主义的全面私有化政策,并开始大规模输出资本,跨国公司得到巨大发展。同西方阵营全面对抗的苏联集团,也由于70年代缓和烟幕下的不断军事扩张及僵化的经济管理体制,经济持续下滑,进入80年代后不得不开始改革。

20世纪80年代末90年代初,东欧剧变与苏联解体导致在两极格局下独立存在的东方市场不复存在,世界又重新形成了一个统一的市场,新一轮的全球化再次启动。在这一轮的全球化过程中,美国等西方发达国家和中国等一些新兴市场国家借助信息技术等产业构成了世界经济的主要部分,基本形成了北美、亚太和欧洲三大经济板块,彼此联系构成了全球性分工的产业链条,极大提高了生产效率,促进了整体世界经济的发展。进入21世纪后,世界经济持续发

---

[1] 20世纪70年代对布雷顿森林体系货币改革后形成的新国际货币体系。1972年7月国际货币基金组织成立了一个专门委员会研究国际货币制度的改革,1974年6月提出一份改革纲要,对黄金、汇率、储备资产、国际收支调节等问题提出一些原则性建议,1976年1月国际货币基金组织理事会"国际货币制度临时委员会"在牙买加首都金斯敦举行会议并签订了"牙买加协议",确认浮动汇率的合法性及维持全球多边自由支付原则等。1976年4月,国际货币基金组织理事会通过《IMF协定第二修正案》,从而形成了新的国际货币体系。

展。然而,这一轮的全球化虽然创造了巨大的经济效益,但同样没有解决国家间和不同社会群体间利益平衡的问题,而且其中的所谓各种金融创新等虚体经济在制造经济繁荣的同时也孕育了巨大的经济危机,2008年源于美国的金融危机就意味着这一轮全球化的受挫。于是,出现了代表不同经济发展模式的所谓"华盛顿共识"与"北京共识"之间的争论①,同时也出现了各种反全球化的声音。尤其在2020年全球新冠疫情暴发之后,上述各种因素重叠影响,世界经济发展速度放缓。

总体而言,世界经济虽然基本呈现持续发展状态,但仍然面临众多问题,这些问题主要有:发展不平衡问题,尤其是发达国家与发展中国家经济发展不平衡问题;金融垄断资本无序扩张问题,即金融垄断资本的各种所谓金融创新造成的虚体经济繁荣严重侵蚀了实体经济的发展空间;利益不均衡导致的反全球化或逆全球化势力增长,以及各国出现的经济保护主义和民粹主义。这些都对世界经济的发展构成了阻碍。因此,眼下全球经济治理问题已经成为各国政府高度关注的问题。

第二节 世界经济与国际关系

近代国际关系形成以来,国家就无时无刻不处在相互竞争状态,而且正如人们常说的那样,经济是基础,即尽管国际关系的主要内容体现为政治关系,但世界各国的政治竞争最终取决于国家实力,而国家实力需要经济作后盾,或者说一个国家的经济实力很大程度上是其国家实力的基础,体现一个国家实力的科技、军事、外交等能力都需要强大的经济能力作支撑。因此,从这个意义上说,国家间的竞争很大程度上就是经济的竞争,经济活动也在一定程度上制约了国际关系的发展。

何况,经济活动本身也是国际关系中的重要内容,可见政治与经济很难完全分开。从根本上来说,维护一个国家政治与安全利益的主要手段仍然离不开经济,如果没有雄厚的经济基础,国家的综合实力就难以真正提高,其政治与安全也难以有效维护。同时,经济利益也需要通过一定的政治权力及其影响力获

---

① 作为世界第一和第二经济体的美国和中国各自代表的经济发展模式,前者强调新自由主义的全面私有化市场经济,后者强调政府加强管理指导的有序市场经济。

得，确立什么样的世界经济规则其实也是国际政治与安全秩序的主要内容之一，如二战后美国主导建立的世界贸易、投资、金融机制基本保证了世界各国的正常经济关系，克服了战前那种各国各自为政、恶性竞争的弊端，自然就在很大程度上稳定了国际政治与安全秩序。

近代国际关系的历史其实一直伴随着世界经济的身影。15世纪末至16世纪新航路的开辟及地理大发现使世界真正连成了一体，也极大地刺激了世界经济的发展，但同时也导致欧美国家疯狂抢夺殖民地和压迫其他地区国家及其人民的现象，而这种现象就是当时国际关系的现实，即欧美国家成为当时国际政治权力的主导者，不但彼此之间为争夺殖民地相互争斗甚至发生战争，而且使其他地区的大部分国家都先后沦为其殖民地。也就是说，新航路的开辟及地理大发现刺激了欧美国家对经济利益的追求，促进了整体世界经济的巨大发展，但也正是这种资本对利润的疯狂追求造成了世界性殖民体系。政治与经济的巨大不平衡现象，或者说世界经济的巨大发展与政治权力的不平衡现象导致了国际关系的动荡与不安，巨大的经济利益造成殖民国家之间以及殖民地与其宗主国之间的矛盾与冲突。例如，两次世界大战的爆发就与国家之间的经济竞争有关。一战之前的殖民地经济导致不同殖民国家与其殖民地作为一个集团与其他集团恶性竞争，争夺市场，再加之其他一些矛盾，终于酿成了人类历史上第一次世界规模的战争；二战的爆发则与1929年至1933年的世界性经济危机有关，在资本主义生产过剩的危机面前，各国都自顾不暇，以邻为壑，相互封锁制裁，争夺资源和市场，最终造成国际关系的紧张，又一次酿成了一场世界大战。

二战结束至20世纪80年代末，国际关系的主要特征和主要内容就是东西方冷战，而且两大阵营或集团除去意识形态与军事的对抗之外，在经济上也形成了两个相互隔离的体系并处于竞争和对抗状态。如前所述，在20世纪70年代之前，东西方两大阵营国家及两大体系的经济基本上都得到发展；在70年代之后，西方阵营国家在经历了经济"滞胀"的阵痛及调整之后，其经济又获得了新的发展，其整体力量也有所增强，而苏联则利用东西方缓和的国际形势将资源主要用于军事扩张方面，不但同中国等过去的盟国分道扬镳，而且自身的经济也严重受损，以至于在80年代中期不得不开始进行经济改革，最后却以失败告终，甚至导致自身及整个东方集团解体。由此可见，冷战对峙中苏联及其东方集团的解体很大程度上就是同西方的经济竞争失败导致的，或者说是经济竞争改变了国际关系和塑造了新的国际格局。

冷战后国际关系的改善以及世界统一市场的重新形成，促进了经济全球化的进程,给大部分国家带来了巨大的利益,即和平与发展,但国际关系中的固有矛盾依然存在,即不同国家对权力和利益的追求,当然也包括经济的竞争,尤其在不同社会制度和不同经济发展模式的国家之间更是如此。如中国与美国虽然都是这一轮经济全球化的受益者,但不同的社会制度、意识形态和价值观及不同的经济发展模式造成了双方的不信任与对收益分配的不同理解,冷战后中国几十年的快速发展使自身具有了比较雄厚的经济基础,目前已经成为仅次于美国的世界第二经济大国,而且在科技、军事、国际影响力等各个方面都在快速增长,对此美国深感自己长期以来在世界经济和国际政治中的霸权地位受到了挑战,于是试图联合其西方盟国共同限制中国的发展,其中很重要的内容就是在经济上限制中国,如美国挑起贸易摩擦,甚至试图与中国经济脱钩,美国还试图联合其盟国和一些国家在高科技等领域构建排斥中国的封闭式集团,将中国排挤出世界主流经济圈之外。由此可见,眼下国际关系的竞争在很大程度上仍然是经济及发展模式的竞争,经济在国际关系中所占的分量仍然很大。因此,构建和运用有关国际经济的各项规则,就显得极其重要。

第三节 国际经济法

如前所述,尽管二战后近半个世纪国际社会存在着东西方冷战结构和相互对抗的两个平行市场,但在以西方国家为主导的国际经济领域也形成了一些规则,而且经过几十年的运用和磨合,尤其在冷战结束世界重新成为一个统一市场后,这些规则经过补充完善已经成为世界经济的主要规则,即国际经济法。具体而言,国际经济法主要包括国际贸易法、国际投资法和国际金融法,它们共同构成了眼下整个世界经济的基本法律框架。

国际贸易法

国际贸易指国家之间货物或服务的交易,其规则是国际经济法中最古老的部分,也是相对发展最为充分的一个领域。17 世纪至 18 世纪西方殖民国家对外经济扩张导致世界经济形成的过程中,先后出现了众多双边性的"通商条约",规定了有关国家间的具体贸易规则,即最早的国际贸易法,不过这些规则并非普遍性的规则,只能约束签订条约的双方。20 世纪 30 年代中期,美国制定了《互惠贸易协定法》并且依据该法同 30 多个国家缔结了双边贸易协定,这些协定与确定综合长期经济关系的通商条约相比,其特点在于只是以确定特定领域中短期关系为目标,且属于不需要国会批准的行政协定。而且,这些协定普遍都提出了"自由贸易"的概念,如通过谈判相互降低关税以及无条件将最惠国待遇条款给予第三国等。二战之后,在 1947 年谈判建立"国际贸易组织"(ITO)时,美国又向 23 个国家建议进行多边性关税谈判,最终将《国际贸易组织宪章(草案)》中的贸易政策一章归纳成为一项协定,即"关税及贸易总协定"(GATT),开始谋求国际贸易协定的多边化。

GATT 基本上继承了美国同其他国家缔结的双边贸易协定的内容,不过由于其形成的非计划性而存在一些缺陷,如规定各成员现行国内法即使与 GATT 的规定相冲突,仍然可以优先适用国内法规,即所谓"祖父条款",以及缺乏组织性要素等。尽管如此,作为一项多边协定建立起来的国际贸易架构,GATT 也在削减关税和制定国际贸易规则及解决贸易争端等方面发挥了积极的作用。冷战结束之后的 1995 年,酝酿几十年的全球多边贸易组织"世界贸易组织"(WTO)终于取代 GATT 开始发挥作用。WTO 所涵盖的内容不仅包括货物、服务业与知识产权贸易,而且这些内容也进一步得以细化,目前已成为国际贸易的一般性规则。

WTO 协定由《马拉喀什建立世界贸易组织协定》(即《马拉喀什协定》)、4 个附件以及 30 多份部长会议决定及宣言组成。《马拉喀什建立世界贸易组织协定》即 WTO 宪章,由 16 条条文构成,其中规定了 WTO 的基本组织架构及其运作程序。附件 1 又可分为《货物贸易多边协定》(附件 1A)、《服务贸易总协定》(附件 1B)和《与贸易有关的知识产权协定》(附件 1C)三部分,其中附件 1A 又由《GATT 1994》[①]、《农业协定》、《实施卫生与植物卫生措施协定》(SPS 协定)、《纺织品与服装协定》、《技术性贸易壁垒协定》(TBT 协定)、《与贸易有关的投资措施协定》(TRIMS 协定)、《反倾销协定》、《海关估价协定》、《装运前检验协定》、《原产地规则协定》、《进口许可程序协定》、《补贴与反补贴措施协定》、《保障措施协定》等构成,附件 2 和附件 3 分别是有关解决争端的规则和有关"贸易政策审议机制"(TPRM)的规则。附件 1、附件 2 和附件 3 也被称为"多边贸易协定",构成了 WTO 建立协定不可分割的一部分,成员在加入 WTO 时必须全部接受。附件 4 中所包括的协定及有关文件则被称为"若干国家间贸易协定",只能拘束参加这些协定的成员。

---

① 即在 GATT 框架内经过 1986 年至 1994 年"乌拉圭回合"谈判所做出的有关贸易规定。

WTO 的职能主要有:(1)为 WTO 各项协定的实施、管理和运用提供制度性框架;(2)为成员间的贸易谈判提供场所;(3)为解决争端及讨论贸易政策提供场所;(4)为实现全球经济的统一性,与国际货币基金组织和世界银行及其附属机构进行合作。在 WTO 内,有由所有成员代表组成的作为最高决策机构的部长级会议,至少每两年召开一次会议,主要就履行 WTO 的职能、采取必要行动以及有关多边贸易协定的所有事项做出决定。此外,还有同样由所有成员代表组成的总理事会,每年约召开六次会议,主要承担行使协定职能以及在部长级会议休会期间维持 WTO 日常工作运行的职能。部长级会议和总理事会具有对 WTO 各项协定的解释权,总理事会还具有"争端解决机构"和"贸易政策审议机制"的职能。此外,在总理事会指导下还设有"货物贸易理事会""服务贸易理事会"和"与贸易有关的知识产权理事会"负责各自领域贸易协定的实施。另外,在部长级会议设置的一些特别委员会及上述的三个理事会下设的一些辅助机构之外,还有以总干事为首长的秘书处。WTO 内部的决策方式,一般情况下采取"协商一致制"或"反向协商一致制",但在解释协定或决定某一成员的义务豁免等一些特殊情况时也会采取四分之三多数表决的方式。当然,实际上各成员的能力和作用并不相同,在进行一些重大决策时,往往是其中一些主要国家在 WTO 之外通过一些非正式的谈判和协议来影响决策,如在中国加入 WTO 的问题上,就主要是美国、日本等国家与中国之间的谈判。

WTO 的主要职能是主持国际多边贸易谈判,即通过确定议题、目标和期限的所谓回合谈判形成和制定新的国际贸易规则。从 1947 年 GATT 成立到目前的 WTO,已经先后经历了九轮谈判,这些谈判对世界贸易秩序的进一步完善发挥了作用。2001 年 11 月至 2006 年 7 月举行的"多哈回合"谈判,涉及农业、非农产品市场准入、服务、知识产权、规则、争端解决、贸易与环境以及贸易和发展问题等八个议题,其宗旨是促进世贸组织成员削减贸易壁垒,通过更公平的贸易环境促进全球特别是较贫穷国家的经济发展,虽然谈判也取得了一些成果,但因农业及市场准入等问题谈判陷入僵局。不过,就在 WTO 所代表的多边主义遭受挫折的同时,地区主义却取得发展,即一些国家经过谈判缔结了"自由贸易协定"(FTA)或"经济合作协定"(EPA)。

然而,尽管 WTO 的多边贸易谈判由于各国利益不同而遭遇挫折,但作为国际社会唯一的全球性贸易组织,WTO 仍然为其成员间的贸易关系提供了一些基本原则。这些原则主要有:无差别原则,包括最惠国待遇与国民待遇,即相互承诺对某一国家的原产地产品或者服务及国民所给予的利益、优惠、特权或豁免,要立即无条件同样给予其他成员的同样产品或者服务及国民,对进口产品适用的国内税或国内规则,其待遇不能低于同种国内产品享有的待遇;市场开放原则,即原则上禁止在关税之外采取其他保护方式,同时通过谈判在成员间签订"关税减让协定"以便逐步降低乃至取消关税;相互性原则,即全体成员间权利与义务的平等以及在谈判减让关税等利益交换时的相互性;透明性原则,即各成员都应该公开自己的贸易政策及对WTO协定的实施情况并定期向WTO进行汇报;例外条款原则,即在某些情况下允许某些成员存在不履行协定义务的例外,如在国际收支出现严重问题时允许临时提高进口壁垒的条款、保护幼稚产业条款以及反倾销和反补贴税条款等。

有关国际贸易的具体规则,主要围绕货物贸易、服务贸易和知识产权贸易做出规定。货物贸易问题主要是对进口货物征收关税和尽量减少其他非关税壁垒的问题;到2021年,所有产品的平均关税降至8.9%;至于非关税措施规则,则制定有《技术性贸易壁垒协定》和《实施卫生与植物卫生措施协定》,承认成员在一定正当目的下可制定产品标准和规格并将其适用于进口产品的主权性权利,但同时也要求不得利用这些权利来限制贸易,在采取比国际标准更高保护水平的措施时须提出科学性证明等。

有关服务贸易的规定,主要依据《服务贸易总协定》(GATS)实施,即考虑到不同于货物贸易主要体现在关税而服务贸易需要生产消费以及在同一空间进行的特点,就需要在坚持贸易自由化和给予国民待遇的原则下平衡这些原则同所在国国内需要与政策的关系。一般而言,WTO成员间会通过谈判确定彼此开放或拒绝进行服务贸易部门的所谓"正面清单"或"负面清单"。而且,协定还鼓励成员间不断推进和扩大彼此间服务贸易的领域范围。当然,同样根据协定的规定,服务贸易的自由化的推进也要充分考虑到每个成员的总体政策目标及其整体和个别部门发展水平。

有关知识产权贸易的规定,主要适用《与贸易有关的知识产权协定》(TRIPS),该协定在现有保护知识产权的两项国际公约[①]的基础上确定了保护的最低标准:(a)作为基本原则,在现有条约规定的国民待遇基础上又增加了最惠国待遇的规定,而且规定两国间协议所承诺的超出本协定的保护水平要同时给予其他所有成员的国民。(b)即使不是上述两项国际公约缔约国的WTO成

---

① 指1883年通过的《保护工业产权巴黎公约》和1886年通过的《伯尔尼保护文学和艺术作品公约》。

员也必须遵守这些公约。(c)各成员应使权利所有人可以利用其国内公平、公正、合理的民事及行政上的权利程序。

关于贸易争端的解决程序,作为WTO附件2的《关于争端解决规则与程序的谅解》(DSU)做出了规定,即当某个成员未履行协定义务或其某种措施导致另一成员利益遭受损害时,后者可以要求与前者进行磋商解决问题,如果磋商不成,认为利益遭受损害者即可提出争端请求,WTO在调查基础上可形成要求实施损害成员中止其行为的劝告,或者允许遭受损害者一定程度的报复,在以上这些措施都仍然无效时,可以根据请求者的要求设立专家组,并且原则上规定在9个月内完成所有程序,即专家组就有关事由进行讨论并向理事会提出报告,这一报告被通过后即成为正式的劝告。此外,为了确保争端解决程序的可信性,还设立了"上诉机构",这一机构有权对专家组的法律认定及其结论给予支持或进行修正或取消。

国际投资法

国际投资指外国人进行的跨国投资,因此也被称为外国投资,即资本从一个国家向其他国家的移动。这种跨国性投资一般又可以分为直接投资与间接投资,前者是以直接支配或参加投资地实际经营活动为目的的投资,后者为并不直接参加经营活动而仅以获得利润或利息为目的的投资,国际投资法关注与规范的对象主要是前者。

国际投资法最早是由与外国人遭受损害涉及的国家责任和外交保护有关的国际习惯所构成,即关于如何对待进行投资的外国人及其投资是否能够得到保护的问题。也就是说,从19世纪后半叶开始投资保护问题就成了资本输出国与输入国间不断争论的问题,即欧美各国的投资者在对其他地区不断扩大的经济活动中人身及其财产遭受损害时要求所在国承担国家责任的问题。直到二战为止,欧美各国一直在提倡"最低国际标准",即认为所有国家不论给予本国国民何种待遇和保障,都应该按照国际法上的最低标准对待居留本国的外国人,而且众多国际判例也支持这种观点。作为具有新型社会制度的国家出现的苏联等社会主义国家以及战后出现的众多新独立国家则提出了"内外平等标准",即主张居留地国只需要给予居留的外国人同本国国民相同的待遇即可。对于外国人的投资,这两类国家也采取了完全不同的做法。由于所谓国际投资基本上是欧美国家在其他国家的投资,因此作为投资者的欧美国家仍然要求按照一定国际标准保护投资,而作为被投资者的有些国家则不但没有按照欧美国家的要求标准给予保护,甚至采取了各种限制或剥夺方式对待外来投资,如通过有补偿的征用或没收外国投资实现国有化。

从20世纪50年代末开始,随着联邦德国与巴基斯坦间双边投资协定的签署,国际投资领域形成了以这种双边投资协定(BITs)为主要规则的新模式。据统计,目前国际社会已经有近3000份BITs存在,而且自从1987年出现国家与投资者间基于BITs的仲裁请求以来,仲裁请求的数量急速增加,使这一制度得以有效确立。过去国际投资主要是发达国家向发展中国家投资;随着进入80年代后自由主义取得主导地位以及冷战的结束,国际社会对发展中国家以及经济转型国家的跨国公司与外国投资的认识和态度也发生了变化,同时随着各国经济相互依存程度的加深,出现了过去的投资国同时也成为投资接受国的投资相互流动现象。因此,有关投资的问题就不仅涉及接受投资后应该如何给予保护的问题,而且也涉及废除接受投资限制和确保国民待遇的问题。

尽管每份双边投资协定的具体内容并不相同,但一般都会包括双方对投资及投资者的详细定义、有关接受外国投资者及其居留居住的规定、在公平原则下的各种待遇标准及有关解决争端的规定等。然而,即使在签订了双边投资协定的情况下,接受国也一般会对外国投资进行各种各样的限制和管制。例如,为了防止外国投资取得垄断地位,要求其只能合资进行经营活动,而且通过国内法将其出资比例限制在50%以下,或者限制外国投资进入某些行业,以及对外国投资规定各种限定性要求,比如要求必须使用国内产品、要求出口及限制国内销售、要求外汇均衡和限制跨境汇款、要求国内雇佣、要求研究开发和提供技术等。

而且,即使在双边投资协定框架内的投资经营活动,也有可能出现投资接受国与外国投资者之间的争端,这时仅仅依靠投资接受国的国内法救济就可能难显公正。尽管二战后仍然有众多发展中国家主张有关投资的争端应该由投资接受国国内法院来解决,也仍然有一些国家在签订投资协定时规定遇有争端时只允许进入国内裁判程序。1965年在世界银行主持下国际社会签署了《关于解决国家和他国国民之间投资争端公约》(也称《1965年华盛顿公约》),并根据公约规定建立了解决国家与外国投资者间争端的常设仲裁机构"国际解决投资争端中心"(ICSID)。其管辖范围既包括某一缔约国与其他缔约国国民之间的争端,即对人的管辖,也包括彼此间由于投资直接产生的法律争端,即对事项的管辖。但需要注意的是,争端当事者须书面同意提交中心进行仲裁,即同意原则,而且缔约国对其国民和另一缔约国已同意提交或已提交仲裁的争端,不得给予外交保护或提出国际要求,除非另一缔约国未能遵守和履行对此项争端做出的裁决。

除去双边投资协定外,国际社会也出现了一些地区或集团性的多边投资协定,如欧盟国家内部以及欧盟同发展中国家间签订的《洛美协定》中有关投资的内容。尤其20世纪90年代之后,在美洲地区出现了一系列地区性多边投资协定,如《北美自由贸易协定》(NAFTA),哥伦比亚、墨西哥和委内瑞拉签订的《三国集团自由贸易协定》,巴西、阿根廷等国建立的"南方共同市场",哥伦比亚、秘鲁等国建立的"安第斯共同体"等地区协定或组织,以及目前仍然处于设想中的《美洲自由贸易区协定》(FTAA)。1995年,经济合作与发展组织(OECD)开始推动多边投资协定(MAI)的谈判,尽管众多国家利益各异导致这一谈判最终失败,国际社会还难以形成比较统一的多边投资规则,但这至少说明追求投资自由化已经成为国际经济领域的目标之一。

国际货币金融法

不论是国际贸易还是国际投资,都离不开国际货币及稳定的金融秩序,否则国家间的经济活动就难以有效进行。因此顺利进行跨国性经济活动的前提条件就是建立一定范围的通用货币及稳定的汇率制度,即汇率市场的稳定、竞争性货币贬值机制、确保货币可兑换的多边自由国际结算制度,以及资本可自由流动的稳定金融秩序。所谓国际货币金融法,就是为了保证实现上述目标而由不同国家有关这些问题的正式与非正式的规则或行为及习惯所构成的国际制度。随着近代全球性资本主义经济体系的出现,大约在19世纪末期形成了所谓"金本位制"的世界货币金融秩序,即主要国家的货币都以黄金来计价,黄金作为国际商品交换的唯一价值尺度及主要的和最终的支付手段,同时也让各国货币有了统一的定值标准而使各国货币汇率趋于稳定。

然而,一战爆发后,各国为了禁止黄金外流而停止了货币兑换黄金,但战争又使大量黄金流向美国,导致战后国际金融格局发生重大变化,过去以英镑为中心的国际金融秩序发生动摇,美国纽约成为新的世界金融中心。尽管国际金融秩序仍维持了金本位制,但却形成了分别以美元、英镑和法郎为中心的金币本位制、金块本位制和金汇兑本位制①并存的局面,其稳定性大为下降,尤其在1929年世界性经济危机的冲击之下,金本位制的国际金融秩序终于彻底崩溃。

二战结束前夕,在美国和英国的推动下,同盟国集团开始重建战后世界经济秩序。其中,为了稳定国际货币金融关系和避免重现战前各国相互恶性竞争的货币战争,1944年7月有44个国家和地区的代表在美国新罕布什尔州的布雷顿森林参加国际货币金融会议,最后通过了《联合国货币金融协议最后决议书》和《国际货币基金组织协定》《国际复兴开发银行协定》两个附件,总称《布雷顿森林协定》,据此建立起了战后的国际货币金融制度,即所谓"布雷顿森林体系"。

布雷顿森林体系由国际货币基金组织(IMF)和世界银行(WB)两大国际金融机构组成,前者的主要作用是负责向成员提供短期资金借贷,目的是保证国际货币体系的稳定,后者则负责向成员提供中长期信贷,促进其经济发展。特别是IMF的存在,其作为实施国际货币制度的普遍性国际组织发挥了极其重要的作用,几经修订的《国际货币基金组织协定》及IMF通过的各项决议构成了国际货币金融法的核心内容。

按照《国际货币基金组织协定》的规定,美元与黄金挂钩,IMF成员的货币与美元挂钩,采用所谓"可调整的固定汇率制"(FBAR),即IMF成员在这一制度下设定本币的平价价格,且负有义务将外汇市场的浮动维持在该平价价格上下1%的范围内。在确定这一价格时,要求以"黄金或者拥有1944年7月1日时的分量及纯度的美元"来表示。以这种方式确定的平价价格,除非被IMF否认,否则不能变更。此外,为了重建自由多边的国际结算制度,IMF对成员附加了以下三项义务:(1)不得限制经常项目外汇支付;(2)在双边协定或易货交易中不得施行歧视性货币措施或多种货币汇率制;(3)兑付外国持有的本币。这三项义务都涉及货币兑换的问题,即履行这些义务的成员的货币都被视为可兑换货币。当然,考虑到投机性热钱有可能导致外汇市场混乱,以及隔离内外资本市场对确保宏观政策自律性的重要性,协定也规定了对资本转移的必要管制。

此外,为了保障成员的内部经济正常运行,IMF还设计了两个"安全阀"。

---

① 广义上的金本位制就包括这三种形式。金币本位制即国家铸造具有一定含金量的金币作为法定货币;金块本位制即国家只发行具有一定含金量的纸币并且该纸币可以在银行兑换金块;金汇兑本位制即国家既不铸造和流通金币也不发行一定含金量的纸币,而是发行与某一个实行金本位制国家的货币有固定比价关系的纸币。

当成员的国际收支陷入所谓"暂时性不平衡"状态时,IMF 就有可能向其提供短期资金以进行调整。为此,IMF 建立了由各成员出资的基金以供利用,即成员须按基于自身经济地位等因素设定的"出资额"进行交纳,当其国际收支遇到困难时,即可以本币进行交换购买 IMF 持有外币或通过"特别提款权"(SDR)[①]的方式获得融资。受援者的出资,原则上 25% 为黄金、SDR 或其他储备资产,75% 为本币,其融资额度最多不能超过其出资额的 200%。当融资期限结束后,融资者应该用外汇或 SDR 从 IMF 买回本币。而当成员的国际收支不平衡并非暂时性情况,即如果被判断为已经陷入了所谓"基础性不平衡"状态时,该成员即可以在与 IMF 协商的基础上进行汇率的贬值性调整,从而摆脱维持外汇市场汇率的义务。

进入 20 世纪 70 年代后,由于美国国际收支逆差不断增大和黄金外流,布雷顿森林体系终于难以为继。1971 年 8 月 15 日美国总统尼克松宣布停止美元兑换黄金,12 月西方 10 国又签署新的国际货币制度协议《史密森协议》(Smithsonian Agreement),美元对黄金一次性贬值 7.89% 并允许其他货币在法定汇率上下各 2.25% 幅度内波动,1973 年 2 月美国宣布美元再贬值 10%,西方国家也相继实行浮动汇率制,布雷顿森林体系崩溃。

布雷顿森林体系崩溃后,国际社会一直在努力建立新的国际货币制度。1976 年 1 月,IMF"国际货币制度临时委员会"在牙买加首都金斯敦召开会议,对 IMF 协定进行了重大修改并签署了《牙买加协议》,该协议从 1978 年 4 月 1 日起生效,被称为"牙买加体系"的新国际货币体系正式形成。

牙买加体系放弃了布雷顿森林体系下的双挂钩制度,保留了 IMF 并加强了该组织的作用,其主要内容为:(1)完全停止以黄金为决定平价价格的标准,以及废除 IMF 与其成员间的黄金支付义务;(2)承认成员对汇率制度的自由选择,即承认了浮动汇率制;(3)调整成员缴纳份额,增加部分"石油输出国组织"(OPEC)国家的出资额;(4)增加发展中国家借贷资金额度;(5)扩大 SDR 的作用,修改有关条款,成员间的 SDR 交易和转移不需要 IMF 的特殊规定,以使 SDR 逐步取代黄金和美元成为国际货币制度的主要储备资产。其中,主要由于成员对汇率制度的自由选择,主要货币汇率频繁变动,从而增加了世界经济的不

[①] 特别提款权也被称为"纸黄金",是 IMF 在 1969 年开始发行并根据成员认缴份额分配的一种账面资产,其价值由美元、欧元、英镑、人民币、日元组成的一篮子储备货币决定,可用来偿还 IMF 的债务以及弥补成员的国际收支逆差,还可以同黄金和其他可自由兑换货币一样充当国际储备。这一权利是 IMF 原有的普通提款权以外的一种补充,所以被称为特别提款权。

稳定性，因此也有人将牙买加体系称为"没有制度的制度"（non-system system）。

当然，在牙买加体系下，成员仍然负有一般性的义务，如有义务继续维持汇率制度的稳定，即各成员的汇率政策要接受 IMF 的监督，只不过不同于过去那种必须维持固定汇率的义务而仅仅是自由选择汇率制度后向 IMF 提供有关政策信息的义务。此外，虽然 IMF 的监督机制适用于所有成员，但考虑到不同成员在国际收支方面的差异以及在国际资本市场的不同融资能力，其实有些成员对 IMF 的依赖性并不大，因此 IMF 对它们的监督就非常有限。不过，IMF 在其他方面的作用却有所增加，如以进行结构调整为条件创设了面向对低收入成员的低息融资中期贷款，这在处理发展中国家累积债务以及对经济转型国家的援助方面发挥了作用。也就是说，IMF 的功能从最初主要为了稳定成员的国际收支而进行短期性救助向着通过结构调整促进发展中成员经济增长的方向转变。

总之，尽管在二战后的国际货币金融领域一直存在着 IMF 这一多边框架，但以此为核心的国际货币金融法却仍然是一项"软法"，对强烈反映国家主权特色的货币金融领域还缺乏真正的规范和管辖。而且，随着金融市场的全球化和国际化，特别是一些主要国家为了确保战略性行动的灵活性，更喜欢选择非正式且比较缓和的规则形式，IMF 的作用进一步被削弱。因此，在金融全球化和国际化的同时，爆发世界性金融危机的风险也在增加，如 2008 年源于美国的次贷危机，就引发了一场全球金融危机，对世界经济造成了一次巨大冲击。也正因为如此，国际社会已经意识到应该改革现有国际货币金融规则，如加强国际对话协调、创立新的国际金融机构、建立和加强国际金融监管制度等。

思考题

1. 世界经济的发展主要受制于什么要素？国际经济秩序与国内经济秩序有何不同？
2. 国际经济法对世界经济发挥着什么样的作用？

第十五章
全球环境问题的出现与国际环境法

第一节 全球环境问题的出现

地球是人类生存与发展的共同家园,即人类生存与发展所需资源全部来自地球,正是地球环境造就和维持了人类社会。在人类社会初期,人们只能利用和适应自然环境,如狩猎和采集本已存在的动植物作为食物,以及居住在自然形成的洞穴中御寒。后来即使人类随着对自然环境的认识和生活技能的提高开始有目的、有计划地改造自然,如畜牧业和农业的出现以及定居房屋的建造等,甚至在长期的农业时代也曾出现过人口增长带来对森林、草原等自然环境的破坏和生活废弃物对自然环境的污染,但在人类社会几千年以农业为主的时代里,人类基本上仍然受制于大自然,其维持生存和发展的经济活动仍然属于自然经济,对环境的改变并未超出地球环境的容量,或者说即使对环境有所改变或破坏也是局部的,整个地球生态系统仍然维持了平衡。

然而,航海技术的提高与地理大发现开始将世界连成一体,人类社会开启了最初的全球化过程,以利润最大化为主要追求目标的资本主义经济生产方式逐渐取代农业社会的自然经济生产方式,人类社会开始进入工业化时代。尤其18世纪中期始于英国并迅速扩展到其他地区的工业革命,使人类的生产力水平极大提高,社会的物质财富大幅度增加,也使人们的生活更加便利。其后,虽然又经过了若干次科学和技术革命,人类创造的财富也更加丰富,但其经济生活的目标并没有发生根本性的转变,即人类进行生产的主要目的仍然是追求财富增长和生活更加便利。与此同时,随着人类工业化进程的加快和人口的增加,地球自然资源被过度开采,人类的生存环境遭到破坏,环境恶化问题开始反过来影响人类的生存和发展。

大体而言,自世界近代的工业化进程开始以来,全世界的环境问题经历了四个时期:18世纪末至19世纪末的环境污染发生期、20世纪初至40年代的环境污染加剧期、20世纪50年代至60年代的环境污染泛滥期和20世纪70年代至今的环境问题全球化时期。在第一个时期,大部分欧美国家和日本等国相继完成了工业革命,近代大工业替代了工场手工业,虽然生产效率获得极大提高,但也开始出现工业污染,尤其像当时工业最为发达的英国,其首都伦敦就曾因为严重的烟煤污染而被称为"雾都",并出现大量烟雾引起的支气管炎甚至死亡。在第二个时期,内燃机代替蒸汽机成为工业生产的主要动力,石油也成为煤炭之后主要的动力燃料以及化学工业的重要原料,这一变化使环境进一步恶化,开始出现一些化学性污染及环境污染公害事件。在第三个时期,除去煤炭、石油造成的污染之外,又出现了新的污染,如放射性污染、农药等有机合成物质的污染,而且在此期间出现了一系列震惊国际社会的环境污染事件。在第四个时期,人类面临一系列超越国界的全球性环境问题,包括人口膨胀超过环境承载能力、臭氧层耗竭、全球变暖和海洋变化、土壤退化和荒漠化、森林破坏和生物多样性锐减、酸雨导致土壤酸化、植被减少、有毒物品及废弃物污染等。正因为如此,众多国家的民众在这个时期也开始掀起环境保护的浪潮,发达国家则开始重视和治理公害问题并为此不断增加环保投资和制定有关环保的法律法规,以及推动全球环境治理。

其实,从20世纪30年代开始,若干震惊世界的环境污染事件就引起了国际社会对环境污染问题的关注,二战后尤其60年代后更为深刻并震惊世界的几起重大环境污染事件,促使环境保护意识逐渐发展成为全球共识。1962年,美国海洋生物学家蕾切尔·卡森(Rachel Carson)出版《寂静的春天》一书,开始唤醒全世界保护环境的意识,这一意识逐步发展成美国全球性的反污染反公害的"环境运动",并促成每年4月22日被定为"世界地球日"。

20世纪60年代末至70年代,发达国家纷纷成立环境保护机构并加强环境立法,一系列环境保护国际公约相继诞生。例如,1969年通过《国际油污损害民事责任公约》;1970年经济合作与发展组织(OECD)环境委员会成立;1972年在斯德哥尔摩召开的人类环境会议是首次将环境问题作为主要议题的世界会议,会议形成了《联合国人类环境会议宣言》和《人类环境行动计划》,建立了联合国环境规划署;1973年达成《保护世界文化和自然遗产公约》和《濒危野生动植物种国际贸易公约》；1976 年通过《禁止为军事或任何其他敌对目的使用改变环境的技术的公约》；1977 年通过《禁止将影响气候手段用于军事目的公约》；等等。

20 世纪 80 年代，国际社会对全球环境问题的关注度进一步加深，又先后达成一系列有关环境保护的国际公约，其中有 1980 年签署的《南极海洋生物资源养护公约》，1982 年通过的《联合国海洋法公约》，1985 年通过的《保护臭氧层维也纳公约》和 1987 年签署的《关于消耗臭氧层物质的蒙特利尔议定书》，以及 1989 年通过的《控制危险废物越境转移及其处置巴塞尔公约》等。

20 世纪 90 年代以来，环境问题更是成为整个国际社会普遍关心的重大议题。除去国家政府之外，国际社会众多非国家行为体也都将全球环境问题纳入各自的活动范围，国际组织也纷纷将全球环境治理加入活动议程。如 1993 年 GATT 的乌拉圭回合谈判委员会做出一项"关于贸易与环境的决定"，要求明确贸易措施与环境措施之间的相互关系，以促进可持续发展；1994 年的马拉喀什部长级会议又决定成立贸易与环境委员会，明确该委员会的职权和重点研究的议题；2001 年 WTO 多哈部长级会议上也将环境议题列入新一轮谈判议程。1992 年，联合国在巴西里约热内卢召开环境与发展大会，目的是制定防止环境恶化的战略和具体措施，促进可持续发展，会议通过了对全球环境治理影响深远的三项文件并开放签署两项公约，即《里约环境与发展宣言》《21 世纪议程》《关于森林问题的原则声明》及《联合国气候变化框架公约》《生物多样性公约》。

这一时期，气候变化问题逐渐成为国际环境问题的核心议题。1990 年政府间气候变化专门委员会（IPCC）出版了第一份报告，并对"气候公约"的框架提出了科学建议。1992 年《联合国气候变化框架公约》的签署为国际社会应对气候变化及保护全球环境提供了基本框架，也为未来的气候谈判提供了目标和基本原则；在此基础上，国际社会于 1997 年达成了《京都议定书》，首次对发达国家制定了具有法律约束力的减排温室气体的目标和时间表，并且为全球气候变化问题建立了详细的机制框架。后来世界经济增长格局发生变化，新兴经济体的排放量增加，以及一直作为全球环境保护领导者的欧盟自身出现债务、难民、恐怖主义等危机，其领导力被削弱，美国又宣布退出《京都议定书》，导致《京都议定书》的目标并没有实现。但是，国际社会并没有放弃努力，经过艰苦谈判，终于在 2015 年通过了《巴黎协定》。该协定堪称全球气候治理的一座里程碑，也是一项全面平衡参与度和力度、灵活性和约束性，并且持久有效、具有法律约束力的气候协定,为2020年后的全球合作应对气候变化提出了具体目标。在此基础上,2021年在联合国主持下又达成了《格拉斯哥气候公约》。

总之,随着世界工业化的进展,全球性环境问题逐渐出现,给人们的生活带来了各种各样的困扰甚至危机,如全球变暖、海平面上升、大批动植物灭绝、生态平衡遭到破坏等,这些都对人类自身的生存环境构成威胁。因此,世界各国政府与民间及国际社会逐渐开始重视环境问题,并开始从技术到法律各个领域应对和规范全球环境问题,环境问题甚至已经成为国际关系中的重大政治问题之一。然而,由于在面对这些环境问题时科学上的不确定性无法消除,世界各国利益存在不同,各个国家在技术、资金等问题上也还存在不足,全球环境治理的难度仍然较大,解决全球环境问题仍然任重道远。

第二节 国际关系中的环境问题

如前所述,环境问题是伴随着近代工业化的出现而出现并逐步加剧的,而且二战之后随着工业规模进一步扩大出现的若干次重大公害事件更是使得环境问题成为国际社会开始关注的问题,同时也开始影响一些国家的经济发展和公众生活。在很长时间里这一问题基本上都是一个技术与自然的问题,即在持续工业化的同时考虑如何减少对自然环境的改变与破坏以及如何在技术上治理环境污染的问题。在20世纪60年代之后国际社会开始从法律角度来审视这一问题,即通过制定一系列有关环境保护的国际公约来规范各国行为,以便达到保护和改善全球环境的目的。

然而,20世纪90年代以来,环境问题也开始成为一项重大的国际关系问题,即这一问题也成了国际政治的一项重要议题和影响国际关系的重要因素之一。也就是说,环境问题已经不仅仅影响到各个国家的经济发展和公众生活,而且也成为国家之间相互博弈的一个重大问题。

首先,因为环境破坏和污染对整个人类的生存和发展已经构成威胁,所以环境保护已经成为国际社会面临的重大问题,其中诸如气候变化等问题更是成为国际社会迫在眉睫试图要解决的问题。但是,在一个仍然以主权国家为主要行为体的国际社会,并没有一个主导解决这一问题的国际中心,因此一些国家,尤其大国或国家集团都试图成为主导这一问题的中心,以此来提高国际形象和国际影响力,并占据国际社会的道德制高点和国际关系的主导权以及在这一新国际政治领域的发言权,这就会引起这些国家之间的权力竞争。

其次,不同国家的经济发展水平和国家规模及所处地理环境不同,在面对全球环境问题时的利益和态度也各有不同。总体利益格局在全球环境问题上主要表现为严重的南北对立,即发达国家与发展中国家间的矛盾甚至对抗。发达国家主张全面限制工业发展带来的有害气体排放,但发展中国家的工业化进程相对落后,甚至有些落后国家才刚刚开始工业化进程,因此要求与发达国家采取有区别的限制排放,即发展中国家在发展经济和提高国民生活水平的前提下保护环境。此外,即使在总体上各国都赞成减少全球工业排放,但应当如何合理分配排放标准,哪些国家应该承担更多破坏全球环境的责任,哪些国家应该负担更多治理资金以及提供治理技术,不同性质的国家也存在不同主张。当然,即使同样性质的国家间,利益也并非完全一致。比如美国与欧洲国家在全球环境问题上的利益与态度就不完全一样,作为高福利社会的欧洲国家在环境保护上的标准要高于美国,美国的庞大经济规模也使其更不愿意严格限制自己的排放。发展中国家也由于经济规模与发展水平不同而对限制排放标准存在不同要求。那些深受全球环境破坏之害的国家,比如由于气候变化,全球海平面上升,自己部分甚至全部土地有可能被淹没的国家,就希望和要求所有国家都实行严格的排放标准以减缓全球变暖进程。而发达国家与发展中国家也并非完全不可能具有共同利益,如眼下的中美两国分别作为全球第一和第二大经济体以及排放大户,尽管在政治意识形态、安全等领域存在着深刻的矛盾甚至对抗,但在全球变暖等环境问题上也存在着合作空间。

最后,环境问题也可以成为追求国家经济利益的手段之一。如一些国家大力开发环保产品,借此占据更大的市场份额和获得更大的经济利益,同时又可以通过制定比较严格的环保标准作为非贸易壁垒工具限制其他国家不符合这些标准的产品或服务进入国内市场。

总之,环境问题表面上看起来主要涉及的是自然与技术乃至资金的问题,但随着这一问题越来越成为全球性的问题以及对世界各国的国内政治经济状况和外交都会产生影响的问题,其国际政治的色彩越发浓厚,也成了国际关系中的一个重大问题。每个国家,尤其是一些大国或国家集团,都在千方百计想要夺得和占据在这一问题上的主导权和发言权,提高国际道义形象,设置和制定全球环境保护议题和标准,以便既真正地保护全球环境、改善人类的生存环境,又不致影响到自身的经济和社会发展,在仍然充满竞争的国际社会中增强自己的综合实力。

第三节 国际环境法

顾名思义,国际环境法即有关国际环境问题的法律规则。全球性环境问题的出现和受到关注基本上是在20世纪60年代之后的事情,在此之前虽然由于经济开发已经出现一些环境问题,但这些问题一般都被视为个别国家的内部事务而没有引起国际社会的重视,因此国际环境法应该说属于国际法领域较为年轻的法律规则,很长时间以来只是确立了一些一般性的原则,还未完全确立一套完整系统的国际环境法。

1938年美国与加拿大间的"特莱尔冶炼厂仲裁案"(关于该案,请参阅本书第四章有关国家责任部分)被认为是有关国际环境问题最早的判例。该案判决所依据的法律仍然是传统国际法中有关国家责任的规则,而非专门的国际环境法,即国家有"使用领土的管理责任",且"任何国家都无权使用或允许使用本国领土对其他国家的领土及其之上的财产或人员造成损害"。最早有关环境问题的国际法,是在确立国际河流制度中出现的,即对于那些流经若干国家的国际河流,确立一些限制某个沿岸国在其领土范围内对河流造成污染损害其他沿岸国利益的规则。20世纪50年代,随着二战后整体世界经济的增长和跨国经济规模的扩大,各国对环境和自然资源的重视程度增加。1957年法国与西班牙之间发生的"拉努湖仲裁案"就是围绕资源与环境的一个跨国案例:法国在其领土之内的拉努湖上建设水力发电拦湖筑坝工程,而作为拉努湖下游国家的西班牙以法国违反有关条约为由向国际仲裁法庭提起诉讼。虽然在最终判决中国际仲裁法庭认为法国实施的工程并不会对西班牙造成实际损害,但这一案例对国际环境问题进入国际法领域具有重要意义。

20世纪60年代之后,随着一系列重大环境污染事件的出现(如1967年的"托雷·卡尼翁号"污染事故,利比里亚籍油轮"托雷·卡尼翁号"在英国附近的公海触礁搁浅,造成了英国及法国沿岸的大片海洋污染;1978年的"宇宙954号"事故,苏联的人造卫星"宇宙954号"坠落在加拿大境内造成局部环境损害;1984年的"印度博帕尔毒气泄漏事故",位于印度中央邦博帕尔市的一所美国化学工厂发生爆炸,直接造成2500多人死亡;1986年苏联的"切尔诺贝利核电站事故",位于乌克兰的一座核电站反应堆爆炸,造成大范围的核辐射污染),以及国际社会对全球环境问题的重视(如开始意识到全球变暖、大气臭氧层的破坏、动植物物种数量衰减等全球环境问题对人类生活的消极影响），国际社会为应对这些环境问题逐渐确立和形成国际环境法，也有更多的环境问题案例进入国际法院的判例。

当然，环境问题与经济发展之间的矛盾依然存在。尽管在原则上各个国家都意识到了全球环境问题的重要性及保护环境的义务和责任，但在具体做法与利益上仍然难以取得一致，所以最早的国际环境法大部分都是在联合国主持与监督下以多国宣言或决议等"软法"的形式出现，在此基础上再逐渐形成带有法律拘束力的公约或议定书。

1972年联合国在瑞典首都斯德哥尔摩召开"联合国人类环境会议"并通过《联合国人类环境会议宣言》和《人类环境行动计划》，认为：各国有按照自己的环境政策开发自己资源的主权的权利，并且有责任保证在它们管辖或控制之内的活动，不致损害其他国家的或在国家管辖范围以外地区的环境。也就是说，各国都有义务和责任不从事损害其他国家环境与地球环境的行为。当然，这些内容还仅仅是一些原则，甚至没有任何具体可操作性，但也并非没有法律意义。从20世纪70年代开始，对超越国家领土、作为国际公共领域的全球环境的保护成为一个重要课题，即保护全球环境成为一项"公共义务"，于是国际社会逐渐形成了一些具有可操作性且带有法律拘束力的国际环境法规则。

保护地球臭氧层公约及其议定书

从20世纪70年代末期开始，国际社会开始关注大量使用氟利昂等物质对地球臭氧层造成的破坏。联合国环境规划署（UNEP）从80年代初开始了缔结保护臭氧层公约的谈判，1985年通过了《保护臭氧层维也纳公约》，规定将设立缔约方会议对公约进行修订及继续形成更为详细的协议，于是就有了1987年签署的《关于消耗臭氧层物质的蒙特利尔议定书》及其修正案。根据该公约及其议定书的规定，公约缔约方必须采取所谓"预防性措施"减少破坏臭氧层物质的排放，即当存在造成严重或不可逆转的损害威胁时，缔约方不得以缺乏充分科学定论为由来推迟采取旨在预防和减少对臭氧层不利影响的措施，而且明确设定了减少破坏臭氧层物质的生产和使用目标，制定了具体的限制和控制时间表。

此外，公约及其议定书还对不同的缔约方采取了所谓"共同但有区别的责任"原则，即考虑到发展中国家的实际情况与利益，允许这些国家比发达国家延后十年采取各种限制规则，而且要向这些国家提供有关的资金和技术，并为此随后建立了援助发展中国家的"保护臭氧层基金"。

同时,为了增加公约及其议定书的有效性和拘束力,议定书还规定了所谓"不履约程序"(Non-Compliance Procedure),即当缔约方没有遵守公约及其议定书的条款时,由缔约方或公约秘书处所实施的程序即开始运行,并且由按照地理性分配选出的十个国家组成的履行委员会展开调查,如果有必要还会进入当事方领土范围进行调查,形成报告后提交缔约方会议,决定为了使其完全遵守应采取何种必要的方法,同时也会决定为其提供适当的财政、技术、训练等援助,当这一程序难以发挥作用时,作为最后的手段,即停止当事方在条约上的权利。

气候变化框架公约及其议定书

1992年,在巴西里约热内卢召开了"联合国环境与发展大会",并通过了作为行动计划的《21世纪议程》和《里约环境与发展宣言》,以及开放签署具有法律拘束力的《联合国气候变化框架公约》和《生物多样性公约》。其中,《联合国气候变化框架公约》主要是为了应对工业发展引起大量二氧化碳排放导致的全球变暖。根据该公约规定,发达国家到2000年其温室效应气体排放降低至1990年的水平并承诺向发展中国家提供资金和技术合作。在此基础上,1997年在日本京都举行的第三次缔约方会议又通过了《京都议定书》,对发达国家和新兴市场经济国家规定了具有法律拘束力的具体数量减排义务,即从2008年到2012年的约定期,这些国家有义务将温室气体的整体数量较1990年的水平至少减少5%,如规定日本减少6%,美国减少7%,欧盟减少8%等,而对发展中国家则没有规定减排义务。至于2008年至2012年第一承诺期结束后的减排义务,将通过缔约方会议重新确定。

同时,为了使《京都议定书》规定的减排义务能够得到遵守,缔约方还采取了若干灵活做法,如确立被称为"京都机制"的"排放权交易机制",即一个缔约方在可能超量排放温室气体时,通过向另一个有多余排放额度的缔约方购买排放额度,从而实现其减排承诺,并同时从转让方的允许排放限额中扣减相应的转让额度;建立"清洁发展机制",即发达国家援助发展中国家减排所产生的减排量的一部分也可以转让给援助国使用。

作为公约的一般性原则,同《保护臭氧层维也纳公约》及《蒙特利尔议定书》一样,《联合国气候变化框架公约》也强调了"预防性措施"与"共同但有区别的责任"原则;另外还增加了一项"综合性措施",即根据美国提案将包括二氧化碳等所有可能造成温室效应的气体都作为谈判对象。尽管对全球气候变化的整体担忧促成了上述有关气候变化的一些国际法文件及其原则与规则,但围绕气候变化及减排问题的各国利益分歧依然存在。虽然2005年公约第11次缔约方会议后各缔约方就围绕《京都议定书》第一承诺期结束后的未来框架展开了正式谈判,而且经过若干次缔约方会议和长时间艰苦谈判后各缔约方终于在2011年第17次缔约方会议上就《京都议定书》第二承诺期的内容达成协议,2012年第18次缔约方会议上又进一步对《京都议定书》第二承诺期的内容做出决定,设定了2013年1月1日至2020年12月31日全球温室气体量化减排指标,即发达国家在此期间应该在1990年排放量基础上至少减少18%,并帮助发展中国家提高应对气候变化的能力,但由于美国、加拿大等国先后退出了议定书,日本、俄罗斯等国表示不承诺第二期减排的目标,该决定也仅仅是重申了一些原则,而并未确定各国具体减排目标,只是规定了各国应自主减排,这其实意味着《京都议定书》的目标并没有完全实现。

不过,国际社会并没有放弃努力,经过艰苦谈判,终于在2015年通过了《巴黎协定》,目前已有178个缔约方签署。该协定作为已经到期的《京都议定书》的后续协定,对2020年后全球应对气候变化的行动做出了统一安排。2021年,《联合国气候变化框架公约》第26次缔约方会议在英国格拉斯哥召开,197个缔约方签署了《格拉斯哥气候公约》。该公约规定的长期目标是将全球平均气温上升幅度控制在比前工业化时期水平高2摄氏度以内,并努力将温度上升幅度限制在1.5摄氏度以内,而且为了达到这一目标,基本上考虑和照顾到了国际社会不同国家在全球气候问题上的不同立场和利益,即既强调了减缓温室气体排放,也强调了促进可持续发展,同时继续强调"公平""共同但有区别的责任""基于各自能力"等原则,主要就建立绿色基金和如何有效为发展中国家提供资金、技术等做出了规定。这些努力和成果使国际社会应对全球气候变化的机制能够持续运转,但新公约并没有规定每个国家的具体减排目标,而只是强调了所谓的"国家自主贡献",即每个国家可根据自己的国情和能力自主确定减排目标。

生物多样性公约及其议定书

地球生物多样性是维持地球环境和人类生存所必需的。然而,在世界近代以来的工业化过程中,相当程度上正是人类生产活动对大自然的过度索取侵蚀了其他生物的生存空间并导致了众多动植物的消亡,这些生产活动短期来看似乎拓展了人类的福利与生存空间,但长远来看其实也威胁到了人类自身的生存和发展,即破坏了地球环境的平衡发展。眼下,国际社会已经意识到这一问题的严重性,开始有意识地保护环境,维持生物的多样性,为此在1992年"联合国环境与发展大会"上签署了《生物多样性公约》。该公约在签署后的第二年就已经生效,其追求的三个主要目标是"保护生物多样性""生物多样性组成成分的可持续利用"和"公平合理分享由利用遗传资源而产生的惠益"。而且,为了具体落实公约的这些目标,国际社会又签署了《卡塔赫纳生物安全议定书》《关于获取遗传资源和公正和公平分享其利用所产生惠益的名古屋议定书》和《卡塔赫纳生物安全议定书关于赔偿责任与补救的名古屋-吉隆坡议定书》。公约及其议定书强调了保护生物多样性对人类的重要意义,其内容几乎涵盖了所有的生态系统以及物种和遗传资源,并且将对生物的保护努力与可持续利用生物资源的经济目标相结合,确立了能够让所有国家公平合理共享遗传资源利益的原则,对目前正在快速发展的生物技术的安全、发展、转让、获益等都做出了具有法律拘束力的规定。

公约及其议定书对缔约方政府所规定的义务主要有:(1)识别和监测需要保护的重要的生物多样性组成部分;(2)建立保护区保护生物多样性,同时促进该地区以有利于环境的方式发展;(3)与当地居民合作,修复和恢复生态系统,促进受威胁物种的恢复;(4)在当地居民和社区的参与下,尊重、保护有利于维护生物多样性可持续利用的传统知识;(5)防止引进威胁生态系统栖息地和物种的外来物种,并对其予以控制和消灭;(6)控制被现代生物技术改变的生物体引起的风险;(7)促进公众的参与,尤其是评价威胁生物多样性的开发项目造成的环境影响;(8)教育公众,提高公众对生物多样性的重要性和保护必要性的认识;(9)报告缔约方如何实现生物多样性的目标。此外,作为一般性原则,公约及其议定书也写明了"预防原则"。公约序言指出:生物多样性遭受严重减少或损失的威胁时,不应以缺乏充分的科学定论为理由而推迟采取旨在避免或尽量减轻此种威胁的措施。同时,公约及其议定书也考虑到了在保护生物多样性问题上发达国家与发展中国家之间的利益分歧,同样采取了类似的"共同但有区别的责任"原则,要求发达国家在有关知识产权和生物技术的获得以及实施公约所需资金方面为发展中国家提供更多便利与补偿。

除去《生物多样性公约》及其若干议定书之外,早期有关保护生态系统的公约,还有1971年签署的《关于特别是作为水禽栖息地的国际重要湿地公约》(即《拉姆萨尔湿地公约》),该公约强调人类同其环境间的相互依存关系,旨在通过全球性政府间合作,以保护水禽及其赖以生存的栖息环境,并通过协调一致的国际行动,确保作为众多水禽繁殖栖息地的湿地得到良好的保护而不致丧失;以及1973年签署的《濒危野生动植物种国际贸易公约》,该公约旨在对濒危野生动植物种及其制品的国际贸易实施控制、管理和规范以确保野生动植物种国际贸易不会危及物种本身的延续,促进各国保护和合理利用濒危野生动植物资源,为此要求各缔约方建立有关"科学机构"和"管理机构"并规定各缔约方向公约秘书处提交有关报告的义务。这些公约同其他上述为保护地球环境签署的各项公约一样,都体现了一些共同的原则:除去在上述公约中已经提到过的"共同但有区别的责任""预防原则""不遵守程序制度"和"可持续发展"等原则外,还有"尊重科学"、"适当注意义务"(即各缔约方都有责任与义务对可能造成环境破坏的情形予以提醒注意以及充分保证可持续发展)、"非政府组织的参与"等原则。正是因为规定与贯彻了这一系列原则,才能够照顾和平衡到各方利益,形成各方都能够普遍接受的有关环境法律规则。

其他有关环境问题的国际规则

除去对全球环境问题的一般性规则外,还有一些对国家有可能造成环境污染问题的限制性规则,如1972年在联合国主持下签署的《防止倾倒废物和其他物质污染海洋的公约》(简称《伦敦公约》)、1979年签署的《远距离越境空气污染公约》和1989年签署的《控制危险废物越境转移及其处置巴塞尔公约》(简称《巴塞尔公约》)等。

《伦敦公约》是在1958年《公海公约》规定的防止放射性废弃物倾倒造成海水污染义务和若干地区性防止倾倒废弃物污染海洋条约基础上签署的国际公约,其宗旨在于全面禁止高放射性物质及其废弃物向海洋的倾倒,但并没有严格制止其他废物向海洋的倾倒。于是在1996年国际社会又通过《伦敦公约议定书》原则上规定禁止向海洋倾倒废弃物,对于放射性物质及其废弃物,则禁止倾倒放射浓度超过国际原子能机构规定的免除标准的物质,而且该议定书发展了"预防原则",这后来成为国际环境法中的一个重要概念。

《远距离越境空气污染公约》是为了应对酸雨污染而签订的条约,其中规定缔约方具有防止发生跨境污染损害的义务,即要求缔约方制定减少污染物保护环境的国家战略,以及缔约方具有在发生跨境污染重大危险时的"事前通告义务"(prior notification)与"事前协商义务"(prior consultation)等程序性义务。1985年后,在该公约基础上又签署了《赫尔辛基议定书》和《索菲亚议定书》等四份议定书,以限制和减少硫氧化物和氮氧化物及其他挥发性有机化合物的排放及跨境移动量。

《巴塞尔公约》的宗旨在于对有害废弃物的跨境移动进行有效控制与规范,即避免任何破坏环境和有损人类健康的活动和物质跨国转移至他国。作为公约的基本共识,《巴塞尔公约》规定所有国家都具有禁止有害废弃物进入本国境内的主权权利,只有在转移国缺乏足够处置能力的情况下才允许其跨境转移,而且必须遵循"事前通告与同意原则"。具体而言,公约规定禁止由经合组织成员国向非经合组织成员国跨境转移有害废弃物,即禁止发达国家向发展中国家转移有害废弃物,当然并不禁止发达国家之间或发展中国家之间的跨境转移,也允许在满足安全标准的前提下通过签署地区性协定实现这种跨境转移。此外,为了确保公约的履行,《巴塞尔公约》还建立了国际监督制度,并要求公约缔约方国内法相应地做出规定。如果发现有非法转移有害废弃物的情形,转移方必须承担接受这些有害废弃物返还的义务,并要确保对非法有害废弃物交易犯罪的处罚。

国际环境法上的赔偿责任

从一般国际法意义上而言,任何违反国际法规则并给其他国家造成损害的行为都应该承担国家责任并有义务进行赔偿,国际环境法的赔偿责任自然也没有什么根本的不同;不过相对于其他领域,环境问题比较特殊,在这一问题上有时很难证明因果关系,也不易确定具体的加害者与受害者或量化所受损害,因此对环境问题的损害责任并不容易认定,而且虽然众多环境公约规定了事前预防、环境影响评价和通告等制度,但其发挥的作用相对较弱,即使是环境领域能够确认的赔偿也基本上属于一种事后救济。当然,只要能够认定责任,除去某项国际公约中规定的该领域特有的赔偿责任的规则(如在《巴塞尔公约》1999年第五次缔约方会议上通过的有关海洋污染领域之外民事赔偿责任的第一个全球性环境问题责任赔偿文件《巴塞尔责任与赔偿议定书》)外,国际环境法上的赔偿责任基本上与环境领域之外的其他国际法领域的国家责任及其赔偿规则等同,即可按照一般性有关国家责任的规则处理。关于这一问题,请参阅本书第四章有关国家责任及其赔偿的章节。

国际环境法上的争端解决程序

环境问题的国际争端,基本上等同于其他国际问题的争端,因此对其的解决也同其他领域一样,即争端当事方一般首先通过外交谈判加以解决,或者双方同意通过第三方的调停和斡旋等程序加以解决。所谓国际环境法上的争端解决程序,是指争端各方同意通过仲裁或司法机构裁决的程序解决争端。至于进行仲裁或司法裁决的机构的管辖权问题,除去有关公约规定有具体解决争端的管辖权的机构外,一般国际公认的司法机构都具有管辖权,如《联合国气候变化框架公约》《生物多样性公约》《保护臭氧层维也纳公约》等有关环境问题的公约都包含承认国际法院具有管辖权的条款。关于这一问题,请参阅本书第十六章有关解决国际争端的章节。

思考题

1. 国际社会是如何认识到环境问题的重要性的?
2. 保护全球环境公约的实体性义务有哪些?国际环境法对国家责任是如何认定的?

第十六章
战争与和平问题以及和平解决国际争端

第一节　国际关系中的战争与和平问题

国际关系的永恒主题

人类既是地球生物长期自然演变的结果，同时也是地球这个星球上的主宰。作为自然生物，人类需要占有一定的资源才能够生存与发展，因此人类需要向大自然索取，或者通过对其他生物的制服或占有来满足自己的需要。而要做到这一点，人类还需要组成一定规模的社会，其中国家就是社会高度发展的产物。然而遗憾的是，在人类社会组成国家以后，国家彼此间为占有更多生存和发展资源的利益冲突更趋激烈，尤其在资源短缺的时代更是如此。因此，从历史上来看，冲突与战争几乎伴随了国家关系的整个历史。

战争与和平的关系充满了辩证性。没有战争的时候，人们就像享受空气一样享受和平，因而几乎体会不到和平的意义和价值；只有爆发战争的时候，人们才深感和平的可贵，从而也才懂得应更加珍惜和平。正是因为连续不断的冲突与战争，人类很久以来就渴望能够消除国家间的冲突与战争以得到永久和平，因此产生了很多关于和平的想法或主张。如中国古代儒家的"仁爱""和为贵"与"世界大同"的思想，墨家的"兼爱"与"非攻"的思想，佛教的"慈悲为怀"的思想，以及西方基督教的"博爱"思想和乌托邦的"平等"思想等，就反映了古代和近代前夜人类对和平的渴望与追求。

在进入近代后，虽然国际关系有了更加严格明确的规则，即有了近代国际法和国家主权概念，但国际关系中仍充满了冲突与战争，如在17世纪中叶至19

世纪中叶 200 多年时间里,先后爆发了法国与西班牙之间的战争、英国与法国之间的战争、英国与荷兰之间的战争、俄国与瑞典之间的战争、法国大革命后的拿破仑战争、普鲁士与法国之间的战争等。

正是因为这些大规模战争给国际社会及众多国家民众带来了惨痛损失和巨大痛苦,所以 17 世纪后在欧洲出现了各种和平主义思想,其中最著名的是德国哲学家伊曼纽尔·康德(Immanuel Kant)在 1795 年出版的《论永久和平》,康德在该书中提出通过培育世界公民和建立以宪政共和为基础的世界联邦等途径实现世界的永久和平。19 世纪初,国际社会又出现了和平主义运动。1815 年,世界第一个和平主义组织"和平协会"在美国纽约成立,随后 1816 年在英国伦敦、1830 年在瑞士日内瓦、1841 年在法国巴黎也成立了类似组织。1848 年,世界第一次和平主义者大会在比利时布鲁塞尔召开,此后 1849 年在巴黎、1850 年在法兰克福、1851 年在伦敦又举行了几次大会。1867 年 9 月,著名法国作家雨果和意大利民族解放运动领袖加里波第等人在日内瓦成立了和平与自由同盟。

这些和平主义组织或和平主义者追求的和平主义,又被称为非战主义,主要是反对和谴责战争与暴力,主张通过宣传与教育,以及裁减军备和组织国际法庭解决国际争端等各种方式,在各民族和国家间消灭战争和建立持久和平。一般而言,和平主义可分为无条件反对一切战争和暴力的"完全和平主义"和支持正义及防御性质战争的"半和平主义"。[①] 虽然和平主义者的立场各不相同,但其论据都主要是强调战争的罪恶、人员的伤亡、经济的破坏及道德和人性的沦丧等。因此,和平主义者普遍反对国家拥有军队,肯定非武装和裁军,主张为了达成和维持和平必须放弃暴力。和平主义者通常认为,只有国际社会建成良好有效的国际组织,并且在其成员间实现完全平等与公正,放弃将战争作为推行国家政策的工具,才有可能实现和平。所以和平主义者积极促进国际法庭、国际仲裁机构、国际组织的建设及国际法的完善,希望各国通过理性交涉解决国际争端,最终达到消除战争与实现和平的目的。

和平主义的兴起虽激发了国际社会对和平的渴望与追求,在 19 世纪末和 20 世纪初甚至促成了两次海牙国际和平会议,并且会议签订了有关和平解决国际争端的条约,但这些都没有能够真正制止国家间的冲突与战争。1914 年 7 月 28 日一战爆发,截止到 1918 年 11 月战争结束,先后有欧洲、亚洲和非洲 34 个

---

① 姜一平主编:《社会科学新词语词典》,世界知识出版社 1994 年版,第 304 页。

国家或地区大约15亿人主动或被动卷入战争,战争最终造成大约4000万人伤亡,成为当时人类历史上规模最大和损失最为惨重的一次战争。

一战后,欧洲社会再次兴起和平主义思潮,甚至出现了专门研究和平问题的和平学,各国民众的和平运动也蓬勃开展。与此同时,国际联盟的出现和非战公约体制的建立似乎也给世界和平带来了更大希望。但是,1929年爆发的世界经济危机以及德国、日本和意大利等法西斯国家的对外侵略扩张再次打碎了国际社会的和平梦想。从20世纪30年代初期起,世界一步步走向战争,1939年9月二战全面爆发。而且,这场战争从时间和规模上都超过一战。从战争爆发到1945年9月战争结束的6年时间里,在欧洲、亚洲、非洲以及大西洋和太平洋的广阔区域内,总共有61个国家或地区大约20亿人主动或被动卷入战争。战争最终造成了9000多万人伤亡,成为人类历史上迄今为止规模最大和损失最为惨重的一次战争。

二战后,在东西方冷战对峙格局下,爆发核战争的威胁一直存在,两大阵营间也先后发生了朝鲜战争和越南战争等多场冲突与战争,其他国家间也因为领土、资源等问题爆发了冲突与战争。但与此同时,和平研究与和平思潮也再次成为国际关系的重要话题。从20世纪40年代后半期开始,世界范围内兴起了全民性和平运动,其中知识界在这场和平运动中发挥了积极作用。例如,1948年一些国家的知识分子在波兰召开了"世界知识界拥护和平会议",1949年国际社会又召开了"第一次世界拥护和平大会"并成立了"世界拥护和平大会委员会",该委员会在1950年发起要求废弃核武器签名运动,在8个月时间里就征得了5亿多人签名。1955年7月,鉴于对核武器巨大杀伤力的深刻认识和极度担忧,爱因斯坦、罗素、萨特、汤川秀树等著名科学家、思想家和艺术家联名签署,发表了《罗素-爱因斯坦宣言》,警告人类核武器带来的毁灭性危险,反对核战争,呼吁世界和平,要求和平解决国际争端,并指出迫切需要建立一个没有冲突的世界。与此同时,唯一遭受过原子弹攻击的国家日本国内也掀起大规模禁止原子弹和氢弹的签名运动,并且于1955年8月在遭受第一颗原子弹攻击的城市广岛召开了第一次禁止原子弹氢弹世界大会。

20世纪80年代中期后,东西方关系开始真正趋向缓和,90年代初期冷战结束,全球性核战争威胁暂时不再存在,世界总体上进入了一个和平与发展的新时代。然而,冷战的结束以及和平与发展的新时代的到来并不意味着世界和平的到来,更不意味着世界和平的完全实现。20世纪90年代后,国家间的冲突与战争仍没有绝迹,国际社会仍然局部冲突与战争不断,先后爆发了海湾战争、波黑战争、科索沃战争、阿富汗战争、伊拉克战争、俄乌冲突等,至今一些国家间仍存在着各种有可能导致战争的潜在冲突要素。也正因为如此,世界范围的和平运动仍在以各种方式顽强进行着,如世界一些国家的市民和平运动,包括直接的反战运动、反对进行核试验及要求彻底销毁核武器的运动、要求各国政府裁减军备的运动等,以及国际社会为防止大规模杀伤性武器扩散所做的努力等,甚至还有一些学者从更深刻的角度探讨和平问题,设法消除战争根源实现世界和平,即通过缓和南北关系、彻底消除世界贫困现象、建立更为严厉有效的国际制度等方式来保障永久和平。

由此可见,战争与和平构成了国际关系的永恒主题。国际关系就是国家作为国际社会主要行为体并在其中进行交往形成的各种关系,其中最为主要和重要的是政治关系,即对权力和利益的追求与平衡。在这一过程中,国家间就会围绕权力和利益进行各种关系的建构,即或相互冲突最终导致战争,或相互友好合作最终走向和平。也就是说,迄今为止的整个国际关系,甚至可以说迄今为止人类的整个历史,都一直伴随着战争的发生,但同时也充满了人类对和平的渴望与追求。因此,如何在满足所有国家基本需求和利益的前提下实现和平,避免乃至消除战争,也就成为国际关系的永恒话题,尤其是如何减少、缓和以至解决国际争端,使其不升级成为战争,就成为国际关系最重要的问题之一。

战争与和平的概念及其根源

战争与和平是一对相对概念,即简单而言,战争就是非和平状态,和平就是非战争状态。

战争,是国家或国内社会集团间出于某种政治目的发生的大规模暴力冲突。国家间进行的战争是国际战争,国内社会集团间进行的战争是国内战争。这里所说的战争主要指国际战争,即国家间的战争。

也就是说,战争具有两个显著特点,一个是政治性,一个是暴力性,二者缺一不可。战争首先是一种大规模暴力活动,但并非所有的暴力活动都可被称为战争,具有某种政治目的的大规模暴力活动才能称为战争,没有政治目的的暴力活动是斗殴而非战争。正如德国著名军事理论家和军事历史学家卡尔·冯·克劳塞维茨(Carl von Clausewitz)指出的那样,战争是政治的一种表现形式,是政治的继续,是解决政治矛盾的最高形式和最后手段。总之,战争与政治有着密切关系,可以说战争是流血的政治,政治是不流血的战争。

和平,相对于战争来说,就是国际社会或国内社会不存在由某种政治目的引起的大规模暴力冲突的一种非战争状态。然而，人们对和平概念的理解和解释，却比对战争概念的理解和解释更为复杂。在国际关系中，几乎所有国家都会声称自己的对外活动是为了和平，甚至一些发动和进行战争的国家也往往声称自己的行为是为了和平。之所以如此，既有人们对和平概念从广义和狭义两种不同范围理解的原因，也有不同政治意识形态方面的原因。

也就是说，如果仅从狭义来理解，和平就是一种非战争状态，但如果从广义来理解，和平往往也可以包括促成和平的原因，即达致与维持和平的要素。例如，20世纪60年代后，和平概念进一步扩大，发展中国家的贫困和社会动乱被视为有可能引起战争的"非和平"因素，因此只有消除发展中国家的贫困和社会动乱才能达到真正的和平。20世纪90年代冷战结束后，国际恐怖主义和大规模侵犯人权等现象成为威胁国际和平的因素，因此只有消除这些"非和平"因素才能达到真正的和平，其中就包括直接打击国际恐怖主义和对大规模侵犯人权的国家进行国际干预等。

此外，在国际关系中还存在着基于政治意识形态的和平概念，即为了实现某种政治理念追求的终极意义的和平而主张可采用一切手段甚至包括战争手段来达致和平。例如，20世纪初列宁提出的"帝国主义论"就认为资本主义发展至垄断阶段即帝国主义阶段后就必然会出现帝国主义国家间为争夺世界市场爆发世界性战争的现象，因此维护世界和平就必须以消灭帝国主义为前提，所以主张通过人民革命甚至战争手段推翻帝国主义的统治以实现人民自己的统治，从而也就实现了永久性世界和平。20世纪70年代后，梅尔文·斯莫尔（Melvin Small）、戴维·辛格（David Singer）和迈克尔·多伊尔（Michael Doyle）等一些西方学者基于康德的永久和平论，提出了"民主和平论"，认为民主政体是实现世界和平的必要条件。民主政体避免了个人专制者为某种私利诉诸战争，民主政体能够体现大部分具有理性的民众的声音，民众一般是爱好和平的，以及民主国家具有的共同价值观也避免了彼此间的冲突和战争，因此在全世界追求和推行民主就是促进和平，其中包括影响和改变那些专制独裁的所谓不民主国家。这种理论发展至极端，其实也不排除某些具有民主政体的国家对一些被认为属于独裁专制的国家发起战争。也就是说，不论"帝国主义论"还是"民主和平论"，对和平的理解都是一种终极意义上的和平，为了实现这一最终和平，甚至可以采取包括战争在内的手段，即通过战争达致和平。

国际法意义上的和平，其实很简单，就是如前所述狭义的和平概念，即一种非战争状态，或者也可以包括主张以非战争手段解决所有国际争端的一种方式,即和平解决国际争端。

关于战争根源,当然都可简单归纳为不同国家或社会集团间的利益冲突,不过仍可以对此进一步深入分析。一般而言,人们主要从下列三个角度对战争根源进行分析:(1)从人性角度进行分析,认为人性中的自私、占有欲、自我实现欲、权力欲及人类彼此的不信任和恐惧,导致了对同类的排斥,从而造成战争。例如,古希腊历史学家修昔底德(Thucydides)在其所著《伯罗奔尼撒战争史》中就认为,是斯巴达对雅典力量增长产生的恐惧导致了那场战争;美国哲学家和心理学家威廉·詹姆斯(William James)认为"战争根植于人类的好战本性";美国政治学者汉斯·摩根索认为"战争源于人的权力欲望"。(2)从国家制度或国家政策角度进行分析,认为制度重于人性,某种或某些国家制度或国家政策引起了战争。例如,私有制、帝国主义、霸权主义或专制独裁这些国家制度或政策都被认为是导致战争的根源。(3)从国际体系或国际结构角度进行分析,认为由众多国家形成的国际社会的无政府状态导致了战争,尤其国际战争更是如此,或从国家不同力量对比结构来探寻哪种结构更容易导致战争,如单极霸权结构,两极、多极对抗或合作结构,均势或非均势结构等,当然对于究竟哪一种结构更易于引发战争则有不同观点。

应该说,以上这些分析角度都有一定道理,但似乎也都存在缺陷。实际上,一场战争的爆发既有作为决策者的个人性格方面的原因,也有国家体制和国家政策方面的原因,同时也会有国际社会约束机制或国家力量对比等方面的原因。不过,从最根本意义上来说,在一个存在主权国家而这些主权国家又彼此相互联系的国际社会,生存资源短缺和生存观念对立,是导致战争的根源。也就是说,国家间会为了争夺某些生存资源或由于拥有不同的生存观念爆发战争。

至于和平的根源,则主要在于世界各国绝大多数民众希望人类平等与爱好世界和平的愿望以及对战争带来巨大伤亡和财产损失的恐惧。因此,和平具有广泛的民众基础。然而,要真正实现和平,则不仅需要人类追求平等与爱好和平的愿望,还需要维持和平的条件,即能够维持非战争状态,也就是要消除战争的根源。根据以上对战争根源的认识和理解,要彻底消除战争根源就需要从各个不同角度入手,如教育和改造人性,使各国国民相互友好交往并崇尚和热爱和平,通过各国的制度设计建立起理性的政府和推行和平的外交政策,建立国际合作体制,通过更有效的国际组织与国际法等制度安排制约某些国家的战争冲动,甚至不排除在国际权威机构授权下通过正义战争消除非正义战争。消除战争根源最根本的条件,是必须保证人类生存资源需求的基本满足和彼此生存观念的大致相容。当然,在实际国际关系中,一个国家对生存资源的追求可能是永远难以完全满足的,国家的不同生存观念即使不完全冲突也难免会发生摩擦和矛盾。但是,只要人类生存资源需求能够基本满足和国家生存观念能够大致相容,那么就有可能消除战争根源并最终达致和平,即国家间就有可能通过和平方式解决争端,通过相互妥协合理分配生存资源和调整彼此的生存观念。

第二节 国际争端及其解决方式

国际争端的概念

在近代以来的国际关系中,国家与国家以及与其他国际法主体间频繁而固定的交往,有可能促进这些主体间的友好相处与合作,但也不可避免会在某些主体间引发各种各样的争端。国际争端,就是指不同国际法主体间由于不同价值观或围绕对权力与利益的追求以及对资源的占有或争夺产生的矛盾、分歧和对立。或者说,国际争端是不同国际法主体间围绕某一问题存在的关于政治利益、法律权利或事实依据的不同主张和对立。

因此,国际争端通常按照其不同性质可分为政治争端、法律争端、事实争端和混合型争端四种类型。政治争端是指不同国际法主体间因不同政治利益引起的争端或争端当事方不愿意通过法律方式解决的争端;法律争端是指不同国际法主体间就某一事项存在争议与不同法律主张并都愿意以有关国际法为依据解决的争端;事实争端是指不同国际法主体间就某项事实及其情形存在不同认识并相互争执难以取得一致的争端;混合型争端是指不同国际法主体间既涉及政治利益又涉及国际法律权利与义务也涉及有关事实的认定而产生的争端。

其中,政治争端被称为"不可裁判性争端",法律争端则被称为"可裁判性争端"。尽管有时在实践中很难明确区分这两类争端,但这一区分还是有意义的。例如,《国际法院规约》第36条第2款规定,国际法院的强制性管辖适用于某些特定的法律争端,其中包括对条约的解释、有关国际法的问题、对违反国际义务的事实认定和赔偿责任等争端。① 也就是说,政治与法律有时难以区别,或者二者往往混淆在一起,但政治与法律毕竟不能等同。一般而言,政治创设法律,法律是政治的产物,法律只能在一定政治框架内发挥作用,某些争端如果已突破法律框架而属于政治性争端,那么法律当然就无法解决了。不过,这里的"可裁判"与"不可裁判"仅指是否可通过国际司法方式进行裁决,并不意味着不能通过其他方式解决。

不同争端往往需要通过不同方式解决,如政治争端一般会通过双边或多边政治和外交协商与谈判乃至战争来解决,法律争端一般通过国际仲裁或裁判的方式解决,事实争端一般会采用国际调查与和解的方式解决,混合型争端则可采用争端当事双方认可的各种方式综合解决。

国际争端的解决方式

当某些国家或其他国际法主体间发生国际争端时,这些当事国家或其他主体间围绕有关争端事项处于矛盾、分歧和对立状态。这种情况下,争端各当事方一般都想在满足自己利益和追求目标的前提下通过各种方式去缓解或解决这一争端。

按照主要流行于二战前的传统国际法,解决国际争端的方式主要有两种,即强制性解决方式和非强制性解决方式。所谓强制性解决方式,指当发生国际争端时当事一方试图通过对争端另一方采取某些强制性措施解决争端;非强制性解决方式则指当发生国际争端时争端各方采用当事各方都同意和接受的和平方法解决争端。前者不排除使用武力或武力威胁甚至战争手段解决国际争端,而后者则明确反对使用武力或武力威胁,更反对使用战争手段解决国际争端。因此,这里的非强制性解决方式其实也就是我们常说的和平解决国际争端的方式。

在近代以来的国际关系中,国家利益的冲突及由此引发的国际争端总是难以避免,长期以来解决这些争端的方式主要是战争,尤其是一些大国,往往将战争作为谋求国家利益和推行国家政策的主要工具,在实现自己国家利益和推行国家政策过程中一旦与其他国家发生争端,往往就会通过战争等强制性方式解决,而国际社会对此并无限制,即当时的国际法并不禁止使用武力或武力威胁

---

① 白桂梅、李红云编:《国际法参考资料》,北京大学出版社 2002 年版,第 258 页。

以至战争。直至 19 世纪末,国际社会才开始出现有关和平解决国际争端的国际法规则。面对当时日益紧张的欧洲国际关系,国际社会先后于 1899 年和 1907 年在荷兰海牙两次召开国际和平会议并签订了《和平解决国际争端公约》,开始确立和平解决国际争端的国际法规则。一战后,《国际联盟盟约》第 12 条规定会员国负有以和平方式解决彼此争端的义务。1928 年 8 月 27 日签订的《关于废弃战争作为国家政策工具的一般条约》,即《巴黎非战公约》,从国际法上第一次禁止以战争作为推行国家政策的工具,其中第 2 条规定:"缔约各方同意,它们之间可能发生的一切争端或冲突,不论其性质或起因如何,只能用和平方法加以处理或解决。"[1]尽管这些公约规定的和平解决国际争端的方式未能制止二战爆发,但这一原则对国际法的发展发挥了巨大积极作用。二战的惨烈更是使世界各国认识到和平的珍贵,因此和平解决国际争端的原则在二战后得到了进一步发展,逐渐成为国际法基本原则之一。例如,《联合国宪章》第 2 条第 3 款规定:"各会员国应以和平方法解决其国际争端,俾免危及国际和平、安全及正义。"[2]《联合国宪章》第 33 条第 1 款规定:"任何争端之当事国,于争端之继续存在足以危及国际和平与安全之维持时,应尽先以谈判、调查、调停、和解、公断、司法解决、区域机关或区域办法之利用或各该国自行选择之其他和平方法,求得解决。"[3]其后,在联合国主持下一系列国际法文件得以通过,进一步强调了和平解决国际争端原则,并且在联合国干预下,国际社会运用这一原则缓解和解决了众多国际争端,在一定程度上消除了国家间紧张关系,为维护国际社会和平做出了贡献。

  国际争端的强制性解决方式中,除去战争外,还包括反报或还报、报复、干涉与平时封锁等几种形式。反报或还报,指一国在受到来自另一国的利益损害时以同样或类似行为对待该国的行为。例如,当两个国家间由于某一事项关系恶化并出现争端时,某些国家往往会采取对对方不友好或使其利益受损的行为,在这种情况下就有可能遭致对方国家同样或类似的反报或还报行为。常见的反报或还报行为有断绝外交关系、停止或减少贸易往来、实行贸易禁运、驱逐或限制对方国家侨民或旅行者等。一般而言,采取反报或还报的行为并不违反

---

[1] 转引自王铁崖主编:《国际法》,法律出版社 1995 年版,第 572 页。
[2] 白桂梅、李红云编:《国际法参考资料》,北京大学出版社 2002 年版,第 2 页。
[3] 同上书,第 6 页。

国际法,因为这种方式基本属于对某些违反国际法行为的对等惩罚。

报复,指一国在因另一国违反国际法而受到利益损害并提出补偿要求但未得到补偿时对该国采取的一种惩罚行为。报复与反报或还报不同,前者是针对加害国家违反国际法行为的一种惩罚行为,其行为本身也违反了国际法,只不过对方违反国际法在先从而免除了自己的国家责任,后者则不论加害国家是否违反了国际法而仅对其采取符合国际法的惩罚行为。但是,不论报复还是反报或还报,一般情况下都不允许使用武力。而且,报复行为也必须遵守必要性和有限性原则而不能随意和无限制使用。

干涉与平时封锁,指一国在因另一国违反国际法而受到利益损害时使用武力或武力威胁对其施加压力或对其港口、海岸等处实施封锁以便迫使其接受某些条件和承担国家责任的一种惩罚行为。不过,这种行为由于包含使用武力或武力威胁等因素,容易被强国滥用并极易导致战争,因此一般情况下目前的国际法反对在解决国际争端中采取这种方式,除非在特殊情况下,如为维护世界和平与安全在联合国安理会授权情况下,才可使用这种方式解决国际争端。

尽管以上这些国际争端的强制性解决方式在有限制的情况下一般是国际法允许的,在实际国际关系中也常常出现,但这些解决国际争端的方式毕竟是一种单方面行为,而且有些行为还包含使用武力或武力威胁等因素,甚至不完全排除战争的可能性,因此一般情况下国际社会并不提倡和鼓励采用这些强制性方式解决国际争端,更多的是提倡和鼓励采用非强制性解决方式,即和平方式解决国际争端。

和平解决国际争端是国际法基本原则之一,即当国家或其他国际法主体间发生任何矛盾和分歧以至引起争端时,都应通过非战争、不使用武力或武力威胁及非单方面强制的和平方式解决。例如,可通过争端当事方的直接协商与谈判解决争端,或利用第三方在争端当事国间进行斡旋与调停解决争端,或由第三方出面进行调查与和解解决争端,或通过国际组织与举行国际会议解决争端,或通过国际仲裁和国际司法机构的裁决解决争端。在这些解决国际争端的具体方法中,有些属于政治和外交解决方式,有些则属于法律解决方式。因此,和平解决国际争端的方式又可分为政治方式和法律方式。

第三节 和平解决国际争端的政治方式

和平解决国际争端的政治方式也可称为外交方式,即通过政治或外交途径和平解决国际争端。这一方式主要包括协商与谈判、斡旋与调停、调查与和解及国际会议或国际组织等具体方法。

协商与谈判

协商与谈判,指当出现国际争端时争端当事方进行的直接交涉。协商一般用于对一些简单争端问题的交涉,是初步非正式的外交接触,主要目的在于阐明自己的观点和了解对方的观点,弄清楚争端事项,消除彼此隔阂,寻求双方都能接受的解决方案;而谈判则一般用于对一些相对重要的争端问题的交涉,是一种更为正式的外交接触,其主要目的不仅包括前述协商的全部内容,还在于通过正式讨论提出各自解决方案,并经过讨价还价最终解决争端并签署有关协议。

协商与谈判是解决国际争端的主要方法之一,而且适用于解决各种类型的国际争端。这一方法的主要优点在于:当事方直接主动参与,形式简单,可自由控制进程,成本相对低廉。但是,这一方法也存在不足,即缺乏约束机制,没有第三方的见证和保证,主要依靠争端当事者的实力与外交技巧,有时难以体现公平原则,当争端一方提出极端要求时就很容易导致协商与谈判破裂或在一方压力下形成不平等的协议。因此,协商与谈判获得成功的前提条件是争端各方实力地位大致相当或双方相互信任并都具有善意和妥协精神,愿意和平解决彼此争端,否则使用这一方法很难真正解决争端。

斡旋与调停

斡旋与调停,指当国际争端当事各方难以通过直接交涉解决彼此间的争端时由第三方帮助进行沟通与协助以解决争端的方法。斡旋仅是第三方作为中间人在争端各方传递信息以便促成争端各方接触并为这一接触提供各种便利,斡旋者本身一般并不参加争端各方的交涉和谈判;调停则是第三方不仅促成争端各方接触及为此提供便利,而且一定程度上介入争端各方的谈判,甚至提出实质性建议,促成争端各方达成妥协和解决争端。

当然,不论是斡旋还是调停,都须得到争端各方同意后才能进行。作为斡旋与调停者的第三方,一般应是相对具有较大实力和影响力以及具有国际道德形象并被认为能主持公平正义的实体或个人,或至少应是被争端各方信任的实体或个人,如国际组织、一些大国或奉行和平中立政策国家的首脑就常常成为国际争端的斡旋调停者。例如,1993年8月在奉行和平中立政策的国家挪威的斡旋与调停下,长期处于敌对状态的以色列和巴勒斯坦签署了《奥斯陆协议》,开始启动中东和平进程;2003年8月中国在朝鲜和美国等围绕朝鲜核问题的争端当事国间积极进行斡旋与调停,为形成六方会谈机制和解决朝鲜半岛核危机发挥了重要作用。

此外,斡旋与调停者必须自始至终保持不偏不倚的中立态度,避免倾向于争端任何一方或明显谋求自己的利益,为解决争端提出的任何建议,都只能作为争端各方解决争端的参考意见,而对争端各方并无任何约束力。斡旋与调停仅是为和平解决国际争端提供了一定条件,但争端的最终解决仍需要争端各方愿意做出妥协和具有解决争端的诚意。

调查与和解

调查与和解,指争端当事方就有关事项的事实存在争议时同意或委托由第三方组成调查与和解机构并通过一定方式调查有关争议事实,查明事实真相,在此基础上提出调查报告和解决争端建议,促使争端各方达成妥协与协议以便实现和解。如1931年9月日本侵占中国东北的"九一八事变"后,国际联盟组成李顿调查团赴中国东北进行实地调查,最终提交的报告认为日本武力侵占中国东北是非法的,并要求日本撤军和中国放弃反日与抗日以便实现两国和解,最终日本坚持不放弃侵略政策导致国际联盟的这一调查与和解失败。

调查与和解虽然同斡旋与调停一样也是由第三方参与解决国际争端的方法,但与其不同之处在于,这里的第三方一般并不是一个国家或个人,而是一个国际性机构,而且对有关争端事项的参与程度也比斡旋与调停更加深入,即有权对有关争端事项进行调查并提出解决争端的建议,促成争端各方关系和解。尽管调查与和解机构提出的调查报告和解决争端建议一般情况下对争端各方仍然不具有法律拘束力,但却一般具有道义拘束力,尤其那些比较权威的国际调查与和解机构或由争端各方授权的较大的调查与和解机构就某些法律问题提交的调查报告和建议,其实已比较接近于仲裁性质,具有一定的法律约束力。

第十六章 战争与和平问题以及和平解决国际争端

国际会议或国际组织

这里的国际会议或国际组织,指通过国际会议或国际组织解决国际争端的方法。其实,不论国际会议还是国际组织,在和平解决国际争端方面,采取的方法与前面所说的方法完全相同,仅在解决争端的形式上有所不同,其中的协商与谈判不仅仅是两个争端方的协商与谈判,而可能是多个有关争端方的协商与谈判或多边的协商与谈判,如 1954 年 4—7 月为解决朝鲜问题和印度支那问题召开的日内瓦会议,就是中国、苏联、美国、英国、法国等多个有关争端国家间进行协商与谈判的一次国际会议;在进行斡旋与调停或调查与和解时,国际会议或国际组织也同样只能作为第三方在有关争端各方之间开展工作,只不过有时争端当事方本身就是该国际会议或国际组织成员,因此并不需要再另外委托其他国家或个人进行斡旋与调停或另外建立调查与和解机构,而只是该国际会议或国际组织对其内部成员争端的斡旋与调停或调查与和解。

通过国际会议或国际组织解决国际争端,从近代国际关系开始以来就一直存在。19 世纪被称为"国际会议的世纪",20 世纪被称为"国际组织的世纪",就是指 19 世纪有众多国际问题是通过国际会议解决的,20 世纪有众多国际问题是通过国际组织解决的。但是,20 世纪前的国际会议或国际组织,即使能解决一些国际问题,也一般是大国或强国主导的通过武力威胁或外交压力谋求和实现自身利益的场所,在通过非强制性方式即和平方式解决国际争端方面乏善可陈。真正通过国际会议或国际组织和平解决国际争端,应该说开始于一战后根据 1919 年 6 月 28 日通过的《凡尔赛条约》建立的国际联盟。根据《国际联盟盟约》规定,成员国间如果发生争端应以提交国际联盟行政院、选择国际仲裁或提交国际常设法院等和平方式解决。此后,通过国际会议或在国际联盟主持下,国际社会确实也曾暂时缓解或解决了一些国际争端。如 1921 年 11 月至 1922 年 2 月中国、美国、日本、英国、法国等 9 个国家参加的华盛顿会议使美国和日本间就中国问题和太平洋地区势力范围等问题的争端暂时得到缓解;1925 年 10 月英国、法国、德国、意大利、比利时等 7 个欧洲国家参加的洛迦诺会议使德国和法国、比利时及其他东欧邻国间的紧张关系暂时得到了缓解;1928 年 8 月美国、法国、德国、英国、日本、意大利、澳大利亚、加拿大、南非等 15 个国家参加的巴黎国际会议及签订的《巴黎非战公约》暂时缓解了德国和法国及其他欧洲国家间的紧张关系;20 世纪 30 年代在国际联盟主持下召开的国际法编纂会议和一系列国际裁军会议也一定程度上暂时缓和了当时笼罩世界的战争气氛。

当然,一战后建立的国际联盟和屡次国际会议最终并未能真正解决当时主要的国际争端和阻止二战爆发,但国际联盟确立的和平解决国际争端原则及其做法以及各次国际会议在和平解决国际争端方面进行的初步尝试,对通过国际会议或国际组织和平解决国际争端提供了必要的经验和教训,尤其对二战后建立的联合国组织继续担负起和平解决国际争端的责任提供了有益的借鉴与帮助。

二战后,通过国际会议或国际组织解决国际争端更是司空见惯。例如,前述20世纪50年代的日内瓦会议,以及70年代33个欧洲国家和美国、加拿大参加的欧洲安全与合作会议,都对缓和当时冷战状态下的东西方关系发挥了积极作用。此外,联合国和其他一些地区性国际组织也对和平解决国际争端发挥了积极作用。按照《联合国宪章》有关规定,联合国的宗旨之一就是维持国际和平及安全,并为此目的采取有效集体办法,以防止且消除对于和平之威胁,制止侵略行为或其他对和平之破坏,并以和平方法且依正义及国际法之原则,调整或解决足以破坏和平之国际争端或情势[①],以及主张利用地区性国际组织及其机能和平解决国际争端,即"缔结此项办法或设立此项机关之联合国会员国,将地方争端提交安全理事会以前,应依该项区域办法,或由该项区域机关,力求和平解决","安全理事会对于依区域办法或由区域机关而求地方争端之和平解决,不论其系由关系国主动,或由安全理事会提交者,应鼓励其发展"[②]。在战后的国际关系实践中,联合国也通过其大会、安理会、秘书处、秘书长等各个机构或职位和其维持和平行动等方式成功地缓解或解决了众多国际争端,包括欧洲联盟、非洲联盟、美洲国家组织、东南亚国家联盟、阿拉伯国家联盟等在内的一些地区性国际组织也多次成功地缓解或解决了本地区内的一些国际争端,如欧洲联盟对解决南斯拉夫内战和分裂引发的争端发挥的作用,非洲联盟对解决布隆迪、利比里亚、索马里、科特迪瓦、苏丹等国国内冲突引发的争端发挥的作用,美洲国家组织对解决洪都拉斯与萨尔瓦多间以及秘鲁与厄瓜多尔间边界争端发挥的作用,东南亚国家联盟对柬埔寨问题发挥的作用,以及阿拉伯国家联盟对解决伊拉克与科威特间争端发挥的作用等。

当然,通过国际会议或国际组织和平解决国际争端一般也须征得有关争端各方的同意,但涉及侵略等严重破坏国际和平的争端时,国际社会或国际组织

---

① 《联合国宪章》第1条第1款。白桂梅、李红云编:《国际法参考资料》,北京大学出版社2002年版,第1页。

② 《联合国宪章》第52条第2、3款。同上书,第8页。

也有可能无须经有关当事方同意即可进行干预,如1990年8月伊拉克侵略科威特后联合国对伊拉克采取的严厉制裁措施,当然这些措施已属于强制性解决方式而非和平解决方式了。不过,由于国际会议或国际组织具有一定的权威性和公正性,因此发生争端的大部分国家很少会拒绝通过这种方法解决争端,利用这一方法也更易于利用多数国家的无形道德压力促成国际争端的和平解决。

第四节 和平解决国际争端的法律方式

和平解决国际争端的法律方式指由特定国际司法机构根据有关国际法裁定和解决国际争端,这一方式是从政治或外交方式发展而来,但利用这一方式得到的裁决结果对争端各方都具有法律拘束力。和平解决国际争端的法律方式,主要包括国际仲裁与国际法庭两种方式。

国际仲裁

仲裁,指由存在争端的各方共同选定相对中立和公正的第三方并由其依据有关法律对该争端进行裁判。国际仲裁,指发生国际争端的各方自愿将争端交由他们自行选择的仲裁机构或仲裁员并由其依据相关国际法进行裁决以及承诺服从其裁决的解决争端方式。

也就是说,仲裁是一种解决国际争端的法律方式,因为其既是依据有关法律进行裁判,同时其裁判结果对争端各方又具有法律拘束力。不过,仲裁又常被看作一种准法律制度。首先,仲裁是建立在完全自愿管辖而非强制管辖基础上,即有关争端各方均自愿将争端交由某一仲裁法庭或仲裁人;其次,仲裁法庭或仲裁人也是由争端者自己选择,甚至一般争端各方也要派出仲裁员参加仲裁法庭;最后,仲裁法庭或仲裁人适用的法律和仲裁程序与规则以及仲裁效力等内容也需要由争端各方通过有关协议做出具体规定。

仲裁制度是一项古老的制度,据说在古希腊城邦时代就已产生,在欧洲中世纪时期也大量存在以这种方法处理争端的事例。不过,早期的仲裁法庭或仲裁人一般是按照"公平与正义原则"或某些法律原则进行裁决,而且仲裁做出的裁决对当事各方并没有特别约束力,基本是依靠尊崇正义原则使当事各方自我约束。近代意义上的仲裁制度一般被认为始于1794年美国和英国签订的《杰伊条约》。该条约规定,由双方代表组成混合委员会裁判两国间出现的各种法律问题,以公正、衡平原则及依据国际法进行裁判,以及裁判具有法律效力等。1872年,美英两国间发生的"阿拉巴玛号"仲裁求偿案就是通过仲裁方法得以圆满解决,这避免了两国间的严重冲突,显示了仲裁制度解决国际争端的作用,极大提高了仲裁的声望。1899年的《和平解决国际争端公约》第一次对国际仲裁制度进行了系统和详细的规定,国际社会依据这一公约于1900年在荷兰海牙成立了常设仲裁法院,这标志着国际仲裁制度的正式建立。1907年的《和平解决国际争端公约》再次强调国际仲裁制度对解决国际争端的重要性,国际社会依据这一公约建立了国际调查委员会,进一步充实了国际仲裁制度。在随后的国际关系实践中,美国在1913年至1914年间同一些国家签订了一系列后来被统称为《布赖恩条约》①的双边仲裁条约。1928年的《日内瓦和平解决国际争端总议定书》进一步完善了国际仲裁法庭的组织机构和规则。二战后,国际仲裁制度继续被《联合国宪章》等国际公约接受和继承,1958年联合国国际法委员会的《仲裁程序示范规则》对国际仲裁的协议、范围、仲裁庭的组成、仲裁程序、仲裁效力等都做出了具体明确的规定,使国际仲裁成为现代解决国际争端的主要法律方法之一。

"阿拉巴玛号"仲裁求偿案

1861年美国南北战争爆发后,南方同盟为了同联邦政府作战,先后向英国造船企业购买多艘军舰,其中1862年5月15日下水的一艘后来被称为"阿拉巴玛号"的军舰在1864年6月19日被联邦政府军舰击沉之前,曾多次接受英国提供的武器装备及燃料,并活跃在大西洋和印度洋等广大海域,共击沉或劫持了近70艘联邦政府的船只,给联邦政府造成严重损失。战争期间,美国联邦政府就此曾向英国政府提出抗议,认为其违反中立义务,并要求赔偿,但双方未达成协议。战争结束后,美英两国于1871年5月签订《华盛顿条约》,同意将围绕"阿拉巴玛号"求偿争端交由设在日内瓦的一个5人仲裁法庭解决。1872年9月,仲裁法庭以4∶1票表决结果做出裁决,认为英国政府未能充分履行其中立义务,对"阿拉巴玛号"的建造、武装和庇护负有责任,据此英国政府应向美国政府支付1550万美元的赔偿。

---

① 布赖恩是美国当时的国务卿,这一系列条约都是在其倡导与主持下签订的,因此以其名字来命名。

常设仲裁法院

常设仲裁法院其实并非真正意义上的法院,而只是一个负责召集仲裁法庭的机构,即按照规定由各缔约国提出最多四名精通国际法且德高望重的法学家共同组成一份仲裁员名单,当遇到需要仲裁的争端时,由争端当事国从该名单中挑选仲裁员组成仲裁法庭。不过,该法院在荷兰海牙设有由各缔约国常驻外交代表与荷兰外交大臣组成的"常设行政理事会"和"国际事务局",前者负责制定法院议事规则等,后者负责保管仲裁员名单和处理具体日常事务。

通过仲裁方法解决国际争端的具体程序大致如下:(1)需要在争端当事方之间签订仲裁条约或协议,当然这一条约或协议可能在彼此关系中早已存在,或者也可以在具体争端发生后为解决争端特别签订,条约或协议应写明争端问题和范围以及仲裁法庭的组成原则及仲裁法官的构成、仲裁程序和规则、仲裁使用法律范围、仲裁效力、仲裁费用分担、使用语言、代理人的指派等;(2)按照争端各方签订的条约或协议组成仲裁法庭并开始对争端进行调查了解及法律研究,组成法庭的仲裁员须是单数,可根据实际情况分别由争端各方选定的1名或3名、5名、7名、9名等人数的仲裁员组成,其中仲裁法庭的庭长必须由争端各方都能接受的中立仲裁员担任,同时仲裁法庭接受争端各方就争端事项进行书面辩护;(3)仲裁法庭开庭以进行争端各方的口头辩论和法庭提问,在此环节争端各方的代理人必须出庭并可有律师辩护;(4)仲裁法庭进行秘密审议和经投票多数决定后做出法律裁决,并且向争端各方公开宣布仲裁结果,其中必须包括说明做出如此裁决的法律依据以及仲裁员的姓名。一般而言,仲裁结果对争端各方具有法律约束力,各方都应该善意诚实遵守和执行,而且不得上诉。不过,如果在做出仲裁后争端当事方由于对仲裁结果有不同理解从而产生争端或又发现了新的事实且足以影响仲裁结果时,则可要求同样的仲裁法庭进行复审。

在国际常设法院这一真正意义的国际司法机构建立后,通过国际仲裁解决国际争端的案件相对减少,尤其二战后国际法院的建立,使国际仲裁案件更为减少。不过,常设性国际司法机构的建立也促使国际仲裁制度使用更加严格的法律程序以及更多使用具体法律规则。20世纪90年代后,国际仲裁制度有重新活跃的趋势,1993年9月常设仲裁法院在海牙召开了有史以来首次全体仲裁员大会,决定同联合国加强法律联系,1994年10月常设仲裁法院被接受为联合国大会的观察员,1999年其会员国大会又通过决议,要求常设仲裁法院成为一个能为国际社会提供更加多样化解决争端方式的机构,与此同时其受理的案件数量也相对增加。由此看来,国际仲裁制度仍将继续存在,因为它具有比国际法院更大的灵活性,尤其在一些并非重大政治问题的法律争端方面可能更为适用。

国际法庭

这里的国际法庭指通过国际司法诉讼方法解决国际争端,即争端当事国在自愿基础上将争端提交给一个已经存在的国际性法庭并由该法庭依据有关国际法做出对争端各国都具有法律拘束力的判决。

在国际关系中最早出现国际性司法机构并利用司法诉讼方法解决国际争端,是在一战后。1922年2月15日,国际联盟根据《国际联盟盟约》有关条款创立了国际常设法院,并明确宣布该法院有权审理和裁判国际性质之争端,以此开创了以司法诉讼方法解决国际争端的先河。国际常设法院位于荷兰海牙和平宫,由15名独立法官组成,其主要职责就是审议和裁判国际争端以及为国际联盟提供法律咨询意见。二战爆发后,国际常设法院由于战争在1940年被迫停止工作,1946年4月由国际联盟最后一次大会正式宣布解散,并被随后成立的国际法院取代。国际常设法院在实际工作的20年间,总共受理诉讼案件65起,做出判决的33起,此外还向国际联盟有关机构提出28项法律咨询意见,在利用司法诉讼方法解决国际争端方面进行了有益尝试,并且提供了一些以后仍可资借鉴与参考的国际司法判例。

二战后,在联合国框架内和国际常设法院的基础上,国际社会于1946年4月3日根据《联合国宪章》建立了国际法院。该法院是联合国六大机构之一,也是联合国的主要司法机构,其主要功能与国际常设法院一样,也是通过司法诉讼和审判方法解决国际争端以及为联合国组织及其专门机构提供法律咨询意见。除此之外,国际社会还有其他一些专业性、临时性或地区性国际法庭,如1952年建立的欧洲法院、1994年根据安理会决议建立的前南斯拉夫问题国际刑事法庭、1995年根据安理会决议建立的卢旺达问题国际刑事法庭、1996年根据《联合国海洋法公约》建立的国际海洋法法庭、2002年根据联合国主持通过的《国际刑事法院罗马规约》建立的国际刑事法院等。这些法院或法庭作为国际性司法机构其构成与功能并不完全一样,但其宗旨都是通过司法诉讼和审判方法和平解决国际争端或惩罚国际犯罪。其中,国际法院是最重要的国际司法机关。

国际法院设在荷兰海牙的和平宫,由 15 名不同国籍的独立法官组成,法官任期 9 年,每 3 年改选其中的 5 名,可连选连任,由联合国大会和安理会在各国推荐的法学家中以绝对多数选出。这里的所谓独立,即指"法官不得行使任何政治或行政职务,或执行任何其他职业性质之任务"①,以及不得接受本国政府指示。一般而言,国际法院审判案件需要全体法官参加,不存在回避制度,不过 9 名法官即可构成法院之法定人数。同时,对于没有本国国籍法官参与的案件,当事国可选派 1 名临时法官参与该案。此外,经争端当事国共同请求也可建立由 5 名法官组成的"简易法庭"进行审理和裁判,以及为了某些特殊事项由 3 名法官组成"特别法庭"进行审理和裁判,如劳工案件和关于过境与交通的案件。

然而,在一个由主权国家组成的国际社会,国际法院的管辖权受到相当限制。国际法院的管辖对象,或者说有权向国际法院提出诉讼者,只有国家,即"在法院得为诉讼当事国者,限于国家"②,这些国家既包括联合国会员国,也包括非联合国会员国但属于《国际法院规约》当事国,以及既非联合国会员国也非《国际法院规约》当事国但事先向国际法院书记处交存一项声明表示愿意接受国际法院管辖的国家。也就是说,组成国际社会的所有国家都可以是国际法院的管辖对象。但是,国际法院的管辖实际上是采取任意管辖的原则,即只有经当事国同意才能行使管辖权,而不能采取强制性管辖。这里的所谓同意,既包括国家单方面公开声明或与其他国家签订条约或协定明示承认接受国际法院管辖,也包括对其他国家提出的诉讼权利不提出异议和同意出庭并实际参与诉讼过程等默示承认接受国际法院管辖,以及声明接受《国际法院规约》第 36 条第 2 款关于特定法律争端的任择性条款③而接受国际法院管辖。从国际法院管辖事项来看,"法院之管辖包括各当事国提交之一切案件,及联合国宪章或现行条约及协约中所特定之一切事件"④,也就是说,国际法院对争端当事国提交的所有案件以及在现行双边和多边国际条约中特别规定应提交国际法院的所有案件都具有管辖权,甚至对于前述《国际法院规约》第 36 条第 2 款关于特定法

---

① 《国际法院规约》第 16 条第 1 款。白桂梅、李红云编:《国际法参考资料》,北京大学出版社 2002 年版,第 256 页。

② 《国际法院规约》第 34 条第 1 款。同上书,第 258 页。

③ 该条款的内容为:"本公约各当事国得随时声明关于具有下列性质之一切法律争端,对于接受同样义务之任何其他国家,承认法院之管辖为当然而具有强制性,不须另订特别协定:(1)条约之解释。(2)国际法之任何问题。(3)任何事实之存在,如经确定即属违反国际义务者。(4)因违反国际义务而应予赔偿之性质及其范围。"同上。

④ 《国际法院规约》第 36 条第 1 款。同上。

律争端的案件具有一定程度的强制管辖权。但是,国际法院管辖的前提还是国家的同意,即使存在应该管辖的争端事项,争端当事国不将其提交国际法院,那么国际法院也难以管辖,即使是《国际法院规约》规定的对某些特定法律争端案件的强制管辖,也需要国家声明接受,而且允许保留。

国际法院的审理和裁判适用的法律主要就是国际法,但为了能够更充分进行裁判,具体规定其实为法律的适用留下了很大空间,即"一、法院对于陈诉各项争端,应依国际法裁判之,裁判时应适用:(子)不论普通或特别国际协约,确立诉讼当事国明白承认之规条者。(丑)国际习惯,作为通例之证明而经接受为法律者。(寅)一般法律原则为文明各国所承认者。(卯)在第五十九条①规定之下,司法判例及各国权威最高之公法学家学说,作为确定法律原则之补助资料者。二、前项规定不妨碍法院经当事国同意本'公允及善良'原则裁判案件之权"②。也就是说,除去有关成文的国际条约和不成文的国际习惯外,一般法律原则和司法判例或学者学说,甚至公平善良原则也有可能成为国际法院进行裁判依据的原则或规则。

一般而言,国际法院的审判程序按以下步骤进行:(1)起诉,即争端一方提出请求书,或争端各方提出特别协议书,其中应写明具体争端者和争端事由及诉讼目的等。国际法院在接到这些请求书或协议书后,应立即将其副本送交有关争端各方和联合国秘书长。与此同时,法庭确认对案件的管辖权和请求事实的法律依据,或在必要情形下要求争端当事国采取某些临时保全措施。(2)书面程序,即要求各争端当事国提交诉状和辩护状及有关证明材料。(3)口头程序,即争端各方进行面对面口头辩论和律师辩护及证人作证,同时法庭进行提问。(4)审议判决,即法庭进行秘密审议投票并由参与审判的法官多数票决定审判结果,如票数相同则由法院院长或法庭庭长决定,然后进行公开宣判,判词须详细说明做出如此判决的法律依据以及投票结果。国际法院的判决为终审判决,不得上诉,但如果做出判决后争端当事国因对判决结果有不同理解产生争端或又发现了新的事实且该事实足以影响判决结果,则可申请国际法院进行复核,但申请复核期限为10年。(5)执行,即国际法院的判决具有法律拘束力,争端当事国应严格遵行这一判决。如果争端某一方拒不执行判决,争端另一方

---

① 即"法院之裁判对于当事国及本案外,无拘束力"。白桂梅、李红云编:《国际法参考资料》,北京大学出版社2002年版,第261页。

② 《国际法院规约》第38条。同上书,第259页。

可向联合国安理会提出申诉,安理会可根据情况采取必要措施以执行法院判决。不过,安理会从未使用过这一权力,因为在实践中一般只要愿意接受国际法院的管辖就通常也会愿意执行国际法院的判决。

除去审判争端案件外,国际法院还承担着为联合国及其各专门机构提供法律咨询意见的职能。不过,国家无权请求国际法院发表咨询意见,也无权阻止国际法院发表咨询意见。国际法院的这些咨询意见虽然并非为了直接解决国际争端,但对解决国际争端和促进整个国际关系的进一步法律化发挥了非常积极的作用。

虽然国际法院等国际司法机构通过司法诉讼方法也并不可能完全杜绝和解决国际争端,但相较于政治和外交解决争端的方法中国家实力起着主要作用的状况而言,这一方法显得更加平等与公正,而且对争端当事国的拘束力也相对增大。因此,利用司法诉讼方法解决国际争端,无疑更加有利于国际社会的和平与稳定。

思考题

1. 为什么政治争端被称为"不可裁判的争端"?
2. 和平解决国际争端的政治方式与法律方式各有什么利弊?

参考文献

《国际条约集(1945—1947)》,世界知识出版社1959年版。
《国际条约集(1934—1944)》,世界知识出版社1961年版。
《简明社会科学词典》,上海辞书出版社1982年版。
《联合国海洋法公约》,海洋出版社1983年版。
〔英〕爱德华·卡尔:《20年危机(1919—1939)——国际关系研究导论》,秦亚青译,世界知识出版社2005年版。
〔意〕安东尼奥·卡塞斯:《国际法》,蔡从燕等译,法律出版社2009年版。
〔奥〕阿·菲德罗斯等:《国际法》上下册,李浩培译,商务印书馆1981年版。
白桂梅等编著:《国际法上的人权》,北京大学出版社1996年版。
白桂梅:《国际法(第三版)》,北京大学出版社2015年版。
白桂梅、李红云编:《国际法参考资料》,北京大学出版社2002年版。
陈致中选编:《国际法案例选》,法律出版社1986年版。
邓正来编:《王铁崖文选》,中国政法大学出版社1993年版。
董云虎、刘武萍编著:《世界人权约法总览》,四川人民出版社1990年版。
端木正主编:《国际法(第二版)》,北京大学出版社1997年版。
法苑精萃编辑委员会编:《中国国际法学精萃(2005年卷)》,高等教育出版社2005年版。
方连庆、王炳元、刘金质主编:《国际关系史(现代卷)》,北京大学出版社2001年版。
方连庆、王炳元、刘金质主编:《国际关系史(战后卷)》,北京大学出版社2006年版。
高健军:《中国与国际海洋法——纪念〈联合国海洋法公约〉生效10周年》,海洋出版社2004年版。
〔英〕戈尔-布思主编:《萨道义外交实践指南(第五版)》,杨立义等译,上海译文出版社1984年版。
龚刃韧:《国家豁免问题的比较研究——当代国际公法、国际私法和国际经济法的一个共同课题》,北京大学出版社1994年版。
〔美〕汉斯·摩根索:《国家间政治:权力斗争与和平(第七版)》,徐昕、郝望、李保平译,北京大学出版社 2006 年版。

杭言勇主编:《世界经济导论》,浙江大学出版社 2016 年版。

[荷]格劳秀斯:《战争与和平法》,何勤华等译,上海人民出版社 2005 年版。

姜一平主编:《社会科学新词语词典》,世界知识出版社 1994 年版。

靳文翰等主编:《世界历史词典》,上海辞书出版社 1985 年版。

[美]康威·汉得森:《国际关系》,金帆译,海南出版社、三环出版社 2004 年版。

李斌编著:《现代国际法学》,科学出版社 2004 年版。

李浩培:《条约法概论》,法律出版社 1987 年版。

梁西:《梁著国际组织法(第六版)》,武汉大学出版社 2011 年版。

刘明翰主编:《世界史(中世纪史)》,人民出版社 1986 年版。

刘志云:《现代国际关系理论视野下的国际法》,法律出版社 2006 年版。

[英]M. 阿库斯特:《现代国际法概论》,汪瑄等译,中国社会科学出版社 1981 年版。

莫纪宏:《国际人权公约与中国》,世界知识出版社 2005 年版。

慕亚平:《国际法原理》,人民法院出版社 2005 年版。

倪世雄等:《当代西方国际关系理论》,复旦大学出版社 2001 年版。

[法]让-巴蒂斯特·迪罗塞尔:《外交史(1919—1978 年)》,李仓人等译,上海译文出版社 1982 年版。

[法]让·博丹:《主权论》,李卫海、钱俊文译,北京大学出版社 2008 年版。

饶戈平主编:《国际组织法》,北京大学出版社 1996 年版。

日本国际法学会编:《国际法辞典》,外交学院国际法教研室总校订,世界知识出版社 1985 年版。

山本草二(1994)『国际法(新版)』有斐阁。

杉原高岭(2008)『国际法学讲义』有斐阁。

邵沙平主编:《国际法院新近案例研究(1990—2003)》,商务印书馆 2006 年版。

[美]斯塔夫里阿诺斯:《全球通史——1500 年以后的世界》,吴象婴等译,上海社会科学院出版社 1992 年版。

唐士其:《西方政治思想史(修订版)》,北京大学出版社 2008 年版。

田畑茂二郎(2008)『国际法(第二版)』(岩波书店)。

佟连发主编:《国际法学》,北京大学出版社 2003 年版。

[美]托马斯·伯根索尔:《国际人权法概论》,潘维煌、顾世荣译,中国社会科学出版社 1995 年版。

王绳祖主编:《国际关系史(十七世纪中叶——一九四五年)》,法律出版社 1986 年版。

王铁崖:《国际法引论》,北京大学出版社 1998 年版。

王铁崖、田如萱编:《国际法资料选编》,法律出版社 1982 年版。

王铁崖、田如萱编:《国际法资料选编(续编)》,法律出版社1993年版。

王铁崖主编:《国际法》,法律出版社1995年版。

小寺彰(2004)『规范国际法』有斐阁。

〔日〕小寺彰等编:《国际法讲义》,梁云祥译,南京大学出版社2021年版。

杨泽伟:《宏观国际法史》,武汉大学出版社2001年版。

〔英〕伊恩·布朗利:《国际公法原理》,曾令良等译,法律出版社2007年版。

余先予主编:《国际法律大辞典》,湖南出版社1995年版。

袁明主编:《国际关系史》,北京大学出版社2005年版。

〔美〕詹姆斯·多尔蒂、小罗伯特·普法尔茨格拉夫:《争论中的国际关系理论(第五版)》,阎学通等译,世界知识出版社2003年版。

〔英〕詹宁斯、瓦茨修订:《奥本海国际法》第一卷第一分册,王铁崖等译,中国大百科全书出版社1995年版。

〔英〕詹宁斯、瓦茨修订:《奥本海国际法》第一卷第二分册,王铁崖等译,中国大百科全书出版社1998年版。

张海滨:《环境与国际关系:全球环境问题的理性思考》,上海人民出版社2008年版。

赵理海:《海洋法问题研究》,北京大学出版社1996年版。

赵理海主编:《当代海洋法的理论与实践》,法律出版社1987年版。

中国人权研究会:《中国人权年鉴》,当代世界出版社2000年版。

中国政法大学国际法教研室编:《国际公法案例评析》,中国政法大学出版社1995年版。

周鲠生:《国际法》,商务印书馆1976年版。

周琪:《美国人权外交政策》,上海人民出版社2001年版。

周忠海:《周忠海国际法论文集》,北京出版社2006年版。

朱锋:《人权与国际关系》,北京大学出版社2000年版。

朱文奇:《国际人道法》,中国人民大学出版社2007年版。

朱文奇主编:《国际法学原理与案例教程》,中国人民大学出版社2006年版。

教师反馈及教辅申请表

北京大学出版社本着"教材优先、学术为本"的出版宗旨,竭诚为广大高等院校师生服务。

本书配有教学课件,获取方法:

第一步,扫描右侧二维码,或直接微信搜索公众号"北大出版社社科图书",进行关注;

第二步,点击菜单栏"教辅资源"—"在线申请",填写相关信息后点击提交。

如果您不使用微信,请填写完整以下表格后拍照发到 ss@pup.cn。我们会在 1—2 个工作日内将相关资料发送到您的邮箱。

书名		书号	978-7-301-	作者	
您的姓名				职称、职务	
学校及院系					
您所讲授的课程名称					
授课学生类型(可多选)		□ 本科一、二年级 □ 高职、高专 □ 其他_____		□ 本科三、四年级 □ 研究生	
每学期学生人数		_____人		学时	
手机号码(必填)				QQ	
电子邮箱(必填)					
您对本书的建议:					

我们的联系方式:

北京大学出版社社会科学编辑室

通信地址:北京市海淀区成府路 205 号,100871

电子邮箱:ss@pup.cn

电话:010-62753121 / 62765016

微信公众号:北大出版社社科图书(ss_book)

新浪微博:@未名社科-北大图书

网址:http://www.pup.cn